Für Fritz,

für meine Kinder
Susanne,
Martin,
Wolfram,
Uli

und
für Norbert

Herstellung: Books on Demand GmbH
ISBN 3-8311-2383-7

Ilse Brandt

Petticoat und Pferdeschwanz

...als Omi ein Teenager war!

Bodenteicher Tagebücher

1956-1964

Eigentlich.....

..hatte ich gar keine Lust, im März 2000 zum Klassentreffen zu fahren, - schließlich liegen fast 1000 km Autobahn zwischen Graz in der Steiermark und Bodenteich in der Lüneburger Heide.
Außerdem hatte ich Angst vor Bodenteich, vor der Erinnerung an alles, was damals passiert war....
Vielleicht hatte ich auch Angst, zu erfahren, warum das alles passiert war....

"Wir würden uns riesig freuen, wenn du auch endlich einmal kommen könntest," sagte Lieschen am Telefon.

40 Jahre nach unserer Schulentlassung begrüßten wir uns herzlich und mit ehrlicher Wiedersehensfreude im Hotel "Braunschweiger Hof" in Bodenteich: 9 "Jungs" und 7 "Mädchen", teilweise mit Partnern....

Gudrun fragte, als sie mich in ihrer kameradschaftlichen Art in die Arme nahm: "Sag mal Ilse, hast du eigentlich noch deinen tollen Roman , den du mit 12 Jahren geschrieben hast? - Mensch du, das war ja waschechter Porno damals!" - "Nein, leider, der wurde zum Schulrat geschickt. Wahrscheinlich haben ihn alle mit Freuden gelesen und dann eines Tages verschreddert." - "Aber Ilse, warum hast du denn keine Kopie gemacht?" bedauerte Gudrun und ich erinnerte sie daran, daß es bestenfalls Blaupapierbögen gab, aber noch keine Matrizen und schon gar nicht Fotokopierer...
Jemand konnte sich sogar noch daran erinnern, daß "mein" Liebespaar im Roman Sissi und Harry hieß und nackt bei uns in der Werkstatt erwischt wurde.....
Mein Mann lächelte weise, während die anderen über meine Liebesromane diskutierten...

Wir bildeten Grüppchen, ich wanderte herum und hörte, daß schon zwei Mitschüler und viele unserer Lehrer verstorben sind. -
Ganz still zog mich Ursel zu sich herüber - sie hatte immer noch diesen lieben "Knopfaugenblick" wie damals - und sprach mit der gewohnten Sanftheit zu mir:
 "Du, Ilse, das mit deiner Mutter war ja ganz furchtbar!- Wie konnte das nur passieren? - Wo sie doch immer so lustig war." -
 "Ich weiß es nicht." -

"Hast du denn niemals Nachforschungen angestellt, ganz Bodenteich hat doch darüber geredet und du warst plötzlich wie vom Erdboden verschwunden."
"Ich bin nie wieder hierher gekommen. Ich hatte das Gefühl, daß alle mir die Schuld geben würden."
"Ach, das ist doch Quatsch! - Alle kannten doch deine Mutter." -
"Eben drum!"

Ortrud kam zu uns, strahlend und sympathisch, sie hatte sich überhaupt nicht verändert.
"Mensch Ilse, - als ich gehört habe, daß du kommst, habe ich mich ganz besonders gefreut. - Dich zieht wohl sonst gar nichts mehr hierher? - Sag mal, wann hast du erfahren, daß..."
"Mit 16, bei einer Familienfeier."
"Und? - Warst du schockiert? "
"Nein gar nicht, ich hatte es jahrelang geahnt, aber ich habe es immer wieder verdrängt.
Ich hatte Angst vor der Wahrheit."

Ingrid - dominanter Hahn im Korbe wie immer - erzählte so etliche Ereignisse, die wir alle schon total vergessen oder damals gar nicht verstanden hatten. Mit verschmitztem Blick und ohne vorgehaltene Hand fragte sie über die Kaffeetafel hinweg: "Der Mann da, ist das deiner?" -
"Ja, seit 35 Jahren!" -
"Ist das der, der..." -
"Ja, - und wir sind noch genauso glücklich wie damals, es ist nur alles viel leichter."
Sie musterte ihn kurz, dann wandte sie sich Heinrich zu und die Erinnerungen plätscherten aus beiden heraus.

Horst kam zu mir, grinste sein schelmisches Lachen, nahm mich in die Arme, erzählte stolz von 3 Kindern und ich konnte ihn mit meinen Vieren noch übertrumpfen. "Sieh an, sieh an, bravo mein Mädchen! - Mit dir habe ich immer gern getanzt auf dem Reinstorfer Schützenfest, weißt du das noch?" - Oh, ja, das wußte ich, - schließlich hatte ich monatelang(!) für ihn geschwärmt. Aber an die Sache mit dem Kuß vor dem Kino konnte ich mich nicht erinnern...

"Doch, doch, denk mal nach!" beharrte er und sah mich so an wie früher, worauf ich regelmäßig weiche Knie bekommen hatte. Ich lachte nur und als ich versprach, in meinen alten Tagebüchern nachzulesen, riefen alle begeistert: "Was, die hast du noch?" - Ursel gestand, daß sie alles zerrissen hat, als sie sich später für die Schwärmereien und Gedanken in ihrer Jungmädchenzeit geschämt hat.

Wie verhängnisvoll die Eintragungen sein können, hatten die Notizen von Gerda bewiesen. Sie schrieb, daß sie beim Turnen schwänzen würde, weil sie sich nicht anschließend beim Duschen vom Turnlehrer begaffen lassen mochte. Sie war schon 14, als wir anderen noch nicht einmal 12 waren und "hatte schon ganz schön viel", wie wir es damals nannten.

Ihre Mutter hat das gelesen, sich in der Schule beschwert, aber unser Lehrer fand das Ganze albern und paßte auch weiterhin auf, "daß nichts passiert", während wir Mädchen mehr oder weniger verschämt unter den Duschen herumhüpften.

Klar, daß auch der für immer eingeprägte Lehrsatz von unserem Physiklehrer nicht fehlen durfte, jeder konnte ihn noch: "Fissik ist die Lerre von den Kräften der Naturr!"
Einige Lehrer waren einfach zu gut für uns...

Während alle um mich herum noch erzählten und lachten, hatte ich ganz plötzlich eine Idee.....

Wir fuhren am nächsten Tag zurück nach Graz. Als unser Reisegepäck wieder versorgt war, machte ich einen Kaffee, schmunzelte und fragte meinen Mann, ob er mit mir zurückreisen möchte nach Bodenteich.

"Was? Jetzt gleich?" -

"Ja, jetzt gleich!"

Ich holte die drei Tagebücher aus meinem alten Lederkoffer:

das erste rote, - das so lange Zeit bei Schreibwaren-Zaus im Schaufenster gelegen hatte, bis Mutti es mir heimlich gekauft hat, als ich noch nicht einmal 12 Jahre alt war,

das in Stoff gebundene nächste und ganz besonders dicke, das mit meinem ersehnten allererster Kuß beginnt und mit dem Schritt ins Berufsleben endet,

und dann das letzte, ein einfaches dickes Rechenheft, mein "Schicksalsbuch",
das bis zum Ende der Teenagerzeit mein Begleiter war.

Wir drehten die Zeit zurück und machten noch einmal eine Reise nach Bodenteich....

Mutti, Vati, Waldi und ich vor unserer Tankstelle

Ich bin Ilse Brandt, geb. am 30.6.44
in Bodenteich,
habe blondes Haar und eine Brille.
Ich kann Klavier spielen
und habe ein eigenes Zimmer.
Ich war schon auf Sylt und im Harz.

Meine Eltern sind ziemlich alt,
aber sie sind sehr gut zu mir.
Vati ist fast 55, Mutti ein Jahr jünger
und oft krank.

Wir haben in Bodenteich, Hauptstraße 15
eine Tankstelle und ein Fahrradgeschäft,
eine Autowerkstatt und Vati fährt Taxi.
Oma lebt bei uns im Haus
und Waldi, unser Dackel.
Von nun an wird dieses Tagebuch
der Brunnen aller meiner Geheimnisse sein
und der, der es einmal lesen darf,
wird daran teilnehmen.

Ostern 1956

So müßte es sein......!

Wenn ich erst mal 16 bin, dann fängt das Leben ja erst an. Dann mach ich mich so schön, mit tiefem Dekolleté usw. Dann müßten sich die Männer nach mir reißen. Schlagen müßten sie sich um mich! Ganz schicke Kleider würde ich anziehen und damit auch die Männer. Alle müßten schwarze Haare und schwarze Augen haben und ganz schick angezogen sein. Wenn ich dann einen ganz, ganz schönen und guten dabei gefunden habe, dann würde ich mit ihm wegfahren und schrecklich mit angeben. Er müßte mich auch ganz lieb haben, und in einer lauschigen Sommernacht, wenn wir getanzt und geflirtet haben, dann müßte er mich zärtlich umfassen und sagen:, Ilse, ich liebe dich so! Dann müßte er mich küssen und noch mal und noch mal und immer wieder. Ich wäre glücklich. Ganz glücklich! - - -
Dann würden wir in seinem schicken weißen Straßen-kreuzer zurückfahren und es glücklich meiner Mutti sagen, daß wir uns verloben wollen. Und sie würde froh sein! Die anderen Mädchen und meine Freundinnen würden neidisch sein. Aber was macht das schon!?
Ich habe ja Ihn, na sagen wir „Hardy" soller heißen. Jeden Tag würde ich baden gehen. mit Hardy. Und immer, immer wieder müßte er mich küssen. Ja, er müßte ganz leidenschaftlich sein!!! Dann würden wir mal zu dem Haus seiner Eltern fahren. Das ist ganz groß und aufs moderne eingerichtet. Da würde ich meine Ferien aus dem Büro verleben und mit Ihm, Hardy glücklich sein......
Nach ein paar Wochen würden wir heiraten. Es würde eine Prunkhochzeit werden. Mit bestimmt 500 Gästen. Man würde tanzen und trinken, aber alles müßte im Rahmen bleiben.
Nach 2-3 Jahren glücklicher Ehezeit würde sich das Erstlingsbaby einstellen und unser Glück vollenden. Das ist mein Traum. Der Traum eines 12jährigen Mädels. Ob er sich erfüllen wird? . . . . .

Bodenteich, Ostern 56

Vati ist doof! Er hat gemeckert, weil Mutti mir heimlich das Tagebuch gekauft hat. - Er sagt, wenn jemand Flusen im Kopf hat, muß er das nicht auch noch aufschreiben. Mutti war lieb und hat mich in Schutz genommen. Naja, sie war ja auch mal ein Mädchen.

2. Ostertag

Unser Dackel Waldi hat sich das Bein verknackst. Gleich heißt es wieder, ich hätte daran Schuld, weil ich ihn so gejagt habe.

Meine Hohlsaumdecke ist nun endlich fertig.

Dienstag, 3.4.56

Schade, daß die schönen Ostertage vorüber sind. Ich bin mit Monika, meiner augenblicklichen Freundin, nach Häcklingen gefahren (mit dem Rad). An der Kiesgrube entdeckte Monika einen Hochsitz in Wald. An der Leiter fehlten einige Sprossen. Ich wollte gleich raufklettern, aber weil so ein scharfer Wind wehte, traute ich mich nicht weiter und stieg wieder runter. Nun versuchte es Monika, dann wieder ich, aber jeder immer nur bis zu den drei Stufen.

Als Monika rief "Du bist ja feige!" wollte ich erst recht und krabbelte mit klopfendem Herzen weiter hoch, meine Hände zitterten und meine Knie wurden weich. Als ich oben war, kam Monika auch nach. Wir saßen eine Weile oben in dem kleinen Häuschen und trauten uns nicht wieder runterzusteigen. Ich hatte furchtbar Angst, daß ich mir meinen Rock zerreißen und Mutti dann wieder schimpfen würde, daß ich alles mache, was Jungs tun

. - Wir ritzten mit einem Nagel unsere Namen ins Holz und schafften es dann irgendwie, wieder nach unten zu schlottern. Das war ein schönes Erlebnis.

Mittwoch , 4.4.56

Vati hatte seinen 55.Geburtstag. Ich mochte nicht die harte Rinde vom Kuchen und warf sie heimlich Waldi zu. Keiner hat was gemerkt.

Donnerstag, 5.4.56

Heute durfte ich auf den Dachboden. Ich kramte natürlich überall herum. Da liegen so viele alte Zeitungen und manchmal gucke ich mir das Buch mit den Fotos aus dem ersten Weltkrieg an. Da sind manche Gesichter so zerschossen, daß der ganze Unterkiefer fehlt oder ein Auge raus ist oder die Nase. Das muß furchtbar sein, so weiterzuleben. Dann will ich lieber sterben. Lieber Gott, mach, daß nie wieder Krieg ist.

- Ich habe auch alte Hüte von Oma gefunden und Federn zum Anstecken. - Und dann habe ich mir aus der Holztruhe wieder 2 Liebesromane unter den Rock gesteckt und unter meine Matratze gelegt und den Schlüssel für die Truhe auch. Hoffentlich geht Mutti nicht mal rauf und merkt dann, daß der Schlüssel nicht da ist.

Aber Mutti liest ja nur die HÖR-ZU-Romane.

Freitag, 6.4.56

Heute war ich wieder oben und habe mich verkleidet mit den alten Sachen. Dann bin ich zu Mutti und Oma gegangen und die haben gelacht.

Sonnabend, 7.4.56

Wir sind wieder zum Hochsitz gefahren. Es standen zwei Männer vom Bodenteicher Bundesgrenzschutz da. Wir haben uns mit ihnen unterhalten und trauten uns dann nicht, raufzukrabbeln. Ob die gesehen haben, daß unsere Namen jetzt oben eingeritzt sind?

Sonntag, 8.4.56

Mutti ist so lieb: Ich spielte in der Stube Klavier, da klopfte es und Monika kam rein. Ich spielte ihr den Kaiserwalzer vor und war mächtig stolz. Dann tanzte Mutti mit Moni und hat gesagt, daß sie bei uns bleiben kann, wenn ich noch brav weiterübe. Moni sagt, sie würde nie Lust haben, so dusselige Fingerübungen zu spielen.

Montag, 9.4.56

Heute mußte ich für Oma wieder 1 Flasche „Klosterfrau Melissengeist" kaufen zu 2,70 DM. Ich nahm ihr einfach eine Mark weg. Sie merkt es ja doch nicht. Manchmal habe ich auch die Hälfte in eine alte Flasche umgekippt und dann Wasser reingefüllt, so hatte ich beim nächsten Mal die ganze Flasche "verdient".

Dann kam Moni. Wir haben uns auf dem Hof wieder ein Haus gebaut aus alten Balken und Sträuchern.

Vati schimpft immer, wenn wir so viele Nägel verhammern. Jetzt kloppen wir die immer wieder grade, damit wir sie zweimal nehmen können. Vati sagt, man muss im Kleinen sparen, sonst kommt man zu nichts.

Donnerstag, 12.4.56

Heute fing die Schule wieder an. Wir haben jetzt Physik mit einem neuen Lehrer: Herr Böhl, der ist sehr prima. Er redet ganz vornehm und bißchen komisch. Wir müssen uns als wichtigsten Satz merken:

Fissik ist die Lerrre von den Kräften der Naturrr!

Donnerstag, 19.4.56

Herr Böhl ist wirklich sehr nett, aber leider ist die Klasse beim ihm nie still zu kriegen. Er ist viel zu gutmütig. Irgendwie tut er mir leid. Gudrun hat sich ihr Mathebuch übers Gesicht gehalten, weil er beim Reden so ge - sssspuckt hat. -

Weil ich noch kein Englischbuch habe, lieh ich mir das von Moni aus. Ich bekam es aber erst nach dem Abendbrot und ich war schon müde. Ich mußte den Füller neu auffüllen und da ist das Tintenfaß umgekippt. Alles aufs Sofa. Und Vati hat gemeckert: "Anständig sitzen gibt's bei dir ja nicht!" - Dieser alte Affe!

Freitag, 20.4.56

Weil ich durch meine Brillengläser nicht mehr richtig sehen kann, wollte ich heute mit dem Bus nach Uelzen fahren zum Augenarzt. Mutti hat für mich so lange bei Vati gebettelt, bis ich durfte. Mutti ist ein Engel.

Aber Vati ist doof. Als ich fertig angezogen war, sagt er, ich könne genauso hier in Bodenteich zu Optiker Blome gehen. Der würde auch die Augen untersuchen und mir neue Gläser geben. Vati sagt, nur mit einer Augenkrankheit muß man zum Arzt. - Ich habe doch eine Augenkrankheit, Mensch! - Mutti ist dann mit mir zu Blome gegangen und der darf das nicht. Jetzt ist Vati im Unrecht.

Der will immer seinen Dickkopf durchsetzen.

Dienstag, 1.5.56
In den letzten Tagen habe ich heimlich auf unserer Obstplantage die abgeschnittenen Äste zusammengetragen.
Vati hatte schon angekündigt, daß ich demnächst wieder dabei helfen muß. Jetzt ist schon alles fertig und er weiß es noch nicht. Ich mag lieber heimlich arbeiten und meine Eltern dann überraschen.

Heute war Kindermaitanz im Schützenhaus. . Ich habe mich ohne Eintritt reingeschmuggelt! Joachim Pommerien (aus unserer Klasse) kam auf mich zu, als ich gerade drin war. Ich wußte gar nicht, wie man das tanzt und habe nur rumgehampelt. Sie spielten gerade "Oh mein Papa" und zum Glück sagte Joachim "Eins nach vorn, zwei zurück und hinten umdrehen". Ich glaube er hat sich geärgert, daß er mich geholt hat. Wäre Bärbel dagewesen, hätte er sicher nur mit der getanzt. Ich hoffte, daß Gudrun auch nicht besser tanzen konnte, aber die konnte! Mensch, hab ich mich blamiert, hoffentlich erzählt er nichts in der Schule zu den anderen Jungs!

Mittwoch, 2.5.56
Ich habe den besten Aufsatz geschrieben!
In Bodenteich war Jahrmarkt, aber keine Pferdewurstbude und kein Karussell.
Ich hab mir für 10 Pfennig eine Wundertüte gekauft mit einer Kette drin. Die schenke ich morgen meiner Oma, dann kriege ich sie irgendwann wieder zurück.

Dienstag, 8.5.56
Oma hatte Geburtstag und mein Vorkonfirmandenunterricht hat heute begonnen.

Mittwoch, 9.5.56
Mutti hat mein Buch "Die Aufklärung" gefunden und weggenommen, obwohl ich es mir von meinem Taschengeld gekauft habe. Außerdem hat sie die Puderschachtel gefunden, die ich in der Apotheke geklaut habe.
Das Schlimmste aber ist die Mecki-Puppe. Ich habe gelogen, daß Oma mir 5 Mark gegeben hätte, damit ich sie mir kaufe kann. - Ich habe Mutti fest versprochen, daß ich ihr keinen Ärger mehr mache, denn sonst will sie sich umbringen, weil eine Wahrsagerin ihr mal gesagt hat, daß sie das einmal tut..Ich habe ihr schon zu viel Kummer bereitet.
Sie will Vati nichts davon erzählen. Mutti ist ein Engel!

Dienstag, 16.5.56
Ich mußte heute etwas von Thams & Garfs holen. Ich sollte 7.50 DM bezahlen und fand kein Geld.
"Ach du Schreck! Jetzt hat Mutti mir kein Geld mitgegeben!" sagte ich und durfte ohne Bezahlen mit den Sachen nach Hause laufen. Zu Hause behauptete Mutti, mir 10 Mark in die Seitentasche gesteckt zu haben, und Vati sagt auch, daß ein Zehnmarkschein in der Kasse fehlen würde. Ich mußte zurückgehen und alles absuchen. Nichts! - Mutti hat dann gemeint, daß sie sich vielleicht doch geirrt haben könnte. Sonst hätte Vati wieder geschimpft, daß ich auf Geld nicht genug aufpasse. Jedesmal sagt er "Steck das Geld gut in die Rocktasche und halte die Hand drauf". So als ob ich noch ein Baby wäre!

Mittwoch, 17.5.56
Als ich aus der Schule kam, hatte ich ganz fürchterliche Kopfschmerzen. Mutti meint, ich würde zu viel über die 10 Mark nachdenken.

Donnerstag, 18.5.56

Im Schlaf habe ich heute Nacht meine Impfpocke aufgekratzt. Sie ist jetzt ganz doll angeschwollen und ich will doch keine große Narbe kriegen. -

Meine Kopfschmerzen sind noch schlimmer als gestern. Ich habe schon 2 Aspirintabletten genommen. Mutti sagte, dann müßte ich wohl zu Hause bleiben. Aber die Jungs haben mir gestern meinen Roman weggenommen, den ich selber geschrieben haben, und haben gesagt, sie würden ihn dem Rektor geben.

Das muss ich unbedingt verhindern, weil ich da von nackten Liebespaaren geschrieben habe, und das geht die Lehrer nichts an.- Außerdem wollten wir heute in Englisch so schön Kaufmann spielen!

Mutti bestand darauf, daß ich liegen bleibe. Dann ist Mutti schuld, wenn ich in Englisch nichts lerne und wenn die Jungs den Roman zum Rektor bringen!

Freitag, 19.5.56

Heute war ich auch den ganzen Tag im Bett. Mutti hat mir das kleine Radio aus der Küche ins Zimmer gestellt.

Monika hat mich besucht und gesagt, daß die Jungs meinen Roman gestern in der Klasse liegenlassen haben und daß er heute nicht mehr da war. Jetzt habe ich Angst, daß der Hauswart ihn zum Rektorzimmer gebracht hat.

Heute gab es Ferien. Ich mag gar nicht dran denken, wenn die Schule wieder anfängt. Dann gibt's Ärger!

Sonnabend, 23.5.56

Heute mußte Vati jemanden nach Uelzen ins Krankenhaus bringen. Vati hat eine Art Taxiunternehmen und fährt einen Opel-Kapitän. Wir nennen das unser "Gängsterauto". Wenn die Fahrten von der Krankenkasse bezahlt werden, darf ich mitfahren, - bei Privatleuten nur, wenn die vorher gefragt werden.

Heute durfte ich, - weil ich mir in Uelzen Kakteen für mein Zimmer kaufen wollte.

Die waren sehr teuer, einer hat 2,50 und einer 1,80 DM gekostet.

Sonntag, 24.5.56

Waldi hat einen Hasen gefangen. Das dürfen wir niemanden sagen, sonst müßten wir ihn beim Förster abliefern. - Mutti hat ihm das Fell abgezogen, jetzt hängt er in der Waschküche.

Ich habe heute meine neuen Flecht-Bastschuhe angefangen, die Sohle ist schon fertig.

Mutti sagt, ich soll ihr auch welche machen.

Montag, 25.5.56

Heute morgen habe ich im Bett einen langen Zettel geschrieben, auf dem alles steht, wie gemein Herr Raddatz, unser Klassenlehrer, in den letzten Sommerferien auf Sylt zu mir war:

daß er mir nicht zweimal Suppe nachschenken wollte, obwohl mein blöder Plastikteller so klein war und sich mit der heißen Suppe gar nicht anfassen ließ.

Und daß er so geschimpft hat, weil wir bei "Abessinien" in den Dünen geschaut haben (FKKStrand) usw.

Und daß er Mutti gepetzt hat, daß ich mir selbst den Pony abgeschnitten habe und nicht die anderen Mädchen im Zelt.

Und daß ich es gemein fand, daß er nicht dafür gesorgt hat, daß Ursel Müller auch mitfahren durfte usw.

In der Pause gab ich Hannelore den Zettel zum Lesen, die gab ihn Brunhild Penndorf, die hat ihn in der Englischstunde auf dem Tisch liegen lassen, wo ihn Ingrid Lehneke, die neben ihr sitzt, aufgemacht hat. Herr Thies, unser Englischlehrer, sah das und Ingrid mußte ihn vorbringen. Mein Herz klopfte! Was würde nun werden?

Das dicke Ende kam dann in der Deutschstunde: Herr Raddatz kam auf mich zu und zeigte mir den Zettel mit den Worten :"Ilse, das hat mich sehr, sehr traurig gemacht. Ich wollte aus dir einen besseren Menschen machen, aber wenn du nicht aufhörst, ständig Romane zu schreiben, wird nie was aus dir."- Er zerriß den Zettel und warf die Fetzen in den Papierkorb und dann sagte er : "Deine Pornografie-Blätter werden zum Schulrat geschickt! "

Ich wußte vor lauter Schreck nicht, was er damit meinte. Horst Bartelt sagte dann, so nennt man Romane mit nackten Menschen. - Oh Gott, hätte ich die Blätter nur nicht mit in die Schule genommen! Hoffentlich erfährt Vati das nicht.

Dienstag, 26.5.56

Als ich heute morgen auf meinem Nachtpott sitze, sagt es auf einmal knack und ich sitze in den Scherben. Ich habe mir einen kleinen Riß am Hintern zugezogen.

Als ich zu Mutti ans Bett ging, wurde mir ganz schwarz vor Augen. Ich mußte mich sogar übergeben. Das kommt bestimmt von dem vielen Sauerampfer, den ich gestern gegessen habe.

Alle, die den Umzug beim Kinderschützenfest nicht mitmachen wollen, machten eine Fahrradtour mit Herrn Raddatz. Wir trafen uns bei der Schule und um 8 Uhr ging es los: Erst nach Reinstorf, dann nach Bokel, wo wir eine alte Kapelle besichtigten und den alten Speicher ansahen. Dann kehrten wir um und mußten von Bokel bis Nienwohle zu den Fischteichen durch die Heidewüste schieben! Die Sonne brannte, nirgends was zu trinken! Mit Müh und Not erreichten wir ganz schlapp Bodenteich. Zu Hause mußte ich erstmal trinken. Dann machte ich schnell Schularbeiten und schälte die Kartoffeln für morgen. Das ist meine tägliche Aufgabe, weil Mutti nicht mehr so ein gutes Gefühl in den Händen hat.

Um halb fünf durfte ich dann auf den Schützenplatz. Ich saß mit Anke, Jutta und Frau Dittberner an einem Tisch. Ich habe mit Werner Mahlke getanzt und mit Uwe Gade, und einmal mit Marianne. Die kann ja vielleicht gut tanzen! Aber ich mag lieber mit Jungs. -

Ritzer hat mich einige Male geholt und dann einer aus der achten Volksschulklasse. Der lächelte mir immerzu ins Gesicht, da habe ich wieder dieses komische Gefühl gehabt.

Abends durfte ich noch mal hin. Als ich gerade im Schützenhaus war, fing es an zu donnern und zu blitzen und in wahren Bächen kam es vom Himmel herunter. Alle waren draußen zum Zugucken, und getanzt haben in der Zeit nur die Liebespaare.

Donnerstag 31.5.56

Mutti hat beim Frühstück geschimpft, daß sie gestern allein mit Vati stundenlang die Werkstatt und den Kartoffelkeller ausleeren mußte. Alles war voll Wasser, die Kartoffeln schwimmen jetzt noch in der Patsche. Und das Schlimmste ist, daß auf dem Hof auch unser Zelt weggeschwommen ist, wo ich mit Monika drin gespielt habe. Vati sagt, jetzt ist es total ruiniert und wir dürfen es nicht wieder aufbauen. Da kann ich doch nichts dafür, wenn es so ein Unwetter gibt!

In der Schule ging der Ärger weiter.

Ich habe in Englisch eine Vier geschrieben. Da stand was v o r der IV und ich konnte das nicht lesen.

Herr Thies sagte wütend: " NOCH heißt das, Noch Vier! Schämen solltest du dich. Laß deine Schreibereien sein, dann wirst du auch besser in der Schule." - (er meinte wohl den Zettel und den Roman).

Oh Gott, wenn der wüßte, daß ich mein Kinderbuch fast fertig habe! Wenn das wirklich gedruckt wird, kann ich mich gar nicht freuen, weil die in der Schule dann sagen: sie hätte lieber vernünftig lernen sollen.

Lieber Gott, was soll ich nur machen? Soll ich das Schreiben aufgeben?

Mittwoch 13.6.56

Wir bekamen heute vom Rektor eine Probepackung "Schauma"-Haarwaschmittel. Das stinkt ja furchtbar!

In der Pause beschmierte mich Mecki damit im Gesicht. Ich machte es mit meinem Taschentuch ab und wusch es dann in der Toilette aus.

Weil das Tuch so schön plitschnaß war, bespritzte ich die doofe Hagdmann, die gerade neben mir stand.

Die war gleich beleidigt.

Hannelore Peters schlug "Miß Bodenteich" so richtig mit dem nassen Taschentuch auf die Bluse, und die fing gleich furchtbar an zu meckern, weil man jetzt ihren Büstenhalter sehen konnte.

In der nächsten Pause kam die Schwester von "Miß Bodenteich" , sagte was zu mir, was ich nicht verstand und haute mir eine runter.

Die Hagdmann kam dazu, trat mir mit voller Wucht auf den rechten Fuß und lief wieder weg.

In der Handarbeitsstunde hat mich Frau Pritzkat angemeckert, warum ich mir immer die wehrlosen Geschöpfe von den Flüchtlingsbaracken aussuche und all so'n Kram. Vati sagt, von dem Zigeunerpack soll man sich nichts gefallen lassen, sonst breiten die sich überall aus. Aber das habe ich der Pritzkat nicht gesagt,weil die ja auch von Ostpreußen ist.

Freitag, 15.6.56

Ich habe heftige Leibschmerzen. Mutti meint, das käme vom Brausepulver, ich glaube ich habe zu viele Stachelbeeren gegessen.

Sonnabend 16.6.56

Morgen ist der Tag der deutschen Einheit, dafür hatten wir heute frei. Ich lag den ganzen Tag mit dollen Bauchschmerzen im Bett.

Vati und Mutti flüstern so komisch, ob die denken, ich kriege ein Kind?

Sonntag, 17.6.56

Ich bin so traurig, weil Monika immer zu Regine geht und mit ihr Musik hört.

Mutti meint, ich solle doch Lieselotte als Freundin nehmen. Aber ich weiß nicht so recht.

Monika habe ich alle meine Geheimnisse anvertraut, da bleibe ich lieber wieder allein, als daß ich mit einer neuen Freundschaft anfange.

Freitag, 22.6.56

Heute hatten wir Singen bei Herrn Hildebrandt. Ich sollte das Trallala bei "Mein Vater ist ein Wandersmann" singen. Zu Hause hatte ich immerzu geübt, aber als Herr Hildebrandt mit der Geige auf mich zukam, wurde mir ganz schwarz vor Augen und ich kriegte keinen Ton raus. "So leicht geht das nicht, man muß üben" sagte er und ich war wütend.

14

Letzte Woche hat Herr Raddatz über 60 Mark verloren. Hannelore Peters hatte gestern das Geld für die Physikbücher eingesammelt und heute fehlte ihr ein Zehnmarkschein aus dem Turnbeutel. Herr Raddatz meint, in unserer Klasse würde jemand klauen und es sollte keiner mehr mitnehmen, als unbedingt nötig. Und weil er auf Hannelore einen Piek hat, hat er sie feste ausgeschimpft, daß es unvorsichtig wäre, im Turnbeutel Geld spazierenzutragen. - Hannelore tat mir richtig leid, und so habe ich Monika Synder gefragt, ob wir vielleicht alle für sie sammeln sollten. Lieselotte, unsere Klassensprecherin, war auch einverstanden. - In der Stunde schrieb ich einen Zettel: Sie braucht das Geld aber schon heute abend!

Der sollte über Ursel zu Lieselotte gehen. Aber Herr Raddatz hat ihn gesehen und gelesen und dann hat er auf mich losgeschrien: "Was fällt dir ein?! Müssen die anderen nach deiner Pfeife tanzen? Bist du hier die Klassensprecherin oder was?" - Ich sagte dann, daß Lieselotte selbst gesagt hatte, daß wir sammeln sollen und da sagt die Kuh: "Iiiiiich?" Ich habe ihr unauffällig einen Vogel gezeigt und sie in der Pause fertiggemacht.

Jetzt wird nicht gesammelt und Hannelore wird von ihrem Vater sicher verhauen werden.

Freitag, 29.6.56
Weil ich morgen Geburtstag habe, fuhr ich heute zum Geschenke einkaufen mit Mutti nach Uelzen.
Ich bekam eine blaue Cordhose, richtig eng unten und mit zuschnürbarem Schlitz.
Dazu eine rote Cordbluse, also so etwas Schönes habe ich noch nie gesehen!
Außerdem bekam ich noch ein Portemonnaie, ein Nicky-Tuch und das Buch "Die Schatzinsel".
Wir haben noch einen Schaufensterbummel gemacht und eine Tasse Kaffee getrunken.
Das war ein schöner "Vor-Geburtstag".

Sonnabend, 30.6.1956
Heute bin ich zwölf Jahre alt geworden! - Wie immer stand auf meinem Frühstückstisch anstatt Geburtstagstorte ein Teller mit rohen Karotten und Kohlrabi, Äpfeln, und sauren Gurken.
Mutti sagt, wenn ich auf Süßigkeiten verzichte, werde ich immer meine schönen Zähne behalten.
- Naja, die tollste Überraschung war ..... eine Tafel Schokolade von Tante Else!
Die war das Porto sicher nicht wert, aber ich habe trotzdem so getan, als ob ich mich freute und habe einen langen Dankesbrief geschrieben.
In der Schule war mein Platz geschmückt mit einem Kornblumenkranz ! Das hatten Hannelore und Brunhild gemacht. Ich kaufte in der Pause für 50 Pfennig Bonbons und verteilte sie in der ganzen Klasse.

Sonntag, 1.7.56
Heute kam Monika und schenkte mir eine kleine Flasche Parfum und ein Stück Seife.
Wir haben Federball gespielt, Kaffee getrunken und sind ins Kino gegangen zum Film "Musik im Blut".
Vati und Mutti machten dann mit uns noch einen Spaziergang durchs Dorf und dann haben wir Moni nach Hause gebracht. Das war ein schöner Tag!

Montag, 2.7.56
Heute sagte Helga zu mir, ich bräuchte bald einen Büstenhalter. Als ich eben gelaufen sei, wäre das immer rauf- und runtergewackelt. So eine Gemeinheit! Soll sie sich doch einen kaufen.
(Ich würde gern schon einen haben, aber Mutti sagt, ich wäre noch zu jung).

Freitag 13.7.56
Wir haben Sommerferien!
Als ich heute abend meine Fingernägel sauber machte, sah Mutti mir eine Weile zu und sagte dann:
Du hast deine Finger schon wieder abgeknabbert. - Stimmt, aber ich hab's natürlich abgestritten und gesagt, die würden von selber abbrechen. Mutti hat das zu Vati gesagt und Vati hat gemeckert: Soll sie doch rumlaufen wie ein Zigeuner , aber schöne Kleider gibt's dann nicht mehr! - Ich habe heute abend nicht Gute Nacht gesagt!

Mittwoch, 18.7.56
Heute morgen sagt Mutti, Vati will jetzt jeden Abend meine Fingernägel kontrollieren. Gott, der stellt sich ja an! Ich habe mit Mutti ausgemacht, daß ich ihm die Fingernägel erst zeigen muß, wenn sie wieder lang sind.

Donnerstag 19.7.56
Heute mußte Vati einen Jungen von den Berliner Kindern ins Krankenhaus bringen. Die zelten bei uns in Bodenteich auf dem Sportplatz und haben keine Eltern mehr. Ich würde gern mal hingehen und mit ihnen reden, vielleicht könnte mal einer privat zu uns zu Besuch kommen. Aber Vati sagte gleich, das käme überhaupt nicht in Frage, die wären alle asozial und ich könnte von denen nichts Gutes lernen.

Dienstag, 24.7.56
Heute habe ich wieder "alle vier Wochen". Die Mädchen sagen immer im Turnen, sie haben ihre Tage,
aber ich weiß jetzt nicht, ist die Einzahl "die Tage" oder "der Tag"? Manche sagen auch, "Ich habe Besuch" . Ist ja blöd, daß wir Frauen das durchmachen müssen, jetzt weiß ich auch, daß die Bauchschmerzen nicht vom Sauerampfer kamen. Ich spreche da nur mit Mutti drüber, hoffentlich erfährt Vati das nicht.

Montag, 13.8.56
Ich durfte ein Wochenende bei Tante Else und Onkel Albert in Braunschweig sein.
Wir sind im Stadtpark zu einer Modenschau gewesen und dann habe ich für meine Cousine Astrid eine Hütte im Garten gebaut. Ich war richtig traurig als ich wieder in unser langweiliges Dorf zurückkehren mußte.
Ich würde gern öfter nach Braunschweig fahren, aber Mutti versteht sich nicht so gut mit denen. Tante Else ist neidisch auf uns, weil wir ein Geschäft und eine Tankstelle haben, sagt Mutti.
Die zwei Schwestern von Mutti wohnen in Gifhorn. Aber wir fahren nur manchmal, Tante Hermine besuchen.
Mutti sagt, die wirft immer ein Auge auf Vati.
Und zu Tante Ruth fahren wir schon lange nicht mehr. Die ist geschieden und hat einen neuen Freund. Der hat mir mal in der Speisekammer ins Höschen gefaßt. Mutti hatte mir verboten, mit irgendjemanden darüber zu reden. Habe ich aber doch. Weil Monika meine beste Freundin war.

Die hat es dann ihrer Mutter erzählt, und so hat es Vati beim Tanken erfahren. Da gab es einen Riesenkrach, weil ich damals erst 10 Jahre alt war. Mutti schrie weinend im Haus herum, daß jetzt alle in Bodenteich mit Fingern auf uns zeigen würden. Naja, wir sind dann nie wieder da gewesen....

Dienstag, 14.8.56
Die Sommerferien sind zu Ende und nun geht der Ärger mit der Schule wieder los!
Ich wollte mir heute in der Bücherei das Buch "Vertrauen in Erika" holen, da sagte Herr Pritzkat: "Das ist noch nichts für dich, - auch wenn du selber schon Schriftstellerin bist". Oh Gott, haben denn alle Lehrer schon meinen Roman gelesen? Ich schäme mich richtig, weil ich doch so viel von Liebe geschrieben habe. Eigentlich wollte ich ihn verleihen, damit ich etwas verdiene, jetzt ist er beim Schulrat. - Wenn die alle wüßten, daß ich an einem Kinderbuch schreibe!. Aber eines Tages wird es hier in der Bücherei stehen und dann werden sie staunen!
Ich habe mir dann ein Buch von Enid Blyton genommen, da wird er ja wohl zufrieden gewesen sein.

Sonnabend 25.8.56
Heute ist was ganz Aufregendes passiert: Wir hatten einen Orkan-Sturm in Bodenteich!
Erst habe ich mich gefreut, weil so viele dicke Bäume umgebrochen sind, und die Dachziegeln in der Gegend herumflogen. Aber als dann Heinrich Niebuhr zu uns kam, und sagte, daß bei uns auch ein Stück Dach weggeweht ist, habe ich es mit der Angst gekriegt. Vati war mit dem Pastor nach Nienwolde zu einer Hochzeit und so bin ich auf den Dachboden gekrabbelt und habe versucht, das Loch mit Brettern zu vernageln.
Mutti lief unten rum und jammerte nur, aber davon wurde es auch nicht besser. Ich war richtig stolz, 1.)daß ich es wirklich geschafft habe und 2.)die Leute von der Straße heraufgeschaut haben, als ich da oben auf dem Dach herumhämmerte. Der Sturm hat ringsum viel Schaden angerichtet. Auf unserem Feld sind Apfelbäume und Pflaumenbäume entwurzelt und das unreife Obst liegt auf der Erde. Man kann prima darauf herumkrabbeln.
In Langenbrügge sind ein paar Häuser abgebrannt, die Feuerwehr konnte nichts mehr machen.

Sonnabend, 1.9.56
Bei den Schulsportspielen heute habe ich wieder mal keine Urkunde bekommen. Ich bin ja so eine Niete im Werfen! Und dann bin ich zu langsam gelaufen und zu wenig weit gesprungen. Ich hatte eine Riesenwut!

Vati und Mutti haben in Uelzen zwei Sessel fürs Wohnzimmer gekauft: Das sind vielleicht altmodische Dinger! Da mag man ja niemanden einladen!

Montag, 3.9.56
Heute abend, als ich mit Mutti und Waldi spazieren ging, bat ich Mutti , mir alles vom Kinderkriegen zu erzählen. Sie hat einfach gesagt, ich solle ihr mal erzählen, was ich schon weiß. Ich sagte nur, daß ich gar nichts weiß, nur daß man sich nackt auszieht. Und da hat Mutti gesagt: "Naja, in der Hochzeitsnacht zieht die Frau dann mal das Nachthemdchen ein bißchen hoch und dann bestellen sich die beiden ein Kind."

Jetzt bin ich genauso klug wie vorher, und die anderen in der Klasse kichern immer und wollen mir auch nichts erzählen. Mutti will mir auch das Buch nicht zurückgeben, was sie einkassiert hat. Aber da stand das sowieso so kompliziert drin, daß ich es nicht verstanden habe.
Mittwoch, 13.9.56

In der Schule ist heute etwas ganz Schlimmes passiert: Die Jungs knifften viele Papierflugzeuge und ließen sie durchs Klassenzimmer fliegen. Herr Böhl, unser Mathematiklehrer, merkte natürlich nichts. Noch nicht einmal, daß Heinrich und Uwe einige Flieger aus dem Fenster zielten. Auf einem hatte Uwe eine Karikatur vom dicken Schneidewind, unserem Erdkunde-Lehrer, aufgemalt! Unten im Schulhof landete es genau vor den Füßen von Rektor Warneke! - Naja, Ende vom Lied, Uwe soll von der Schule fliegen!

Sonnabend, 16.9.56
Heute begann meine Freundschaft mit Bärbel Labusch aus Lüder, die so gut Pferde zeichnen kann! Sie hat bei uns im Laden etwas fürs Fahrrad gekauft und ich habe sie dann nach hinten zu meiner "Zeltruine" genommen. Wir haben die Plane wieder aufgestellt und alles Mögliche vom Dachboden runtergeschleppt und ins Zelt gestapelt. Morgen kommt sie wieder. Erst richten wir ein und dann spielen wir richtig.

Sonntag, 17.9.56
Als ich heute auf den Hof kam, traute ich meinen Augen nicht: Vati hatte alles weggeräumt, was wir gestern angeschleppt hatten! Auch die ganzen Lumpen, die wir so schön zum Auspolstern benutzen wollten. Und das Geschirr von Oma, den Besen und das Werkzeug. Das ganze Zelt war leer! - Ich habe geheult und Vati gefragt, warum er das getan hat, da sagte er nur: „Du räumst ja doch nicht auf. In deinem schönen Zimmer sieht es aus wie bei den Flichtlingen. Da mußt du den Hof nicht auch noch herrichten wie eine Müllhalde!"
Das fand ich so gemein! Vati ist eklig, überhaupt wenn er so über die Flüchtlinge redet. Ich finde es sowieso ungerecht, daß wir zu viert ein großes Haus bewohnen und Gudruns Familie wohnt zu fünft in einem kleinen Zimmer beim Pfarrhaus. Und vor der Tür haben sie eine dicke Decke, weil es sonst zu kalt ist. Die haben alles in Ostpreußen verloren und meine Eltern haben alles behalten. - Mein Zimmer sah nur deshalb so schlimm aus, weil ich gestern mit Bärbel alle Sachen herausgewühlt habe, damit wir schnell weiterbauen konnten. - Ich bin um sechs ins Bett gegangen und habe nicht Gute Nacht gesagt! Ich bin so traurig und trotzdem froh, daß ich mein Tagebuch habe, das ist mein bester Freund.

Freitag, 22.9.56
Wir haben Kartoffelferien und ich habe ein gutes Zeugnis, acht Zweier und neun Dreier.
Vor einigen Tagen kam ein junger Lehrer aus Heuersdorf einige Male bei uns zum Tanken. Er hat immer anschreiben lassen und wollte es am Monatsende bezahlen. Als er schon 85 Mark Schulden hatte, hat sich Vati mal in Ötzen erkundigt, von wo er nach Heuersdorf versetzt worden sein soll. - Da kam heraus, daß er gar nicht Lehrer ist, seine Frau ist auch nicht seine Frau, und er saß sogar schon mal wegen Autodiebstahl im Gefängnis. Gestern hat Vati ihm gesagt, daß er keinen Benzin mehr kriegt, bevor er alles bezahlt hat.
Da ist der "Herr Lehrer" nach Haus gefahren, um einen Scheck zu holen, und bis heute noch nicht gekommen.
Vati sagt, das Geld können wir abschreiben, der ist über alle Berge!

Freitag, 12.10.56
Die Schule hat wieder angefangen und gleich gibt es eine schlimme Nachricht: Gudrun hat auf dem Kartoffelfeld erzählt, daß ich geklaut habe. Und sie hat sogar gesagt, daß ich bei Koch was gestohlen hätte, und gerade bei denen habe ich nichts geklaut! Das ist erst richtig gemein! In Bomke hat die

Hagdmann von mir so viel Schlimmes erzählt, und die Frauen auf dem Feld hätten gesagt, daß die Brandten so eine Tochter nicht verdient haben. Ich werde Gudrun morgen zur Rede stellen.

Sonnabend, 13.10.56
Gudrun sagt, sie kann schließlich nicht zu all den Frauen gehen und sagen, daß ich bei Kochs nichts geklaut habe. Ich finde das so gemein!

Freitag, 19.10.56
Ich habe beim Preisausschreiben eine Hohner-Mundharmonika gewonnen, sogar so eine, wo man mit einem Hebel noch halbe Töne rauskriegt. Ich habe den ganzen Nachmittag auf dem Hühnerstalldach gesessen und gespielt.

Dienstag, 23.10.56
Als ich heute abend an meinem Kinderroman weiterschreiben wollte, ... war er weg! - Ich suchte überall im Zimmer und wußte doch genau, daß ich ihn im Nachttischen unter den Schulatlas gelegt hatte. Ich hatte Mutti in Verdacht und fragte sie sofort. Erst tat sie so, als ob sie überhaupt nichts wisse, aber als ich sie einfach fragte, ob sie ihn mir mal wieder gibt, meinte sie: Vielleicht zu Ostern, wenn du ein schönes Zeugnis nach Hause bringst. - Also hat sie ihn doch! Warum nur? - Ich glaube, sie liest auch mein Tagebuch!
Ich darf keine Geheimnisse mehr ins Tagebuch schreiben!

Mittwoch, 24.10.56
Heute abend lag das Buch wieder im Nachttischchen. Vielleicht wollte sie es ja nur lesen. - Ich bin Mutti ja so dankbar. Meine liebe, gute, gute Mutti! - Manchmal denke ich, mein Manuskript wird niemand drucken.

Sonntag 11.11.56
In meinem Horoskop steht, daß ich in nächster Zeit etwas gewinnen könnte. Ich habe mir einen Lottoschein aus Wieren mitbringen lassen und ihn ausgefüllt. - Wenn ich wirklich etwas gewinne, kann ich dafür mein Buch drucken lassen und den Rest würde ich meinen Eltern geben.

Montag 12.11.56
Ich denke ständig nur ans Lotto!
In den Nachrichten kommt nichts Gutes: Ägypten hat zwar Waffenstillstand, aber die Russen kommen mit neuen Waffen wieder. Vati sagt, vor den Russen muß man immer Angst haben, die geben nicht nach.
In Kairo ist eine russische Bombe runtergegangen. Man redet von einem 3. Weltkrieg. In Ungarn ist Krieg und Deutschland nimmt 3000 Ungarnflüchtlinge auf. - Ich habe solche Angst!

Dienstag, 13.11.56
Niete! Nicht eine Zahl ist richtig. Schade um den Einsatz.

Sonntag,18.11.56
Mutti ist krank. Ich weiß nicht, was sie hat, aber sie weint den ganzen Tag. Ich muß kochen und sauber machen. Zum Glück ist morgen schulfrei wegen Buß- und Bettag. Ich mag lieber im Haushalt arbeiten, als in die blöde Schule zu gehen.

Ich habe zwei Sechsen in Erdkunde und eine Fünf in Geschichte geschrieben. Vor einer Woche hatten wir bei "Hulda" eine Religionsarbeit geschrieben. Natürlich hatte ich nicht gelernt und habe einfach keinen Zettel abgegeben. Heute haben alle die Arbeiten zurückgekriegt. Als wir ihr die Zensuren fürs Klassenbuch angeben mußten, habe ich einfach gesagt: "Ich hab gefehlt". Und sie hat einen Strich gemacht!! Hoffentlich verpetzt mich keiner.

Freitag,14.12.56
In der Englischarbeit habe ich zum Glück noch eine Vier. Ich hatte anstatt six "sex" geschrieben und Herr Thies fragte mich, ob ich wisse, was sex heißt. Da habe ich gesagt: Sexbombe, so wie Marilyn Monroe.
Er hat gegrinst und gesagt, ich solle mal im Wörterbuch nachgucken.
In Mathematik hat mich Böhl vor die Tür geschickt. Ich habe immer gesagt: Ja, Herr Böhl! -und Nein, Herr Böhl! -und Doch, Herr Böhl. Das hat ihn aufgeregt. - Die Tür hat eine Glasscheibe. Da habe ich dann immer groß drüber gewinkt, ich hörte sie drinnen kichern. Dann mußte ich wieder reinkommen und mich in die Ecke stellen. - Zum Glück hat's dann bald zur Pause geklingelt.

Sonntag, 16.Dezember 1956
Letzte Woche haben wir in Deutsch bei Herrn Raddatz ein freies Thema für einen Aufsatz wählen können. Da habe ich gewählt: "Eine Stunde bei Lehrer Böhl" und alles ganz genau beschrieben, so wie er spricht:
"Richtig Ursssula", und "Scherr dich vorrr die Türrr, du dommes Ding!" und "Er wurde so wütend und sein Kopf glich einer Tomate". Alle sagten, das würde bestimmt der beste Aufsatz werden....
Heute hat Herr Raddatz gesagt, daß wäre eine Unverschämtheit und hat mir eine 6 gegeben! Ich finde das ungerecht!

Dienstag, 18.12.56
Zu Weihnachten spielen wir ein Theaterstück für die Eltern. Wir sind zum Üben ins Schützenhaus gegangen.
Ich komme nur im vierten Bild vor, und es war so langweilig hinter der Bühne zu stehen, wenn man nichts sehen kann. Da bin ich mit Monika Eberhardt runter gegangen in den Sektkeller. .... und da waren auch schon die meisten Jungs und tranken die Weinreste aus den leeren Flaschen. Da entdeckte Rolf Penno eine Kiste mit vollen Sektflaschen. Es ging alles so schnell: Jemand öffnete ein paar Flaschen und überall schäumte der Sekt über, wir süffelten nacheinander an den Flaschen. Während wir so herumkicherten, stieß einer einen Barschemel um und machte einen Riesenkrach. Wir hörten Schritte von oben und erblickten....Schneidewind! Nichts wie weg! Ich hatte gerade meinen Mund voll Sekt und hätte mich sicher verschluckt, wenn ich nicht alles in einer Ecke ausgespuckt hätte. Herr Schneidewind hat oben dann noch furchtbar gewettert, wir müßten dem Brunhöfer die Flaschen bezahlen und eine kostet 12 Mark! Mir war es ganz schlecht vom Sekt und vor Angst.
Wir mußten dann den ganzen Sektkeller aufräumen und naß aufwischen, so daß man nichts mehr merken konnte. Irgendwie war ich froh, daß wir das machen konnten, so habe ich mein schlechtes Gewissen abgearbeitet.

Weihnachten 1956

Das Theaterstück ging gut über die Bühne, Herr Brunhöfer hat sich wegen der Sektflaschen auch nicht gerührt. Vielleicht hat er es gar nicht gemerkt.

Als Weihnachtsferien waren, habe ich viel zu Hause helfen müssen, Mutti hat mit mir das ganze Haus und den Fahrradladen geputzt und dann haben wir bei eisiger Kälte die Tankstelle sauber gemacht und den Hof und den Fußweg gefegt. Muttis Hände sehen schon wieder schlimm aus, alles voll Ekzeme und juckende Pusteln.

Dr. Hinze sagt, sie hat nicht nur eine Allergie auf Erdbeeren sondern vielleicht auch auf Benzin. Mutti tut mir so leid. Sie weint deswegen oft und sagt immer: Ich möchte ja gern arbeiten, aber ich kann nicht.

Heiligabend war schön! Wir machten schon um 5 Uhr die Bescherung, weil wir danach noch ohne Oma feiern wollten.

Das bekam ich: Einen neuen Bücherschrank, eine Laubsäge, einen schwarzen Pullover, "Werkbuch für Mädchen" und "Meine Welt", ein Micky-Maus-Heft und einen schicken Hocker für mein Zimmer und von Tante Hedchen Taschentücher, um die ich eine Spitze häkeln kann.

Vati bekam: "Zille sein Milieu", Weinbrand, Rum-Verschnitt, Zigarren, einen Schlips, einen Schal und Socken.

Mutti bekam: Mouson-Seife und Creme, einen Tropfenfänger für die Kaffeekanne, ein Körbchen aus mit Bast bewickelter Wäscheleine(hab ich gemacht!)

Wir waren alle sehr zufrieden.

1. Weihnachtstag

Ich sollte Oma ein Stück Kuchen ins Zimmer bringen. Da lag sie auf dem Fußboden und stöhnte "Ich liege schon paar Stunden hier". Ich holte Vati und Mutti, die haben sie dann ins Bett gehoben. In Omas Zimmer stinkt es ganz furchtbar, weil sie immer in die Hose macht. Mutti hat alles gefegt und aufgewischt. Aber es stinkt immer noch. Mutti hat geweint, weil doch Weihnachten ist. Ich habe auch geweint und dann hat Vati gefragt:" Was heulste denn?" - "Wegen Oma, das weißte doch," habe ich ganz patzig gesagt, schließlich hätte er sich das auch denken können.

"Ach, die wird wieder gesund, "meinte Vati da.

"Und Mutti? Meinste Mutti macht das Spaß, hier am Weihnachtstag die stinkende Bude zu putzen??!"

"Du spinnst ja," hat er gesagt und ist rausgegangen.

2. Weihnachtstag

Mutti muß Oma waschen und immer wieder rumdrehen und füttern und die Gummihosen auswechseln.

Warum werden Menschen so alt, wenn sie sich nicht mehr selber versorgen können?

Mutti weint immerzu nur. Als sie abends von Oma kam, sagte sie:" Ich haue noch eher ab als Oma, ich häng mich auf!- "

Ich bewachte sie den ganzen Tag, Mutti hat sowas schon oft angedeutet. Sie war einmal, als sie ganz jung war, bei einer Wahrsagerin und die hat ihr gesagt, daß sie keines natürlichen Todes sterben würde. Mutti sagt, das heißt, daß sie sich einmal selbst das Leben nehmen wird. Ich habe solche Angst davor, daß sie das wirklich einmal tut.

Sonntag 29.12.56

Heute hat mich Moni eingeladen. Ihre Eltern waren weggefahren und wir waren allein zu Hause. Wir wollten unbedingt irgend etwas ausfressen, wußten aber nicht was. Um 5 Uhr meinte Moni, ob wir Wein trinken wollen.

Wir haben uns in der Speisekammer eine Flasche aufgemacht und zu zweit ganz ausgetrunken. Um 6 Uhr kamen meine Eltern und holten mich. Ich habe die ganze Zeit nichts gesprochen, weil Moni sagte, man könne den Alkohol aus meinem Mund riechen.

Silvester 56

Heute habe ich Blei gekauft und wir haben es abends gegossen. Ich habe immer nur Fische, Vati hatte einen Pinguin und Mutti einen Felsen. - Komisch! - Um 10 Uhr ging Mutti schlafen, und ich dann auch, weil ich nicht mit Vati allein rumsitzen wollte. Als ich Mutti Gute Nacht sagte, sah ich, daß sie weinte. Sie konnte aber nicht sagen, warum. So hat sie in das neue Jahr hineingeweint. Arme Mutti.

Sonnabend, 5.1.56

Als Mutti mich heute kämmte, sagte sie, sie könne mit den Fingern nicht mehr die langen Zöpfe flechten. Also schickte sie mich zum Friseur Fuchs und ritsch-ratsch, waren die Haare ab. Jetzt habe ich einen Pferdeschwanz.

Mittwoch, 8.1.57

Heute fing die Schule wieder an.

Als Mutti abends bei Oma ins Zimmer kam, saß sie aufrecht im Bett und sagte ganz wirres Zeug: "Wie siehst du denn aus? Das ist ja alles so komisch hier. - Was wollen denn so viele Leute hier im Zimmer?"

Als Mutti runterkam und das erzählte, fuhr es mir durch wie ein Blitz: sie stirbt!

Sie kam erstmal ins Krankenhaus.

Freitag, 10.1.57

Oma geht's gut. Wir haben sie heute besucht, und sie dachte, sie kann mit nach Haus. Der Arzt hat zu Vati gesagt, daß sie nicht mehr lange lebt, weil das Herz schon ab und zu aussetzt. Bei Vati haben die Lippen gezittert, weil es ja doch seine Mutter ist.

Sonntag, 12.1.57

Heute waren Onkel Albert und Tante Else auch im Krankenhaus. Mutti hat gesagt, jetzt wo es bald was zu erben gibt, kommt Tante Else auch mit... Oma kann schon nicht mehr richtig sprechen. Vati hat geweint.

Ein Mann weint ganz anders als eine Frau. So leise und unsichtbar.

Montag, 20.1.57

Ich war paar Tage nicht in der Schule, weil ich vereiterte Mandeln habe. Heute durfte ich in der Küche auf dem Sofa sitzen und mit meinem Webrahmen weben.

Oma geht es wieder gut, - sehr gut sogar! Die lebt noch paar Jahre! Arme Mutti!

Freitag, 1.2.57
Heute konnte, bzw. mußte ich wieder in die Schule. Ich hatte meinen neuen roten Rollkragenpullover an, und Heinrich hat immer zu mir rübergesehen.

Sonntag, 3.2.57
Wir haben Oma besucht. Plötzlich an ihrem Bett wurde mir schlecht. Ich hatte gar nicht mehr gemerkt, daß Vati mich auf den Flur getragen und auf eine Bahre gelegt hat. Als ich dann wieder zu mir kam, hat er vielleicht gemeckert: Raus an die Luft, raus, raus, das ewige Stubenhocken und Dichten!
Ich hab dann gesagt, daß ich ja immer auf die Tankstelle aufpassen muß, wenn er aufs Feld fährt!!
Jetzt darf ich vielleicht öfter mit anderen Kindern spielen, hoffentlich!

Montag, 4.2.57
Heute war ich bei Anke. Wir haben mit Rolf Penno Federball gespielt. Ich glaube, ich bin in ihn verknallt.

Montag, 11.2.57
Bärbel hat mich heute abgeholt. Wir sind ein bißchen herumgelaufen und dann haben wir uns hinter einem Busch versteckt und die Leute mit einer Luftpumpe, die mit Wasser gefüllt war, angespritzt. Frau Wegmeier hat geschrien, wir sollen ihr die Reinigung bezahlen. Dabei ist es doch nur Wasser gewesen. Blöde Zicke!

Montag, 18.2.57
Heute war ich mit Bärbel und Anke an dem Platz, wo ich mit Monika auf dem Jägerstand war. Der ist weg!
Erst waren wir enttäuscht, aber dann sind wir in der Kiesgrube mit der Lore auf den Schienen heruntergesaust.
Wenn sie unten angerumst ist, hat es den ganzen Körper durchgeschüttelt. Es hat riesigen Spaß gemacht, aber jetzt habe ich wieder Kopfschmerzen.

Donnerstag, 21.2.57
Rolf Penno hatte heute keine Geo-Hausaufgabe. Ich steckte ihm mein Heft zu. Er hat meinen Namen ausgestrichen, aber Herr Böhl hat es doch gemerkt. Penno hat wenigstens 10 Backpfeifen gekriegt und ich bin ins Klassenbuch geflogen: Ilse Brandt beteiligt sich am Unterricht mit einer betrügerischen Art!
Erst sagte er, ich solle heute nachmittag um 5 Uhr zu ihm nach Hause kommen. Dann hat er gesagt, ich brauche nicht. -
Ich bin mit Bärbel im strömenden Regen doch hingegangen, weil ich dachte, schaden kann es nicht.
Wir klingelten, er öffnete uns und ich sagte:" Herr Böhl, ich wollte mich bei Ihnen entschuldigen. "
Da sagt der Knallkopp: "Ich habe dich ins Klassenbuch eingetragen, jetzt kannste wieder laufen."
Jetzt tut er mir nie wieder leid, wenn die anderen ihn ärgern.

Montag, 25.2.57
Oma stirbt nicht. Sie wird in 14 Tagen entlassen.

Donnerstag, 28.2.37
Mutti und Hilde Schlegel waren bei einer Wahrsagerin in Wittingen. Sie verheißt Gutes: Oma lebt höchstens noch bis Juli/August, ich werde bald eine Prüfung bestehen und später bei der Post arbeiten. Die Männer werden sich um mich reißen und Mutti soll auf mich aufpassen, weil sich einer meinetwegen scheiden lassen wird.

Dienstag, 4.3.57
Heute haben wir einen Club gegründet: Jutta, Anke und ich. Ich bin der Boß.
Die Gegenpartei sind Bärbel, Monika Eberhard, Brunhild Langwald und Hannelore Peters.
Jetzt spielen wir wie in dem Buch "Kalle Blomquist" mit Schatz und so.

Mittwoch, 5. 3.57
Ich habe ein Lied gedichtet für unseren Club "Die schwarze Hand"Wir sind bekannt - im ganzen Land, - An jeder Ecke, jeder Tür, sieht man: Wir waren hier. Wir sind immer zu erkennen, und werden uns nie trennen. Mitten in der Natur - keiner findet je die Spur zu unserm Platz, da liegt der Schatz der schwarzen Hand. Wir schwörten uns die Treue -in Freude und in Leid, und niemals kommt die Reue, - Friede zu aller Zeit! Doch wenn die Grenzen brechen, dann geht es um Leben und Tod, dann wollen die Feinde sich rächen und kommt's auch zur größten Not.
Vati und Mutti haben mächtig geschimpft und Vati meinte:"Dann überfallt ihr auch noch Menschen und macht Einbrüche! Laßt das bloß sein!" So'n Blödsinn!

Donnerstag, 6.3.57
Heute hörte ich, daß sich der Gegenclub um 3 Uhr an der Lüderschen Straße treffen wollte. Ich setzte mich ins Contor und hielt Wache. Nach einer Weile kamen sie alle vorbei und ich schlich hinterher bis zu Böttchers. - Aber ich konnte sie nicht finden und wollte wieder heimgehen. Da kam Bruni an und sagte, Bärbel sei gar nicht gekommen. Jetzt wollen sie sie absetzen.

Freitag, 7.3.57
Club aufgelöst, war alles eine Pleite! - Ich glaube, die anderen dürfen auch nicht. Ich bin zu Anke gegangen, da haben wir mit Rolf Penno zusammen eine Hütte auf dem Hof gebaut.

Sonnabend, 9.3..57
Heute hatten wir Wandertag und sind mit dem Rad nach Suhlendorf gefahren, wo wir einen Bohrturm besichtigt haben. Das war stinklangweilig. - Als wir im Wald Rast machten, hat Anke dem Joachim Wagenschmiere, die ich mitgebracht hatte, ans Fahrrad geschmiert. Als er da reinfaßte, hat Jutta ihn geknipst. Joachim hat es dann Herrn Raddatz gepetzt: "Die Mädchen haben mir Marmelade da rangeschmiert!"
Wir haben vielleicht gekichert! Schade, daß er sich nicht die Finger abgeleckt hat.

Sonntag, 10.3.57
Oma ist wieder zu Hause. Nachmittags habe ich den Film "Liane, das Mädchen aus dem Urwald." angesehen. Das war der schönste Film seit langer Zeit!

1.Ostertag 57
Ich hatte so lange keine Zeit zum Schreiben und es ist so viel passiert. Mutti war 3 Wochen im Krankenhaus und wir waren allein mit Oma. Ich habe immer am Abend schon gekocht und Vati hat es mittags warm gemacht.

Zweimal haben wir Mutti besucht und Waldi in der Einkaufstasche mit reingeschmuggelt. Mutti weint immer nur.

Vati ist mit mir nach Uelzen gefahren, um meine Ostergeschenke zu kaufen- Ich bekam 1 schicke Tasche, 1 schicke hellgrüne Bluse, einen neuen Petticoat und ein schickes Kleid mit einem plissierten Rock, der sieht tausendmal schicker aus, als Bärbels Tellerrock!

Dienstag, 24.4.57
Ich habe mir die neue Bluse zerrissen, als ich bei Anke auf den Apfelbaum geklettert bin. Ich traute mich nicht nach Hause. Da hat Tante Hilde es schnell repariert, aber Mutti hat es heute bei der Wäsche gemerkt und geschimpft, weil ich keine neuen Sachen zum Spielen anziehen soll.

Mittwoch, 25.4.57
Heute ging die Schule wieder an, leider ohne Anke, weil die sitzengeblieben ist. Sie wird aber immer und ewig meine Freundin bleiben.
Im Schreibmaschine-Unterricht sitze ich neben Rolf Penno. Wir haben die ganze Stunde gekichert.Nachmittags war ich bei Anke. Penno war auch da. Ich habe ihn mit Wasser angespritzt und da hat er mir einen dicken Knüppel ans Bein geworfen, so daß da richtige Streifen sind und es beinahe blutete. Ich habe ihm aus Rache von seinem Fahrrad die Luft abgelassen und den Sitz und die Klingel abgeschraubt und in die Mülltonne geschmissen.

Sonntag, 29.4.57
Krönung der Heidekönigin in Bodenteich! - Jetzt wird Bodenteich berühmt durch Funk und Fernsehen, sogar die Wochenschau war da! Der Gemeindedirektor Schäfer hat ihr den Willkommenstrunk aus einem alten Becher überreicht. Ich bin immer in der Nähe der Heidekönigin gegangen, weil ich doch so gern gefilmt werden wollte.
Nachmittags war ich in meinem neuen schicken Kleid auf dem Schützenplatz. Als ich mir ein Eis kaufte, stand eine ganze Reihe Jungs hinter mir. Heinrich Bühring sagte zu Pommerien: "Fang bloß nichts mit der an, die ist schwer vergeben!" - Und dann sagte Rolf Penno: " Den möchte ich sehen, der bei der anbeißt! "Eigentlich hat es mich ja geärgert, aber ich habe so getan, als hätte ich es nicht gehört. Ich mag Joachim Pommerien trotz seiner Pickel. Vielleicht kriege ich ja auch bald welche.

1. Mai 1957
Großer Feiertag und schulfrei! - Ab 15 Uhr war Kindertanz. Ich habe mich nur für Pommerien schick gemacht. Aber er hat nur einmal mit mir getanzt und auch nur, weil Anke schon weg war. Dann hat er immer nur Gudrun genommen, immerzu nur Gudrun! Gemeiner Schuft! Pickelkönig!
Und Rolf Penno, der Feigling, hat laut über mich gelacht, als ich Coca-Cola aus der Flasche getrunken und mich furchtbar verschluckt habe.. Es kam mir aus der Nase, aus den Augen und aus dem Mund rausgeschäumt und ich dachte, ich ersticke. - Ich glaube, die Jungs mögen mich alle nicht, - ich bin so unglücklich!

Freitag, 3.5.57
Anke darf nicht mehr bei Schreibmaschine und Steno mitmachen. Ich werde ihr heimlich Privatunterricht geben und dann wird sie ihre Mutti überraschen können.
In der Pause habe ich mit Monika und Gudrun Lehrerfratzen auf die Tafel gemalt. Böhl hat gefragt, ob ich da beteiligt war und ich habe Nein gesagt. „Du Lügnerin!" schalt er mich und sagte später katzenfreundlich in der Stunde „Aber das läßt sich alles wieder gutmachen, nicht wahr, Ilse?" Der ist so scheinheilig!

Nachmittags hat er mit seinem Moped bei uns getankt und meinen Eltern alles gepetzt und gesagt, ich wäre die Schlimmste aus der Klasse und keiner würde zu mir halten usw. Das meiste war ja Quatsch! Mutti war böse, aber Vati hat gegrinst und hat gesagt: „Naja, Herr Böhl, es ist heute alles anders. Früher sind die Lehrer auch nicht mit dem Moped zur Schule gefahren!" - Das fand ich ganz toll von Vati, aber als Herr Böhl weg war, hat er mir eine geklebt.

Sonnabend , 4.5.57
Heute mußten wir Herrn Böhl helfen, die Physik-Sachen sauber zu machen. Er war ganz nett zu uns. Wenn er nur nicht immer so gutmütig wäre, dann würde es nicht so einen Spaß machen, ihn zu ärgern.

Sonntag, 5.5.57
Wir Konfirmanden müssen jetzt jeden Sonntag in die Kirche.

Montag, 6.5.57
Herr Böhl ist bei Gudruns Eltern gewesen und hat gesagt, Gudrun würde mit mir unter einer Decke stecken und ich sei kein Umgang für sie. Der ist ja sooo fies!

Dienstag, 8.5.57
Heute hatte Oma Geburtstag. Wir haben bis 10 Uhr auf Schwester Martha gewartet, die Oma immer für die Nacht herrichtet, weil Mutti das nicht mehr kann mit ihren schlimmen Händen.
Ich lag im Bett und wartete, daß Mutti endlich kam für den Gute-Nacht-Kuss, aber sie mußte ja auf Schwester Martha warten! Als die dann endlich da war, bin ich aufgesprungen und hab sie angeschrien: "Warum kommen Sie erst so spät? Vati kann nicht schlafen, Oma kann nicht schlafen und Mutti vergißt mich, nur Ihretwegen! - "
„Aber Ilse, es gibt doch noch andere Patienten in der Gemeinde", sagte sie ganz entrüstet. -
Darauf hab ich ihr Saures gegeben und gesagt: „Komisch, bei Frau Böwing (die war vor ihr immer gekommen) ging es doch auch! Warum geht es denn bei Ihnen nicht!"-
Da hat sie geschimpft, das wäre doch ein tolles Ding. Das sei ihr in der ganzen Gemeindearbeit noch nicht vorgekommen. - So habe ich Mutti wenigstens in Schutz genommen. Schließlich braucht die auch den Schlaf!

Sonnabend, 11.5.57
Unser neues Badezimmer ist fertig mit einer Badewanne und einem hohen Ofen fürs Wasser. Jetzt muß ich jeden Sonnabend das alte Papier und den ganzen Müll verbrennen.Dann können wir herrlich baden!

Montag, 13.5.57
Heute haben wir Mädchen 10 Postkarten nach Jungs aus unserer Klasse geschrieben. Ingrid Lehneke hatte die Karten gekauft und alle anderen haben nur Grüße geschickt oder geschrieben „Wie geht es Dir? Dein Schatzi" .
Ich habe mir Pommerien ausgesucht und folgenden ulkigen Text geschrieben:
Lieber Jochen!
Du wirst sicher wissen, det icke een Jör von Dir erwarte. Meene Mutta hat schon so jeschömpft. Wat soll icke denn nun bloß machen? Eenen Kinderwagen kann ick ooch nicht für billiche jriegen. Det ha ick mir nich so schlimm vorjestellt. Ob et ooch so scheene Pickel kriejt wie Du? Wie fühlste Dir denn so als Vata? Dein Ich!

Dienstag, 14.5.57

Lieschen sagt, daß ihre Mutter meint, der Vater von Pommerien wird uns bestimmt anzeigen, weil er doch Tierarzt ist, und sich so einen schlechten Ruf nicht leisten kann. - Ich hab solche Angst! Warum muß immer i c h so einen Blödsinn machen?! Lieschen und Jutta sind wieder mal fein raus. Jutta hat Angst und Lieschen will ihrer Mutter keinen Ärger bereiten, weil der Vater im Krieg geblieben ist.

Mittwoch, 15.5.57

Heute ist die Bombe geplatzt. Pommeriens Vater ist in der Schule gewesen!

Alle Mädchen, die Karten geschrieben hatten ,wurden im Rektorzimmer verhört. Herr Pommerien hat zu mir gesagt: „Wie stellste dir das denn vor, wenn meine Sekretärin die Karte liest und alles in ganz Wittingen herumtratscht?!"
Darauf habe ich gesagt:" Dann können Sie sie ja anzeigen, wenn die Ihre Post liest!" Aber er meinte: „So einfach ist das nicht! Weißt du Ilse, eigentlich gehörst du von der Schule gejagt!" - Da habe ich unter Tränen und mit erhobenen Händen gefleht: "Ach, Herr Pommerien, haben Sie doch Erbarmen!" - so hatte ich das von Ingrid Bergmann im Film als Johanna von Orleans gesehen. - Das hat ihn wohl aufgeweicht und als Rektor Warneke   versprach, die Klasse zu teilen, damit wir nicht mehr gemeinsam etwas anstellen würden, hat Dr. Pommerien gelächelt und gemeint: „Naja, nun warten Se mal ab!"
Mir tat es ja auch schon furchtbar leid, und ich habe heute nachmittag einen ganz langen Entschuldigungsbrief an Dr. Pommerien geschrieben. Zum Glück hat Jochen die Karte überhaupt noch nicht gesehen.

Donnerstag, 16.5.57

Rektor Warneke hat gesagt, daß Dr. Pommerien an alle Eltern schreiben will. - Oh Gott!
Ich wollte es Mutti erzählen, aber ich wußte nicht, wie ich es ihr schonend beibringen sollte.

Freitag, 17.5.57

Die anderen hatten mir gesagt, daß Vati in die Schule gekommen ist. Da wurde mir ganz schwummerig und ich habe schnell eine Lilli-Palmer-Szene gespielt: „Das überlebe ich nicht! Ich werde mich töten!!"
Alle haben um mich herumgestanden.
Natürlich würde ich mich nicht töten! -
Als ich nach Hause kam, habe ich im Contor gesagt: „So, jetzt könnt ihr mich totschlagen!"
Ich hatte damit gerechnet, daß Vati mich wieder mit einem Fahrradschlauch verprügeln würde, wie damals, als sie die geklauten Sachen im Möhrrübenbeet gefunden hatten. -
Mutti schluchzte die ganze Zeit herum „Das ist nun der Dank! Das ist nun der Dank!"
Vati sagte dann, daß es mit mir noch mal ganz schlimm enden würde. Ich muß jetzt jeden Tag aufs Feld, darf nicht mehr ins Kino und überhaupt nie mehr mit anderen Kindern spielen. Und nach Braunschweig in den Sommerferien darf ich auch nicht!

Sonnabend, 18.5.57

Mutti sagt nicht „Guten Morgen" und nicht „Gute Nacht" Die sprechen nicht mehr mit mir und sind den ganzen Tag ernst. Es heißt immer nur zu Waldi: „Du hättest so etwas nicht gemacht. Lieber 10 artige Hunde, als ein unartiges Kind!"

Dienstag, 28.5.57

Seit zwei Wochen habe ich keine Deutschhausaufgaben gemacht. Wir sollten Sätze bilden mit den Wörtern, die uns Böhl angesagt hatte. Ich meldete mich extra ganz heftig, weil ich dachte, daß man dann sicher nicht dran kommt. Aber ich kam doch ran! Also habe ich schnell mit den Wörtern Sätze gedichtet und tat so, als hätte ich sie. Plötzlich sagt Böhl zu mir: „Darf ich mal das Heft sehen?!" - Und da war ich natürlich erledigt. Er hat mir eine 6 ins Klassenbuch geschrieben.

Himmelfahrtstag 1957

Vati war mit dem Apotheker Witte und seinem Kollegen auf Vatertagstour in die Heide.
Ich bin mit Mutti spazieren gegangen. Das war schön, Mutti ist wieder lieb zu mir. Gott sei Dank, weiß sie nichts von der 6 in Deutsch!

Sonntag, 2.6.57

Heute habe ich den ganzen Tag auf dem Feld gearbeitet. Vati sagt, man muß unbedingt das Spargelfeld sauberhalten, sonst kommt der nicht raus aus der Erde.
Beim Abendbrot sagte Mutti, Omi würde schon 4 Tage lang in einer Tour nur schlafen. Blöd, wenn sie jetzt stirbt, kann ich nicht zum Schützenfest! - Aber die Wahrsagerin hat doch gesagt, daß sie erst Juli/August stirbt!

Montag, 3.6.57

Oma ist tot!. Hoffentlich verzeiht mir der liebe Gott, daß ich so oft über sie gespottet habe. Vati hat den ganzen Morgen über geweint.
Ich bin mit Mutti nach Uelzen gefahren, um schwarze Sachen zu kaufen. Mutti muß jetzt ein ganzes Jahr Trauerkleidung tragen.

Dienstag, 4.6.57

Als ich heute zur Schule kam, sagten die anderen, ich sei schön blöd, daß ich komme, wenn bei uns einer gestorben ist. - Da habe ich in der nächsten Pause gesagt, daß Mutti gerade in die Schule gekommen sei, ich soll schnell nach Hause kommen. Da durfte ich gehen. Zu Hause mußte ich dann den ganzen Tag helfen Kuchen backen und die Wohnung sauber machen.
Mutti hat Omas Wohnung mit Fichtennadelduft ausgesprüht. Jetzt riecht es wie im Wald bei uns.

Mittwoch, 5.6.57

Heute war Omas Beerdigung. Pastor Gurland hat ganz schön gepredigt von Omas Geduld und so. Über Muttis Geduld hat keiner was gesagt. Ich hab am meisten von allen geheult.

Wir hatten 32 Kränze, sogar einen von Vietmeyer. Das sind unsere Nachbarn, aber meine Eltern reden nicht mit denen.
Die dicke Paula sagte, daß die Leute so schlecht über mich sprechen in Bodenteich wegen der Postkarten.
"Die hören auch wieder auf," habe ich gesagt, aber ich schäme mich doch.
Ich ging dann mit meiner Kusine spazieren. In der Bahnhofstraße machte Astrid bei mir „Fuß-Ball-Spiel—be—g i n n t!" und bei der letzten Silbe muß man dem anderen in den Bauch boxen. Ich war so erschrocken, daß ich zurücksprang . Hinter mir kam eine Frau mit einer Kinderkarre und ich bin mit dem ganzen Gewicht auf ihr Gör raufgefallen. Das hat natürlich gleich geplärrt und die Alte hat gezetert und wollte meinen Namen wissen. Weil ich ihn einfach nicht sagen wollte,

fragte sie Astrid und die sagte, daß sie mich nicht kennt, weil sie aus Braunschweig ist. Wir liefen auf schnellstem Weg nach Hause. Hoffentlich hat das Kind jetzt keinen Dachschaden.

Donnerstag, 6.6.57
Heute war ich wieder in der Schule. Wir schrieben ein Diktat und ich hatte mich nicht vorbereitet. Ich habe den Zettel einfach nicht abgegeben, zu Hause habe ich ihn nochmal schön und ordentlich geschrieben.
Hoffentlich klappt es, daß ich ihn morgen unter den anderen Stapel druntermischen kann.

Freitag, 7.6.57
Es wird immer schlimmer: Ganz unverhofft haben wir heute eine Geschichtsarbeit geschrieben. Keiner hatte einen Schummelzettel, ich auch nicht. Uschi, Moni, Dieter Linde und der Pommerien hatten geschwatzt und mußten die Hefte abgeben, dafür haben sie eine 6 gekriegt. Ich war ein bißchen klüger: Ich habe die Seite einfach aus dem Heft rausgerissen, - es war nämlich zufällig die letzte- , dann habe ich das Heft abgegeben. Ich kann dann sagen, ich hätte auf einen Zettel geschrieben, weil das Heft voll war, und dann müßte er wohl rausgefallen sein. Lieber Gott, hilf mir. -
Das Diktat habe ich heute in Deutsch abgegeben. Ich habe gesagt, daß ich es aus Versehen in die Schultasche gesteckt hätte. Herr Böhl sagte:" Ilse, wenn ich dir nur glauben könnte."

Heute abend war ein Japaner in der Kirche und hat von seiner Heimat erzählt. Es war sehr schön. Vorher hat Pastor Gurland eine kleine Einführungsrede gehalten und da merkte ich, daß ich mich in ihn verknallt habe. Er sah so schick aus in seinem schwarzen Anzug auf der Kanzel.
Seine Frau heißt Ilse und kriegt schon wieder ein Kind.
Aber ich glaube nicht, daß er der ist, der sich für mich scheiden lassen wird.

Sonnabend, 8.6.57
Heute hat mir Mutti Omas Schmuck gezeigt. Einen kostbaren Ring von 1869 werde ich wahrscheinlich zum Geburtstag bekommen. Wenn ich 25 bin, ist der Ring 100 Jahre alt.

Dienstag, 11.6.57
Heute war Männerschützenfest-Tag in Bodenteich. Es hat gegossen und es haben nicht viele Zuschauer beim Umzug an der Straße gestanden. Weil sie alle gefroren haben, sind sie ins Schützenhaus gegangen und haben sich besoffen.
Abends torkelten dann einige ganz duhn auf der Straße herum und haben gesungen und gekotzt. Vati geht immer nur kurz hin. Er sagt, als Geschäftsmann muß er sich sehen lassen.

Mittwoch, 12.6.57
Heute war Frauenschützenfest-Tag. Ich ging mit Anke zum Schützenplatz. Beim Karussell waren wieder die selben Arbeiter, die auch im letzten Jahr geholfen hatten. Der eine schwang sich zu mir in die Gondel und wollte mit mir schäkern. Wenn unten nicht so viele Leute gestanden wären, hätte es mir ja Spaß gemacht, aber so „mußte" ich mich wehren. Ich habe ihm richtig wehgetan, dann ist er zu Gudrun rübergesprungen. Die hat sich bestimmt geschmeichelt gefühlt.

Freitag, 14.6.57
Ich durfte nicht zum Kinderschützenfest, weil Oma gestorben ist. Mutti ist mit mir dafür nach Uelzen gefahren und wir wollten uns einen schönen Nachmittag machen. Wir waren im Café Harder und danach hat mir Mutti ein ganz teures Patra-Parfüm gekauft, und sie hat für sich Tosca ausgesucht.

Dann sind wir nach Ramlow gegangen und haben für mich endlich einen Büstenhalter gekauft. Da hat sich Mutti ganz gemein benommen! Sie hat gesagt: "Meine Tochter möchte einen Erstlingsbüstenhalter" -und als die Frau meinen Busen abgemessen hat, meinte sie: „Die braucht doch noch gar keinen". Mutti hat dann gesagt, daß ich ja unbedingt einen haben will. Da fing ich an zu heulen und der ganze Tag war mir verdorben.
Aber ich habe nun wenigstens einen. Er ist weiß und rund abgesteppt, dadurch sieht es nach mehr aus.

Montag, 17.6.57
Heute war schulfrei wegen dem „Tag der deutschen Einheit". Ich war baden. Klaus Mathäsius hat mich paar mal untergetaucht, - als ich wieder hochkam, hat er gesagt: „Na Ilse?" Ja, Ilse hat er gesagt. I L S E !

Dienstag, 18.6.57
Heute hatte ich meinen selbstgestricken weißen Pullover an und den neuen Büstenhalter drunter. Nun stand es und jeder merkte das. In der Pause sagte Rolf Penno: „Brandt, das ist ja doch nur Schaumgummi!" Da hab ich dem in den Hintern getreten, daß er gleich in die Ecke gefallen ist. Und dann hab ich immer mit der Faust auf seinen Kopf gedonnert. Ehrlich gesagt, ich mochte nicht er gewesen sein.
Dann sagte Pommerien: „Die eine Seite ist ja ganz verrutscht!" - Aber Pommerien ist viel größer als ich, dem tu ich lieber nichts.

Montag, 24.6.57
Ich hatte mir doch seit langem ein Huhn gewünscht. Jetzt ist es eine kleine Wildente geworden, die Vati im Straßengraben eingefangen hat. Ganz niedlich! Die darf n i e geschlachtet werden, ich nenne sie „Sissi".
Ich habe ihr im Hühnergehege einen Teil abgetrennt, weil die Hühner sie immer gehackt haben.

Dienstag, 25.6.57
Meine kleine Sissi ist tot. Vati sagt, sie hätte wohl schon einen Knacks weggehabt, sonst hätte sie sich nicht so leicht fassen lassen. Ich habe sie bei strömendem Regen auf unserem Hof begraben.

Mittwoch, 26.6.57
Waldi hat einen Igel aufgestöbert. Wir haben ihn aber gleich wieder freigelassen. -
Bei der Tankstelle unterm Dach nistet eine Rotschwanzfamilie und zwei dicke Frösche haben sich heute in der Werkstatt verirrt. Sie waren in der Putzlappenkiste und konnten nicht mehr raus. Ich möchte später mal mit Tieren arbeiten. Gudrun will Tierpflegerin werden.

Donnerstag, 27.6.57
Heute habe ich in der Badeanstalt Fahrtenschwimmen gemacht (1/2 Stunde im Wasser)

Freitag, 28.6.57
Ich habe in Muttis Schrank geschnüffelt und eine Kulturtasche mit einem chinesischen Muster gefunden und ein Buch „Ein Mädel wie du". Das ist sicher von Tante Dorchen.

Sonntag,, 30.6.57

Heute bin ich 13 Jahre geworden! - Ich bekam die Kurlturtasche und das Buch, ein Portemonnaie, einen Gürtel und den Ring von Oma. Woher Mutti wohl wußte, daß ich meine Kulturtasche in der Badeanstalt verloren habe?

Ich habe einen „Rumtopf" mit Erdbeeren angefangen. - Da kommen dann immer Früchte und Zucker zu und im Winter kann man ihn zum Pudding essen.

Montag, 1.7.57

Die Mädchen haben zu Böhl gesagt, daß ich gestern Geburtstag hatte, weil man dann keine Schularbeiten machen muß. Er hat erstmal ins Klassenbuch geguckt, ob das wahr ist, und dann hat er mir gratuliert.

Ich wäre auch mißtrauisch, wenn ich der Lehrer von so einer Klasse wäre.

Dienstag, 2.7.57

Gestern hatte Bärbel einen Zettel von ihrer Mutter gebracht, worauf stand, daß Bärbel heute nicht zu Schule kommen kann. Böhl hatte ihn wohl gar nicht gelesen, sondern einfach unterschrieben.

Heute war sie nicht da und Herr Warneke hat gefragt, warum Bärbel nicht da ist. Doris sagte, daß die schon im Urlaub ist und daß Böhl ihr freigegeben hat. - Stimmte ja auch!

In der Pause kam Warneke mit Böhl rein und fragte, wer das gesagt hat... Ich habe mich gemeldet. Da zeigt der Böhl auf mich und schreit puterrot: "Das ist die Ilse Brandt! Das ist die Ilse Brandt!"

Ich sagte dann, daß Bärbel doch einen Zettel gebracht und er ihn unterschrieben hat.

Da fiel es ihm wieder ein und er sagte zu Rektor Warneke, daß alles in Ordnung ist.

Als die beiden rauswaren, sagte Udo Lück: Wenn der Böhl jetzt reinkommt, sagen wir alle: Das ist der Böll!

Das haben wir auch gemacht und dreimal geschrien und die Mädchen haben gefordert, daß sich Herr Böhl bei mir entschuldigt. - Ich durfte die ganze Stunde vorlesen.

Donnerstag, 4.7.57

Es ist jeden Tag furchtbar heiß. Mutti liegt manchmal auf dem Steinboden in der Waschküche um sich abzukühlen.

Freitag, 5.7.57

Monika Eberhardt ist weggezogen nach Zell a.d.Mosel. Sie hat ganz schrecklich geweint, weil sie lieber hier bleiben möchte. Ich wäre froh, wenn ich aus diesem Nest rauskönnte!

Bodenteich, wer kennt denn Bodenteich!? -

Den ganzen Nachmittag mußte ich in der Tankstelle sitzen, bzw. schwitzen, und habe nur 125 Liter verkauft.

Sonntag darf ich mir den Film „Die Trapp-Familie" ansehen.

Sonnabend, 6.7.57

Ich war mit Jutta und Anke am Zeltplatz. Die Jungs da sind blöd. -

Tante Liesbeth will mit Mutti zu einer Wahrsagerin gehen. Ich bin gespannt was da wieder rauskommt.

Sonnabend, 20.7.57

Im "Grünen Blatt" steht drin, wie man Karten legen kann. Das muß ich unbedingt lernen. Dann muß Mutti nicht mehr zu einer Wahrsagerin gehen.

Sonnabend, 7.9.57
In den Sommerferien ist nicht viel passiert und ich hatte auch keine Lust zum Schreiben.

Heute waren die Bundesjugendspiele und ich habe sogar im Dreikampf mit 40 Punkten eine Siegerurkunde gekriegt!

Abends war ein Bunter Abend im Schützenhaus. Da haben wir Mädchen aus unserer Klasse 8 A das Theaterstück "Aus der guten alten Zeit" aufgeführt, das i c h geschrieben und mit allen Mädchen aus unserer Klasse eingeübt habe. -
Wir haben von unseren Müttern und Verwandten schöne alte Kleider gekriegt und ich war die Gouvernante, Fräulein Pöppelmann, so wie die in „Ilse, der Trotzkopf". Es war ein großer Erfolg !

Sonnabend, 14.9.57
Wir sind mit Böhl zum Steinhuder Meer gefahren und haben viele Zettel mit unseren Adressen aus dem Bus geworfen. Ich möchte so gern eine Brieffreundin haben, oder einen -freund.
Am Abend war es ganz schön: In Steinhude sind wir mit den Jungs allein im Dunkeln gewesen und haben geraucht. Nur Jutta und Lieschen nicht. - Im Bus haben wir dann das Licht ausgemacht und haben zu Böhl gesagt, daß wir schlafen wollen. Aber wir haben mit den Jungs die Kurven ausgekostet! Ich bin richtig verliebt in Heinrich.
Wirklich, ich mag ihn gern! - Bei Celle ist Ortrud in einer Kurve auf mich draufgefallen, jetzt ist meine Brille verbogen

Sonntag, 15.9.57
Mutti hat alle Mädchen zu uns eingeladen, weil wir das Theaterstück so schön gespielt haben. Sie erzählt überall im Dorf herum, daß ich es geschrieben und mit den Mädchen einstudiert habe.

Dienstag, 17.9.57
Heute gab es Herbstferien und Zeugnisse: Wie immer 8 Zweier und 9 Dreier, und in Betragen habe ich immer noch ein „Gut"
Wir hatten die letzte Stunde bei Herrn Böhl, und die Zeit wollte und wollte nicht vergehen. Als er im Schrank nach Kreide gesucht hat, habe ich seine Taschenuhr, die er immer vorn auf seinem Tisch liegen hat, um 15 Minuten vorgestellt. Als er sich wieder hinsetzen wollte, sah er auf die Uhr und war ganz verdattert. "Sagt mal, Kinder, hat es schon geklingelt?" - "Ja, Herr Böhl, schon lange!" - "Na, dann schnell hinaus und ich wünsche euch schöne Ferien!" -

Die letzten Worte haben gar nicht mehr allegehört, weil wir unsere Taschen genommen haben und laut schreiend durchs Treppenhaus stürmten. Rektor Warneke stürzte mit der Zigarette in der Hand aus seinem Zimmer und fragte, ob wir wahnsinnig wären, es wäre doch noch Unterricht. Da sagte ich, daß Herr Böhl uns freundlicherweise schon eher nach Hause gelassen hat.....
Na, hoffentlich tankt der Böhl in den Ferien nicht bei uns.

Mittwoch, 18.9.57
Wir haben Mutti ins Krankenhaus gebracht, wegen ihrer schlimmen Hände.
Jetzt muß ich wieder Hausmütterchen sein.

Sonntag, 22.9.57

Wir haben Mutti besucht und Waldi mitgenommen. Sie hat immerzu nur geweint und Waldi gestreichelt.

Ich habe mir Kochrezepte aufgeschrieben: Speckstippe zu Pellkartoffeln, Nackenbraten zu Kohl, Linsensuppe und saure Kartoffeln mit Eiern. Ich freue mich schon auf die Zeit mit Vati. Wir haben hinterher noch 1 Pfund Pfifferlinge gefunden in den Wierener Bergen, alle auf einer Stelle.

Das wird morgen ein Festessen!

Mittwoch, 25.9.57

Heute habe ich in der "AZ" eine tolle Kurzhaar-Frisur gesehen. Die würde mir sicher auch gut stehen. Ich werde Mutti morgen fragen, ob ich meine Haare abschneiden lassen darf.

Donnerstag, 26.9.57

Mit dem Bus bin ich nach Uelzen gefahren Mutti besuchen, weil Vati ja im Geschäft bleiben mußte.

Ich habe zu Mutti gesagt:" Ich habe da noch was auf dem Herzen...." und Mutti sagt ganz spontan: "Na, was wohl, Haare abschneiden, oder? "

Da war ich platt. - Sie ist einverstanden. Ich bin so glücklich! Eigentlich darf ich gar nicht glücklich sein, weil es doch Mutti so schlecht geht. Ihre Hände und Arme sind über und über mit Ekzem bedeckt, hoffentlich ist es nicht Lepra wie in dem "Hör Zu" - Roman "Die Toteninsel" .

Freitag, 27.9.57

Ich habe schon gemerkt, daß Vati nicht will, daß ich die Haare abschneide, weil ein Mädchen mit langen Haaren besser aussieht. Er war heute mit dem Bild beim Friseur und die Frau Fuchs hat gemeint, das wäre keine Frisur für mich, weil meine Haare viel zu fein wären. Jetzt muß ich bis zur Konfirmation den Pferdeschwanz behalten. - vielleicht kann Mutti ja mal mit ihm reden, wenn sie wieder zu Hause ist.

Sonntag, 29.9.57

Wir haben Mutti besucht. Morgen soll sie zu einem Nervenarzt, aber sie sagt, da geht sie nicht hin, die können ihr doch nicht helfen. Sie will nach Hause.

Zum Glück hat der Oberarzt zu Vati gesagt, daß er sie noch nicht läßt. Sie kriegt jetzt Tabletten, damit sie das Leben nicht so schwer nimmt. Ich muß doch erst noch die Wohnung sauber machen! Irgendwie finde ich es auch schön mit Vati allein. Lieber Gott, entschuldige, ich habe Mutti genauso lieb. Aber wenn sie immer nur traurig ist, macht sie mich und Vati auch traurig.

Montag, 30.9.57

Ich hatte gestern abend und heute früh noch die ganze Wohnung geputzt, - jetzt bin ich traurig, daß sie noch nicht kommt.

+ + + +

Dienstag, 25.2.58

Liebes Tagebuch, jetzt habe ich endlich wieder Zeit und Lust, zu schreiben. Im Herbst war Mutti drei Wochen im Krankenhaus. Der Chefarzt hat gesagt, daß sie sich schonen muß, weil der Ausschlag sonst bald wieder zurückkommt. Und so war es auch. Über Weihnachten bis zum 1. Januar 1958 war sie in Hamburg im Krankenhaus, weil Dr. Hinze meinte, da würde es mehr Fachärzte geben. Wir haben sie nur einmal zu Heiligabend besucht, weil es ziemlich weit ist. Vati war ganz verzweifelt. Er dachte, weil er die Tankstelle aufgebaut hat, wäre er daran Schuld, daß Mutti dieses Ekzem hat. Dr. Hinze sagt, Mutti hätte Depressionen. Darum ist sie immer so traurig.

Bärbel ist vor Weihnachten nach Bevensen gezogen. Wir schreiben uns oft, hoffentlich darf ich sie mal besuchen. Ihre Mutter ist so modern und Bärbel darf viel mehr mit Jungs machen.

Vati und Mutti haben beschlossen, daß ich nach Ostern von der Schule gehen soll. Ich muß dann zu Hause bleiben und meinen Eltern im Geschäft helfen.
Mutti sagt, in der Schule würde ich doch nichts Gescheites mehr lernen und nur Unsinn machen. Und wenn ich mal heiraten will, dann muß ich kochen können. Ich bin schon froh, daß ich Warneke und Böhl dann los bin und keine Schularbeiten mehr machen muß. .
Wenn die anderen am Haus vorbeigehen zur Schule, werde ich mich extra hinstellen, dann ärgern sie sich.

Am letzten Sonnabend bin ich mit Mutti im Kino gewesen. Der Film „Heimweh" war so schön, daß wir beide immerzu und auch noch hinterher geweint haben. Das war so'n Priesterfilm, aber trotzdem ganz schick!
Rudolf Prack, Sabine Bethmann, Paul Hörbiger, Hans Holt, Anni Rosa und Thomas Hörbiger haben mitgespielt. Sabine Bethmann hat gebeichtet und das war so schön.... Ich habe beschlossen, auch einmal zur Beichte zu gehen, aber in der evangelischen Kirche ist das anders. Mutti und Vati haben gesagt, das gibt es nur in der katholischen Kirche, die gehen hin und sagen, was sie ausgeheckt haben und dann ist alles wieder in Ordnung. Der katholische Pastor von Bodenteich-Heide kommt immer zu uns zum Tanken, Mutti mag ihn sehr gern, weil er trotzdem ganz nett ist, obwohl er katholisch ist. Ich glaube, die Bodenteicher mögen die Katholischen nicht so gern.
Ich darf jedenfalls keinen katholischen Mann heiraten, weil Mutti immer sagt, die sind alle falsch. Irgendwie ist mir die Religionssorte ganz egal, ich glaube an den lieben Gott, und bete zu ihm, wenn ich in Not bin - oder auch, wenn ich Glück gehabt habe. An die Geschichte mit Jesus und seine Auferstehung glaube ich weniger, eigentlich gar nicht. Mutti sagt, das ist alles Hokuspokus, die Menschheit muß nur etwas haben, woran sie glauben kann.

Sonnabend, 8. März 58
Heute waren wir bei den Braunschweigern und haben alle zu meiner Konfimation eingeladen. Tante Else und Onkel Albert haben Vati und Mutti davon abgeraten, mich jetzt schon aus der Schule zu nehmen. Sie haben gesagt: Kommt man übern Hund, kommt man auch übern Schwanz. - Ich sollte lieber die Schule zu Ende machen und einen Beruf lernen. Da hat Mutti gesagt „Und dann heiratet se und dann is se weg!"
Ich habe sie umarmt und gesagt, daß ich immer bei ihnen bleiben würde, - aber das kann ich mir nicht vorstellen.

Sonntag, 9. März 58
In Uelzen war Markt. Erika Otto war auch da. Menschenskinners, hat die Kavaliere! Immerzu hat irgendeiner für sie die Karusselfahrt bezahlt. Warum hab ich kein Glück in der Liebe? Liebes Tagebuch, du weißt ja, daß ich jetzt nur noch für IHN schwärme, er ist schick und klug und nett, nur ich kann ihn nicht kriegen. Macht nichts, ich träume von ihm.

Freitag, 14.März 58

Heute war ich mit Mutti beim Zahnarzt in Wieren. Und gerade da kam ER zu uns und wollte eigentlich mit mir und meinen Eltern reden. - Ich habe immer Herzklopfen, wenn ich an IHN denke, und dieses komische Gefühl im Rücken und im Bauch. .

Sonnabend, 15. März 58

Heute war Schulentlassung der 10A. Haben die es gut! Ich muß noch 2 Jahre gehen.
Bei der Feier in der Aula hat ER eine Rede gehalten und er sah so schick aus in seinem schwarzen Anzug!

Sonntag, 16. März 58

Es hat geschneit und geregnet und heute hatten wir Konfirmandenprüfung. Ich konnte einigermaßen gut antworten, ich hätte mich so vor IHM geschämt, wenn ich nichts gewußt hätte. -
Wenn ich konfirmiert bin, werde ich auch weiter in die Kirche gehen, aber nur, wenn ER predigt.
Vati und Mutti gehen nur Heiligabend in die Kirche oder zu einer Beerdigung.

Dienstag, 18. März 58

Heute war die letzte Konfirmandenstunde. Wir sind mit Pastor Gurland auf den Kirchturm gegangen, aber nur halb rauf. Wir haben so gebettelt, aber ER hat es nicht zugelassen. ER stand zwei Stufen unter mir und da habe ich gesagt:"Aha, Sie haben Angst!" - Da hat er gelacht und mich in die Nase gekniffen. ER hat graue Augen und 'ne ganz schicke Brille...

Mittwoch, 19. März 58

Heute abend war ER nun richtig bei uns , um meine Eltern besser kennenzulernen. Er hat viel erzählt von seinem Studium und seiner ersten Stelle irgendwo im Ruhrgebiet. Er möchte gern in Bodenteich bleiben.
Mein Herz hat geklopft! - Als er mich fragte, was denn meine Lieblingsbeschäftigung sei, sagte ich „Zeichnen und Schauspieler-Sammeln" und dann habe ich ihm das Bild geschenkt, was ich von Picasso abgemalt habe.
Vielleicht hängt er es im Gemeindesaal auf.

Sonnabend, 22.März 58

Heute mußten wir Konfirmanden zur Beichte. ER hat ja so schön und traurig gepredigt vom Sündenvergeben und so. Er hat erzählt von der Zeit, als er im Krieg allein in London war und Hunger hatte, und dann die Bomben von den Deutschen runtergefallen sind und alle mit Fingern auf ihn gezeigt haben. Dann sei er einmal zur Beichte gegangen um für die Sünden aller Deutschen um Verzeihung zu bitten, und dann habe er sich gefühlt, als würde ein gefangener Vogel aus dem Käfig gelassen, so frei , frei von allen Sünden! - Und dann hat er zu uns über das 6. Gebot gesprochen : „Du sollst nicht ehebrechen". Er sagte, Gott handele an uns, - mag sein, aber ich hab nichts davon gemerkt. Als ich nach Hause kam, saß Frau Rußt da, die an meiner Konfirmation für uns kochen soll, aber sie hat die Grippe und kann nicht. Mutti hat gleich wieder geweint. Da ist Vati zur katholischen Warnecke gegangen und nun kommt die.

Sonntag, 23. März 1958

Heute war nun der große Tag! Meine Konfirmation! ER hat so schön gepredigt! Dann bekamen wir unser erstes Abendmahl: Gitt! Die Oblate schmeckt ja wie Kleister. Und der Wein war so dreckig dunkelrot. Schrecklich!

Nach dem Gottesdienst wurden wir photographiert und haben alle ganz jämmerlich gefroren. Man wird sicher mein klapperndes Gebiß auf dem Photo sehen...
Erst gab es schön Mittagessen und danach Kaffee und alles war sehr lustig und gemütlich.
Am Abend habe ich mich mit Astrid verkleidet und wir haben Mundharmonika und Klavier gespielt. Dann sind wir bei den Gästen mit einem Hut herumgelaufen und haben gesammelt: 5,70 DM haben wir rausgekriegt und ehrlich geteilt. Dann sind alle abgehauen und der schöne Tag war vorbei.

Montag, 24.3.58
Heute kam die zweite Partie zum Feiern: Alle Brandt's und Tante Meier aus Lüder und Tante Dorchen aus Uelzen. Sie hatte ihren neuen Blitzapparat mit und hat photographiert. Es war genauso schön wie gestern.
Ich bin einfach nicht zur Schule gegangen - ohne zu fragen!

Mittwoch, 26.3.58
Wir haben Ferien bis zum 11.4.58! Im Zeugnis nicht eine Eins, aber 6 Zweier und sonst nur Dreier.

Dienstag, 1.4.58
In den Seewiesen haben heute zum ersten Mal die Kiebitze gesungen.

Mittwoch, 2.4.58
Mutti hatte schon seit langem von einer Osterüberraschung gesprochen und ich dachte, ich kriege eine Lilli-Puppe. Heute sagte sie, ich soll zur Fuchsin gehen, die würde mir die Haare abschneiden. - Ich hatte mich nicht gefreut, weil ja nun die Konfirmation rum ist. Hinterher sah ich ganz doof aus. Mutti hat mir wieder einen Pferdeschwanz gemacht, aber der ist nun nur 10 cm lang.
Schade, keine BILD-Lilli-Puppe!

Karfreitag 58
Heute kam Anke und meinte, ich soll die Haare doch einfach offen hängen lassen. Sie sagt, Jungs mögen lieber, wenn die Haare so herumwehen. - Wir sind dann die neu gepflasterte Straße nach Häcklingen gegangen. Das ist ja ein Gerenne wie auf einer Kurpromenade, meistens Frauen und Omas mit ihren Enkeln. Alle wollen zum Gasthaus „Waldesruh", weil der „Waldkater" bald zu macht.

Ostersonnabend 58
Ich war gerade beim Eierfärben, da kam ER zum Tanken. Ich durfte ihn bedienen und hatte so zittrige Hände. Er hat mich beobachtet, ob ich auch wirklich alles richtig mache und den letzten Tropfen auslaufen lasse.. ER ist so schick!
Warum ist er schon verheiratet?
Alle denken, weil heute so herrliches Wetter war, wird es morgen auch so schön. Aber Mutti sagt, ihre Füße brennen so, da gibt es bestimmt Regen. Abwarten!

Ostern 58
Heute war das beschissenste Wetter, das überhaupt für Ostern sein konnte.
Wir haben uns nichts geschenkt, weil wir mit dem Geld knapp sind.
Die Eier, die ich gestern gekocht und dann gefärbt habe, sind ganz weich. Vati sagt, die kalte Schlabbe kann ja keiner essen.

Ostermontag 58

Als ich Anke heute für die Kirche abholen wollte, lag sie noch im Bett und wollte nicht. Aber ich habe sie so lange getriezt, bis sie ohne Frühstück mitgegangen ist. - Wenn Pastor Gurland nicht predigen würde, könnten mich auch keine 10 Pferde da hineinkriegen. - Frau Gurland sitzt immer an der Seite in der ersten Reihe, daß sie jeder sehen kann. Die muß ja nicht kochen, das macht die Haushälterin. Vati sagt immer, die meisten Leute gehen nur in die Kirche, damit die anderen sie sehen.- Ich gehe auch nur SEINETwegen...

Nachmittags war ich erst mit Anke spazieren und dann sind wir ins Kino. Walter Röttcher hat sich neben Anke gesetzt und hat ihr Fischli gekauft. Ich gönne es den beiden, die passen gut zusammen, ich hab ja IHN.

Mutti hat die Eier noch einmal 5 Minuten gekocht, aber sie sind genauso weich geblieben, - aber warm schmecken sie etwas besser. Wir haben noch 10 Stück über, ich glaube, die schmeißen wir weg.

Mittwoch, 9.4.58

Heute nachmittag mußte Vati jemanden zum Bahnhof nach Uelzen bringen. Da konnte ich mitfahren, weil ich einen neuen Rock haben sollte. Mutti hat Vati eingeschärft: "Kauft nicht zu Helles. Schön bedeckt muß er sein.Am besten grau!"

Bei Klappenbach gabs nichts. Da sind wir in das kleine Geschäft in der Veerßér Straße gegangen und haben einen schönen Rock gefunden, ganz bedeckt, ganz weit und reine Wolle.

Hat nur 21 Mark gekostet. Unterwegs malten wir uns aus, wie sich Mutti freuen würde, daß wir so einen schönen Dunklen und Billigen gefunden haben.

Aber Mutti ist fast in Ohnmacht gefallen und hat gemeckert, daß wir so einen schweren Rock gebracht haben aus Wolle, was sie nicht waschen kann, und den ich im Sommer nicht mehr tragen kann. (Und dabei sagt Mutti immer, es gibt überhaupt keinen richtigen warmen Sommer mehr!) Und außerdem sei er viel zu lang, wir hätten der Frau sagen sollen, daß sie ihn kürzer machen sollte. Na, die wird sich hinsetzen und den Rock extra für mich kürzer machen!! Wir haben den ganzen Abend rumgezankt, dann hat Mutti wieder angefangen zu weinen und ist ins Bett gegangen. Ich auch. Und da habe ich dann den Rock selber kürzer gemacht!

Donnerstag 10.4.58

Heute bin ich mit Mutti nach Uelzen gefahren zum Heilpraktiker. Der hat gesagt, Mutti sei sehr herzkrank und innerlich ganz vergiftet. Mutti mußte eine ganze Ladung Arznei kaufen, damit ihr Körper wieder sauber wird.

Vati sagt, das ist alles Tinnef und Mutti hätte sich übers Ohr hauen lassen bei dem Quacksalber.

Da hat Mutti eine Schachtel Tabletten auf den Boden geschmissen und ganz schnell aus einem anderen Röhrchen alle mit einem Mal in den Mund gesteckt und mit Vatis Bier runtergeschluckt.

"Wenn du willst, daß ich sterbe, dann man gleich!" hat sie ihn angeschrien. Vati hat nichts gesagt und stand kreidebleich und unbeweglich da. "Tu was!" habe ich gebrüllt. Mutti lief in ihr Schlafzimmer und schloss die Tür hinter sich ab.

"Ich halte das nicht mehr aus," sagte Vati fast tonlos und rief Dr. Hinze an. -

Der kam und hat Mutti untersucht. Zu uns hat er dann gesagt, daß man solche Tabletten wohl pfundweise essen kann, ohne daß was passiert.

Freitag, 11.4.58
Die Schule geht wieder los. Wir haben einen neuen Lehrer an der Schule, Herrn Rimke, den unsere Klasse in Bio und in Sport kriegt. Rektor Warneke ist unser Klassenlehrer und Schneidewind haben wir nur noch in Deutsch und Geschichte.

Sonnabend, 12.4.58
Herr Rimke ist prima! Er sagt „Ilse" zu mir und nicht nur den Nachnamen wie die anderen.
Ich werde jetzt endlich einmal aufpassen in Biologie. Wir nehmen grade den Querschnitt der Haut durch. Weil ich gestern nach der Schule heimlich das Bild vom Bioheft an die Tafel gemalt hatte, habe ich heute gleich eine zwei gekriegt. -
Auch Sport macht prima Spaß mit ihm. Einmal, als wir über diese komische Kiste springen sollten, sagte er ganz bewundernd: „Ilse ist mutig! Sie stürzt sich ins Verderben! Toll, mach weiter so!" -
Dann hat er einen Handstand auf der Kiste gemacht, mindestens 15 Sekunden lang. Ich glaube, die Mädchen sind alle verknallt in ihn. Ich auch!
Nachmittags hatten wir zum ersten Mal Hauswirtschaftsunterricht bei Frau Pritzkat.
Wir haben geröstete Grießsuppe gekocht, Makkaroniauflauf mit Schinken und Tomaten und eine Quarkspeise, und eine Obstkrümeltorte gebacken.

Donnerstag, 17.4.58
Heute hat Ortrud hinter meinem Rücken zu Ingrid gesagt:" Ilse will sich nur bei Rimke einschmeicheln, ich möchte ihr mal eine runterhauen." - Das ist ihre Rache dafür, daß ich früher immer gesagt habe, Böhl würde Ortrud vorziehen. - Stimmt ja auch. - Mutti hat neulich zu mir gesagt, so ein Mädchen wie Ortrud würde bestimmt nicht so frech sein wie ich.
Ich übe jetzt jeden Tag den Handstand, damit ich noch länger kann als Herr Rimke.

Donnerstag, 24.4.58
Heute habe ich einen herrlichen weiten Spaziergang gemacht. Ganz allein, es war wunderschön!
Zwei Stunden bin ich auf Umwegen durch die Wiesen nach Lüder gewandert. Da habe ich Heinrich Bühring auf einem Ackerwagen gesehen und er sah so blaß aus in dem schwarzen Pullover. Der muß viel arbeiten auf dem Bauernhof. Bei Meiers wurde geschlachtet, ich finde den Geruch ganz eklig und das schlabberige Fleisch mag ich auch nicht sehen.
Bei unserer Obstplantage hat jemand 12 m Draht rausgeschnitten. Die olle Zicken-Meier hat gesagt, ihr Nachbar, der Weißjude, könnte das gewesen sein. Vati macht jetzt Anzeige gegen Unbekannt. Bin gespannt, was da rauskommt.

Freitag, 25.4.58
Lieber Gott, mach, daß ich in der Englischarbeit wenigstens eine vier kriege!

Sonnabend, 26.4.58
Der liebe Gott hat mich erhört: Ich habe eine drei in Englisch trotz der vielen Fehler. Aber die anderen hatten noch mehr falsch, das war mein Glück.
Nachmittags hat Pastor Gurland bei uns getankt. Ich bin jetzt ganz durcheinander, ob ich ihn gernhaben soll oder lieber Herrn Rimke. Vati und Mutti haben schon recht, er ist nicht sehr schön, nur interessant und sympathisch. Ich werde ihm wohl treu bleiben, bis ich mir beim Nächsten sicher sein kann.

Sonntag, 27.4.58

Heute vormittag war ich in der Kirche, natürlich nur, weil Pastor Gurland gepredigt hat. - Zwischendurch war mir mal so, als hätte er mir von der Kanzel zugeplinkert, so als würde er sagen: Siehst du, Ilse, wenn ich bei euch tanke, kommst du auch zu mir in die Kirche! - Natürlich ist das alles nur Einbildung, aber ich hatte plötzlich Tränen in den Augen und wußte nicht, warum.

Dienstag, 29.4.58

Die ganze Klasse bewundert Herrn Rimke in Sport. Der macht Salto in der Luft, Handstand mit Überschlag und alles solche Sachen. Vati meint, hoffentlich brechen wir uns nicht noch die Knochen bei diesem gefährlichen Zirkus in der Schule. Zu seiner Zeit hätte man im Schulhof rumlaufen müssen und dann wieder strammstehen, und sonst hätten sie bei der Feldarbeit genug Bewegung gehabt. Die Schule sei da zum Lernen!

Donnerstag, 1.5.58

Wir hatten so schönes Wetter zum Spazierengehen, darum mußte ich mit Vati und Mutti rumlatschen. Immerzu müssen wir stehen bleiben und mit allen reden, die da langkommen und fragen, wie es mir in der Schule geht.. Wenn ich dann Jungs sehe, die ich kenne, gucke ich immer ganz schnell weg, weil ich mich schäme, daß ich mit meinen Eltern durchs Dorf gehen muß.

Freitag, 2.5.58

Heute nachmittag habe ich mit Mutti und Waldi ganz gemütlich auf dem Balkon Kaffee getrunken. Mutti hat mir von ihrer Zeit in Berlin erzählt, als sie noch ein junges Mädchen war. Und dann haben wir auch vom Krieg geredet. Daß sie einen Kriegsgefangenen aus Agadir im Hause hatte, der sogar bei Vati und Mutti am Tisch sitzen durfte zum Essen, obwohl das eigentlich verboten war. Man durfte auch nicht mit ihnen reden, weil es ja Gefangene waren. Aber der sprach sowieso nur französisch. - Vati war nie Soldat. Früher hat Mutti immer gesagt, daß ihm keine Uniform gepaßt hat. Jetzt sagt sie, die haben Vati zum Fahren gebraucht. Nach dem Krieg wollte man uns Flüchtlinge ins Haus setzen, aber das haben meine Eltern nicht zugelassen, weil man die dann nie wieder rauskriegt.
Es muß schlimm sein, wenn man von zu Hause weg muß und nichts mitnehmen darf, und einen dann keiner haben will.
Wir hatten uns das kleine Radio rausgestellt und Schlager gehört. Jetzt sagen sie nicht mehr „Hier ist der Norddeutsche Rundfunk mit Versuchssendung auf Langwelle usw." sondern jetzt heißt es „Deutscher Langwellensender".
Den Freiheitssender habe ich lange nicht mehr gehört. Die haben immer nur von Krieg geredet und so furchtbare Trommelmusik zum Angstmachen gesendet. Vati hat gesagt, ich soll den Hetzsender nicht mehr anmachen.

Sonnabend, 3.5.58

Mutti hatte gestern ganz traurig zu mir gesagt, daß sie gern ab und zu mal in der Gegend herumfahren würde, aber Vati niemals Lust dazu hat. Heute habe ich mit Vati geschimpft deswegen. Er hat nur gemeint, wenn Mutti nichts sagt, kann er das nicht wissen und er tut doch alles, was Mutti will. Hat der 'ne Ahnung! - Mutti hat dann wieder geweint, weil ich mit Vati gezankt habe. Ich wollte ihr ja nur helfen. Jetzt sind beide auf mich wütend. Ich sag nichts mehr!!

Montag, 5.5.50
Oh lieber Gott im Himmel, ich danke dir, daß du uns Rimke geschickt hast. Er ist der erste Lehrer, der nett zu mir ist. Wenn ich weiter jeden Tag übe, kriege ich bald den Überschlag-Wiederaufsteh-Handstand hin!

Mittwoch, 7.5.58
Alle Mädchen müssen für das Müttergenesungsheim auf der Straße mit so einem Klapperpott sammeln gehen und Papierblumen verkaufen.
Vati und Mutti geben nichts, weil Mutti nie in so ein Heim gehen würde.
Und Vati sagt: "Uns schenkt auch keiner was."
Ich habe eine Mark von meinem Geheimgeld gespendet.

Freitag, 9.5.58
Abends bin ich zum ersten Mal zum Evangelischen Mädchenkreis gegangen. Frl.v.Behr, unsere Organistin, ist die Leiterin. Sie hat aus der Bibel gelesen und Kirchenlieder mit uns gesungen, dann haben wir Tee getrunken und unseren mitgebrachten Kuchen dazu gegessen.
Die alte Gruppe hat uns ein Theaterstück vorgespielt. Es handelte von Klatschtanten und hieß „Die Gedanken sind frei". Dann haben wir diskutiert, daß man nicht über andere Leute herziehen soll und solche in Schutz nehmen soll, über die schlecht geredet wird.
Zum Schluß kamen auch Pastor Gurland und seine Frau, um uns von der neuen Gruppe zu begrüßen.
Mensch, die haben sich ja lieb! Die turtelten die ganze Zeit miteinander herum und haben nie ein böses Wort gesagt.
Naja, ich will sie ja nicht auseinanderbringen, ich mag sie ja beide, aber ihn besonders!

Sonnabend, 10.5.58
Heute ist ja was passiert in Sport!! Hihihi, haha!
Rimke hatte eine Kiste aufgestellt und darüber locker ein Seil gespannt. Wir sollten von der Kiste abspringen und mit dem Kopf ans Seil kommen.
Ich sprang erstmal schon falsch mit beiden Füßen ab, zog dann die Beine an. Da kam mir der Weg von der Kiste bis zum Seil so weit vor, also mußte ich irgendwie nach vorne kommen, und so machte ich einen trockenen Köpper direkt in den Sand! Ich sah schlimm aus: alles war voll Sand, die Brille, die Augen, der Mund, die Haare! Die Jungs haben gebrüllt, die Mädchen haben gekichert und die meisten haben sich wohl auch gefreut, - aber das Schönste: Herr Rimke hat sich gebogen vor Lachen und ist wie ein kleiner Junge von einem Bein aufs andere gehüpft.

Dienstag, 13.5.58
Weil ich zum nächsten Schützenfest gern neue Schuhe mit Absatz haben wollte, hat Vati Dr. Hinze gefragt, ob das was für mich sei. „Auf keinen Fall!" hat der gesagt, die würden nur die Füße verderben.
Und ich soll auch nicht die flachen Elastik-Slipper tragen, weil man dadurch einen Plattfußgang kriegt.
Jetzt soll ich mir unter die Slipper einen breiten Absatz drunterkleben lassen!! Ich bin doch nicht doof! Da lachen ja die Hühner! Und solche festen, hoch geschlossenen Gesundheitsschuhe ziehe ich auch nicht an, lieber laufe ich barfuß! Den ganzen Nachmittag haben wir rumgezankt und Mutti hat wieder geheult, weil sie es angeblich nur gut mit mir meint.

Himmelfahrtstag, Vatertag
Pastor Gurland hat in der Kirche ganz schön geschimpft, daß man aus einem hohen christlichen
Feiertag ein Saufgelage macht. Stimmt ja auch! Die jungen Männer vom Schützenverein laufen mit
verrückten Hüten herum und trinken Bier und Schnaps und dann kotzen sie in die Straßenecken.
Rimke kam mit zwei Freunden beim Gasthaus Lübke raus und hat so laut gesungen, daß er gar nicht
hörte, als ich „Prosit Vatertag" zu ihm sagte.

Sonntag, 18.5.58
Anke hatte keinen Mut, ihre Mutter zu fragen, ob sie mit uns ins Kino darf. Da ist sie wieder nach
Hause gegangen und hat getan, als ob sie schläft. Ich habe dann später bei ihr geklingelt und extra laut
zu ihr gerufen, ob sie mit mir ins Kino gehen möchte. Ihre Mutti hat das in der Stube gehört und
gemeckert: Geht es nicht mal einen Sonntag ohne Kino? - Aber dann hat sie ihr die 60 Pfennig doch
gegeben. „Haie und kleine Fische" gabs mit Handsjörg Felmy, das ist doch Ankes Schwarm.

Montag, 19.5.58
Rimke ist gemein! Und wie! Heute in Sport haben wir den Hochsprung geübt. Er hat uns Mädchen
so'n Ding gegeben und wir sollten allein über die Stange springen. Er ist zu den Jungs gegangen. Wir
hatten dann keine Lust mehr, weil wir wollten, daß er sich um uns kümmert.
Da habe ich die Stange tiefer gemacht und einen Handstand mit Überschlag drüber gemacht. Rimke
ist angefegt und hat geschrien: "Bist du wahnsinnig?! Du kannst dir sämtliche Knochen brechen bei
dem Quatsch!"
Nun sollte er mich mal kennenlernen! Ich habe gebockt und gemuckt und habe mich mit den anderen
auf den Rasen gesetzt. Da kam er wieder rüber zu uns und donnerte los: Ihr werdet eure
Konsequenzen ziehen! Das ist mir ja noch nie vorgekommen! - Und dann hat er uns schikaniert!
Mindestens dreimal bis zur Wand laufen und wieder zurück, Kniebeugen, Hüpfen, wieder
zurücklaufen usw. Da hatte er plötzlich Zeit für uns. Die Jungs haben natürlich gelacht. - Ich habe
immerzu meine Kommentare dazugeben, aber ganz leise für mich allein.
Aber einmal muß er doch was gehört haben und hat ganz allein mit mir geschimpft. Dann habe ich
mich breitbeinig vor ihn hingestellt und ihm ins Gesicht gelacht. Er tat erst wütend und dann hat die
ganze Klasse gelacht und er ist wieder zu den Jungs gegangen und hat gesagt: Diese Weiber!
Nachmittags hatten wir Handarbeit bei Frau Pritzkat. Mein gelber Rock ist fast fertig und nun ist er
natürlich zu eng! Wann schaffe ich es einmal, etwas fertigzunähen, ohne daß ich mindestens 1x alles
auftrennen muß?

Dienstag, 20.5.58
Heute hatten wir wieder Sport, und ich hatte schon Angst, daß Rimke mich jetzt auch nicht mehr mag,
wie die anderen Lehrer auch. Aber heute hat er auch zu Ingrid und zu Ede gesagt:"Bist du
wahnsinnig!". Vielleicht muß ich das nicht so ernst nehmen.

Nachmittags habe ich wieder einen langen Spaziergang nach Lüder gemacht und habe Ursel Müller
besucht.
Die mußte im Kuhstall ausmisten. Ich hätte ihr ja gern geholfen, aber was würde Mutti da sagen, wenn
ich dreckig und stinkig nach Hause komme. Vati hat schon genug geschimpft, daß ich so lange allein
unterwegs bin. Er sagt, sie machen sich immer Sorgen. Was soll mir denn bloß passieren?

Mittwoch, 21.5.58
Mein gelber Rock ist fertig mit Müh und Not und 3x Trennen! In der Geoarbeit habe ich eine zwei, juchhu! - Morgen schreiben wir eine Arbeit in Algebra, ich kann überhaupt nichts.

Freitag, 23.5.58
In Bio machen wir Versuche mit Blättern, die in Alkohol ausgekocht werden. Rimke sagte: "Seht ihr, die werden blau."
Ich habe gesagt: "Klar, vom Alkohol!"
Da haben alle gelacht, er auch.

Gudrun zeichnet in der Stunde nackte Frauen und gibt die Blätter dann an Rolf Penno und Ede weiter.
Ich würde so was nie machen. Aber Gudrun sagt, die wissen doch schon, wie Frauen aussehen.
Ich weiß nicht, wie die Jungs aussehen.

Marlies Abbetmeyer kam heute in die Klasse. Böhl hat sie begrüßt und gesagt: „Na, Marlies, hast du Sehnsucht nach der Schule?" (sie ist Ostern schon entlassen worden und arbeitet jetzt im Rathaus). - Da habe ich laut gerufen: "Nee, die hat Sehnsucht nach Ihnen!" Und Böhl ist rot geworden. Alle haben gebrüllt!
Als sie weg war, hat Böhl in seiner üblichen Art die Hände gerieben und hat mit niedergeschlagenen Augen zu mir gesagt: "Ilse, es ist ja ganz schön, wenn man mal einen Scherz macht, aber so etwas solltest du nicht sagen"
Nachmittags bin ich mit Vati nach Uelzen gefahren, weil ich einen neuen Shorts haben soll. Mutti meint, der vom letzten Jahr wäre zu klein. Aber man trägt die jetzt so knapp. Also haben wir wieder so einen kleinen gekauft. Und Mutti hat geschimpft!!! Da würde man meinen Po durch sehen und das würde ich ja nur wollen, damit ich die Kerls verrückt machen kann. So ein Blödsinn! Nie darf ich etwas haben, was modern ist.

Pfingsten 58
Herr Raddatz ist Schützenkönig. Ich würde es ja schick finden, wenn Vati mal Schützenkönig wäre, aber Vati sagt, er schmeißt sein Geld nicht zum Fenster raus.

Pfingstmontag 58
Ich mußte heute den ganzen Tag im Contor hocken, weil Vati auf dem Feld war. Und das am Pfingstmontag!
Und dann habe ich noch Ärger mit einem gehabt, der heute getankt hat. Benzinmischung kostet eigentlich 3,85 DM.
Wir nehmen aber immer „aus Versehen" 3,90 DM, wenn das Leute sind, die nur einmal kommen.
Der hat sich aber beschwert, daß das 5 Pfennig zu viel sind. Da ist Mutti gekommen und hat so getan, als ob ich mir die 5 Pfennig selbst einstecken würde. Da habe ich ja vielleicht eine Wut gekriegt! Was hat der dann von mir gedacht? Ich habe abends gesagt, daß ich nicht mehr tanken will. Basta! Mutti hat gesagt, ich soll nicht so frech sein, sonst kriegt sie gleich wieder ihren Hautausschlag.

Pfingstdienstag 58
Ich bin mit Anke zum Schützenplatz gegangen. Da hat mir „Hering" eine rote Rose geschossen, die hängt jetzt bei mir im Zimmer. Walter Ramünke ist in Anke verliebt und ich mag seinen kleinen Bruder "Hering" ganz gern. Wir sind ein bißchen spazieren gegangen. Leider bin ich etwas größer als

er, wenn ich die Schuhe mit den kleinen Absätzen anhabe. Mir tun die Füße sowieso weh da drin, aber das darf ich Mutti nicht sagen, weil ich doch unbedingt Schuhe mit Absatz haben wollte.

Mittwoch, 28.5.58
Heute fing die Schule wieder an. Ich habe mein Biologie-Versuchsgemisch Jod, Stärke und Wasser mit in die Schule gebracht und habe zu Ede gesagt:
"Du kriegst 'ne Mark von mir, wenn du das trinkst. "
Aber er wollte wohl nicht so richtig. Später hat er Rimke gefragt, ob man das trinken darf und der hat gesagt: "Um Gottes willen, da kriegt man Schilddrüsenentzündung von! "
Mensch, wenn er das jetzt getrunken hätte, wäre ich die Mark los und er hätte 'ne kaputte Schilddrüse!

Freitag, 30.5.58 Kinderschützenfest
Die Großen, die keinen Umzug mehr mitmachen, sind mit Rektor Warneke nach Wieren gewandert. Das ist alles so blöde und langweilig, aber besser als Schule.
Abends sind Anke und ich mit Hering und Walter zum Kindertanzen gegangen. Plötzlich sagte mir Monika Synder, daß Mutti auch im Schützenhaus ist. Um 9 Uhr kam sie zu uns und hat gesagt: "Jetzt ist Schluß."
Da habe ich gesagt, daß wir doch bis 10 Uhr bleiben wollten. - "Wenn ich sage, daß Schluß ist, ist Schluß!"hat sie geschrien und ich habe genauso laut zurückgeschrien, daß alle in der Nähe das hören konnten:
"Du bist gemein!-" Da hat sie mir rechts und links eine gelatscht. Walter und Hering war das sicher peinlich.
Aber jetzt kann ich Anke trösten, daß nicht nur sie von ihrer Mutter Prügel kriegt, sondern ich auch.

Sonntag, 1.6.58
Lieber Gott, warum habe ich mich so blamiert! Hering hat für mich das Eintrittsgeld (2,- DM) bezahlt und als wir dann getanzt haben, ging überhaupt alles durcheinander. Ständig bin ich ihm auf die Füße getreten.
Ich werde ihm das Geld zurückgeben. Ich bin so unglücklich. Wenn ein Mädchen eine Brille hat, ist das schon schlimm, aber wenn sie dann nicht tanzen kann, will sie überhaupt keiner.
Ich habe kein Glück mit Jungs!

Dienstag, 3.6.58
Rimke hat zu Ortrud „Häschen" gesagt!
Ortrud laufen die Männer hinterher und ich hab keinen Freund.
Aber Ortrud ist trotzdem nicht eingebildet und läßt immer abschreiben.
Wir haben wieder Handstand geübt und ich sollte bei Rimke die Beine festhalten. Mensch, war das ein schönes Gefühl!- Und Ortrud hat geguckt!! Die war bestimmt neidisch.

Donnerstag, 5.6.58
Ich habe in der Englischarbeit eine 6 geschrieben!
Nachmittags war ich bei Anke. Sie hat mit Hering gesprochen und der sei gar nicht böse, weil ich doch nicht richtig tanzen konnte. Walter und Hering waren abends bei der Badeanstalt. Walter und Anke sind dann hintenrum am Bahndamm nach Hause gegangen und ich bin mit Hering noch eine Weile auf der Brücke stehen geblieben. Wir haben ins Wasser gesehen und uns unterhalten. Ich hätte ihm so gern gesagt, daß ich ihn lieb habe, aber wir trauen uns wohl beide nicht.

Dann hat er mich ganz langsam nach Hause gebracht und da sah ich schon, daß Mutti hinter der Gardine vorgepiert hat. Als ich drin war, hat Vati rumgeschrien, warum wir uns denn in der „Einsamkeit" herumtreiben müssen, warum wir beide alleine gegangen sind, wo Anke sich mit ihrem Freund „rumtreibt" und daß ganz Bodenteich wohl über uns reden soll. -
In Zukunft werden wir uns noch vorsichtiger verhalten und uns trennen, bevor wir auf die Hauptstraße kommen.

Freitag, 6.6.58
Heute habe ich 5 Scheiben Brot mit Leberwurst in die Schule genommen, 3 tausche ich bei Jutta gegen Brausepulver ein. - Mutti glaubt mir nicht, daß ich die 5 Scheiben aufgegessen habe. - Mittags gab es Kotelett und Spargel, und am Fleisch war alles nur Fett dran. Vati sagt immer: "Iß Fett, dann kriegste keine Schwindsucht", aber mir ist danach alles wieder hochgekommen, - vielleicht auch, weil es sich mit dem Brausepulver vermischt hat. Mutti hat gleich gepundert: "Siehste, jetzt kriegste 'n Kind!"
Oje, ob das wirklich sein kann? - Aber nein, wir haben uns ja nicht mal geküßt!

Sonnabend, 7.6.58
Heute mußte ich Vati und Mutti die 6 in Englisch zeigen zum Unterschreiben. Mutti hat mir eine runtergehauen und gesagt, jetzt sei Schluß damit, daß ich mich mit den Kerls rumtreibe. Und Vati hat immer was geredet von „Kind andrehen lassen" und „viel zu jung dafür". Ich denke immerzu nur an Hering und darf ihn jetzt wohl nie mehr sehen.

Sonntag, 8.6.58
Landesjugendtreffen in Verden! Das war ganz toll! Auf der Hinfahrt haben wir im Bus immerzu Witze gemacht und Pastor Gurland und Frl.v. Behr haben mitgelacht. Die sind beide schwer in Ordnung! -
Der Wirtschftsminister Dr. Hellwege war da und der Landesbischof Lilje. Am tollsten aber war, daß es plötzlich in der Predigt zu einem gewaltigen Platzregen kam. Wir saßen doch alle auf der Wiese und waren plitschenaß. Schade, daß Anke nicht mitkonnte.

Montag, 9.6.58
Mutti sagt, es sei heute morgen eine Frau im Laden gewesen, die mich, Anke und zwei Jungs im Wald beobachtet hat. So ein Quatsch, wir waren gar nicht im Wald, sondern nur bei der Badeanstalt. Aber Mutti wußte den Namen von der Frau nicht mehr, sonst hätte ich sie zur Rede gestellt. Ich darf jetzt auch nicht mehr zu Anke. Ich bin sehr traurig und wütend.

Mittwoch, 11.6.58
Heute gab es schon wieder Krach mit meinen Eltern. Ich hatte meinen Film entwickeln lassen und die zwei Bilder, wo ich Rimke fotografiert habe, weggenommen. Mutti hatte gleich gemerkt, daß zwei fehlten und hat gesagt:"Da haste sicher Kerls aufgenommen." -
Ich mußte grinsen und da war sie sich noch sicherer und hat weiter auf mir rumgehackt und gesagt, daß sie alles Pastor Gurland erzählen wird. - Sie weiß genau, daß ich davor Angst habe. - Vati hat mir den Fotoapparat weggenommen, weil ich die zwei Fotos nicht hergezeigt habe. Mutti hat geheult und ist ins Bett gegangen mit den Worten: "Ich werde mit dir nicht fertig, Kind!"
Ich möchte am liebsten weglaufen, aber wohin auch?
Ich habe meine Eltern lieb, aber ich denke sie sind für mich zu alt.

44

Donnerstag, 12.6.58
Ich mußte abends mit Mutti und Waldi spazieren gehen. Ich habe nichts mit ihr geredet, weil ich so enttäuscht und wütend bin.

Freitag, 13.6.58
Obwohl ich vor "Freitag, dem 13." Angst hatte, war heute ein Freudentag! Zuerst bekam ich einen lieben Brief von Hering. Ich habe ihm abends im Bett zurückgeschrieben, auch das von dem Ärger mit meinen Eltern. Na, der wird ja einen Eindruck haben von meiner Familie. Zum Trost habe ich ein kleines Foto von mir beigelegt.
Dann kriegten wir eine Einladung zur Hochzeit von
Uschi Lühmann und Horst Nagel. Ach, wie ich mich freue!
Ich bin gleich zur Schneiderin nach Kucksdorf gefahren und
durfte mir in ihren Musterbüchern ein Kleid aussuchen.

Sonnabend, 14.6.58
Heute abend habe ich mit meinen Eltern verhandelt. Resultat:
Ich darf weiter mit Hering gehen unter folgenden Bedingungen:
1.Nur mit Anke dabei, also nicht allein mit einem Jungen,
2.Nicht im Wald
3.Nur sonntags und nach Vereinbarung
   höchstens 2x in derWoche abends.
Wenn wir etwas verköstigen, muß ich das von meinem Taschengeld bezahlen.

Tag der Deutschen Einheit, 17.6.58
Schulfrei und herrliches Badewetter. Anke und Walter sind so verliebt! Ich denke immer nur an Hering.

Mittwoch. 18.6.58
Ich bin mit Mutti nach Uelzen gefahren, weil Mutti für die Hochzeit ein neues Kleid braucht.
Sie ließ sich auch noch ein neues Korsett anpassen bei Frau Schneider. Dann wirkt sie schlanker.
Ich habe dringend einen neuen Füller gebraucht, weil der alte immer so blaue Finger macht.
Und dann haben wir noch 3 Bücher gekauft „Die Brücke am Kwai", „Bonjour Tristesse" und „Gutes Benehmen, dein Erfolg!" - Das ist im Voraus zu meinem Geburtstag.

19.6.58
Heute haben wir bei Rimke eine saftige Bio-Arbeit geschrieben und als Einleitung hat er gesagt:
„Ich bin noch jung, vielleicht noch zu jung, um nicht noch die Tücken des Abschreibens zu kennen! Also nehmt euch in acht!"
Ja, er ist wirklich noch herrlich jung! - Aber er hat ja nur Augen für „Häschen" (Ortrud).
Vati und Mutti waren nachmittags nach Wieren zum Zahnarzt und ich konnte nicht zum Baden. Ich habe nur 50 Liter getankt und Fahrradflickzeug verkauft.

Freitag, 20.6.58
Frl.v.Behr, unsere Organistin, hat mich gefragt, ob ich nicht Lust hätte, Sonntags den Kindergottesdienst zu machen.
Mensch, das finde ich toll. Ich will gern meine Freizeit in den Dienst der Kirche stellen und den Kleinen vom lieben Gott erzählen. Aber dann muß ich immer zu den Vorbereitungen gehen und mir

auch zu Hause alles genau zurecht legen, damit ich immer eine Antwort weiß, wenn die Kinder mich was fragen.

Sonnabend, 21.6.58

Eigentlich ist heute Sommeranfang, aber es sieht mehr nach Wintereinzug aus: Regen, Wind, Kälte. Anke, Walter und Hering haben mich von zu Hause abgeholt. Mutti hat gleich wieder gesagt:" Na, daß mir keine Klagen kommen!" Hering hat ganz ängstlich geguckt.

Dann hat er mir gesagt, daß seine Mutter es gern sehen würde, wenn wir mal heiraten. Und seine Tante hat zu meinem Foto gemeint: „Das ist ja 'ne seute Deern!"

Ich glaube, er mag mich wirklich.

Sonntag, 22.6.58

Ach, wie bin ich glücklich und unglücklich!

Nachmittags bin ich mit Hering, Anke und Walter im Kino gewesen, „Die Zwillinge vom Zillertal". Hering hat meinen Arm genommen und wir waren uns ganz nahe, sehr nahe.... Jedenfalls war es ganz prima und ich hatte wieder dieses ganz komische Gefühl. So ein glückliches Gefühl! Ja, wir waren wohl beide sehr verliebt.

Nach dem Abendbrot ging ich wieder zu Anke, aber die durfte nicht: Ihre Mutter hat was erfahren und nun darf Anke abends nie mehr raus. Das Dumme daran ist nur, daß ich ja nur mit Hering spazieren gehen darf, wenn Anke auch dabei ist! Sie hat mir einen Brief für Walter gegeben. Als er ihn las, sah er gleich ganz bedebbert aus und ist nach Hause gegangen. Dann schlenderte ich mit Hering eine ganz von der Welt abgeschiedene Straße lang. Es war sehr niedlich, wie wir uns als kleines Liebespaar fühlten.

Plötzlich kamen welche mit einem Hund.

Ich bekam sofort Angst und sagte Hering er soll sich schnell im Kornfeld verstecken, was er nach einigem Zögern dann auch mir zuliebe tat. Nun wollte aber der Hund immerzu ins Kornfeld und bellte laut und zog an der Leine. Ich habe ihm ein bißchen zugeredet und ihn gestreichelt, dann zogen sie ab und ich habe jetzt furchtbare Angst. Schließlich darf ich nicht allein mit einem Jungen spazieren gehen. Lieber Gott, mach, daß uns keiner gesehen hat, bitte, bitte, hilf uns.

Montag, 23.6.58

Heute kommt mir das Erlebnis von gestern abend wie ein böser Traum vor. Ich stelle mir schon vor, wie die Bodenteicher auf mich zeigen:" Ilse Brandt treibt sich mit Jungs im Dunkeln im Kornfeld rum!"

Mutti kriegt es sicher raus! Ich werde wohl mit ihm Schluß machen. Hätte ich ihn doch nie kennengelernt.

Dienstag, 24.6.58

Weil Rimke immer noch krank ist, hat Warneke mit uns Sport gemacht, aber wie!

Der stellt sich in seinem weißen Kittel mit einer Zigarette in den Händen hin und kommandiert: „Rechts springen - hopp! Links springen- hopp! Vorspringen- hopp! Rückspringen- hopp!" Sogar Vati hat gemeint, das wäre ja wie in der Kaserne, obwohl Vati noch nie in einer Kaserne war. In der Pause vor der Musikstunde haben Ingrid Lehneke und ich auf dem Klavier „Buona Sera" gespielt, ganz laut, bis der Schneidewind hochgefegt kam. Naja, er hat gemeint, es würde sich eigentlich nicht schlecht anhören, aber wir sollten lieber zu Hause spielen. Gott sei Dank, ich hatte schon wieder eine Predigt befürchtet!

Ich mußte den ganzen Nachmittag aufs Feld und Stachelbeeren pflücken. Die anderen waren in der Badeanstalt. - so konnte ich ungestört an Hering denken.

Abends sagte Mutti, daß ich nicht mehr ins Kino darf.

„Da mit den Bengels rumsitzen, das ist nichts!" sagte sie.

„Du hast Ansichten!", meinte ich.

Sie: „Hör auf zu stänkern, das ist noch nicht alles, was du hinter dir hast. Denn was du jetzt auf dem Gewissen hast, ist schlimmer als voriges Mal!" - Mensch, jetzt haben die mit dem Hund doch was erzählt! So eine Gemeinheit! -

Mutti sagt, in manchen Augenblicken überkommt es ein Mädchen und dann läßt es sich ein Kind andrehen.

Was die sich denkt! Ich und Hering? Nie! Und wenn ich wirklich ein Kind kriegen würde, würde ich mich totschämen und wäre bestimmt bald im Himmel (oder in der Hölle) beim lieben Gott (oder beim Teufel).

Ich denke aber doch immerzu daran, wie schön es im Kino war. Naja, die Alten haben eben alte Vorstellungen vom Verliebtsein. Hoffentlich bin ich besser zu meinen Kindern.

Donnerstag, 26.6.58

Rektor Warneke hat mir heute gesagt, daß Böhl schon mehrere Male den Antrag gestellt hat, daß ich von der Schule fliegen soll. Immer ich! - Es ist mir alles egal, Hauptsache, Hering bleibt mir treu, auch wenn ich ihn jetzt nicht mehr sehen darf.

Sonnabend, 28.6.58

Oh, lieber Gott, so hilf mir doch! Ich habe Mutti versprochen, mich von Hering zu trennen, und jetzt ist sie ganz lieb zu mir. - Und dabei fällt es mir doch so schwer, nicht mehr an ihn zu denken!

Ich weiß, es ist nicht die ganz große Liebe, von der man immer in den Filmen sieht oder in den Büchern liest, aber es könnte doch alles noch viel schöner werden mit der Zeit.

Wenn ich zu Mutti halte und auf Hering und „die Bengels" verzichte, dann sagen alle Jungs: Mit der Brandt ist nicht viel los!

Ich habe schon ein paar Tage lang rasende Kopfschmerzen und nehme jeden Tag mindestens 4 Aspirin ein.

Aber ich darf Mutti nichts davon sagen, sonst macht sie sich Sorgen und fängt wieder an zu weinen

Sonntag, 29.6.58

Heute schreibe ich nun zum letzten Mal als 13-Jährige in dieses Tagebuch.

Es ist so schön, wenn man jemanden hat, dem man alles sagen kann, und der es nicht weitererzählt.

Ach, ich wünschte, ich würde morgen schon 15 Jahre alt sein. - Abwarten, das kommt schon noch.

Montag, 30.6.58

Fast alle aus der Klasse haben mir zum Geburtstag gratuliert, aber kein Lehrer, nicht mal Herr Rimke! Mein bestes Geburtstagsgeschenk war aber, daß ich in der Bio-Arbeit eine 3plus habe und die anderen fast nur Vierer und Fünfer.

Gestern war ich bei Lühmanns zum Hochzeitskranzbinden und heute war Polterabend. Ich freue mich auf die morgige Hochzeitsfeier.

Dienstag, 1.7.58 / 16 Uhr

Eben komme ich von der Hochzeitsfeier nach Hause und bin todunglücklich!!! Ich habe einen ganz blöden Tischherrn "Siegfried"! Der redet überhaupt kein Wort! Wir gingen im Hochzeitszug eingehakt(!) den ganzen Weg von Lühmanns Haus bis zur Kirche und halb Bodenteich stand an der Straße und guckte, auch alle Mädchen aus unserer Klasse und Frau Pritzkat, unsere Handarbeitslehrerin.

Die haben sich bestimmt lustig über uns gemacht, weil ich größer bin als mein Tischherr. Nach dem Mittagessen hätte ich mich so gern zu meinen Eltern gesetzt, aber ich mußte bei den Jungen sitzen. Alle um mich herum flirteten miteinander und tranken Alkohol, da habe ich es nicht mehr ausgehalten und bin einfach nach Haus gerannt, um in Ruhe zu heulen.. -......
Ich glaube, jetzt holen sie mich. Liebes Tagebuch, ich muß wieder los.

Mittwoch, 2.7.58
Gestern um 7 Uhr bin ich nochmal mit Mutti hingegangen. Der Siegfried ist so bekloppt! Immer, wenn ich aufstand, kam er hinterher. Wenn ich zu Vati und Mutti ging, kam er auch mit. Er hat immerzu mit mir getanzt und wollte mir die Schritte beibringen, aber ich wollte nicht. Ganz spät nach dem Abendbrot kam die Erlösung, da hat Helmut Zeinecke mich öfter zum Tanzen geholt, wir haben uns prima unterhalten und nachher habe ich Klavier gespielt und er Schlagzeug. - - Mutti hat dann geschimpft und gesagt, ich hätte schließlich den Siegfried als Tischherrn und seine Mutter hätte schon gesagt, was wir für ein schönes Paar wären! Ich bin nach Mitternacht abgehauen. Das war eine blöde Feier!

Donnerstag, 3.7.58
Endlich Schulferien! Aber ich muß immer zu Hause helfen. Heute war ich wieder auf dem Feld zum Stachelbeeren pflücken. Zum Glück war es nicht so heiß.

Freitag, 4.7.58
Abends beim Evangelischen Mädelkreis haben wir mit Frl.v.Behr nur noch über das morgige Sommerfest gesprochen. Bei der Generalprobe des Theaters ging alles daneben. Aber dann klappt es morgen bestimmt. Ich freue mich riesig!

Sonnabend, 5.7.58
Ich war fast den ganzen Tag im Pastorenhaus: Von 10-12Uhr mit Gisela Damrau Erdbeeren gepflückt für die Bowle und nachmittags durfte ich allein alle Sachen einkaufen (Lampions, Tischpapier usw.). Dann haben wir die Tische im Pastorengarten aufgestellt und die Bäume mit Girlanden geschmückt.

Abends um 19 Uhr ging es los und alle waren aufgeregt. Die Jungs mußten Zettel ziehen, auf denen der Anfang eines Sprichwortes stand, z.B. Morgenstund hat..... und das Mädchen, das den Rest hatte, z.B. ..... Gold im Mund.. war dann die Tischdame. Ich zog Günter Ramünke, den Bruder von Hering, na, das paßte ja gut. Wir machten Polonäse durch den Garten und einige Fangspiele. Ich bin einmal hingefallen und habe mir meinen Rock ganz dreckig gemacht und das Knie aufgeschlagen. - Die Theaterstücke vom "Neugierigen Mädchen" und "Der Mord auf der Wendeltreppe" klappten prima, aber danach war dann das Ende meiner guten Laune...! Anke sagte nämlich zu mir: "Ilse komm doch endlich mal raus, Walter und Hering warten draußen schon so lange auf uns". Die waren nämlich schon vorn an der Straße gestanden, als ich zum Konfirmandensaal ging.
Ich hatte ihnen gesagt, daß ich nicht mit ihnen sprechen darf. Aber nun ließ ich mich doch von Anke überreden und ging mit nach draußen. Anke hat ganz laut durch die Finger gepfiffen und in dem Augenblick sehe ich, wie Mutti aus dem Gebüsch rausspringt, mich an der Schulter packt und schimpft: "Siehste, Anke verführt dich immer wieder! Um Punkt 9 biste zu Haus, verstanden!"

Ich ging traurig wieder zurück zu den anderen und sagte zu Frl.v.Behr, daß mir jetzt der ganze Abend verdorben ist. - Pastor Gurland und seine Frau kamen dann auch dazu und ich habe alles erzählt, daß ich Hering kennengelernt habe, daß wir uns mögen und daß das ganze Dorf angeblich schon über uns redet und daß ich ihn nun nicht mehr treffen darf, und das von heute abend. Frl.v.Behr fragte mich, ob sie mal mit Mutti reden soll, aber ich winkte ab. Sie gab mir ein Taschentuch und nahm mich in die Arme. Das war so schön, als sie sagte: "Es wird schon alles wieder gut werden. - "

Zu Hause erwartete mich natürlich eine riesige Predigt, aber ich bin ohne Worte ins Bett gegangen.

N.S. Ich wußte gar nicht, daß man sich als Mädchen auch in eine Frau verlieben kann.

Sonntag, 6.7.58

Heute war ich zum ersten Mal nach der Konfirmation zum Abendmahl. Ich ganz allein, Bruni, Grudrun und Doris sind nicht gekommen. - Also, zuerst geht man in die Sakristei, sagt seinen Namen und gibt das Beichtgeld hin. Frl.v.Behr hat mich gleich ganz lieb umarmt und ich fing wieder an zu heulen, weil ich so traurig bin und auch so froh, daß sie mich versteht. Sie hat ihren Kopf ganz dicht an meinen gelegt und mich fest gedrückt. - Das hieß wohl, daß ich nun wieder gehen sollte. Ich habe mich auf meinen Platz in der ersten Reihe gesetzt und konnte gar nicht aufhören zu weinen. Wenn mich jemand beobachtet hat, wird er denken, ich hätte ganz was Schlimmes auf dem Gewissen. - Dann kam Pastor Gurland und hat uns, - indem er die Arme weit ausgestreckt hat - die Sünden vergeben. Das ist ein komisches Gefühl, wenn man danach ganz frei sein soll. Eigentlich habe ich mich noch genauso schuldig gefühlt (wegen Hering) wie vorher. Nach dem Gottesdienst kam das Abendmahl, Frl.v.Behr stand neben mir. Pastor Gurland sprach so schön darüber, daß man sich freuen soll, ein Christ zu sein. Ja, ich bin stolz darauf, eine Christin zu sein. Und ich habe meine Eltern lieb. Aber ich habe so viel mit meinem Inneren zu tun. Mutti sagt zwar immer: "Du schüttelst dir das alles ab wie ein Pudel!" Aber das ist nicht wahr! Ich bin traurig, wenn ich meinen Eltern Kummer bereitet habe, obwohl sie so gut zu mir sind. Ich bin am liebsten allein in meinem Zimmer oder draußen in der Natur.

Manchmal mag ich einfach nicht mit den anderen reden. Aber dann denken meine Eltern immer, daß ich eingeschnappt bin.

Nachmittags sind wir nach Bokel zum Kaffeetrinken gefahren. Ich habe einen Spaziergang zur alten Kapelle (1631 erbaut) gemacht und bin über den Friedhof geschlendert. Der ist so schön mit Blumen geschmückt und sehr sauber. Ich habe mich auf eine Bank gesetzt und folgende Vorsätze gefaßt:

1. Ich werde einmal mit dem Rad hierher zum Gottesdienst fahren
2. Ich spare auf ein einfaches schmuckes Kreuz und hänge das über meinem Bett auf.
3. Wenn ich nächstes Mal nach Braunschweig komme, soll mir Tante Hedchen mein Kinderbuch-Manuskript wieder geben. Ich kann es dann auf der alten Schreibmaschine abschreiben und dann schicke ich es an eine Zeitung.
4. Wenn Pastor Gurland in die Ferien fährt, werde ich seinen Rasen mähen. So kriege ich Grünzeug für unsere Hühner und außerdem freut er sich.

Montag, 7.7.58

Ich muß jeden Tag aufs Feld. Meistens bleibt Vati bei der Tankstelle, - dann bin ich alleine. Das mag ich am liebsten. Es ist immer was zu tun, mir graust schon vor der Obsternte!

Dienstag, 8.7.58

Vormittags Erdbeeren sauber gemacht und mit Mutti Marmelade eingekocht. Kartoffeln geschrapt(ich hasse das, da werden die Finger so braun von). Nachmittags wieder aufs Feld. Mutti sagt, Arbeit treibt die Flausen aus dem Kopf. Vielleicht hat sie ja recht. - Abends habe ich mein Zimmer aufgeräumt und die Papierblumen von Hering aus der Vase genommen und weggepackt. Ich will nicht mehr an ihn erinnert werden.

In Bodenteichs Straßen merkt man genau, wer hier zu Besuch aus der Stadt ist. Die sind alle so schick und modern angezogen. Ich werde mich später auch immer modern kleiden und Stöckelschuhe tragen. Es gibt jetzt Seidenstrümpfe, die keine Laufmaschen machen, aber dafür gibt's Löcher.

Mittwoch, 9.7.58

Wieder den ganzen Vormittag Erdbeermarmelade gekocht, dann im Schaufenster Staub gewischt, alle Fahrräder im Laden blankgerieben, die großen Ladenfenster geputzt. Plötzlich wurde es mir ganz schwarz vor den Augen, ich konnte gerade noch von der Leiter steigen, dann war ich weg.... Ich weiß nicht, wann ich wieder zur Besinnung kam, - da lief ich zu Mutti und erzählte ihr das. Sie meinte, ich hätte nur keine Lust zum Arbeiten. Das ist so gemein!

Freitag, 11.7.58

Abends beim Mädelkreis habe ich neben Frl.v.Behr gesessen und immerzu Herzklopfen gehabt, wenn ihr Arm mich berührt hat. Wir haben Quartett gespielt und gesungen. Als wir dann etwas aus der Bibel lesen wollten, haben die Schostorfer immerzu gequatscht. Da hat Frl.v.Behr gesagt: "Jetzt aber bitte Ruhe! Ich kann mit euch über Tische und Bänke springen und weeß Knöpchen was noch alles, aber alles zu seiner Zeit!"
Danach war es mucksmäuschenstill. Sie ist eine tolle Frau!

Sonnabend 12.7.58, 15.30 Uhr

Oh, das war ja so gemein von meinen Eltern! Ich habe meinen Kopf schon unters kalte Wasser gehalten, um mich abzuregen, aber ich habe immer noch eine furchtbare Wut im Bauch!

Nachdem ich um 9.15 mit dem Kücheputzen fertig war, sagte Mutti, ich müsse Nachmittags aufs Feld zum Quecken hacken. Ich machte den Vorschlag, vormittags zu gehen, weil es dann nicht so furchtbar heiß ist.
Sie war einverstanden und sagte, ich solle um halb eins zu Hause sein. Es wurde dann doch immer wärmer und ich war ziemlich k.o., aber ich wollte keine Pause machen, damit ich das Stück noch fertig kriege bis dahin, wo die Hecke anfängt. Ich redete mir immerzu ein: Ich muß es schaffen, damit Vati und Mutti sehen, daß ich kein Schlappschwanz bin! - Ich wollte nun extra nicht Punkt halb eins zu Hause sein, weil es dann heißen würde: Sieh an, pünktlich wie die Maurer, nicht eine Minute länger arbeiten....!
Ich kam also ziemlich kaputt um dreiviertel eins nach Hause, da empfing mich Mutti mit einer Gardinenpredigt: "Kannst du nicht pünktlich sein? Wie soll ich denn das Essen warmhalten? "
Ich sagte nur: "Ich kann jetzt nichts essen. "
Darauf zeterte Mutti: "Hast dich wohl vollgefressen mit Erdbeeren und Kirschen?! "
Ich:" Nein, ich schwitze so! "
Mutti:" Ach, gib doch nicht an, so warm ist es doch gar nicht."
Jetzt wurde ich frech:" Du hast ja keine Ahnung, hier im Büro ist es ja richtig kühl! "
Da haute Mutti mit beiden Fäusten auf den Tisch und schrie:

"So! Aber heute abend ins Kino zu gehen, dazu biste nicht zu kaputt! Ist doch deine Schuld, wenn du so wild herumwühlst! "

Jetzt kriegte ich also noch Schimpfe, weil ich so feste gearbeitet habe, um den Eltern eine Freude zu machen.

Ich habe drei Blasen an den Händen und eine am Fuß, habe extra noch frische Erdbeeren nach Hause gebracht und dann heißt es, ich sei selber Schuld! Na, da soll man noch Lust zum Arbeiten haben??? Ich nicht!!!

Nachmittags kriegte ich dummerweise auch noch einen Lachanfall, weil Mutti beim Kaffee pusten gepfiffen hat, - ich konnte grade noch weglaufen, sonst hätte sie mir eine geklebt.

Nachtrag um 23 Uhr

Vati war Nachmittags noch 3 Stunden allein auf dem Feld. Da hat er wohl gesehen, wieviel ich geschafft habe und es Mutti erzählt. Da hat sie zu mir gesagt:" Du solltest doch gar nicht so viel machen bei der Hitze! "

Jetzt hat sie wohl eingesehen, daß das heute mittag nicht gerecht war!

Sonntag, 13. 7.58

Heute mußte Vati mit Apotheker Witte nach Hitzacker fahren, Mutti und ich durften mit.

Die ganze Fahrt war voller Aufregungen:

Zuerst pladderte ein gewaltiger Dauerregen auf uns nieder, so daß Vati sich an die Seite stellen mußte, weil die Scheibenwischer es nicht schafften.

Das nächste waren zahme Wildschweine, die mit 8 Kleinen in der Göhrde herumliefen. Vati meinte, die sind bestimmt irgendwo ausgebrochen.

In Hitzacker war zufällig 700-Jahr-Feier und überall liefen Ritter und Knappen in ihren alten Trachten herum.

Das war ja interessant. -

Schlimm war, daß die Elbe überschwemmt war, die Bahnschienen waren mit Wasser bedeckt, aus den Gärten guckten gerade noch die Stangenbohnen raus und überall fuhren die Feuerwehrautos mit Licht und Getute.

Im Restaurant Woussegel war der ganze Speisesaal unter Wasser. Die armen Leute!

Wir fuhren also auf den Berg, wo es ein neues modernes Gasthaus gibt. Kaum hatten wir unseren Kaffee bestellt, da sagte Herr Witte, daß er nach Hause will. Er hatte Angst, daß seine Apotheke vielleicht auch überschwemmt sein könnte. - Schade, wir haben den Kaffee und den Kuchen dann abbestellt.

Zu Hause war alles in Ordnung.

Montag, 14.7.58

Morgens im Bett habe ich darüber nachgedacht, ob ich vielleicht nach der Schule als Kindermädchen nach England gehen könnte. Wenn ich dann perfekt englisch sprechen kann, und vielleicht noch französisch oder italienisch in einer Abendschule lernen würde, könnte ich bestimmt bei der Post anfangen, so wie es die Wahrsagerin Mutti prophezeit hat. Nur Erdkunde und Rechnen müßte ich irgendwo nachholen...

Vormittags alle Teppiche ausgeklopft und eingekauft. Dann habe ich mich in den Schuppen gesetzt und "privat gearbeitet":

Wir müssen bei Motorrädern immer auf 5 Liter Benzin eine Dose Öl in den Tank gießen,

und wenn die "leeren" Dosen wochenlang hinten im Schuppen liegen, sammelt sich das Restöl von den Wänden und läßt sich prima ausleeren. Ich habe 5 Dosen rausgekriegt.
Das macht im Verkauf 3,75 DM!
Vati hat mir für jede Dose 60 Pfennig gegeben, also 3,30 DM, ganz schön! - Schrott-Gabberts nehmen jetzt keine Öldosen mehr an, sonst hätte ich für das Blech auch noch was gekriegt.
Ich werde in Zukunft ordentlich viel Öl in der Dose lassen. Entweder ich mache die Löcher extra klein oder ich höre früher mit dem Reingießen auf. Hihihi, so verdiene ich mein Geld!

Nachmittags habe ich mit Vati aus der alten Chiantiflasche, die mir Anke geschenkt hat, eine Lampe gemacht. Vati hat mir eine Fassung reingedreht und ich habe einen Lampenschirm angemalt: Palmen, blaues Meer, Schiffe und Möwen. Zum Schluß hat Vati den Schirm mit Firnis bestrichen, damit er steif wird. Hoffentlich ist er morgen trocken. Die Lampe soll auf den Balkon gestellt werden. Ich hätte sie ja gern in meinem Zimmer, aber nun habe ich schon gesagt, daß Mutti sie haben kann, weil ich ja gar keine Steckdose mehr habe.

Dienstag, 15.7.58
Vietmeyer, unser Nachbar, hat schon wieder 'ne neue Minna. Mutti sagt, in dem Haushalt hält's keine lange aus.

Anke wird wahrscheinlich noch in diesem Jahr nach Lüneburg ziehen. Sie will gar nicht von Bodenteich weg, genau wie Monika Eberhard, die so herzerweichend geweint hatte. Mensch, mir müßte das keiner zweimal anbieten, ich wäre sofort weg! - Bodenteich, wer kennt schon Bodenteich!!

Ich habe Mutti das von England erzählt, sie wäre sogar einverstanden.
Mensch, das wird toll! Nicht mal 16 und schon nach England!

Komisch, ich denke gar nicht mehr an Hering. Und wenn ich an ihn denke, fällt mir die Sache mit dem Kornfeld ein und dann ekle ich mich richtig vor ihm. Ich finde, ein Junge sollte nicht alles tun, was das Mädchen will. Gemein, was?

Mittwoch, 15.7.58
Vati ist auch damit einverstanden, daß ich nach England gehe,
Ich habe jetzt eine Postkarte mit Jesus beim letzten Abendmahl über meinem Bett hängen.

Donnerstag, 17.7.58
Eigentlich wollte ich heute schon um 6 Uhr aufstehen und heimlich aufs Feld gehen.zum Arbeiten. Aber es war so kalt und stürmisch, da habe ich mich noch mal ins Bett gekuschelt. Vormittags habe ich dann die schwarzen Johannisbeeren gepflückt und nachmittags mit Mutti 3 Stunden lang einen Teil der roten.

Ich hatte so ganz nebenbei gesagt: "Ich freue mich auf den Mädelkreis. Dann sitze ich immer neben Fräulein v. Behr." Da sagte Mutti: "Die ist wohl jetzt dein Ideal, das du mehr liebst als deine Olle"
Ach, das ist doch ganz großer Quatsch. Natürlich liebe ich Mutti mehr. Aber die Liebe zu Frl.v.Behr ist doch was ganz anderes, eigentlich mehr Verehrung. Mutti soll bloß nicht eifersüchtig sein.
Mutti zeigt im Gespräch immer öfter, daß sie wieder in meinem Tagebuch liest. Ich muß es wirklich immer abschließen!

Im Nahen Osten ist schon wieder Krieg. Jetzt will Rußland mit seinen Atomwaffen eingreifen. Ich glaube, der 3. Weltkrieg wird die Menschheit so vernichten wie seinerzeit die Sintflut. Vielleicht leben wir im nächsten Jahr schon gar nicht mehr. Wann kommt bloß Frieden?

Freitag, 18.7.58
Vormittags Heidelbeeren sortiert, dann einen Kuchen damit gebacken nach dem Schulrezept für "Obstkrümeltorte".
Nachmittags geplättet und den Wäscheschrank aufgeräumt.
Mutti will Montag aufs Feld gehen und die restlichen Johannisbeeren abruppen. Dann muß ich kochen.

Sonnabend, 19.7. 58
Als ich heute vormittag zu Zaus die "Bild"-Zeitung holen ging, sah ich Hering. Mein Herz hat gepuckert und ich habe mich geprüft, ob ich ihn immer noch ein bißchen gern habe. Ich glaube nicht. Oder doch?

Nachmittags krabbelte ich in unserem Kirschbaum rum und legte mich auf das Hühnerstalldach zum Sonnen.
Da sah ich in Pastors Garten eine Frau in blauen Shorts in der Wiese liegen. Wer konnte das sein?
Frau Pastor ist im Urlaub, die Oma oder die Reinemachefrau würden das auch nicht tun und Frl.v.Behr erst recht nicht. Das mußte ich rauskriegen und holte Vatis Fernrohr aus seinem Schreibtisch. Damit ging ich auf den Dachboden, wo man durch eine Mauerritze genau in den Pastorengarten sehen konnte. Und tatsächlich hatte die nur ein Hemd an, nichts drunter und nichts drüber. Ich konnte richtig ihren Busen sehen! -
Also ich kam mir vor wie Gunter Philipp in dem Film, wo er Karla Hagen in einer Scheune beim Baden beobachtet hat. Hihihihi! Eigentlich kann sie ja keiner sehen, weil die Hecke ringsherum ist, aber ich würde das trotzdem niemals tun!

Zufällig traf ich später Frl.v.Behr, als ich von der Apotheke kam. Ich fragte sie, ob ich bei Pastor Gurland den Rasen mähen könne. Sie meinte, da würde er sich sicher freuen und ich solle mal am Montag kommen.
Ich sagte: "Da kann ich nicht, Mutti geht aufs Feld und ich muß kochen." - Sie klopfte mir auf die Schulter:
"Na, du Tüchtige, dann kommst du einfach, wann du willst. - "
Ich war so stolz darüber, daß ich ganz vergaß, sie zu fragen, wer da im Pastorenhaus zu Besuch ist.

Sonntag, 20.7.58
Vormittags bis 9 Uhr geschlafen, Kaffee getrunken, dann wieder ins Bett. Aber nicht geschlafen, sondern nur so'n bißchen über alles nachgedacht. Mir ist da so die Idee gekommen, daß wir Mädchen aus unserer Klasse doch vielleicht einen Reiseclub gründen und vielleicht im nächsten Jahr eine lange Radtour machen könnten, vielleicht im Zelt schlafen oder in einer Jugendherberge. Mensch, das wäre toll. Vielleicht nach Frankfurt oder noch weiter.... Natürlich ohne erwachsene Aufpasser!
Nach dem Essen bin ich zur Badeanstalt gegangen, aber trotz der schlimmen Hitze war nichts los. Also wieder den Krempel eingepackt und ab nach Hause.
Mutti lag in meinem Bett, weil es in meinem Zimmer am kühlsten ist. Ich habe mich auf die Fensterbank gesetzt und Wanderlieder gesungen. Mutti hat immer Angst, daß ich rausfalle, - aber von dem Platz aus hat man einen prima Ausblick auf die Straße.

Montag, 21. 7.58

Eigentlich nichts Besonderes passiert, nur daß ich ein schlechtes Gewissen habe wegen der Rasenmähersache.

Ich habe doch gar keine Zeit dazu. Mutti war heute auf dem Feld und hat einen Korb Johannisbeeren und 6 Pfund Erbsen abgeflückt. Die mußte ich nachmittags auspulen und dann haben wir 10 Dosen eingemacht.

Vati hat in der Werkstatt eine Dosen-Verschließmaschine, die kann ich auch schon bedienen. Die Leute bringen erst die leeren Dosen, damit der Rand abgeschnitten wird. Dann nehmen sie die Dosen wieder mit nach Hause, füllen das Gemüse oder Obst rein, Wasser und Zucker oder Salz drauf, dann bringen sie die Dosen wieder zu uns. Vati verkauft die Deckel, legt sie auf die Dosen rauf, und ratsch mit der Maschine ist die Dose zu. Ich hab das mal nicht richtig gemacht, dann ist Luft in die Dosen gekommen und die sind "hochgegangen".

Das gab Ärger. Hihi, wenn das bei Blaubeeren passiert, sieht die Speisekammer schlimm aus. -

Wie versprochen, habe ich mittags gekocht. Aber das war keine Nudelsuppe, das war Nudelpampe, obwohl ich paarmal Wasser nachgegossen hatte. Pech!

Dienstag, 22.7.58

Also dieser blöde Regen hört nicht auf. - Ich bin mit Vati nach Uelzen gefahren, um mir neue Klaviernoten zu kaufen. Aber zu Hause habe ich gemerkt, daß die viel zu schwer sind für mich. Mutti sagt, ich solle lieber schöne Operettenmelodien spielen und nicht so jippelige Jazzmusik (sie sagt Jatz, obwohl es Schäss heißt!)

Mittwoch, 23.7.58

Na, heute war was los in der Tankstelle! Ein großer schwarzer Mercedes fuhr vor, hupte, dann sagte die angemalte Olle da drin:" Fahr weiter, wenn keiner kommt." Ich war gerade aus der Tür, als er den Motor schon wieder anhatte. Sie sagte:"5 Liter, Frollein". Darauf ich: "Geht da nicht mehr rein, oder haben sie kein Geld oder keine Zeit?", denn in so einen Schlitten gehen mindestens 35 Liter rein. Schnauzt das Weib mich an:

"Sei mal nicht so naseweis, das ist kein Dienst am Kunden!". Ich habe genau 5 Liter reingefüllt, nicht einen Strich mehr. Dann wollte sie eine Rechnung und ich meinte, wenn sie bezahlt, kriegt sie eine Quittung.

Das muß sie wohl geärgert haben, jedenfalls hat sie so laut rumgeschrien, daß Vati sogar aus der Werkstatt kam. Er hat ihr die Scheiben geputzt und gefragt, ob es auch noch für 2 Pfennig Luft sein darf. Da sind sie mit vollem Karacho abgehauen.

Nachmittags habe ich 30 Pfund Erbsen ausgepuhlt und einen ganzen Eimer voll Mohrrüben geschrapt.

Abends mußte ich mit Mutti und Waldi spazieren gehen. Erst in Richtung Abbendorf und dann zurück bei Mahlkes vorbei. Waldi spielt so gern mit Marlene Mahlkes Muschi. Die ist aber auch süß, mit der könnte ich den ganzen Nachmittag herumtollen. Aber Katzen haaren so scheußlich, außerdem sagt Mutti, daß ein Tier genügt.

Marlene ist 3 Jahre älter als ich und spielt manchmal in der Kirche Orgel. Ich habe sie eingeladen, dann können wir vielleicht mal zusammen handarbeiten oder Klavier spielen. Vielleicht wird sie meine Freundin.

Donnerstag, 24.7.58

Vati war nachmittags auf dem Feld, die Bohnen müssen runter. Da habe ich es mir mit Mutti richtig gemütlich gemacht: Wir haben den Tisch schön gedeckt und aus den Sonntagstassen Kaffee getrunken, dazu Musik nach Muttis Geschmack im Radio gehört und uns unterhalten. Wir könnten das viel öfter machen, wenn Vati ein wenig mehr "gemütlich" eingestellt wäre und nicht immer sagen würde: "Ach, laß man, macht alles zu viel Arbeit. "

Als Vati und Mutti abends zu Apotheker Witte rüber waren, hab ich mir die Bohnen aus der Speisekammer geholt und ganz schnell die Enden abgeschnippelt, um Mutti eine Freude zu machen. Ich hatte die Schüssel gerade wieder in die Speisekammer zurückgestellt, die Schnippsel in den Aschenkasten geworfen, mein Fenster aufgemacht und meine Lippen mit Warondo eingecremt, da ging die Haustür und sie kamen zurück. Ich bin gespannt, was sie morgen sagen werden.
Nur noch eine Woche und 4 Tage, dann geht die blöde Schule wieder los.

Freitag, 25.7.58

Es hört überhaupt nicht auf mit dem Gemüseputzen. Es lohnt sich gar nicht mehr, meine Finger sauberzumachen. - Mutti war ganz überrascht, daß die Bohnen schon fertig waren und hat mich gelobt.

Marlene kam nachmittags und hat Klavier gespielt. Mutti war ganz entzückt und möchte jetzt, daß Marlene mir Unterricht gibt. Wenn ich dazu überhaupt noch Zeit haben werde!

Abends im Mädelkreis war ich eine Weile mit Frl.v.Behr allein, weil ich zu früh hingegangen bin. Sie sagte:
"Ich dachte, du wolltest den Rasen bei Pastors mähen." und sie war wohl ein bißchen böse dabei. Aber ich schob es auf das Regenwetter und die viele Arbeit zu Hause mit der Ernte. Das hat sie dann wohl eingesehen.

Sonnabend, 26.7.58

Abends war ich mit den Eltern im Film "Ober,zahlen!" War eigentlich ein Quatsch.
Aber in der Wochenschau haben sie ein Pferderennen gezeigt. Zwei Reiter an der Spitze haben die Pferde so geschlagen, daß ich richtig weinen mußte vor Mitleid. Die armen Tiere! Die geben doch sicher ihr Bestes und werden dann auch noch gepeitscht. Lieber Gott, kannst du das nicht so einrichten, daß sowas verboten wird?

Als ich mich heute abend gewaschen habe, kam Vati in die Küche. Na, ich habe schnell alles zugedeckt, was er nicht sehen sollte! Ich mag nicht, wenn er mich so sieht.

Sonntag, 27.7.58

Heute sind wir schon mittags nach Braunschweig gefahren.
Bei Onkel Albert und Tante Else habe ich den Garten geplündert. Die haben weiße Johannisbeeren und die sind viel süßer als unsere roten und die schwarzen sind viel größer als unsere. Vati meinte auf dem Rückweg "Ja,ja, die Kirschen in Nachbars Garten sind immer süßer".
Und dabei meinte ich die Johannisbeeren!

Mutti sagte dann, daß sie gern auch mal für ein Paar Tage zu ihrer Schwester fahren würde, nicht immer nur zu Vatis Verwandtschaft.. Aber Vati meinte nur, "Was willste denn da so lange?" und dann haben sie nicht mehr drüber gesprochen.

In der "Krümme" sind wir eingekehrt und haben jeder eine Riesenbockwurst gegessen. So ging ein schöner Tag zu Ende.

Montag, 28.7.58, 11.30 Uhr
Vati ist und bleibt hart! - Heute beim Frühstück haben wir von Muttis Wunsch gesprochen und Vati sagte nur: " Das ist doch alles kalter Kaffee. Sonst wollte Mutti doch auch nichts mit ihrer Sippschaft zu tun haben und jetzt auf einmal? "
Ich: "Wenn wir Onkel Albert hierher einladen, bist du doch auch einverstanden. Ihr würdet vielleicht in Bodenteich rumgehen und euch mit den alten Leuten, die ihr kennt, unterhalten und euch an früher erinnern. Wäre das nicht schön? "
Vati: "Ach was, Schnickschnack, - und wenn schon, bei Onkel Albert ist das was andres, der ist hier in diesem Haus geboren, aber Mutti...."
Ich: ".....ist in Gifhorn geboren! Das ist doch wohl das Gleiche, oder?"
Vati: "Dann fahrt doch gleich beide hin."
Ich habe feste mit ihm geschimpft, aber der ist ja nicht zu retten!

Nachsatz: Montag, vor dem Zubettgehen.
Also, ich nehme alles zurück, was ich je über Vati gesagt habe. Es war alles ungerecht. Vati ist der beste Vati, den es gibt. Ja, wirklich, der allerallerbeste. Wie ich dazu komme? Na, hier will ich es schnell erklären.

Als ich Vati später die BILD-Zeitung ins Contor brachte, fragte er mich, wann die Schule wieder anfängt.
Ich: "Am 6. August."
Vati: "Und wann wollte Mutti fahren? "
Ich:"Die will jetzt bestimmt nicht mehr, wenn du auch immer gleich sagst, daß das alles Kalter Kaffee ist!"
Vati: "Das kam alles so plötzlich und ich habe mich gewundert, weil sie sonst von ihrer Familie nichts wissen wollte."
Ich: "Das sagt sie nur, weil du nicht gern hinwillst."
Vati:" Das tut mir aber leid."
Da habe ich Vati gesagt, worüber Mutti sich immer ärgert und trotzdem nichts sagt: daß er nicht gern Kuchen mitnimmt, wenn wir irgendwo zu Besuch sind, - daß er nicht gern anderen einen Gefallen tut, -
daß er immer so still ist, als ob er krank wäre.

Da war Vati wieder ganz still und sagte nur nach einer Weile: "Tja, ich bin manchmal traurig. Und wenn ich dann nichts sage, heißt es gleich, ich ziehe einen langen Bart.- Also, wann wollte Mutti fahren?"
Ich schlug vor, daß Mutti von Freitag bis Sonntag hinfahren sollte, am Sonntag könnten wir sie abholen.
Vati: "Ilse guck mal, ich hatte mir das für Sonntag schon ganz anders zurechtgelegt: Wir könnten um 10 Uhr hier losfahren, irgendwohin zum Essen, und dann nachmittags noch ein bißchen herumkutschieren, weil es doch Muttis Geburtstag ist."
Das hätte ich Vati wirklich nicht zugetraut! Das war ja genau das, was sich Mutti schon lange einmal gewünscht hatte! Ich fiel Vati um den Hals und gab ihm einen Kuß, so froh war ich. Dann schickte ich

ihn zu Mutti ins Schlafzimmer, damit er alles in Ruhe mit ihr besprechen sollte. Aber Mutti wollte nichts mehr davon wissen und schrie Vati an, daß sie jetzt nicht mehr fahren will. Da tat mir Vati leid, obwohl ich Mutti immer gesagt hatte, daß sie sich doch nicht immer alles gefallen lassen soll.

Nach dem Essen legte Mutti ihre beiden Hände in den Schoß und die Tränen kullerten nur so herunter. Dann geschah das Rührende: Vati nahm ihre Hand, legte sie auf den Tisch und streichelte sie, indem er ganz liebe Worte zu Mutti sagte.
Das ist das Schönste, was ich je von Vati gesehen habe. Die ganze Zeit hielt er ihre Hand. Und damit wurde wohl auch alles gut.
Später im Contor sagte ich zu Vati: "Das war ein Drama, was?"
Vati nickte und sagte: "Und wir haben nichts erreicht. Sie will nicht mehr."
Ich dachte im Stillen: "Oh doch, Vati, du hast viel erreicht. Ich habe dich ganz anders kennengelernt. Ich habe dich wieder lieb und weiß, daß du der liebste und sanfteste Mensch bist und daß du nur so eine harte Schale hast. Du und Mutti, ihr beide seid die besten Menschen auf der Welt und ich habe viel zu tun, an euch, besonders an dir, Vati, wieder gutzumachen, was ich Schlechtes von euch gedacht habe. Das hast du erreicht!"

Nachmittags bin ich mit Mutti aufs Feld gegangen. Nun sind endlich alle Johannisbeeren ab.
Als wir nach Hause kamen, wurde Mutti plötzlich kreidebleich und fiel in Ohnmacht. Wir betupften sie mit Kölnisch Wasser und gaben ihr ein Glas Wasser zum Trinken. Langsam bekam sie wieder etwas Farbe und dann hat sie nur noch geweint.

Ich habe den Abendbrottisch besonders hübsch gedeckt und Bratkartoffeln gemacht, die Mutti aber nicht angerührt hat.

Dienstag, 29.7.58
Heute morgen ist Mutti zu Vati gegangen, hat ihn in die Arme genommen und hat gesagt: "Du bist doch mein Bester." Da hat Vati gesagt: "So, und nun tust du mir einen Gefallen, ja?" - "Sehr gerne" - "Du packst jetzt dein 30-Pfund-Gepäck und fährst morgen nach Gifhorn !" - "Nein, nein, ich muß erstmal die Aufregung verdauen." - "Doch, du kriegst jetzt den Marschbefehl!"
Ich glaube, dann hat Mutti nachgegeben. Ich freue mich so, daß alles gut geworden ist.

Mittwoch, 30.7.58
Juchhu, Mutti ist heute morgen um 7.24 Uhr mit dem Bahnbus losgefahren..
Mal sehen, ob sie uns schreibt. Hoffentlich ist sie glücklich.
Um viertel vor zehn mußte Vati eine Taxitour nach Uelzen machen und kam erst kurz nach zwölf wieder zurück. In dieser kurzen Zeit habe ich für 60 Mark Benzin verkauft. Das ist ein Bombengeschäft!
Dann habe ich die Kartoffeln geschält und aufgesetzt und den Wirsingkohl gekocht. Vati sagte beim Essen:
"Ob das, was Mutti heute in Gifhorn kriegt, auch so gut schmeckt?" - Wir verstehen uns jetzt prima.

Nachmittags saß ich an meinen Zeitungen, d.h. also folgendes: Wenn sich ein Stapel alte Zeitungen angesammelt hat (Hör Zu, AZ, Bild und andere), dann schneide ich das Beste heraus und stecke es in große Umschläge, z.B. Kochrezepte, Panda-Geschichten und Lilli-Witze, die Vati so gerne liest, Schauspielerfotos, schicke Kleider-Fotos, Kosmetiktips, Zeichnungen von Kurt Art usw.

Fortsetzungsromane werden gebündelt und später mit Mehl-Kleister zu Büchern geklebt. Das ist mein Hobby. Vati wundert sich darüber, aber er schimpft nicht.

Donnerstag, 31.7.58
Es war ein schöner Tag mit Vati! Ich machte den Haushalt, habe gekocht und nachmittags an meinen Zeitungen herumgeschnippelt. Abends habe ich ein Hörspiel im Radio gehört und mich dann mit Vati auf den Balkon gesetzt. Der Mond stand groß und rot am Himmel und weißer Nebel lag über den Wiesen.
Vati rauchte neben mir eine Zigarre und hatte Waldi auf dem Schoß. Einmal hat er gesagt: "So schön friedlich müßte es immer sein!" und ich dachte: "Jetzt müßte ich schon 16 sein und anstatt Vati einen Freund neben mir haben...." Aber das kommt ja noch. Gute Nacht! Und Gute Nacht, Mammilein, schlaf schön!

Freitag, 1.8.58
Es war schrecklich schwül heute, hoffentlich geht es Mutti bei dem Wetter gut.
Ich habe ganz viel Pudding gekocht, weil ich für Mittags gefüllte Paprika mit Gehacktem Molli machen wollte.
Die Paprikas stanken schon ein bißchen und waren wohl nicht mehr gut. Das Rezept ist:
Gehacktes mit Pfeffer, Salz, Zwiebeln und Ei vermischen, in die Schoten stopfen, in heißem Fett ausbraten, bis die Schoten braun sind. - Na, es hat mir auch nicht geschmeckt und Vati sagte:" Gib mir mal was Richtiges zum Essen.."
Zum Glück hatte ich den Pudding schon in Reserve.

Nachmittags habe ich aus Draht und Bast ein kleines Ponny und einen Flamingo gebastelt. Sieht ganz hübsch aus auf meinem Bücherschrank.
Mutti hat eine ganz belanglose Karte aus Gifhorn geschrieben. Morgen kommt sie zurück. Juchhu!

Doris hat ihre Haare ab!

Sonnabend, 2.8.58
Als ich gerade mit Vati und Waldi beim Mittagstisch saß, klingelte das Telefon: Mutti war aus Versehen nach Breitenhees gefahren und wir sollten sie schnell da abholen. Vati fuhr ganz aufgeregt hin und als Mutti dann hier ankam, war sie kreidebleich und ganz schwach. Ich glaube, es hat ihr nicht gutgetan. Sie will auch morgen nicht mehr weg, sie will nur ihre Ruhe. - Vati ist ganz traurig.

Tante Hedchen hat Mutti mein Kinderbuch-Manuskript mitgegeben. Sie meint, wenn ich es an "Sternchen" , die Kinderbeilage vom "Stern" schicken würde, könnte ich vielleicht 30-40 Mark dafür kriegen, aber es wäre nicht leicht, so etwas an einen Verlag zu verkaufen. Dann eben nicht. - Ich kann es ja meinen Kindern vorlesen.

Sonntag, 3.8.58 Muttis 56. Geburtstag
Mensch, war das eine herrliche Geburtstagsfeier! Um 8 Uhr ging ich mit Vati an Muttis Bett zum Gratulieren.
Dann haben wir in der schönen Stube die Geschenke angesehen: 1 Paar Gummihandschuhe, 1 Fl. Stonsdorfer, 1 Tube Mückenabwehrfett, 1 Gummibaum, 1 Fl. 4711, Margeriten und Gladiolen aus unserem Garten.

Mutti hat sich sehr gefreut, und dann setzten wir uns an den Kaffeetisch, um die Sandtorte zu verzehren, die ich gestern gebacken hatte, als Vati Mutti abholte.

Wir beschlossen dann, eine Fahrt ins Blaue zu machen. Ich spielte während der Fahrt auf meiner Mundharmonika und wir waren eine glückliche Familie.

In der "Quarmühle" gab es ein prachtvolles Mittagessen:

Vati und Mutti hatten Rumpsteak mit Salat und ich Hühnerfrikassee mit Mohrrübengemüse, danach Eis .

4 Mark für jeden war wirklich preiswert für diese großen Portionen.

Anschließend sind wir in den großen Gedenkpark nach Bergen-Belsen gefahren. Hier starben in den Konzentrationslagern 30.000 Menschen, in der Überzahl Juden. Es gab Massengräber mit 800, 1000, 2000 und noch mehr Toten. Es liefen fast mehr Engländer als Deutsche herum, denn in der Nähe gibt es noch viele große Kasernen mit englischer Besatzung.

Oh, lieber Gott, wie konnte man bloß so grausam diese Menschen töten? Mit Gas und anderer Quälerei. Lieber Gott, schenk uns doch endlich Frieden, damit so etwas nicht wieder vorkommt. Ich schäme mich ja so für die Deutschen, die so gemein waren! - Vati und Mutti haben davon nichts gewußt.

Aber Vati sagt, sie hätten ja auch nichts ändern können. Die "Großen" machen immer, was sie wollen und das Fußvolk muß es dann ausbaden.

Innerlich aufgewühlt und ergriffen fuhren wir weiter nach Herrmannsburg und kamen da gerade richtig zum Schützenfest. Ich durfte für 25 Pfennig mit der "Mondrakete" fahren. !

Mutti meinte, da werden einem die Kaldaunen durcheinandergeschüttelt, aber ich fand es herrlich!

Vati hat mit einem Los am Blumenstand eine Palme gewonnen und hat sie gleich Mutti mit einem vornehmen Diener zum Geburtstag überreicht. Dann kriegten wir alle noch eine Bratwurst und ich extra 2 Portionen Senf.

Gemütlich führen wir nach Hause. Dort angekommen fragte Vati:

"Habt ihr jetzt noch Lust auf Kino? -

"Klar, immer!" - Es gab "El Hakim", ein guter Film. Ziemlich schwer, ohne Witze, aber sehr schön.

Um 12 Uhr wachte ich auf, weil es mir furchtbar schlecht war. Ich glaube, die Bratwurst wollte schon wieder raus. Ich lief zu Mutti ins Schlafzimmer. Und da sah ich - ich mag es gar nicht aufschreiben - daß Vati bei ihr im Bett lag. Das ist natürlich nichts Besonderes, aber ich hatte das noch nie gesehen.

Tatsächlich kam alles hoch und Mutti gab mir einen Schnaps. Gute Nacht.

Montag, 4.8.58

Heute morgen habe ich meinen Film zum Entwickeln in die Drogerie gebracht, abends war er fertig. Alle Bilder sind gut geworden. Das mit dem Schilf vor der Quarmühle wird im Schaufenster ausgestellt. Ich bemühe mich, wirklich schöne Photos zu machen, damit das Geld nicht zum Fenster rausgeschmissen ist.

Nachmittags habe ich noch Kirschen gepflückt, Bohnen geschnippelt und meine Schauspielerphotos sortiert. Im Augenblick schwärme ich für O.W. Fischer. Ob ich wohl auch mal so einen schicken Mann kriegen werden? Wenn nicht, heirate ich ihn gar nicht.

Nächsten Sonntag predigt Pastor Gurland wieder und ich habe Kindergottesdienst-Dienst.

Dienstag, 5.8.58

Ich habe angefangen, mein Kinderbuch-Manuskript "Gesucht wird Rolf Rainers" mit der Maschine abzutippen. Da werde ich wohl Monate brauchen. -

Ich habe jetzt schon 80 Mark auf der Kreissparkasse. Wenn ich 100,- Mark voll habe, kaufe ich mir eine Gitarre.

Mittwoch, 6.8.58
Die blöde Schule fing ja "schön" an: ich habe eine 5 in der Geo-Arbeit.
Am Abend sind Langwalds Köter Anja und der Seppel von Lüpke auf der Straße zusammengewesen. Moni mußte immer Wasser dazwischengießen, und die kamen trotzdem nicht auseinander. Das wird eine Mischung geben!!

Donnerstag, 7.8.58
Heute ist was passiert! Einer hat für 12.40 DM getankt und gab mir einen 50-Mark-Schein. Ich legte ihn auf den Schreibtisch und holte das Wechselgeld aus der Kasse. Da muß er den 50-Mark-Schein wieder mit eingesteckt haben, jedenfalls war er nachher nicht in der Kasse. Mutti hält zu mir, und wir haben Vati noch nichts gesagt.
Das ist ja furchtbar viel Geld! Vati wird denken, daß ich es geklaut habe.

Freitag, 8.8.58
Wir haben mit Herrn Raddatz über die Klassenfahrt ins Weserbergland geredet, aber bei dem steigt man ja nicht durch, mal sagt er ja, dann wieder nein. Wenn wir wirklich fahren, würde ich meine 80 Mark dazu verwenden, wo uns doch jetzt die 50 Mark aus der Kasse fehlen.
Vielleicht verdiene ich ja etwas mit meinem Kinderbuch. Ich habe schon 10 Seiten geschrieben. Unser Nachbar hat sich gestern über das Schreibmaschinen-Geklapper aufgeregt, ich soll das Fenster zumachen. Der spinnt doch!
Abends war Kindergottesdienst-Vorbereitung bei Pastor Gurland. Ich bin ja so verliebt in ihn. Lieber Gott, nur du kannst es machen, daß er merkt, wie sehr ich ihn verehre und daß ich so einen Mann kriege, der so gut aussieht und so gut ist, und so besorgt um seine Kinder.
Pastor Gurland hat auf seinem Schreibtisch einen ganz schicken Jesus. Was der wohl kosten mag?

Sonnabend, 9.8.58
Beim BILD-holen sah ich Hering, aber ich habe ihn nicht angesprochen. Ich will mein Versprechen halten und Muttis Vertrauen nicht mißbrauchen, sonst darf ich noch nicht mal mehr zum BILD-kaufen raus.
Nachmittags habe ich mir nochmal Notizen gemacht für den Kindergottesdienst. Jetzt bin ich so etwas wie eine Missionarin.
Danach mußte ich bei denen, die von uns ein Stück Gartenland gepachtet haben, für 1958 kassieren.
Die meisten haben eine Ausrede, wenn ich komme. Und dabei wissen sie doch, daß sie es schon längst bringen müßten, schließlich ernten sie ja auch auf dem Grund. Vati sagt immer, ich muß denen "auf die Füße treten", damit sie das Geld rausrücken. Meistens klappt es dann beim zweiten oder dritten Mal. Ich habe von Vati 10 Mark für die Arbeit gekriegt.

Sonntag, 10.8.58
Pastor Gurland hat wunderbar gepredigt! Das sagten sogar Lieschen und Jutta, die ja eigentlich lieber gehen, wenn Pastor Fabig dran ist.
Mit klopfendem Herzen, aber frohen Mutes bin ich dann um 2 Uhr zum Kindergottesdienst gegangen. Das war ja ein Reinfall!! Die Kinder melden sich überhaupt nicht und als ich vom Weinberg reden wollte, wußten die noch nicht mal, was Weintrauben sind. Ich war so traurig, aber Pastor Gurland hat

mir Mut gemacht. Er meinte, wenn er in der Kirche predigt, verstehen auch die meisten nicht, was er eigentlich sagen will.

Also mache ich weiter!

Danach bin ich mit Vati und Mutti nach Uelzen ins Kino gefahren. Es gab "Die Brücke am Kwai". Es war sehr spannend, aber "El Hakim" hat mir besser gefallen.

Während der Vorstellung ist es einem Mann wohl schlecht geworden. Er quengelte sich durch die Reihe und dann fiel er hin und war bewußtlos. Zwei Männer haben ihn rausgetragen. Das war noch das Tollste vom ganzen Kinobesuch.

Montag, 11. 8.58

Mutti war im Salon Fuchs und hat geschimpft, daß ihre Haare nach der letzten Ondulierung nicht sitzen.

Da kann doch Frau Fuchs nichts für, wenn Mutti zu dünne Haare hat.

Ich habe in der Zeit in den Illustrierten geblättert und mir Adressen rausgeschrieben, wo ich mein Manuskript hinschicken könnte. Zuerst schicke ich es mal an den "Heideboten" und dann vielleicht ans 7-Tage-Blatt.

Aber ich habe es ja noch nicht mal zur Hälfte abgeschrieben.

Donnerstag, 14.8.58

Von 8-10 Uhr waren wir mit Böhl zum Sportplatz. Da waren kleine Autos und ein paar Fahrräder, mit denen mußten wir auf den Platz herumfahren und dabei die aufgestellten Verkehrsschilder beachten. Das ist ja ein Kinderkram! Wenn man wenigstens damit den Führerschein machen könnte. Schade, daß ich keinen Photoapparat dabei hatte. Vati sagte, das ist alles Heckmeck und vielleicht für die Großstadt ganz gut, aber nicht bei uns auf dem Dorf. Wir sollten besser gescheit rechnen und schreiben lernen.

Nachmittags bin ich mit Marlene und Werner Mahlke in die Kirche gegangen zum Photographieren. Eigentlich darf man das nicht. - Dann war ich mit Werner allein auf den Glockenturm gestiegen. Ach, wäre das doch Pastor Gurland neben mir gewesen!

Abends waren wir bei Lühmanns und haben die Bilder von der Hochzeit angesehen. Die haben einen ganz modernen Apparat, da kommen die farbigen Negative rein und dann werden sie auf einer Leinwand vergrößert. Das ist ganz schön und gut, aber ich bleibe bei meinen schwarz-weiß Papier-Photos, die ich ins Album kleben kann.

Sonnabend, 15.8.58

Als ich heute von der Schule nach Hause kam, empfing mich Vati gleich mit der Frage: "Wie ist denn deine letzte Mathematikarbeit ausgefallen?" - Erst dachte ich, er hätte in meinem Tagebuch gelesen, aber das schließe ich ja jetzt immer ab. - "Wieso?" fragte ich. Und dann klärte es sich auf: Ich hatte gestern mein Englischbuch in der Klasse liegen lassen. Die neuen jungen Männer vom Bundesgrenzschutz hatten da nachmittags Unterricht und haben es wohl gefunden. Sie haben mir einen Zettel geschrieben:" Sie sollten in Mathematik besser lernen!" - und haben das Buch bei uns im Contor abgegeben. - So'n Mist! Ich habe 3x6 und 1x5, das werden sie sich im Klassenbuch herausgesucht haben. Ich weiß auch nicht, wie ich das noch wegkriegen soll, aber es wird schon werden. - Mutti hat natürlich gesagt: "Du solltest lieber lernen, anstatt mit der Scheiß-Schreibmaschine zu klappern. Und wenn du morgen in die Kirche willst, mußt du dir deinen Kaffee selber machen, ich will ausschlafen. Du machst dich mit dem Kirchenrennen noch ganz kaputt!"

Ich dachte immer, Mutti würde sich freuen, wenn ich fromm bin. -Und Vati kann ja nicht mal beten! Ich schämte mich so für meine Eltern, die mir verbieten wollen, in ein Gotteshaus zu gehen!

Sonntag, 16.8.58
Ich war doch in der Kirche! - Die Predigt war nicht besonders gut, aber Frl.v.Behr meinte, auch ein Pastor hat mal einen schlechten Tag.
Nachmittags mußte ich aufs Feld und Brombeeren pflücken. So'n Blödsinn, bei den vielen Mücken! Und in den Film mit Toni Sailer durfte ich nicht.

Montag, 17.8.58
Ich war so froh, daß Rimke wieder in der Schule ist. Aber ich glaube, bei dem hat mich Böhl auch schon schlecht gemacht, dieser Sauhund! Wenn ich erstmal aus der Schule bin, werde ich mich schon noch rächen!
In Englisch haben wir eine Arbeit geschrieben, Old Kentucky Home auswendig. Ich hatte alles schon vorher auf einen Zettel notiert und den dann abgeschrieben. Hoffentlich hat der Warneke nichts gemerkt.

Als ich nach Hause kam, lag da ein Brief von "Sternchen". Die wollen das Manuskript erst lesen, machen mir aber keine große Hoffnung, weil sie so viele Angebote haben. Ich bin doch nicht blöd und schicke denen das, damit sie sich's abschreiben und mir nichts zahlen! Ich bin doch nicht bekloppt!

Donnerstag 21.8.58
Gudrun und ich sind mit dem Fahrrad nach Uelzen zum Zirkus gefahren. Das war ja ein Erlebnis! Warneke hatte uns ermäßigte Schülerkarten gegeben. - Wir waren so fasziniert von der Zirkusatmosphäre, daß ich meinen Eltern dankbar bin, daß ich hinfahren durfte.

Zuerst ein Tusch und die Ansprache des Zirkusdirektors. Dann kamen nacheinander gezähmte Büffel, Ponies, Kamele und ganz niedliche Affen. Dann im Gitter Löwen und Eisbären. Elefanten durften natürlich auch nicht fehlen. Zwischendurch lustige Clowns mit Schäferhunden und Katzen. Ein Finne und ein Spanier stellten sich vor und machten Gymnastikübungen. Die sahen schick aus und ich machte mir so meine Gedanken, wie das wohl wäre, wenn man sich in einen Zirkusmenschen verliebt. Nee, ich möchte nicht für immer im Wohnwagen herumziehen.

Aber wenn ich ihn doch ganz dolle lieben würde? - Ach, ich bin ja noch zu jung dafür.-
Als wir zurückfuhren, war es schon verdächtig dunkel und sah nach Regen aus. Aber wir haben es geschafft und waren sehr glücklich über diesen Tag.

Sonnabend, 23.8.58
Scheiß-Schulsportfest! Natürlich habe ich keine Urkunde gekriegt, ist ja auch alles Quatsch! Auf dem Nachhauseweg traf ich Frau Gurland, die meinte, es sei doch wohl Ehrensache, daß ich heute abend zum Konzert der "Geistlichen Abendmusik" in die Kirche käme. Oh Gott, eigentlich finde ich die Musik langweilig, aber ich werde wohl gehen müssen, um meinen guten Ruf als Christin bei Pastor Gurland zu behalten.

Mutti hat mir abends noch die Haare gewaschen und durch die Dauerwelle stand der Pferdeschwanz wie wild meterweit ab. Ich bat Mutti, mir doch einen Zopf zu flechten, da fing sie an zu schimpfen: "Was denn noch alles? Du gehst doch nur wegen deinem Priester in die Kirche, denkste denn, der guckt dich die ganze Zeit an? In die Kirche geht man möglichst einfach und bescheiden gekleidet. Da paßt dein rotes Kleid gar nicht zu."

Mutti sieht das alles so altmodisch. Vati hat gesagt, die anderen Weiber gehen auch nur in die Kirche, damit sie ihre neuen Klamotten zeigen können. - Da hat Mutti gemeckert:" Steh du ihr auch noch bei! Ach, macht doch was ihr wollt, ich bin bald nicht mehr da!"

Letzte Woche war ein Zettel an der Kirche, wer wohl für die Sänger Freiquartiere stellen würde. Lieschens Mutter und sogar Pritzkats haben Plätze zur Verfügung gestellt, und wir mit unserem großen Haus haben nicht einen genommen. Wir könnten mindestens 3 nehmen. Ich will später mal anders sein.

Also das Konzert war g ä h n ial. ! Pastor Gurland hatte gesagt, das Singen würde einem an die Nieren gehen.

Ich weiß gar nicht, was einem dabei an die Nieren gehen soll, das sind ja nicht mal schöne Melodien! Herr und Frau Pastor saßen andächtig in der vordersten Bank, hatten die Köpfe nach vorn geneigt, und schienen es wohl wirklich zu genießen. Ein friedliches Ehepaar. Wie schön.

Sonntag, 24.8.58

Heute bin ich nicht zum Gottesdienst gegangen, damit es nicht wieder Ärger gibt zu Hause.
Mutti ist krank. Sie hat wohl eine Sommergrippe.

Dienstag, 26.8.58

Heute nachmittag hatten wir wieder Kochen bei Frau Pritzkat. Ich mußte Kohlrouladen machen. Also, die von Mutti schmecken mir besser. Die Buttermilchspeise ware ganz gut, aber die Pilzsuppe, ebenfalls mit Buttermilch war nicht mein Fall.

Frau Gurland kriegt schon wieder ein Kind. Sie wünschen sich ein Mädchen.
Und morgen kommt mein liebes Frl.v-Behr wieder zurück vom Urlaub .

Mittwoch, 27.8.58

Heute muß sie nach Haus gekommen sein. Ich bin mehrmals am Pastorenhaus vorbeigegangen, aber um 3 Uhr war ihr Fenster immer noch zu. Vielleicht ist sie auch erst um 5 Uhr mit dem Zug gekommen. Ich freue mich so, daß ich sie bald sehen werde. Ich habe mich geprüft und festgestellt, daß ich meine Liebe so verteile: Frl.v.Behr habe ich 30% lieb, Vati 25 %, Mutti 40% und die restlichen 5% fallen auf Sonstige. Jetzt habe ich Pastor Gurland vergessen. Den habe ich einfach nochmal 100% lieb. Komische Rechnung, was?

Wir haben eine Geoarbeit geschrieben. Von 4 Aufgaben habe ich drei selbst gerechnet und eine bei Lieschen abgeschrieben.

Donnerstag, 28.858

Wir haben die gefürchtete Klassenarbeit in Algebra gut überstanden. Eigentlich hatte ich ja vorher keinen Fatz begriffen, weil Böhl nicht richtig erklären kann. Aber plötzlich während der Arbeit, wußte ich, wie die Formeln zu rechnen waren. Ich habe alle selbst ausgerechnet und dann die Lösungen sogar noch auf einem kleinen Zettel zu Rolf Penno rübergeschmissen. Ich war richtig stolz auf mich. Das muß eine 2 werden.

Für die nächste Biostunde sollten wir für Rimke Farne aus dem Wald mitbringen. Werner Mahlke brachte Marlene mit und die meinte, wir sollten mal zu Frl.v.Behr raufgehen, ob die vielleicht auch mitgehen würde. Na, das war ja eine tolle Idee. - So konnte ich sie endlich wiedersehen. Ich hätte sie so gern umarmt und ihr gesagt, wie sehr ich sie verehre, aber Marlene stand ja daneben.... Wir sind dann zu viert in die Masch gegangen und haben verschiedene Farne ausgegraben. Dafür hatte ich am Abend überall dicke Mückenstiche, Brennesselschmerzen und Blasen unter den Füßen. Aber was tut man nicht alles für den besten Biolehrer der Welt? - Und der schäkert nur mit Ortrud rum!

Sonnabend, 30.8.58
Je länger es her ist mit meiner Romanze mit Hering, desto weniger denke ich an ihn. Ich hasse mich, daß ich mich damals nicht an Muttis Vorschriften gehalten habe.

Montag, 1.9.58
Ich war heute mit Werner in den Seewiesen, um Moorkolben zu holen. In den Filmen sieht man das jetzt oft, daß die in einer großen Vase irgendwo im Flur stehen. - Wir steckten bis zu den Knien im Schlamm. Werner sagte, früher sind Menschen im Moor versackt, weil sie sich nicht mehr rausretten konnten und das Moor hat die Leichen konserviert. Ich stellte mir vor, plötzlich auf eine konservierte Leiche zu treten, aber die Seewiesen sind ja kein richtiges Moor. - Wir haben jetzt einen Strauß im Laden stehen, das sieht ganz schön aus, - und einen habe ich Frl.v.Behr vor die Tür gestellt.
Ich bin total zerstochen von den verdammten Mücken. Ich kann gar nicht aufhören mit Kratzen.

Dienstag, 2.9.58
Also die Mückenstiche machen mich wahnsinnig. Ich möchte am liebsten mit einer Drahtbürste darüberkratzen. Ich habe schon Essig draufgegeben, das brennt und es nützt nichts. Mich kriegt keiner wieder in die Seewiesen. Warum muß ich auch so bescheuert sein?

In Sport sind wir in der Badeanstalt gewesen. Wenn ich die Brille abnehme, kann ich beim Schwimmen nichts sehen und außerdem sagen die alle: Ilse, du siehst ganz komisch aus! - Mensch, das weiß ich selbst!

Donnerstag, 4.9.58
Heute ist etwas ganz Schreckliches in der Schule passiert:
Werner und Rolf hatten sich gestritten, zum Schluß sagte Werner: "Ach, halt die Fresse!"
Da stand Rolf von seinem Tisch auf, ging auf Werner zu, packte ihn und schleuderte ihn gegen die Wand wie ein Wollknäuel, dann packte er ihn wieder und warf ihn gegen einen Stuhl, der kippte um und Werner haute mit dem Nacken an die Tischkante. Rolf zog ihn hoch und knallte ihn mit dem Kopf an die Wand und immer wieder, es hat sich furchtbar angehört. - Die Jungs riefen Pfui!Pfui! zu Rolf, aber der hörte nicht hin. Er wischte sich nur das Blut aus dem Gesicht, setzte sich auf seinen Platz und blätterte im Englischbuch. -
Da bin ich hingegangen und hab ihn fertiggemacht. Ich habe gesagt, sogar Ursel wäre wütend auf ihn, die verehrt er nämlich. Werner, der mindestens ein Drittel kleiner und schwächer ist als Rolf, fing an zu weinen, und stand langsam auf. Ich hätte ihn gern in die Arme genommen, aber ich traute mich nicht.
Das werde ich nie im Leben vergessen.

In Bio wurde ich geprüft. Ich hatte auf alle Fragen die richtige Antwort. Wie gut, daß ich gestern abend noch alles gelernt hatte. Ich habe eine zwei gekriegt. Rimke zieht eigentlich keinen vor. Wenn man lernt, kriegt man auch gute Zensuren. Wenn ich das doch bloß früher kapiert hätte.

Freitag, 5.9.58

Heute stand ich mit Monika ‚Bienchen und Regine bei Brauns Bäckerladen an. Da drängelt sich doch tatsächlich die olle Rachwalski vor und wir murren natürlich, daß unsere Mütter zu Hause auf uns warten usw. Da sagt die Eule: "Was gackert ihr denn hier herum?"

Ich sagte: "Ach ja, weil wir dran waren"

Die Bäckersfrau sagte: "Aber Ilse, das Alter muß man ehren."

Ich: "Ja, aber die Jugend wird unterdrückt".

Da sagt die olle Rachwalsky: "Hört, hört, was die für schöne Reden schwingen kann. Vielen Dank, Ilse, jetzt weiß ich wie ich dich einzuschätzen habe, vielen Dank! Man hört ja so einiges von dir, jetzt glaube ich es."

Die ist doch der Schreck der Geschäftsleute, weil sie überall so lange rumquasselt. Naja, nun hat sie ja eine Neuigkeit für die anderen Läden.

Abends im Mädelkreis haben wir ein lustiges Spiel gemacht: Eingepackte Schokolade verspeisen, a b e r :

Man muß sich erst eine Mütze aufsetzen, einen Schal umbinden, Handschuhe anziehen und dann mit Messer und Gabel an die Arbeit gehen. In der Zeit würfeln die anderen und wenn einer eine 6 hat, war die ganze Vorbereitung umsonst, dann muß man alles weitergeben. Ach, Mädelkreis ist so eine feine Sache.

Aber nur weil Frl.v.Behr so viele Spiele weiß.

Sonntag, 7.9.58

Kreisjugendsonntag der evangelischen Kirche in Suhlendorf

Das war ein herrlicher Sonntag! Um halb 9 sind wir mit unseren Fahrrädern losgefahren. Pastor Gurland hatte sich eins geliehen und fuhr ziemlich schnell vor uns her. Der Gottesdienst war nicht so gut, weil der Pastor so geleiert hat. Danach kam der Singstreit der einzelnen Ortsgruppen. Wir hatten überhaupt nie geübt und standen dann auch an letzter Stelle.

Danach gab es eine Diskussion über die Stellung der heutigen Kirche. Eine Gruppe sagte, die Kirche sei langweilig und nicht aktuell genug. Die anderen behaupteten, die Kirche dürfe gar nicht aktuell sein, weil sie dann nicht mehr das sei, was Jesus gewollt hatte. Ich hätte gern mitdiskutiert. Ich wollte sagen, wenn man Gott dankbar ist für alles, was er geschaffen hat, soll man in die Kirche gehen und die Kirche so nehmen, wie sie ist, aktuell oder nicht aktuell. Und daß Albert Schweitzer einmal gesagt hat: Wer glaubt, dadurch ein guter Christ zu werden, daß er in die Kirche geht, irrt sich; denn man wird ja auch kein Auto, wenn man in eine Garage geht. Das hätte sich bestimmt ganz schön angehört und Pastor Gurland wäre stolz auf mich gewesen, aber ich konnte einfach nichts rauskriegen vor Herzklopfen.

Nach dem Mittagessen (Erbsensuppe) war Pause und dann spielten einige Gruppen Theater. Das war ganz lustig. Pastor Gurland saß die ganze Zeit neben mir!!!! Ich habe sein Haarwasser gerochen. Ich war ihm ganz nahe!

Der Tag war wunderschön, das Wetter herrlich, ich bin so glücklich! Gute Nacht.

Mittwoch, 10. 9.58

Ich bin heute mit Vati in Uelzen in mehreren Musikgeschäften gewesen wegen einer Gitarre.

Sie kosteten 28,- DM (komische Form), 38 DM (Schietqualität aus der Ostzone), 48 DM (aus Kunststoff), 68 DM (die käme in Frage).

Dann kommt aber immer noch dazu: 8,- DM (Beutel), 2,80 DM (Notenschule), 4,- DM (Band zum Umhängen).

Da fragte Vati, ob sie nicht eine Gebrauchte hätten und siehe da: sie hatten! Die hat jemand gekauft, und dann wieder zurückgebracht, als er keine Lust mehr hatte. 45,- DM kostet sie.

Ich hole morgen das Geld von meinem Konto und kann anfangen.

Freitag, 12.9.58

Als ich heute in mein Zimmer kam, lag die Gitarre auf meinem Bett. Vati hat das Geld ausgelegt und ich zahle es ihm langsam zurück. Ich habe schon angefangen, darauf herumzuklimpern, aber es ist schwer, sich so etwas selber beizubringen.

Ich werde es schaffen!

Sonnabend, 13.9.58

Die Braunschweiger waren hier und haben kistenweise Äpfel mitgenommen.   I c h   habe die abgepflückt und Vati verschenkt sie an Onkel Albert! Das finde ich gemein.

Abends war ich mit Anke im Theater "Rose Bernd". Das war sehr schön und sogar schöner als Kino. Mutti sagt, ich könnte ja dem Kulturkreis beitreten, aber da sind ja nur Rentner.

Sonntag, 14.9.58

Beim Mittagessen hatte Mutti eine Raupe im Blumenkohl, i gitt, die war mitgekocht. Ich mußte so lachen und konnte gar nicht mehr aufhören, bis mich Mutti mit meinem Essen in mein Zimmer geschickt hat.

Nachmittags fuhren wir zum Heidesee nach Gifhorn. Ich wollte so gern ein Paddelboot ausleihen, aber Vati hatte Angst, daß ich am Ende noch reinfalle und ertrinke. So'n Quatsch! -

Dann habe ich ihnen von meiner Idee erzählt, daß wir Mädchen im nächsten Jahr eine Radtour von einer Jugendherberge zur anderen machen wollten. Ach du liebe Güte, mein liebes Tagebuch, du hättest hören müssen, wie meine "besorgten Eltern" ihr "kleines Babylein" von dieser "Fahrt ins Ungewisse" abhalten wollten! Sie sind manchmal so furchtbar altmodisch!

Montag, 15.9.58

Bei Neuschulzens ist ein Franzose zu Besuch, der im Krieg bei denen in Gefangenschaft war.

Mutti hatte mir schon viel von unserem Ernest erzählt, dem es bei meinen Eltern so gut gegangen ist, wie es gar nicht erlaubt gewesen war. Mutti meinte immer, daß der sicher ums Leben gekommen ist, weil wir nichts mehr von ihm gehört hatten.

Dienstag, 16.9.58

ERNEST LEBT! Er wohnt in Casablanca/Marokko. Obwohl ich ihn nicht kenne, traten mir die Tränen in die Augen und ich bekam Gänsehaut, als ich das hörte. Aber warum hat er nie geschrieben? Mag seine Frau vielleicht die Deutschen nicht? Oder möchte er nicht an diese furchtbare Zeit erinnert werden? Wir haben dem anderen Franzosen(Richard) ein Bild von uns Dreien mitgegeben und von unserem Haus. Vielleicht schreibt Ernest ja doch einmal. Mensch, wir haben Freunde in Marokko! Toll, was?

Ich kriege in Bio eine 2 und in Betragen wieder eine 3! Da hat Böhl für gesorgt. Warneke, Schneidewind und Rimke (der schon gar nicht!) können sich bestimmt nicht über mein Betragen in der letzten Zeit beklagen!

Mittwoch, 17.9.58
Heute hatte ich meine hellen Schuhe an mit der Ledersohle, die so schrecklich rutscht. Als ich zur Tafel laufen wollte, bin ich mitten in der Klasse hingeknallt und habe mir meinen Kinnknochen am Tisch von Werner Mahlke angehauen. Na, also mein Schädel hat vielleicht gebrummt. Schneidewind sagte nur "Na, Brandt, wirst du's überleben?" Blöd!

Nachmittags habe ich die 25 Mark, die Vati noch für die Gitarre kriegte, von der Sparkasse geholt. Jetzt habe ich leider nur noch 50 Mark auf dem Sparbuch, aber Schulden zu haben , ist häßlich. Man muß immer daran denken und weg sind sie doch nicht. Jetzt gehört die Gitarre mir allein!
Ich würde so gern Kartoffeln buddeln gehen bei Lehnekes oder bei Müllers, aber ich muß ja Äpfel pflücken.
Wenn ich bei Firma Wahlen arbeiten würde, würde ich am Nachmittag 4-5 Mark kriegen, bei uns arbeite ich total umsonst.

Donnerstag, 18.9.58
Ingrid fühlte sich heute nicht besonders, es war ihr hundeübel. Da sagte ich aus Jux zu Ede "Ja,ja, die kriegt 'n Kind."-
Als Ede das wohl nicht glauben wollte, hat Gudrun auch gesagt: "Ja,ja, das stimmt!"
Als ich nach der Pause in die Klasse kam, gafften mich alle ganz doof an und Lieschen sagte: "Daß du so etwas überhaupt sagen magst, und dann noch zu einem Jungen!" Und da hackt doch Gudrun auch auf mich los, gerade die, die am Anfang mitgemacht hat! Also, das verzeih ich der nie!

Freitag, 19.9.58
Heute habe ich mich bei Ingrid entschuldigt. Aber nur, weil ich Angst habe, daß sie das im Chor erzählt. Da quatscht sie doch die ganze Zeit mit den Mädchen aus der 10A. Mit Gudrun spreche ich nicht mehr.

Sonnabend, 20.9.58
Zeugnisse! Alles Dreier, nur fünf Zweier. - Kartoffelferien!

Sonntag, 21.9.58
Heute habe ich beim Kindergottesdienst bei Frl.v.Behr zugehört. Mensch, die kann ja prima mit den Kleinen umgehen, und die erzählt so spannende Geschichten. Das werde ich nie schaffen. Aber ich gebe mir Mühe.

Dienstag, 23.9.58
Gestern hat der Zahnarzt bei Mutti 3 Zähne gezogen, heute läuft sie mit einem dicken Tuch herum. Die Arme!

Frl.v.Behr fragte mich, ob ich zu der Verfilmung von Don Giovanni mit ihr gehen möchte. Aber da hatte ich keine Lust zu. 3 Stunden, doppelter Eintrittspreis und dann jaulen die in italienisch. Da gehe ich lieber nächste Woche zu "Franziska", das verstehe ich wenigstens .

Ich mochte mir gern für mein Zimmer ein eigenes Kaffeeservice kaufen, aber Mutti sagt, ich solle damit warten, bis ich mir eine Aussteuer anschaffe.

Mittwoch, 24.9.58
Vati mußte heute nach Uelzen und da habe ich Mutti gefragt, ob wir nicht gleich für mich eine neue Hose kaufen wollen.
"Weshalb willst du denn die alte nicht mehr anziehen?"
"Oh nee, Mutti, die ist am Hintern doch schon blank und die ist sooo weit".
"Denkste denn, du kriegst so 'ne enge wie die Lehneke hat?"
"Dann nehme ich gar keine. Schließlich hat jeder aus unserer Klasse so eine." Und das stimmt auch.
Wenn ich mir etwas Modernes kaufen will, kommt mir Mutti vor wie aus dem 18. Jahrhundert.
Vorsatz von heute:
Ich werde alle Sehenswürdigkeiten von Bodenteich photographieren und dann eine kleine Geschichte schreiben über Bodenteich.
Titel etwa: "Mein Bodenteich Tagebuch"
oder "Spaziergang durch Bodenteich".

Freitag, 26.9.58
Heute bin ich ganz gehörig die Bodentreppe runtergesaust. Mutti hat gleich massiert. Ich kann mich fast nicht mehr rühren. Naja, ich hätte mir sonstwas brechen können. Lieber Gott, danke, daß du mich beschützt hast.

Sonnabend, 27.9.58
Heute nachmittag habe ich eine tolle Nahaufnahme gemacht mit meiner Gitarre, ein paar Noten und einer Sonnenblume davor. Dann habe ich den Stuhl mit der Gitterlehne davor gestellt, so daß dann das Licht gebrochen in das Bild fiel. Sowas macht mir Spaß. Vielleicht könnte ich ja Photographin werden.
Ich werde mich mal in der Drogerie erkundigen, ob man damit gut verdient. .

Sonntag, 28.9.58
Vormittags war ich in der Kirche und nach dem Mittagessen fuhren wir los nach Braunschweig, wieder Äpfel hinbringen!!!- Wir sind über Wolfsburg gefahren. Mensch, das ist ja eine Stadt! Modern nach Strich und Faden, riesige Grünanlagen und Wolkenkratzer. Da möchte ich gern wohnen, wenn ich hier mal aus dem Kaff raus kann!

Montag, 29.9.58
Heute mußte ich immerzu weinen, eigentlich ohne Grund. Aber ich glaube, das kommt, weil ich schon seit einer Woche auf 4W (meine Tage) warte. So'n Schiet. - Dann mußte ich vormittags 2 Stunden und nachmittags 3 Stunden Pflaumen pflücken. Wenn wir die alle mit 20 Pfennig das Pfund verkaufen, würden wir 100 Mark kriegen. Wäre ganz schön. Aber wir machen sie selber ein.
Abends habe ich mit Mutti den halben Zentner in 2 Stunden entkernt. Bin müde!

Dienstag, 30.9.58
Anke hat geschrieben. Sie hat immer noch Heimweh nach Bodenteich. Ich würde gern mit ihr tauschen.

- Abends waren wir zum Fernsehen bei Tante Elli. Helga Iglinski, die jetzt mit Hering geht, war auch da.
Sie war ganz nett zu mir. Naja, ich lege ihr ja auch nichts in den Weg, sie kann ihn geschenkt haben.

Mittwoch, 1.10.58
Heute in acht Tagen muß ich mich wieder mit den Lehrern rumärgern.
Vati und Mutti waren heute Pflaumenpflücken und so konnte ich mich wieder um meine Klebearbeiten kümmern. Ich haben jetzt den Fortsetzungsroman "Die Frau mit den roten Absätzen" aus der AZ zu einem Buch verarbeitet. Das ist mal ein gutes Geschenk auf Vorrat. Abends waren wir zum Fernsehen bei Otto's.
Es ist jetzt große Mode, daß die, die im Dorf schon einen Fernseher haben, Freunde und Nachbarn einladen und dann furchtbar damit angeben. .
Dann wird ganz gescheit und technisch dahergeredet, und niemand versteht was davon. Daß die Bildschirmgröße diagonal gemessen wird und daß die Qualität am besten ist, wenn man möglichst viele Punkte sieht.
Oh Gott, Vati und Mutti sind so vernarrt in einen Fernsehapparat. Ich verzichte darauf und gehe lieber ins Kino. Das ist dann nämlich "endgültig aus", sagen sie.
Fernsehen strengt mich so schrecklich an. Ich muß dabei immer so mit den Augen zucken und dann heißt es wieder ich wäre nervös.

Donnerstag, 2.10..58
Habe 7 Fenster geputzt. Mir ist wieder schwindlig geworden.
Seit 24. September warte ich auf 4 W. Mensch, ob ich ein Kind kriege? NEIN! Lieber Gott, nein, nur das nicht! Bitte lieber Gott, das nicht! Aber ich war doch gar nicht mit einem Jungen... Nein! ...und nur vom Ansehen?
Nein, das kann und darf nicht sein.
Abend habe ich lange Radio gehört mit Chris Howland, ich war so müde, aber es war so schön...

Sonnabend, 4. 10.58
Jetzt endlich ist 4 W gekommen! Puh!
Vormittags Fenster geputzt: 3 Schaufenster, 3 Türfenster! Straße gefegt, Tankstelle saubergemacht, Kartoffeln geschält, Bohnen ausgepuhlt, Bauchweh gehabt.

Abends klingelte das Telefon. "Ist da Frau Brandt?" - "Nein, die Tochter". - "Ach, dann wollten Sie so gern nach Bokel zur Kirche kommen?" - "Jaaaa!" - "Also, morgen um zehn ist Gottesdienst."
Mensch toll, neulich hatte eine Frau aus Bokel getankt und da habe ich sie gefragt, wann in der hübschen Kapelle mal gepredigt wird, und sie versprach mir, mich anzurufen. -
Ich bin abends im Stockfinsteren noch zu Marlies Schild gegangen, die in der Burg wohnt, und habe mit ihr vereinbart, daß wir morgen mit dem Rad um 9 Uhr losfahren. Ich bin richtig zappelig, so freue ich mich drauf!

Sonntag, 5.10.58 - Erntedankfest
Das war mal wieder ein schöner Sonntag! Vati war den ganzen Tag mit dem Apotheker Witte in Hannover und ich mit Waldi und Mutti allein.
Vormittags "Pilgerfahrt" nach Bokel mit Marlies. Wir hatten den Wind von vorne und dann auch noch zwischendurch 5km holprige Modderstraße. Um 5 vor 10 waren wir da, als gerade die Glocken anfingen zu läuten. Es war voll besetzt und wir saßen nur mit einer Pobacke am Bankende. Es war

alles schön geschmückt mit Erntegaben und anstatt einer Orgel begleitete ein Posaunenchor bei den Liedern. Es war auch noch eine Taufe und um halb 12 machten wir uns wieder auf den Weg nach Hause. Der liebe Gott hätte eigentlich dafür sorgen können, daß der Wind jetzt von hinten kam, aber er ärgerte uns von der Seite.

Dann begann der gemütliche Nachmittag: Mutti hatte gefüllte Gurken gemacht, die ich eigentlich nicht besonders mag. Davor gab es eine kleine Nudelsuppe von Maggi und nachher die Quarkspeise, die ich gestern schon gemacht hatte. -
Weil ich so blaß aussah, bestand Mutti darauf, daß ich mich hinlegte. Um 5 vor zwei ging ich zum Kindergottesdienst. Diesmal waren etwas Größere dabei, die haben schon einiges kapiert. Als Pastor Fabig dann nachher gefragt hatte, worüber denn gesprochen wurde, haben sie sich feste gemeldet. Da war ich stolz.

Um 3 Uhr trank ich mit Mutti Kaffee, dann habe ich gelesen und Mutti hat gestrickt. Manchmal gab es auch was Schönes im Radio.

Um halb 6 begann ich, Abendbrot zu machen. Ich schnitt 7 dünne Scheiben Brot ab und die dann in Streifen. Die wurden erst mit Butter bestrichen und dann appetitlich mit Ei, Wurst, Kaßler und Käse belegt. Sonst essen wir beide höchstens 4 Scheiben, aber heute haben wir alle 7 vertilgt. In 9 Minuten. Eine Stunde habe ich daran gearbeitet. Zum Trinken habe ich eine Brühe gemacht. - Als wir fertig waren, wurde schnell abgewaschen und dann sind wir wieder in die Stube gegangen. Mutti hat Zeitungen gelesen und ich habe Gitarre geklimpert.
Für den Anfang geht's ganz gut, zumal ich mir ja alles selber beigebracht habe. Haha, Pastor Gurland mußte Unterricht nehmen, und das Geld habe ich gespart.
Vati kam erst nach acht zurück. Er hat allein Abendbrot gegessen und Mutti saß neben ihm. Wir haben aber nicht gesagt, daß ich solche Appetithäppchen gemacht habe, weil er das nicht mag.
Das war ein schöner Sonntag. Lieber Gott, ich danke dir dafür und mach doch bitte, daß noch mehr solche Sonntage kommen.

Montag, 6. 10.58
Heute bin ich mit Vati nach Wittingen gefahren. Da haben wir uns beim Möbelhaus Voigt Sachen für mein Zimmer gekauft.
Ich sollte sie erst zu Weihnachten kriegen: einen kleinen Tisch, und einen Cocktail-Sessel mit abstraktem Muster.
Habe mich sehr darüber gefreut. Ich möchte nur wissen, wo Vati für solche Sachen bloß das viele Geld her hat. Wir verdienen am Benzin doch nur paar Pfennige. Na, und im Laden die 2 Taschenlampenbirnen oder 100 Luftgewehrkugeln, die machen die Kasse auch nicht voll. Wenn wir mal ein Fahrrad verkaufen, ist das schon ein Jubelfest. Ich bin meinen Eltern jedenfalls sehr dankbar. Morgen wird umgeräumt.

Anke war paar Tage in Bodenteich bei ihrer Tante. - Schade, daß sie so weit weggezogen ist. Sie war doch meine beste Freundin.
Die Photos sind alle Mist geworden . Die Kirche war wohl innen zu dunkel und meine "Sehenswürdigkeiten" von Bodenteich sind nicht "sehenswürdig". Nee, Photographin werde ich wohl nicht.
Jetzt soll der Apparat erstmal einen Winterschlaf halten.

Dienstag, 7.10.58
Jetzt sitze ich schon am neuen Schreibschrank. Leider ist er dunkel, aber wir haben mit dem Bücherschrank dunkel angefangen, jetzt mußten wir so weitermachen, sonst paßt es nicht zusammen.

Mittwoch, 8.10.58
Wieder Schule!
Klaus Scheelje hat mich heute in der Englischstunde andauernd angeguckt, bis ich gar nicht aufsehen mochte, weil er dann lachen mußte. Karin sitzt jetzt an einem anderen Tisch. Gudrun und ich, wir sitzen an einem Zweiertisch. So'n Schiet, jetzt kann man nicht mehr unter der Bank lesen oder so.
Herr Rimke sieht ganz blaß aus. Ob es ihm nicht gut geht? Hoffentlich wird der nicht krank, dann kriegen wir Warneke als Vertretung.

Vati und Mutti haben gestern abend mit Frau Fuchs gesprochen. Die will vielleicht mit ihrem Frisierladen bei uns einziehen. Das wäre lustig für ein Plakat: " Kommen Sie tanken bei Brandtens, bis der Tank voll ist, sind Ihre Haare ab!"
Aber sie will zum 1. Dezember schon rein, das ist meinen Eltern zu früh. -
Und sie will nur 150,- Mark zahlen, das ist ihnen zu wenig.

Mist, Papst Pius liegt im Sterben, da gibt's im Radio keine Musik mit Chris Howland! Also gute Nacht!

Donnerstag, 9.10.58
Rimke wird energisch. Ingrid hatte gequatscht. Er rief "Raus, Ingrid!" - Ingrid guckte ungläubig. Da brüllte er aus vollem Halse: "Rrrrraus, sag ich!!" -Als Ingrid draußen war, sagt er: "Das ist schlimm mit eurer Quasselei, überhaupt die Mädchen!" Also, das war doch nun wirklich die Höhe. Ich holte ganz tief und hörbar Luft.
Da schimpft er mich aus: "Ja, ja, du brauchst gar nicht so tief Luft zu holen. Ich merke das genau!"
Dieser blöde Heini. Der denkt wunder was er ist. Als er nachher mit der neuen Lehrerin auf dem Flur stand, habe ich ihn ganz böse angeschaut, nicht gegrüßt. Der braucht sich gar nichts einzubilden.

Freitag, 10.10.58
Eine fünf in Englisch! Mutti hat nur den Kopf geschüttelt und die Arbeit unterschrieben.

Nachmittags habe ich eine Tüte Äpfel bei Frl.v.Behr vor die Tür gestellt, dann habe ich geklingelt. Sie sah die Tüte und fragte "Was ist denn das?". Ich meinte nur, daß das da vorher schon gestanden wäre, weil ich doch nicht damit angeben wollte, daß ich ihr was mitbringe. Sie hat es sich aber wohl gedacht, hat mich umarmt und gesagt: "Danke mein Mädchen, komm rein." Ich möchte immer nur bei ihr sein und mit ihr reden. - Aber leider geht das nicht. Sie ist ja für alle da.

Als wir dann zum Mädelkreis in den Konfirmandensaal gingen, war sie ganz platt: Ich hatte nämlich eine Tischdecke von zu Hause mitgebracht, eine Kerze und Blumen hingestellt, so daß es nicht mehr so kahl aussah.
Als später alle wegwaren, gab sie mir die Hand und sagte: "Ich danke dir, Ilse" und ich sagte nur "Ach, das tu ich doch gern" und hätte so gern gesagt: "Das tu ich nur für Sie, als Dank, daß Sie so gut zu mir sind, Sie und auch Herr Pastor Gurland".

Sonnabend, 11.10.58

Ich habe mir Perlmutt-Nagellack gekauft (2.50 DM). Sieht toll aus. Wenn ich mir doch bloß das Knabbern abgewöhnen könnte! Ich habe einfach nie lange Fingernägel.

Nachmittags gab's wieder Stunk mit Mutti wegen dem Scheiß-Fernsehapparat und Kino. Gott, hat die gewettert. Ach was, sie hat gar nicht gewettert, ich habe gewettert und sie schwieg. Die denkt sich nur, sie würde klug sein, wenn sie schweigt. Jedenfalls habe ich gesagt, daß für das Geld, was ein Fernsehapparat kostet, die ganze Familie 10 Jahre jede Woche einmal ins Kino gehen kann. Und daß der Blitz in den Apparat hauen kann und dann das ganze Geld futsch ist. Und daß es ungesund sein kann, wegen der Strahlen usw. Naja, wie gesagt, sie schwieg mit einem Riesenflunsch. Aber ich glaube, Vati will auch einen Fernsehapparat, weil das bequemer ist als ins Kino zu gehen. Macht doch, was ihr wollt!

Als Vati und Mutti abends mit Waldi raus waren, habe ich mich schnell in der Küche gewaschen und bin dann gleich in mein Zimmer gegangen, als ich sie zurückkommen hörte. Mutti kam und sagte: "Was ist denn mit dir los? Es ist doch erst halb acht!" - "Wenn ich doch so müde bin". "Ja, ja, du wirst schon wurmsteks" sagte sie und noch etwas, was ich nicht verstand. Als ich nochmal fragte, was sie gerade gesagt hatte, brüllte sie:

"Ach, hau ab, los!" Ja, und so haute ich ab.

Als ich ungefähr 10 Minuten im Bett war, und gerade in mein Tagebuch schreiben wollte, kam sie herein und schimpfte, daß ich schon wieder das Radio verstellt habe und sie könnte den Sender "Frankfurt" nicht finden.

Ich hab ihr das schon so oft erklärt, daß sie immer erst die "M"-Taste drücken muß, weil ich meistens auf Kurzwelle höre. Ich mußte ihr einen Zettel schreiben, was sie genau machen muß, weil sie es immer wieder vergißt, also "Anmachen - M drücken - so lange zwischen r und n von Radio Frankfurt drehen, bis guter Empfang da ist." Das ist doch so leicht! Mutti sagt, sie kommt mit der neumodischen Technik nicht zurecht...

Wenn die dann gedacht haben, ich würde noch länger aufbleiben, hatten sie sich geirrt. Ich ging sofort wieder ins Bett und heulte. Ich muß immer an Frl.v.Behr denken.

Montag, 13.10.58

Ich bin schon wieder mal sehr von meinen Eltern enttäuscht.

Als ich aus der Schule kam, lag ein Brief von......ERNEST aus Marokko auf dem Tisch. Leider in französisch.

Ich sollte ihn sofort zu Rektor Warneke bringen, weil der ihn übersetzen kann. - Abends um 6 brachte Frau Warneke ihn zurück und die Übersetzung. Ernest hat ganz lieb geschrieben, und er würde evtl. auch noch einmal nach Deutschland kommen. Und als Frau Warneke dann so mit meinen Eltern redete, sagte Vati plötzlich, daß ich nach England gehen will. Mensch, das sollte doch noch keiner wissen, aber Vati sagte er habe die ständige Geheimnistuerei satt. - Ich war so wütend und ging in mein Zimmer.

Beim Abendbrot sagte Vati: "Wenn du aus England nach Hause kommst, kannst du gleich nach Marokko gehen in die Konservenfabrik vom Ernest. Du ißt doch gern Sardinen, nicht?"

"Ja." (Das sagte ich ohne Betonung) -

"Was?" fragte Vati nach.

"Ja!"- Das hat Vati wohl geärgert und er fragte, warum ich bloß immer so "kurz" sei. Und dann ging es richtig los. Mutti gab gleich ihren Senf dazu, daß es schrecklich sei mit mir und daß sie mich eines Tages rausschmeißen werden. Dann sei es allerdings zu spät!

Vati haute mit der Faust auf den Tisch, daß das Messer auf dem Teller hüpfte und schrie: "Das ist aber auch fürchterlich mit dir!" und Mutti zeterte: "Aber Fräulein von Beeeeeer und dein Herr Pastooooor! Da kannste gar nicht freundlich genug sein. Denen kriechst du ja in'n Arsch. Aber die Behr, die macht dich erst richtig zur Sau. Da wirste ja noch andersrum!"

Da war ich platt! Na, alles andere hätte ich erwartet, aber nicht daß Frl.v.Behr mich zur Sau machen würde und ich fragte klatrig: "Und inwiefern tut sie das?" Mutti sagte nichts mehr und ich wollte in mein Zimmer gehen. Sie stellte sich in die Tür und sagte: "Du bleibst hier, da drüben ist es zu kalt!"

Blieb ich also im Wohnzimmer und fragte nochmal, was sie mit dem "zur Sau machen" und "andersrum werden" meinte."Naja, die steckt dich doch an mit ihrer Schrulligkeit!" - "Die ist nicht schrullig, die denkt moderner als du!"

"Natürlich ist die schrullig, alle alten Jungfern werden schrullig! Wenn die sehen würde, wie du dich hier benimmst, würde sie sagen :" Nee, Ilse, so habe ich dich nicht eingeschätzt. Da will ich nichts mehr mit dir zu tun haben."

"NIE, Mutti, das würde Frl.v.Behr niemals sagen. Du bist ja nur neidisch und eifersüchtig auf sie, weil ich da manchmal bin und ihr helfe. Ich bin da so gerne, weil sie meine Freundin ist." -

"Waaas? So'ne alte Tunte? Du willst die als Freundin haben? Die ist doch mindestens 20 Jahre älter als du!"

"Ich könnte dich doch auch als Freundin haben und du bist noch älter." - "Für dich bin ich deine Mutti. Ich habe noch kein anderes Mädchen gesehen, daß so hinter ihr her ist wie du." -

"Die brauchen sie auch nicht, die haben Freundinnen oder Freunde. Du warst gegen Anke und gegen Hering, und Monika ist nicht mehr gekommen, weil ich nie raus durfte und immer in der Tankstelle bleiben mußte!

Daß ich den Kindergottesdienst mache und in die Kirche gehe, paßt dir auch nicht. " -

Mutti: "Du hast mir selbst gesagt, euer Jesusklub sei gar nicht nur fürs Beten usw."

"Nein, ist er auch nicht, wir machen Spiele und sprechen über Probleme und haben viel Spaß. Aber du bist ja nur eifersüchtig." -

"Ach Quatsch, Wir fühlen uns nur zurückgesetzt, weil du bei uns so klatrig und eingeschnappt bist." sagte Mutti etwas sanfter, aber dann bin ich in mein Zimmer gegangen.

Ich saß auf meinem Bett und heulte, als Mutti reinkam und fragte: "Also willste jetzt mit zum Fernsehen zu Neumanns oder nicht?" Ich hatte zwar keine Lust aber ich sagte: "Ja!" (ziemlich maulig) Da schrie sie "Ach scheiß dich doch aus!" und knallte die Tür mit so einer Wucht zu, daß der Krach in meiner Gitarre nachhallte.

Ich war baff! Wirklich!

Na, so mußte ich wenigstens nicht bei Neumanns vorm Fernsehen hocken und so tun, als ob mir das gefällt.

Ich werde Frl.v.Behr bestimmt mein Herz ausschütten und am Sonntag gehe ich zum Abendmahl, da kann mich keiner dran hindern.

Dienstag, 14.10.58

Heute morgen ist Mutti nicht in mein Zimmer gekommen, sie hat nur dolle an meine Tür gebumst.

In der Küche stand meine Tasse und Kuchen. Ich habe mir was runtergewürgt und bin dann zur Schule gegangen Auf meinem Pausenbrot hat sie die Pelle an der Wurstscheibe gelassen! Erst habe ich gelacht, aber dann sind mir die Tränen gekommen: Wie einen Sträfling behandeln sie mich jetzt. Der Ernest hat es bestimmt besser gehabt. -

Als ich nach Hause kam, stand mein Teller Mohrrübensuppe auf dem Tisch und war noch verdammt heiß(!).
Weder Vati noch Mutti waren zu sehen. Wenn die Suppe noch so heiß ist, kann Mutti nicht weit sein, dachte ich und blinzelte um die Ecke: Tatsächlich, im Wohnzimmer saß sie, ich sah nur ihre Beine. - Na, warte!
Ich kippte die Suppe zurück in den Topf und schlich mich aus der Küche, holte meine Kochschürze aus meinem Zimmer und verschwand lautlos aus dem Haus, weil wir doch nachmittags Kochen hatten. Es war noch viel zu früh, aber Ursel Müller und Karin Piepe waren auch in der Schule, weil die zwischendurch nicht nach Hause fahren.
Wir haben bis 2 Uhr an der Tafel gekritzelt und die Jungs von der 10 A aus dem Fenster geärgert. Es war ganz lustig, besser als zu Hause herumzusitzen.

Nach dem Kochen ging ich gleich zu Zaus, um wie jeden Dienstag Hör Zu, Bild und Revue zu kaufen. Da sagt mir Hannelore Zaus, daß Mutti die Zeitungen schon geholt hat. Goi, oh goi, daß sie man bloß nicht mit mir sprechen muß! Na, meinetwegen, aber ich glaube, Vati und Mutti leiden darunter mehr als ich. Solange sie mich nicht rausschmeißen, soll es mir ja eigentlich egal sein.
Ist es aber nicht. Ich hätte es lieber, wenn es wieder so schön wird, wie am letzten Sonntag.

Dienstagabend
Mutti hatte mich zum Abendbrot gerufen und Vati fragte, ob ich ausziehen möchte, weil ich mich so oft in mein Zimmer verkrümele. Mutti seufzte nur: "Des Menschen Wille ist sein Himmelreich!" - Stimmt.
Wenn sie mich rausschmeißen, gehe ich zur Inneren Mission. Die brauchen immer Leute.

Mittwoch, 15.10.58
Weil wir heute vor der Schule Steno haben, bin ich schon um 6 Uhr aufgestanden und habe allein gefrühstückt. Langsam gewöhne ich mich daran. Um viertel nach 6 bin ich in die Schule gegangen und habe allein in der Klasse gesessen und nachgedacht über meine Zukunft.

Kaum war ich mittags wieder zu Hause, sagte Mutti : "Binde dir eine Schürze um, wir müssen die Kohlen in den Keller bringen." Und das noch vor dem Mittagessen (sie hatten nämlich schon gegessen und mich wollten sie jetzt hungern lassen aus lauter Schikane!) . Wir haben den ganzen Tag nicht miteinander gesprochen.

Donnerstag, 17.10.58
Morgens hat sie wieder an meine Tür gebumst. Ich rief: "Nun komm doch mal rein und sag Guten Morgen"
Sie kam nicht und verschwand wieder irgendwohin. - Es ist furchtbares Herbstwetter. Paßt so richtig zu meiner Stimmung. Aber ich leide gar nicht so sehr darunter, wie sie vielleicht glauben.

Als ich von der Schule nach Hause kam, fragte ich Vati fröhlich: "Na, macht deine Frau immer noch so'n böses Gesicht? "- "Ja." - "Na, laß sie man. Wir können uns ja wieder vertragen.," bot ich Vati an, aber der meinte:

"Du mußt dich bei ihr entschuldigen." - "Iiiiich?" - "Ja, darauf wartet sie." - "Nee, das tu ich nicht" sagte ich und ging rauf und sagte nur Guten Tag zu Mutti , nichts weiter. - Als ich fertig war mit essen, fing ich bißchen an zu stänkern und fragte sie, was sie damit bezwecken will, wenn sie mich so behandelt. "Daß du dich entschuldigst," meinte sie. "Aber du hast mal gesagt, daß du es leid bist, immer nur alles zu entschuldigen, also hat es doch gar keinen Zweck." - "Das ist nun der Dank, daß man Kinder aufzieht".

Nein, ich werde mich nicht entschuldigen, wofür denn auch? Ich mußte erstmal nachlesen, wie überhaupt alles angefangen hatte. Ja, meine Eltern waren schuld, weil sie der Warneke erzählt haben, daß ich nach England will und ich nicht wollte, daß es jemand erfährt. Also müssen sie sich entschuldigen.

Freitag, 17.10.58
Heute morgen hat Mutti wieder mit mir Kaffee getrunken. - Abends habe ich gesagt, daß ich zur Kindergottesdienst-Vorbereitung gehen möchte. Ich durfte. Da habe ich ganz lustig zu Mutti gesagt: "Na, haste mir schon verziehen?" - "Iiiich? Neee! Du hast mich ja nicht drum gebeten".
Da habe ich ganz schnell und ohne Betonung gesagt: "Liebe Mutti, bitte verzeih mir!" - und bin weggelaufen.

Es war aber heute gar keine Vorbereitung und Frl.v.Behr meinte, ich könne wieder nach Hause gehen. Ich sagte, daß ich nicht nach Hause gehen möchte, weil es Ärger gab. Wir standen unter einer Laterne vor Pastor Gurlands Haus und ich erzählte ihr alles. Da hat sie mich in die Arme genommen und ich mag sie doch so schrecklich gern. Mensch, wenn ich Pastor Gurland das nun alles erzählt hätte, und er hätte mich dann.....Nein, das hätte er wohl nicht getan.
Ich bin dann mit ihr in ihre Wohnung gegangen, wo ich mich so wohl fühle. Es ist alles so schön da oben unterm Dach. Sie hat Bilder von Barlach an den Wänden und schwedische Pferdchen auf dem Regal und eine kleine Lampe im Fenster. Sie servierte Tee in einer Tonkanne mit kleinen Tonschüsselchen. Wir haben uns unterhalten, bis wir dann runter mußten zum Mädelkreis.

Sonnabend, 18.10.58
Lieber Gott, ich danke Dir. Ich weiß nun endlich, daß es Dich gibt. Lieber Gott, vielen Dank!
Diesen himmelhoch jauchzenden Ausspruch habe ich aufgeschrieben, weil ich Gott endlich wiedergefunden habe.
Seit einigen Wochen konnte ich nicht mehr richtig beten. Meine innere Welt bestand nur noch aus Zweifeln und das kam davon, daß der blöde Schneidewind mit seiner doofen Religionsauffassung alles in mir zerstört hatte.
Solange hatte ich immer einen "Lieben Gott" hinter den Wolken, also im Himmel, vor mir.
Schneidewind behauptete nun, Gott sei unter uns, in der Schule, im Treppenhaus, einfach überall. Obwohl es wohl wahr ist, finde ich diese Ansicht falsch. Jedenfalls kann ich das andere besser verdauen. Wenn ich nachgedacht habe, fragte ich mich immer: Gibt es einen Gott? Gab es Christus? Kann Gott mich hören? Kann er mir helfen, mir verzeihen ? usw. usw.
Aber nun ist es entschieden, und das kam so: Wir haben heute eine Englischarbeit geschrieben und Gudrun wußte nachher bei sich ganz viele Fehler und ich bei mir nur ein oder zwei. Und so dachte ich mir: Wenn Gudrun schon so viele Fehler hat, habe ich genauso viel, denn ich habe ja das meiste von ihr abgeschrieben. - Und da betete ich: Lieber Gott im Himmel, wenn es dich wirklich gibt, dann mach, daß ich wenigstens eine Vier oder eine Drei habe, bloß keine 5! Lieber Gott, vergiß mich nicht!
Leise habe ich das immer vor mich hingebetet als Warneke die Arbeiten durchgesehen hat.

Und siehe da: ICH HABE EINE ZWEI! Es gibt ihn, es gibt ihn wirklich, meinen Gott hinter den Wolken!

Sonntag, 19.10.58
Aus Dank bin ich heute zur Beichte und zum Abendmahl gegangen. Gudrun und Bruni waren auch.
Da geht doch plötzlich die olle Rachwalsky auch zum Abendmahl, ohne vorher zur Beichte zu gehen. Und gerade die hätte es nötig!
Weil ich so glücklich bin, habe ich 1.10 Mark in den Klingelbeutel gegeben.

Nachmittags waren wir bei Bokel zum Pilzesammeln. Vati und Mutti haben sich auf eine Decke gesetzt und gemütlich eine geraucht, während ich mit Waldi feste geerntet habe. 2 Pfund haben wir gefunden, Steinpilze und Grünlinge, die ich so gern mag, weil sie so schlabberig sind.
Abends waren wir alle im Film "Scampolo". War niedlich. Ich glaube, wir haben Waffenstillstand, nicht nur in Deutschland, auch in unserer Familie.

Montag, 20.10.58
Heute haben wir bei Böhl eine Geo-Arbeit geschrieben. Ich konnte meinen klitzekleinen Schummelzettel leider nicht gebrauchen, weil Böhl, dies Dussel, sich niemals hingesetzt hat. Und Doris hat auch nicht ein einziges Mal vorgesagt. Na ja, von Jutta und Ede konnte man sowieso nichts erwarten. Ich saß in der Tinte. Gudrun bekam von Ursel die ganze Arbeit zugesteckt und ich habe von keinem was gekriegt. Da habe ich den Füller auf den Tisch gebaut und ganz laut gerufen: "Ihr könnt mich mal am Arsch lecken" und dann kamen mir die Tränen der Verzweiflung... und Böhl kam auch. Ich bot ihm meinen Füller an und sagte:" Hier , schreiben sie man gleich eine 6 drunter. Ich kann's ja doch nicht." Na, das war ein Fressen für ihn. Er hat schamhaft gelächelt und gesagt: "Na, Ilse, hoffentlich wird die nächste Arbeit besser" Dann ist er weggegangen und ich habe die Arbeit nicht abgegeben. Scheiße!

Dienstag, 21.10.58
Ich hasse Rimke! - Wir spielten Schlagball. Unsere Partei mußte den Ball ins Feld schießen und wer getroffen hatte, durfte loslaufen ans Mal, wo er gerettet ist, wenn er nicht vorher von der Gegenpartei getroffen wird.
Ich rannte los, obwohl ich eigentlich nicht gut hätte durchkommen können, aber einer von der Gegenpartei ließ zum Glück den Ball fallen. - Auf meinem Rückweg hätte ich nur noch einen Schritt gebraucht, aber da hat mich Rolf Penno getroffen. Natürlich war meine Mannschaft wütend auf mich. Und Lieschen sagte, als ich loslief, hätte Rimke schon gejammert: "Ist die Brandt denn verrückt geworden?" - Ich hasse ihn!

Es war so'ne Frau bei uns in der Tankstelle und hat geworben für einen Tanzstundenkursus. Ich darf. Schick!

Mittwoch, 22. 10.58
Ich habe in meinem Buch "Ich sag dir alles" die Adressen von deutschen Botschaften in fremden Ländern gefunden. Da schreibe ich jetzt überall hin, daß sie mir Ansichtskarten schicken sollen. Mit Ägypten, Japan und Griechenland habe ich mal angefangen.

Donnerstag, 23.10.58

Wir haben heute gegen die Jungs der 10A (das ist die letzte Klasse) Schlagball gespielt. Die Mädchen aus der 10A haben aus unserer Klasse zugeguckt, weil unsere Fenster auf den Hof gehen. -
Als es dann 30:9 für uns stand, haben die Mädchen aus Wut alles in unserer Klasse durcheinandergebracht, Bücher in fremde Taschen gesteckt, die Kreide verkrümelt, Schuhe und Strümpfe hinter den Schrank geschmissen. Kurzum, ich finde es unfair. Man muß doch auch mal verlieren können.

Freitag, 24.10.58

Ach, du liebe Zeit! Vati sagte, ich müsse heute mit ihm nach Braunschweig fahren, weil wir einen Fernsehapparat kaufen wollen. Ich sagte, daß ich heute abend aber Mädelkreis hätte und daß wir früh wieder zurück sein müßten. "Ach, dein Schiet-Mädchenkreis!" Ich lief zu Mutti und die sagte: "Ist noch gar nicht sicher, ob du überhaupt wieder hindarfst". Das war ja die Höhe! Ich fragte warum? -
"Was hast du denn Frl.v.Behr erzählt, daß sie uns jetzt nicht mehr grüßen mag. Du hast uns doch bei ihr schlecht gemacht, oder?- Jedenfalls ist sie heute hoch erhobenen Hauptes vorbeistolziert, als ich beim Tanken war." - Das konnte ich einfach nicht glauben.

Vati ist dann alleine gefahren, weil er meinte, daß er sonst keinen Platz hat für die zwei Meter lange Antenne. - Nach langem Betteln durfte ich am Abend dann doch zum Mädelkreis. Wir haben ein Spiel aus dem Stegreif gemacht, aber ich hatte keine richtige Lust und habe einen Schnut gezogen, damit Frl.v.Behr auch mal sieht, wie ich aussehe, wenn ich nicht lache. - Hinterher habe ich sie gefragt, ob sie meine Mutti extra nicht gegrüßt hat heute vormittag. Sie war ganz erstaunt und behauptete, sie hätte Vati gegrüßt und der habe auch zurückgegrüßt, aber Mutti hätte sie gar nicht gesehen. Einer von den Dreien lügt, ich weiß nur nicht, wer.

Sonnabend, 25.10.58

Na, das war ja eine Aufregung heute! Ja, der Apparat ist da. Vati hat den allermodernsten gekauft.
Um 4 Uhr fing das Programm am Ostzonensender an und wir saßen nun alle davor und konnten es gar nicht erwarten. Vati hatte die Antenne schon angebaut und den Fernseher angeschlossen. Normalerweise brauchten wir nur noch die Schiebetüren beim Gerät aufzumachen und dann sollte es losgehen. Normalerweise! Wir warteten 2 Minuten, aber es tat sich nichts. Vati meinte, es käme kein Strom in den Apparat. Er hat die Rückwand abgeschraubt und ich habe ihn bewundert, wie er mit einer Lampe mit zwei Drähten die Kontakte überprüfte. Das ist ja ein Gewirr von kleinen Kästchen und Schnüren und Lampen, ich steig da ja nicht durch. - Vati glaubte dann, daß die Schnur kaputt wäre und er hat einfach die Schnur abgeschnitten und eine andere aus der Werkstatt geholt und drangeschraubt mit einem kleinen Klämmerchen. Aber es ging trotzdem nicht. Vati sagte, er hätte den Kasten lieber gleich in Bodenteich bei Dittberner kaufen sollen, dann könnten wir den fragen. In Braunschweig war er zwar ein bißchen billiger, aber jetzt haben wir das Theater. Nach langem Überlegen fand Vati heraus, daß die Kontakte zum Anmachen hinter den Türen waren und die Türen beim Aufmachen gar nicht drankamen. Das war nun ziemlich kompliziert, weil er erst die Türen abschrauben mußten . Aber um so größer war das Hallo, als es nachher funktionierte. Ich bewundere Vati, daß er das so kann
Zum Sandmännchen kamen wir gerade noch zurecht und Waldi ist immer an die Bildscheibe gelaufen, weil sich da etwas bewegte..
Morgen werde ich ihm helfen, die Antenne noch ein bißchen zu verstellen. Sie muß genau auf den Brocken gerichtet sein, dann wird das Bild gestochen scharf.

Sonntag, 26.10.58
Vormittags und nachmittags Fernsehen. Mutti ist ganz weg, wie schön jetzt das Bild ist.

Dienstag, 28.10.58
Heute war Anmeldung für die Tanzstunde im Gasthaus I.H.Schulz. Kursus ist abgeblasen, weil zu wenig da waren.

Donnerstag, 30.10.58
Verdammt! Ich habe in Englisch schon wieder eine 5 geschrieben. Jetzt stehe ich 5, 2, 5 . Schietig. Warneke sagt, wenn ich so weiter mache, fliege ich. Auch backe! In Geschichte habe ich mich eine halbe Stunde wie wild gemeldet und dann eine viertel Stunde Fransen an die Schnut geredet und nur eine 3 gekriegt. Ich glaube, die Lehrer wollen mich wegekeln. Zum Glück ist morgen Reformationsfest, da haben wir frei. Was man dem alten Luther doch alles verdanken kann.
Mutti war bei einem Knochenrenker in Uelzen zum Strecken und Bestrahlen, weil sie so Rückenschmerzen hat.
Jetzt kann sie sich gar nicht mehr bewegen.

Sonntag, 2.11.58
Bis um 8 Uhr geschlafen. Seit der Fernseher da ist, komme ich immer erst um halb 10 ins Bett. Wie soll das nur weitergehen?

Montag, 3.11.58
Gudrun sagte heute zu mir, ich solle mich morgen bei ihrem Vater in der Bücherei melden, der hätte was rausgekriegt.
Das war so: Wir waren letzte Woche in der Bücherei und ich sah das Buch "Denn der Wind kann nicht lesen". Ich bat Ede, es für mich zu holen, denn ich hätte es bestimmt nicht gekriegt. Es klappte und Ede gab mir das Buch. Mensch, das ist ein Roman! Die Liebesszenen sind so niedlich beschrieben, ein ganz süßes Buch!
Am Sonnabend sollte ich es Ede wieder geben, damit er es zurückbringen könnte. Ede war aber nicht da, und so lief ich mit dem Buch unter dem Arm(!) herum, das muß Herr Pritzkat gesehen haben. Ich habe das Buch dann Wilhelm Trumpf gegeben, damit er es für Ede zurückgeben soll. Tja, und nun hat Herr Pritzkat natürlich gedacht, daß Wilhelm es auch noch gelesen hat. Oh Gott, für den wäre das nun wirklich nichts. Ich habe Angst vor morgen.

Dienstag, 4.11.58
Mit schlotternde Knien bin ich heute in die Bücherei gegangen. Herr Pritzkat fragte mit ernstem Gesicht:
"Sag mal, wie kommt das, daß Ede ein Buch holt und ihr das alle lest? "- Ich sagte, daß ich es nur durchgeblättert hatte und dann eigentlich für Ede abgeben sollte. Und weil ich keine Zeit hatte, habe ich es dann dem Wilhelm Trumpf gegeben. Aber der würde sich für sowas doch nicht interessieren. - Da fragte mich Herr Pritzkat, wieso ich denn wisse, was "sowas" sei und ich wurde rot. Nach einer Weile sagte er: "Na, am besten ihr kommt nachher alle drei mal zu mir". Aber wir sind nicht hingegangen.

Mittwoch, 5.11.58
Heute hatte ich gute Laune in der Schule und habe immerzu Witze gemacht und die Lehrer geärgert. Herrn Raddatz wurde das dann zu bunt und er hat mich ins Rektorzimmer geschickt. Herr Warneke

sagte, ich solle es nur nicht übertreiben, mein Hiersein würde nur an einem seidenen Faden hängen. Als er mich dann in die Klasse zurückgeschickt hat, bin ich einfach aufs Klo gegangen .

Donnerstag, 6.11.58
Rimke kam mit seiner Angetrauten in die Schule. Ein nettes Paar. Er dürfte nur nicht katholisch sein.

Freitag, 7.11.58
Schulfrei! Eigentlich wollte ich heute zu Doris Hoffmann fahren , aber weil es so neblig war, sagte ich zu Vati daß ich so ohne Licht lieber nicht fahren wollte. Da machte er mir schnell noch einen Dynamo ans Rad und ich raste doch los. Na, ich möchte mal einen zweiten Vati auf der Welt sehen, der sofort seiner Tochter ein Licht ans Rad baut! Ich habe mich riesig darüber gefreut.

Als ich bei Doris' Haus ankam, war sie gar nicht da. "Sie ist mit Lehnekes nach Bodenteich gefahren", sagte Ilona Meinecke, die mit im gleichen Haus wohnt. Sie lud mich ein, zu ihr reinzukommen, und dann haben wir herumtelefoniert und allerlei Quatsch gemacht. Nur so aus Langeweile! z.B. Leute angerufen und gesagt, daß auf ihrem Dach ein Dachziegel fehlt, oder in der Schlachterei ein halbes Schwein bestellt- aber quer durchgeschnitten(!) , und in der Zuckerfabrik Uelzen haben wir gefragt, was 1 Zentner Würfelzucker kostet, wenn man ihn selbst abholt. Das war ein Spaß! Ilona ist prima!

Dienstag 18.11.58
Heute habe ich mit Ortrud "Eierwiegen" gemacht und wir sind beide hingefallen. Ich hatte schon Angst, daß die Brille kaputt sei, aber ich habe nur ein blaues Auge und eine Beule, wie nach einer Schlägerei.

Letzten Freitag mußte ich ins Pastorenhaus, um eine neue Birne für die Stehlampe im Konfirmandensaal zu holen. Ach, wie gerne ging ich doch da hin. Er saß im Sofa und sie im Umstandskleid. Man munkelt ja in Bodenteich, daß die beiden sich nicht mehr vertragen. - Naja, ich bin sicher nicht schuld, es weiß ja keiner, wie sehr ich ihn lieb habe. Beim Abschied gab er mir die Hand.....und mein Herz hat gepuckert!

Seitdem der Fernseher da ist, komme ich nicht zum Tagebuch schreiben, nicht zum Gitarre spielen und Anke müßte ich auch noch einen Brief schicken. Es ist schlimm, wie schnell die Zeit vergeht.

Donnerstag, 20.11.58
Heute mußten einige in Bio was erzählen. Rimke sagte, daß meins das Beste wäre. Sonst nichts weiter passiert.

Der Gastwirt von der "Herberge" hat Bescheid gesagt, daß morgen abend bei ihm wieder Gottesdienst der Neuapostolischen Gemeinde ist. Ich freue mich schon drauf, wieder mal eine andere Religion kennenzulernen.

Sonnabend, 22.11.58
Mensch, ich bin noch ganz benebelt von dem Erlebnis heute abend, es war so geheimnisvoll und so aufregend!

Als ich um 7 Uhr da ankam, begrüßten mich der Herbergs-Schmidt, sein Sohn und noch zwei Herren im schwarzen Anzug, ich sei ja wohl der angekündigte Gast heute abend. Huch, wie ich mich fühlte als GAST.

Man führte mich in einen Nebenraum, der etwa so groß war wie unsere Stube. Vorn war ein Tisch mit einer Bibel und einem Gesangbuch, links stand eine Stuhlreihe mit ca. 20 Stühlen, - 14 davon besetzt - und rechts war ein Sofa. Eine ganze Weile, so ca. 8 Minuten sagte keiner etwas, es war mucksmäuschenstill und da befürchtete ich schon, daß vielleicht der ganze Gottesdienst nur aus Schweigen bestehen würde.

Dann aber kam der Pastor (in einem gewöhnlichen grauen Anzug) und alle standen auf und sangen aus Leibeskräften das Lied Nr. 165 "Wir wollen Jerusalem sehen!" Einer spielte Geige dazu.

Dann sprach der Pastor ein Gebet, die Gäste sagten "Amen" und dann fing er mit der Predigt an, wobei er uns mit "Liebe Brüder und Schwestern" anredete, während die evangelischen Pastoren sagen "Liebe Gemeinde".

Er sagte: Ich habe vorichte Woche die hohe Gnade gehabt, am Fuße des Stammapostels Johannes zu sitzen. Er gab mir einige Geschichten aus der Bibel kund und ich hörte ihm(!) an. Diese Botschaft will ich Euch überbringen". - Ehrlich gesagt, ich verstand von der folgenden Predigt überhaupt nichts, nur daß das Leitmotiv war, daß Jesum(!) bei uns einkehren wird (darüber wird sich der Gastwirt freuen!)

Dann sang ein kleiner Chor ein Lied, danach sprach noch ein anderer Mann. Dadurch, daß beide keine Stichpunkt-Zettel hatten, so wie unsere Pastoren, hörte sich alles an wie ein persönliches Gespräch. Fast fand ich es schon heimelig, da kam die Sache mit den Oblaten. Ich wollte doch da kein Abendmahl nehmen. Zum Glück drückte mich mein Hintermann auch schon auf den Stuhl, weil ich ja nicht dazugehöre.

Dann wurde das Vaterunser gesprochen und die Vorstellung war zu Ende. Ich ging schnell raus, damit man mich nicht noch belabern konnte, denn ich würde nie, niemals von unsrer evangelischen Kirche abweichen!

Aber ich bin trotzdem stolz, daß ich dabei gewesen bin. Man soll nicht über etwas urteilen, was man nicht kennt.

Totensonntag 23.11.58
Ich habe eine ganze Ladung Weihnachtsplätzchen gebacken. Vati hat schon etliche gemopst.

Freitag, 28.11.58
Heute abend habe ich im Mädelkreis von der Neuapostolischen Kirche erzählt. Frl.v.Behr hat interessiert zugehört.

Sonntag, 30.11.58
Also ich hatte doch gestern abend im Bett einen so phänomenalen Gedanken, daß ich ihn hier schnell aufschreiben will:
Unsere Schule braucht unbedingt eine Turnhalle, aber dazu fehlt das Geld. Ich habe die Lösung: Wir müßten Quizveranstaltungen im Schützenhaus machen und damit das Geld eintreiben!

Vielleicht jeden Monat einmal unter dem Motto:"Unternehmen Turnhalle". Eintritt 1,oo-1,50, Kinder 75 Pfennig. Von jeder Mark bliebe uns ungefähr ein Reingewinn von, na, sagen wir 50 Pfennig, wenn wir Steuern bezahlt haben. Wäre das nicht herrlich? Ich wäre der Quizmeister so wie Peter Frankenfeld oder Hans-Joachim Kuhlenkamp. Die Preise für die Gewinner würden wir uns bei den Geschäften zusammenschnorren, deren Namen dann laut als Werbung genannt werden würden.

Ich könnte alles übernehmen, die Organisation und die Werbung, nur einen Erwachsenen, vor allen Dingen in Rechtsfragen, brauche ich unbedingt. Wie wäre es da mit Hern Rimke? Der braucht die Turnhalle am meisten.
- In meinem Horoskop steht heute: Mit Ihren Phantasien sollten Sie nicht zu weit gehen, immer schön auf dem Boden der Tatsachen bleiben! -
Ich werde mal Vati aushorchen, wieviel Plätze im Schützenhaus sind und wieviel Steuern man zahlen muß.

Dienstag, 2.12.58
Also die Idee mit der Turnhalle ist blöde. Werner Mahlke sagt, eine Turnhalle kostet 200.000,- Mark. Na, wenn wir ca. 400,-Mark netto pro Abend einnehmen, dann müßten wir ja 500 Veranstaltungen machen. Nein danke!

Mutti stand heute abend wohl zu nahe am Kachelofen, plötzlich brannte ihr Wollrock! - Sie hat gleich aus dem Rückenteil der Weste ein Stück rausgenommen und in den Rock eingesetzt. Vati hofft, daß die Feuerversicherung was bezahlt.

Ich habe mir eine rote Kerze auf das Nachtschränkchen gestellt und schreibe mein Tagebuch bei Kerzenschein. Es ist dann so weihnachtlich. Außerdem wärmt das ein bißchen meine kalten Finger. Morgen macht mir Vati einen Anschluß für eine Nachttischlampe.

Sonnabend, 6.12.58
Mensch, ich bin ja so glücklich! Das war ein herrlicher Nikolaustag heute. Morgens in den Schuhen, die ich gestern abend um 10 Uhr noch geputzt hatte, steckten: Ein rororo-Buch "Die goldene Horde", eine Banane, eine Apfelsine, und ein 2-Mark-Stück. Zum Glück hatte ich gestern noch ein Pfund Bananen für Mutti gekauft, denn Vati hatte nichts für sie. Aber Mutti hatte ihm in jeden Latschen eine Schachtel Juno-Zigarretten gesteckt.

Von der Deutschen Botschaft in Porto habe ich eine Ansichtskarte bekommen. Bin richtig stolz drauf.

Sonntag, 7.12.58
Vormittags zum Gottesdienst und nachmittags Kindergottesdienst-Dienst. Als ich in die Kirche kam, flüsterten die Kleinen "Da kommt Ilse!" und strahlten mich an. Ich bin so glücklich, daß sie mich mögen.
Im Schützenhaus gab es wieder Theater: "Heimliche Brautfahrt". War ganz nett. Ich war mit Marlene da.

Mutti hat wieder ganz schlimme Hände und weint. Frl.v.Behr sagt, sie weiß nicht, ob Mutti so viel weint, weil der Hautausschlag sie plagt, oder ob sie den Ausschlag kriegt, weil sie immer so viel weint.
Entweder wehrt sich der Körper, wenn er gequält wird, oder Mutti wehrt sich, weil sie sich gequält fühlt.

Montag, 8.12.58
Ich habe eine Eins im Aufsatz und eine Zwei im Diktat und Schneidewind hat mich mit Ilse angeredet.
Lieber Gott, ich bin dir so dankbar.

Nachmittags hat Pastor Gurland getankt, aber Vati hat bedient. Ich bin schnell runtergerannt und habe ihn gefragt, ob er mal die Postkarten von den Konsulaten sehen möchte. "Ja gern, Ilse " sagte er und kam mit in mein Zimmer!!! - Zu dumm, meine Gitarre hing nicht ordentlich an der Wand und der schöne neue Sessel stand auf dem Flur, - aber er staunte trotzdem, daß ich so ein schönes, hübsches Zimmer habe. Dann hat er mir ein paar Griffe auf der Gitarre gezeigt, aber ich habe immer nur ihn angesehen. Ich bin so stolz, daß er in meinem Zimmer war! - Die Gelegenheit wird es so schnell wohl nicht wieder geben.

Ich habe meinen Eltern heute gesagt, daß mit meinem Rückgrat irgendetwas nicht in Ordnung ist, weil es immer wehtuht, wenn ich längere Zeit gerade sitze. Ich soll mal zu Dr. Böttcher gehen.

Dienstag, 9.12.58
Heute war ein Tag!! Mit der Post war die Klarsichtmappe gekommen, die ich bei der "Revue"-Zeitung für meine Schauspielerkarten bestellt hatte. Ich fragte meine Eltern, warum sie meine (!) Post aufmachen.
Mutti sagte kopfschüttelnd: "Ich muß doch wissen, was meine Tochter für einen Dreck bestellt!"
Ich habe gesagt, daß ich das nicht mag, ich mache ja auch nicht ihre Briefe auf. Ich wurde wohl ziemlich frech, aber Vati stand mir ein bißchen bei. Da war Mutti noch wütender und schrie: "Solange ist es ruhig, und wenn dieses dumme Gör kommt, wird herumgezankt. Warst du schon beim Arzt? - Na, dann geh man gleich zum Psychiater, du bist doch nicht ganz gar!" - Ich konnte nichts mehr essen und schob ihr den Teller hin.
"Das wird jetzt aufgegessen. Los!" brüllte sie und schob ihn an meinen Platz zurück.- "Aber Mutti, ich habe doch nachmittags Kochen und da muß ich auch wieder was essen!" - Ich tat Vati wohl leid, und er nahm sich meinen Teller mit den Worten: "Gib mal her, der Schule wollen wir auch nichts schenken".
In Kochen habe ich nur Pech gehabt. Ich sollte Haferflocken anrösten und die wurden schwarz. Frau Pritzkat schimpfte natürlich und meinte, von mir hätte sie was anderes erwartet.
Dann mußte ich den Kuchenteig machen, und der wurde zu krümelig. Ich wußte genau, daß ich vergessen hatte, Milch dazuzugeben, aber die Pritzkat sollte sich mal den Kopf zerbrechen, die Ursache herauszufinden.
Den Rinderbraten hatte ich zu lange im Backofen, weil ich nicht wußte, wann ich ihn rausnehmen sollte.
"Warum fragst du denn nicht?" wollte die Pritzkat wissen. "Weil sie mich dann wieder anschreien!"
Batsch, hat sie mir eine geklebt. Ja, sie hat mir tatsächlich eine geklebt und dann sagte sie, bis jetzt wäre sie immer diejenige gewesen, die mich bei der Lehrerkonferenz noch in Schutz genommen habe. Aber das sei jetzt aus. Und sie könne sich jetzt auch vorstellen, daß meine Mutter eine Woche lang nicht mit mir redet.
So, da hat also Töchterchen Gudrun alles zu Hause berichtet! Ich werde ihr solche Geheimnisse nicht mehr erzählen!

Und gerade mit Gudrun muß ich in der nächsten Woche sammeln gehen, für die Alten.

Mittwoch, 10.12.58
Heute nachmittag sind wir beide in der gegenüberliegenden Hauptstraße und bis zum Leinenberg von Haus zu Haus gegangen. Natürlich gehen wir immer zuerst zur Apotheke, weil Herr Witte wenigstens

5 Mark gibt. Dann ist das ein Vorbild für die Nächsten. Aber die meisten geben nur eine Mark. Ich schäme mich immer so, daß Vati nichts gibt.

Donnerstag, 11.12.58
Ede muß auf unserer Seite der Hauptstraße sammeln. Ich habe ihm in der Schule eine Mark von meinem Geld gegeben, dann braucht er nicht zu uns kommen. Ich habe es Vati erzählt, da sagt er "Du hast ja 'n Knall!"
Wenn er mal alt ist und Hilfe braucht, werden sie auch zu ihm sagen: "Sie haben ja 'n Knall, Herr Brandt."

Freitag, 12.12.58
Heute war schulfrei. Ich bin morgens zu Mutti ans Bett gegangen und habe ihr gesagt, daß sie liegenbleiben kann. Aber sie hat nur geschimpft, daß ich es ihr nicht gestern gesagt habe. Ich bin wieder ins Bett gegangen und habe bis 10 Uhr gepennt.
Dann habe ich mir die Rechenarbeit von Lieschen geben lassen, die sie von Karin abgeschrieben hat. Nachmittags hat Ede sie von mir abgeholt. Schön, wenn man so zusammenarbeitet gegen die Lehrer.

Vati schnarcht so schlimm, daß Mutti nächtelang nicht schlafen kann und tagsüber immer ganz müde ist.
Mutti sagt, sie freut sich schon darauf, daß sie eines Tages nur noch schlafen kann und keiner sie mehr stören wird. Ich weiß schon, was das heißen soll, aber ich habe einfach nicht darauf reagiert.

Sonntag, 14.12.58
Heute war das erste Treffen für die Tanzstunde beim Gasthaus I.H.Schulz. Na, ich bereue schon, daß ich mich da angemeldet habe. Acht Mädchen, das jüngste ist 8 Jahre alt!! Und 19 Jungs, aber was für welche! Lauter stinkende dusselige Bauerntrampel! Der eine stinkt nach Fisch, der andere hat das ganze Gesicht voll Pickel und einer stinkt nach Schweiß! - Oh, Gott, ich habe mir unter Tanzstundenzeit was ganz anderes vorgestellt, so mit kleinem Flirt und schickem Tanzpartner. - Es gibt noch eine zweite Tanzstundenfirma, bei der sind Horst Bartelt und Wolfgang Böhl, kurzum solche, die bißchen was auf sich halten. Ich würde mich gern wieder abmelden, aber Mutti schimpft, daß ich nie zufrieden bin.

Montag, 15.12.58
Nach der Bioarbeit ging ich zum Arzt. Ich mußte mich freimachen und auf eine Bahre legen.
Ich kam mir richtig ausgeliefert vor so ohne Hemdchen.
Dann hat Dr. Böttcher sich mit aller Wucht auf meinen Rücken gekniet und meine Wirbelsäule zurechtgerückt. Es hat richtig geknackst, aber nicht weh getan. - Blutarm bin ich nicht. Na, Gott sei Dank.

Am Abend war Weihnachtsfeier im Mädelkreis zusammen mit den Jungs. Wir machten eine bunte Reihe, (d.h. ein Junge, ein Mädchen) Links von mir saß Wolfgang Ramünke und rechts Wilfried Mette.
Nach der Begrüßungsrede mußte ich gleich mein Theaterstück vortragen und das hat prima geklappt. Ich habe nur für Pastor Gurland und Frl.v.Behr gespielt, so richtig tragisch, wie Maria Schell. Danach war es noch ganz lustig und als Pastor Gurland zum Abschluß noch Dias zeigte aus der Geburtsstadt von Jesus, war Frau Gurland auch dabei. Irgendwie habe ich den Eindruck, daß er ganz anders ist, wenn sie da ist, nicht so lustig und ausgelassen.

Als ich mich von ihm verabschiedet habe, gab er mir die Hand und sagt: "Vielen Dank, Ilse, es war so schön, wie du alles geschmückt hast und dein Theaterstück war sehr gut vorgetragen, du hast Talent, Mädchen".

Ach, das war so schön, gerade von IHM das zu hören! Wenn ich ihm doch nur andeuten könnte, wie sehr ich ihn mag.

Dienstag, 16.12.58

Ich habe eine Ansichts-Postkarte von der Botschaft in Tokyo bekommen!

Mit Frau Pritzkat habe ich wieder Freundschaft geschlossen.

Mittwoch, 17.12.58

Wolfgang Böhl und Horst Bartelt wollen nun auch in unsere Tanzstunde kommen. Na, dann ist ja wieder alles in Ordnung!

Donnerstag, 18.12.58

Die Adventfeier im Schützenhaus war ein voller Erfolg! Zumindest was meinen Gedichts-Vortrag betrifft.

Sogar Herr Thies kam danach zu mir und sagte: "Hast aber gut gesprochen, Ilse, - so gut, daß einigen sogar die Tränen gekommen sind."

Hier schreibe ich mal das Gedicht auf, damit ich mich später immer daran erinnere:

Es geht ein Kind / v. Bernhard Siepen

Es geht ein Kind, dem ist so kalt, - es geht durch Stadt und Dorf und Wald.
Wir haben all' das Kind geseh'n, - im Auge trug es groß ein Fleh'n.
Das Kind so klein, das Fleh'n so groß, - Mensch, Weg und Weite gnadenlos!
Es ging wohl heller als der Schnee, - und losch doch hin im Nachtgeweh'.
Es war wie unser eigen Kind, - und doch so fremd und fern im Wind.
Muß wiederkehren Jahr für Jahr, - sich auftun wunderaugenklar.
Muß tausend und mehr Jahre gehen, - bis wir sein Flehen ganz versteh'n

Freitag, 19. 12.58

Ferien! - Vati ist krank.

Sonnabend, 20 12.58

Juchhu! Wir haben eine Nähmaschine. Jawohl, und darüber freue ich mich riesig. Ich kann es noch gar nicht glauben! Das ist ja ein teures Weihnachtsfest: erst der Fernsehapparat, dann meine Möbel und jetzt auch noch die Nähmaschine.

Mutti hat meine Rollschuhe zu Astrid nach Braunschweig geschickt. Ich hätte sie gern behalten, auch wenn ich jetzt nicht mehr darauf laufe. Mutti hätte mich wenigstens fragen können.

Montag, 22.12.58

In Uelzen habe ich für Anke ein rororo-Buch gekauft "Zu jung, um ohne Wunsch zu sein" für 1,90 DM .

Ob sie mir auch was zu Weihnachten schenkt? Eigentlich ist mir das egal, ich weiß jedenfalls, daß ich ihr eine Freude mache. - Wenn ich in einem Buchladen bin, mag ich gar nicht mehr weggehen. Ich habe mir noch "Sie" gekauft und "Mit 17 beginnt das Leben".
Ich lese furchtbar gern, ich müßte nur mehr Zeit haben.

Dienstag, 23.12.58
Als ich Geschenke für Mutti einpacken wollte, ist mir die Mouson-Flasche runtergefallen: Kaputt und mein Zimmer stinkt furchtbar. - Morgen ist es so weit, aber ich bin gar nicht in Stimmung. Das kommt wohl noch.
Mutti sagt immerzu nur: Wenn der ganze Rummel doch bloß bald vorbei wäre!

Heiligabend 1958
Vati brachte mir einen Brief mit Absender Pfarramt Bodenteich. Mit zitternden Händen öffnete ich ihn.
Er enthielt eine Weihnachtskarte mit den Worten: Fröhliche Weihnachten und ein glückliches Jahr 1959 in Dankbarkeit für alle Mitarbeit im Kindergottesdienst sendet Dir mit freundlichem Gruß Dein Pastor Gurland.
In Seidenpapier eingewickelt lag daneben ein rotes Lesezeichen aus Leder mit dem Kreuz auf der Weltkugel. Ach, ich bin ja so froh über diese Auszeichnung.

Nachmittags ging ich in die Kirche. Man konnte von der Predigt fast nichts verstehen, weil es so voll war und andauernd einer gehustet, geräuspert oder geniest hat. Es waren auch kleine Kinder mit ihren Großeltern da und die waren gelangweilt und haben immerzu geredet.

Nach dem Abendbrot war die Bescherung:
Ich bekam: einen grauen Pullover, eine goldene (nicht ganz) Armbanduhr, einen Ring von Oma, der für mich kleiner gemacht wurde, - ein Portemonnaie (das wieder umgetauscht wird) , einen Hula-Hoop-Reifen,
"Meine Welt" und "3x ein Quentchen"(Kochbuch für junge Mädchen), einen Schlafanzug.
Von der ESSO - AG ein Tüchlein und einen Damenkalender, von Apotheker Witte eine Flasche Parfum, von Tante Else eine Schale zum Hinstellen.
Vati bekam: 1 Fl. Stonsdorfer von Apotheker Witte und eine von uns, einen Schlips, den ich ausgesucht und gekauft habe,
1 Portemonnaie, viele Zigaretten, Süßigkeiten
Mutti bekam: 2 dicke Wolldecken von Vati á 50,- Mark, die Nähmaschine, worüber i c h mich am meisten freue, 1 Fl. Eierlikör, 1 Paar Nylonstrümpfe, Schokolade, Pralinen,
1 Eierkocher mit 6 frischen Eiern, einen Küchenfreund, einen Kartoffelstampfer, 3 Suppentassen(von mir), 1 Dosenöffner, Baldrianperlen, Mouson Seife, Creme, Gesichtswasser und Parfum, und eine Butterglocke.

Na, jedenfalls waren wir alle zufrieden. Im Fernsehen gabs nichts, also ging ich früh ins Bett.

1. Weihnachtstag
Anke ist in Bodenteich zu Besuch. Sie sieht toll aus, ganz modern gekleidet, moderner Mantel, moderne Schuhe, man merkt doch, daß sie in einer Stadt wohnt.
Wir sind spazieren gegangen und dann durfte sie bei uns fernsehen. Mutti ist ihr jetzt nicht mehr böse.

Abends habe ich schön den Tisch gedeckt. Leider haben die Tomaten nicht geschmeckt. Um diese Zeit soll man keine Tomaten kaufen, die schmecken wie Wasser.

2. Weihnachtstag
Bis 11 Uhr geschlafen, Kartoffeln geschält, Tisch gedeckt, gegessen, abgewaschen und dann zu Anke. Wir sind nach "Loyal" gegangen und haben Coca-Cola getrunken. Wolfgang Ramünke, der Bruder von Hering, setzte sich zu uns an den Tisch. Der ist viel lustiger als sein Bruder.
Wir sind nicht mit ihm spazieren gegangen, weil wir nicht wollen, daß in Bodenteich über uns geredet wird.
Schade, daß Anke wieder wegfahren mußte.

Sonnabend, 27.12.58
Vormittags habe ich meinen Rücken bestrahlen lassen und nachmittags habe ich mich mit der Nähmaschine beschäftigt. Ich habe dann gleich meinen Petticoat fertig genäht. Es macht großen Spaß , mit dem Zickzackstich zu nähen. Da werde ich mir viele Sachen selber machen können und meine Eltern sparen dabei viel Geld. Um 5 Uhr mußte ich aufhören, weil Mutti Angst hat, daß ich nervös werde.

Abends gab es "Anne Frank" im Ostzonenfernsehen. War ganz toll, besonders weil ich im Sommer in Bergen-Belsen war.

Montag, 29.12.58
Mutti hat Grippe, ich habe einen schlimmen Schnupfen, Pastor Gurland ist auch krank.
Ich habe ein Loblied auf Frl.v.Behr gedichtet nach der Melodie "Hoch drob'n am Berge".
Wenn wir an ihrem Geburtstag eine kleine Feier machen, singe ich vor und die anderen müssen das "holladihi" dazu singen. Vielleicht schreibe ich auch noch ein Theaterstück, wo die Mitglieder vom Mädelkreis vorkommen. Ach, ich tue alles nur, um IHR und IHM zu imponieren.

Dienstag, 30.12.58
Heute hatte Mutti die phänomenale Idee, daß wir Silvester bei Onkel Albert feiern könnten. Dann erlebe ich endlich einmal, wie man richtig ins neue Jahr rutscht. Ich habe ja solche Angst vor dem nächsten Jahr, denn in meinem Jahreshoroskop steht nur Negatives. Ich will immer nicht daran glauben, aber wenn Mutti ihr Horoskop liest, liest sie mir meins auch vor. Wenn es was Gutes ist, freue ich mich, aber wenn es schlecht ist, mag ich am liebsten am nächsten Tag gar nicht aufstehen.

Silvester 1958   - Prost Neujahr liebes Tagebuch!
Mensch, das war herrlich!
Wir waren schon am späten Nachmittag in Braunschweig und so hatte ich genug Zeit, um mit Astrid das Wohnzimmer zu schmücken.(Papierschlangen, Laternen und bunte Fäden, rotes Papier für die Stehlampen, Tropfkerzen auf kleinen Tischchen, Salzstangen und Fischli.)
Gestern hatte ich in Bodenteich ein Furz-Kissen gekauft. Das haben wir Tante Else auf den Stuhl gelegt. Erst hat es nicht funktioniert, weil der Sitz zu weich war, aber dann haben wir viel Spaß damit gehabt!
Onkel Albert sollte dann mit meinem Gummi-Bleistift etwas aufschreiben, aber der bog sich in alle Richtungen, und wir uns vor Lachen! - Die Oma haben wir angeschmiert mit dem raffinierten Likörglas, das zwischen den zwei Glasschichten eine rote Flüssigkeit enthält. Wir haben Likör ins Glas gegeben und mit Oma angestoßen und sie trank und trank, und kriegte den Rest nicht raus. Sie

hat sich beinahe verschluckt. Wir konnten uns nicht mehr halten vor Lachen, als sie zum Schluß mit dem Zeigefinger drin herumgewischt hat.

"Ihr seid 'ne Bande!" sagte sie verschmitzt und war nicht böse.

Wir haben auch getanzt, aber ich kann ja nicht.

Um 12 Uhr haben wir alle mit Sekt angestoßen und uns ein gutes neues Jahr gewünscht.

Bis um 2 Uhr haben wir noch herumgealbert, aber dann ging's durch die Nacht ab nach Hause.

Neujahr 1959

Als ich um 10Uhr aufstand und in den Spiegel sah, konnte ich mich kaum erkennen: Ganz blaue Ränder unter den Augen, geschwollene Lippen und kreidebleich. Naja, das ist das Resultat einer durchzechten Nacht .

Und dann der viele Likör in meinem Bauch!

Nach dem Essen haben wir uns alle noch mal ins Bett gelegt.

Abends "Kabale und Liebe" im Fernsehen, das war wunderbar! Vati und Mutti hätten sich lieber die Sendung mit Catarina Valente angesehen , aber ich habe gesagt, daß Schiller gut für meine Bildung ist.

Sonntag, 4.1.59

Heute wollte mich die "Lachtante" zum Spazierengehen abholen. Die ist so'n bißchen meschugge und Vati sagt, die ist ein Suffkind. Aber Mutti sagt, ich soll ruhig mit ihr gehen, weil sie sonst keinen hat. Immer ich!

Ich habe sie weggeschickt und gesagt, daß ich zu tun habe. Mutti hat gesagt, ich soll mich nicht beklagen, daß ich keine Freundin habe. - Auf die kann ich verzichten!

Abends in der Tanzstunde war es schon besser. Der Tanzstundenlehrer ist zu uns Mädchen besonders nett, ist ja klar, daß er das nur macht, weil es sein Geschäft ist. - Ich werde ihn jetzt immer verliebt ansehen und wenn er herschaut, senke ich den Blick nach unten. Dann bildet er sich was ein und mir macht's nichts aus.

Montag, 5. 1.59

Heute war ich den ganzen Tag glücklich über viele kleine Dinge.

Es fing an, als ich BILD holen ging. Im Kirchenkasten las ich, daß am nächsten Sonntag Kindergottesdienst ist mit ..... Pastor Gurland. Niemand kann sich vorstellen, wie froh ich bin, daß er wieder gesund ist.

Und gerade danach kam er mit einer Aktentasche über die Straße! Mein Herz klopfte! Ich sagte nur, daß ich mich über das Lesezeichen sehr gefreut habe und fragte, wann am Freitag Kindergottesdienst-Vorbereitung sei. Er war irgendwie komisch und sagte: "Um 7Uhr, wie immer!" Warum habe ich nicht gesagt, daß ich froh bin, daß er wieder gesund ist? Ich bin wütend auf ihn, daß er mich so kurz abgewimmelt hat Na warte, du Bürschchen. Ich opfere meine Freizeit für die Kirche, und er behandelt mich von oben herab! - Am Freitag werde ich mich ganz hübsch anziehen. Wenn ich dann den Schlüssel für den Konfirmandensaal bei ihm hole, werde ich ihn ganz bös ansehen, und wenn er fragt, was los ist, sage ich erstmal "Ach nichts" . Wenn er dann wirklich drauf dringt, werde ich ihm vielleicht einiges sagen, mal sehen...

Dienstag, 6.1.59

Anke hat mir einen langen Brief geschrieben. Sie ist geküßt worden! Wann werde ich das wohl erleben?

(Sie sagt übrigens zum Kuss "Groschen" und zur Zigarette "Pille", damit ihre Mutter nichts merkt.)

Mittwoch, 7.1.59

Scheiß-Schule! Gleich am Anfang bei Schneidewind eine Erdkunde-Arbeit geschrieben. Kann ja nichts werden, wenn ich an mein Jahreshoroskop denke.

Auf mein Zimmer bin ich richtig stolz. Ich sitze manchmal in meinem Cocktailsessel und träume nur so vor mich hin.

Donnerstag, 8.1.59

Ich habe jetzt für mich selbst beschlossen, mich bei den Lehrern einzuschmeicheln. Sonst kommt man doch zu nichts. Herr Raddatz wird oft zu anderen Eltern eingeladen oder er kriegt was umsonst von den Bauern, aber Vati würde Herrn Böhl nie umsonst das Moped auftanken und zum Essen einladen würden meine Eltern auch keinen Lehrer. Also bleibt alles an mir hängen.

Übrigens, wir haben Post und Briefmarken aus Agadir, ich habe Ansichts-Postkarten von den Konsulaten in Hongkong und Bonn bekommen. Ich muß noch nach Kairo und New Delhi schreiben.

Freitag, 9.1.59

Man stelle sich das größte Wunder aller Zeiten vor: Ich habe in der Erdkundearbeit eine EINS!

Abends bei der Kindergottesdienst-Vorbereitung war ER wieder ganz normal und charmant wie immer. Er fragte sogar, wie es mir mit meiner Gitarre gehe und er bot uns Hustenbonbons an. Marlene flüsterte mir zu, daß seine Frau schon im Krankenhaus sei... Aha, darum ist er so gut gelaunt. Vielleicht war er am Montag nur besorgt oder aufgeregt. Dann will ich ihm sein Benehmen verzeihen. Als Schluß war, half er mir sogar in den Mantel und da fragte ich ihn, wann Frl.v.Behr Geburtstag hat. Am 2. Februar! - Schön, daß ich das nun endlich herausgekriegt habe.

Sonnabend, 10.1.59

Wir wurden in Mathe von Böhl geprüft. Scheiße, ich kann das doch nicht. Ich bin immer die Dumme, weil Brandt der erste Name im Klassenbuch ist, und immer komme ich zuerst dran!

In Sport war es lustiger. Herr Rimke sagte, ich soll mal schnell meinen Hula-Hoop-Reifen holen. Also wetzte ich nach Hause und nahm außerdem den Fotoknips mit. - Das war ein Spaß, als Rimke sich mit dem Reifen abquälte! In dem Augenblick habe ich ihn photographiert! Lieber Gott, mach bitte, daß das Foto etwas geworden ist! Außerdem sind Horst Bartelt und Elke mit auf dem Bild.

Ich habe Hering und Walter getroffen und belanglos mit ihnen geredet. Einer gibt noch mehr an als der andere.

Nein, es ist endgültig Schluß mit Hering, der ist viel zu klein für mich. Basta. Aus!

Marlene hat gesagt, daß Frl.v.Behr ihr aus dem Harz eine Ansichtskarte geschickt hat. Und mir nicht!!!

Das hat mir einen Schlag versetzt! Ich mag sie nicht mehr so dolle wie vorher.

Ich habe mir aus der Bücherei ein Berufe-Buch geholt "Was werde ich?" Das ist toll!

Da wäre mal mein Traumberuf Evangelische Theologin (Vikarin). Mensch, da hätte ich Lust zu. A b e r man braucht: Abitur, 8 Semester Studium, 2 Jahre evangelische Hochschule... Bei meinem Zeugnis ist das unmöglich. Außerdem kostet ein Studium viel Geld.

Dann wäre der zweite interessante Beruf: Zugsekretärin. Das ist auch toll. Da reist man in den modernsten Zügen durch die Länder und steht Geschäftsmännern zur Verfügung. Natürlich muß man dann sehr gut Steno können, z.B.Eilschrift und noch mehr Silben in der Minute als ich jetzt kann. Außerdem mindestens 400 Anschläge pro Minute auf der Schreibmaschine, und man muß ein gepflegtes Äußeres haben, z.B. Stöckelschuhe und Kostüm und schicke Dauerwelle. Das wäre was für mich.

Sonntag, 11.1.59

In der Kirche hat Schneidewind Orgel gespielt, es war furchtbar. Er kommt mir seinen kurzen Beinen nicht so richtig an die Fußpedale ran, und dann macht es manchmal "dü-donnnng-schsch", bis er den nächsten Ton rauskriegt.

Beim Kindergottesdienst waren auch nur 5 Kinder da, weil draußen so viel Schnee liegt. Die anderen machen lieber eine Schneeballschlacht. - Plötzlich sagte Pastor Gurland zu mir: "Du hast doch nichts dagegen, wenn ich mich mal ein bißchen dazusetze?" Nein, natürlich nicht, ich hatte mich gefreut und hoffte, er würde hinterher sagen, daß ich es gut gemacht habe. - Weit gefehlt, er meinte, ich müsse die Geschichten noch mehr ausmalen und noch spannender erzählen. Na, er mag ja recht haben, aber ich kam mir vor wie ein Lehrer mit dem Schulrat zu Besuch.

Abends in der Tanzstunde habe ich fast nur mit Eckhard Busch getanzt. Es ging ganz prima.

Die Tanzstundenlehrerin, Frau Rehm, fragte, ob ich nicht mal bald was anzahlen könne. Da habe ich gemeint, daß sie vielleicht für das Geld bei uns tanken könnten. Das ließe sich machen, meinte sie. Prima, dadurch habe ich meinen Eltern Kundschaft gebracht.

Montag, 12.1.59

Das nächste Weltwunder: Ich habe in Bio eine 2 als einziges Mädchen! Ich kann's nicht fassen!

Als Mutti abends spazieren war, habe ich mir in der Stube eine Kerze angemacht und Radio gehört. Ich werde so richtig schön sentimental beim Kerzenschein, wenn ich mich über meine gute Klassenarbeit freue und daß ich mit Eckhard Busch so gut tanzen kann.. Ich war so herrlich zufrieden mit meinem Leben...

Als Mutti zurückkam, habe ich schnell ausgeblasen und die Kerze in mein Zimmer gebracht. Mutti hat es noch gerochen und ich habe es abgestritten. Ich weiß auch nicht, warum eigentlich. Mir war gar nicht wohl dabei zumute.

Dienstag, 13.1.59

Nichts Besonderes. Ich vertrag mich in Handarbeit und Kochen ganz gut mit Frau Pritzkat.

- Wie bringe ich Mutti bloß bei, daß ich Frl.v.Behr etwas schenken möchte?

Donnerstag, 15.1.59

Weil wir in Bio gerade die Bandscheibe durchnehmen, habe ich heute eine Röntgenaufnahme von Vati mitgenommen. "Fein, Ilse, das ist ja ganz toll!" hat Rimke gesagt und ich war glücklich, daß ich ihm einen Gefallen tun konnte.

Ich habe mir überlegt, ob ich nicht vielleicht doch Gitarrenunterricht nehme, sonst komme ich ja doch nicht weiter. Ich kann mir's ja leisten:

Taschengeld pro Monat	12,oo DM
4 Std. zu 2,oo DM	8,oo DM
Filmzeitungen	2,60 DM
Rest für weitere Ausgaben	1,40 DM

Mutti hat abends den Gemeindedirektor Schäfer getroffen. Der hat gesagt, ich könne morgen mal ins Rathaus kommen wegen der Antragsunterlagen für eine Arbeitsstelle im Ausland.

Freitag, 16.1.59
Morgens sagte ich am Frühstückstisch zu Mutti, daß ich ganz aufgeregt bin wegen meiner "Audienz im Rathaus". Da sagte sie, da sei doch nichts dabei, Vati müßte öfter ins Rathaus. -
"Aber ich war noch nie da drin. Und für mich ist es etwas ganz Besonderes. Du lebst in einer realen Welt und ich in einer sinnlichen!"
Damit meinte ich, daß ich als Kind alles noch ganz anders sehe, viel romantischer. Darauf sagte Mutti, ich würde viel zu viel schwärmen und das müßte ich ablegen. Ich sei noch zu jung dazu, für einen Turnlehrer und ein Pfaffen zu schwärmen, die außerdem auch noch verheiratet sind. Und nur darum sei ich so schlecht in der Schule.
Ich glaube, Mutti hat wieder in meinem Tagebuch gelesen. Ich habe ihr nie davon erzählt, daß ich für Rimke schwärme. Ich habe nur immer gesagt, wenn ich eine Wut auf ihn hatte, weil er Ortrud vorzieht.

Montag, 19.1.59
In Bio konnte ich alle Fragen beantworten und habe damit ein Plus bekommen. Außerdem hat mich Rimke für mein "tadellos geführtes" Bioheft gelobt und mich gefragt, ob ich zum nächsten Mal ein Schaubild aus seinem Brockhaus auf die Tafel malen möchte. Na, und ob! Das tu ich doch gern! -
In der Pause habe ich ihn gefragt, ob er mir Gitarrenunterricht geben würde, aber ich glaube er hat keine Lust oder Zeit dazu. (Oder er will seine Frau nicht eifersüchtig machen, hihi).

Dienstag, 20.1.59
Dem alten Heuss haben wir zu verdanken, daß am 31.Januar schulfrei ist, weil er dann 80 Jahre alt wird.
Ich habe Anke heimlich geschrieben, daß sie mich zu ihrem Geburtstag am 1.2. einladen soll.
Dann könnte ich am Sonnabend früh nach Lüneburg fahren und Sonntag spät wieder nach Hause.
Hoffentlich klappt das.

Mittwoch, 21.1.59
Heute haben meine Eltern ihren 31. Hochzeitstag. Ich habe gefragt, warum sie mich erst nach so vielen Ehejahren gekriegt haben. Da hat Mutti gesagt, alles sah so verrückt und unsicher aus in der Welt, da haben sie lieber etwas länger gewartet.
Ich will nicht warten, bis ich 42 bin. - Dann bin ich vielleicht schon Großmutter!

Ich habe im Diktat und in der Englischarbeit eine Eins ! Ist das nicht toll?

Freitag, 23.1.59
Der Böhl hat mich gelobt! Weil ich alles so sauber schreibe im Heft! Donnerwetter! Ilse, es geht bergauf!

Abends bin ich ziemlich früh zum Mädelkreis gegangen, weil ich meine neueste Idee mit Frl.v.Behr besprechen wollte. "Schieß los!" sagte sie. Und ich begann:
"Also, Sie sagten doch neulich, daß viel zu wenig Bodenteicher wissen, daß es eine evangelische Jugendgruppe gibt. - Und da dachte ich mir, daß wir einen Bunten Nachmittag im Schützenhaus machen könnten, damit wir bekannt werden. Und das Geld, was wir einnehmen, könnten wir dann Berliner Kindern schicken." - "Mensch, det is jut!" sagte sie und ich hätte sie am liebsten umarmt und durch den Konfirmandensaal gedreht. Sie will nur noch mit Pastor Gurland darüber sprechen.
Lieber Gott, wenn's geht, drück die Daumen, daß wir das dürfen.

Sonnabend, 24.1.59
In der Rechenarbeit habe ich alles richtig und trotzdem nur eine 3. Böhl ist ja doof!
Nachmittags habe ich einen Käsekuchen gebacken, aber der Käse blieb ganz weiß und war gar nicht so schön gelb wie in der Schule. So'n Käse! Aber meinen Eltern hat es trotzdem geschmeckt.

Sonntag, 25.1.59
In der Tanzstunde habe ich einmal mit dem Tanzlehrer getanzt, und der hat immer von Tuchfühlung geredet.
Mensch, da kriegt man ja Frühlingsgefühle! - Am 6.Februar ist Mittelball. Eckhard Busch hat mich dazu eingeladen, aber ich hab nichts anzuziehen.

Montag, 26.1.59
Mir ist eine Plombe aus dem Backenzahn gefallen.
Wir müssen heute Minna v. Barnhelm durchlesen und bestimmte Texte rausschreiben.
Ich habe noch nichts gemacht, muß mir noch eine Ausrede ausdenken. Gute Nacht.

Dienstag, 27.1.59
Ursel hat mir heute früh die Geschichte von der "Minna" erzählt. Als ich drankam, habe ich sie ganz toll „interpretiert" und eine Zwei gekriegt.
Mutti muß immer noch regelmäßig nach Uelzen zum Aushängen und Bestrahlen.

Donnerstag, 29.1.59
Vati sagt, es steht schlecht mit unserem Geld. So viele Leute , die bei uns anschreiben lassen, können nicht bezahlen. Und bei unseren Gärten, die wir verpachtet haben, will man eine Straße bauen. Jetzt muß jeder Anlieger pro Meter 50,- Mark bezahlen, das sind für uns 750,- DM. Dann müssen wir auch noch den Fernseher und die Nähmaschine bezahlen. (Ich hab ja gleich gesagt, daß es billiger ist, ins Kino zu gehen).

Freitag, 30.1.59
Endlich hat Anke geschrieben. Einen Brief an mich und einen an meine Eltern. Sie arbeitet jetzt in einer Wäscherei und hat viel zu tun. Mutti hat Bedenken, weil ich über Nacht da bleiben will. (Oh Gott, es könnten ja männliche Wesen in der Nähe sein!) Also, ich darf nicht. Weil so wenig Zeit bleibt bis morgen, habe ich heute mein erstes Telegramm geschickt: Darf nicht - stop - Brief morgen - stop - kein Geld - stop - Ilse.
Macht pro Wort 15 Pfennig und mit der Adresse 2,10 DM. Mensch, das ist ein teurer Spaß.

Sonnabend, 31.1.59
Schulfrei. Mutti ist fertig mit den Nerven. Die Sache mit Anke hat sie so aufgeregt. Sie sagt, sobald Anke im Spiel ist, wird was ausgeheckt. - So ein Blödsinn, Mutti akzeptiert überhaupt niemanden!!!Ich habe ihr ein Alpenveilchen und 1 Maiglöckchen gekauft, war ein Restposten in Langwalds Gärtnerei .Bin mit 30 Pfennig gut weggekommen und Mutti hat es gefreut. Nachmittags sind wir mit Herrn Witte nach Uelzen ins Kino gefahren: "Solange das Herz schlägt." Mutti liegt zu Hause und meint, ihr Herz schlägt nicht mehr lange.

Montag, 2.2.59
Heute hat Frl.v.Behr Geburtstag. Ich wollte ihr einen kleinen Primeltopf für 75 Pfennig bringen, aber sie war nicht da. Ich konnte ihn unmöglich wieder mit nach Hause nehmen, dann hätte sich Mutti aufgeregt, daß sie Alpenveilchen für 30 Pfennig kriegt, und Frl.v.Behr kriegt einen Primeltopf für 75 Pfennig. Also habe ich ihn einfach bei Frau Fabig im Parterre abgegeben.

Dienstag, 3.2.59
Ich habe wieder 20 Minuten Fransen an die Schnauze gequasselt in Geschichte und doch eine 6 gekriegt. Schneidewind meinte, ich würde den 30-jährigen Krieg mit dem ersten Weltkrieg verwechseln. Oh Gott!
Wenn er auch seine Fragen so blöd stellt!!

Donnerstag, 5.2.59
Ich hatte mir extra einen engen Rock angezogen, weil wir bei Rimke eigentlich Bio gehabt hätten. Da macht der Hund Sport, und noch dazu Schlagball zusammen mit den Jungs! - Na, ich stand da wie Pik sieben in meinem engen Rock und konnte nicht mitspielen. Doris und Lieschen haben mir die Füße massiert, weil sie sonst abgestorben wären in der Kälte.

Freitag, 6.2.59
Mutti hat mir aus Uelzen grünen Stoff mitgebracht und ich habe an meinem Rock bis Mitternacht genäht.
Morgen muß ich nur noch den Saum machen und die Taschen drauf nähen. Mensch, ich freue mich so, daß wir eine Zickzack-Nähmaschine haben.

Zwischendurch bin ich von 8 bis halb 10 zum Mädelkreis gegangen. Die Geburtstagsfeier war ganz toll, aber Pastor Gurland hat sich nicht blicken lassen. Gemeinheit. - Mutti sagt, Frl.v.Behr würde sich eins ins Fäustchen lachen, daß wir sie so verehren. Und aus mir würde sie sich überhaupt nichts machen, denn sonst hätte sie mir ja aus dem Harz eine Postkarte geschickt. Verdammt noch mal, woher weiß sie das? Ob Marlene ihr gesagt hat, daß sie eine gekriegt hat? Oder hat Mutti das in meinem Tagebuch gelesen? Manchmal bin ich zu faul, das klitzekleine Schloss abzuschließen, aber ich stelle das Tagebuch dann immer hinter die Bücher in meinem Sekretär..... Jetzt habe ich gerade gemerkt, daß man es trotzdem noch auseinanderbiegen und drin lesen kann, obwohl es abgeschlossen ist. Was soll ich bloß tun?

Sonnabend, 7.2.59
Lieber Gott, ich bin dir ja so dankbar und so glücklich. Der Mittelball war herrlich.
Ich war ganz zittrig, als ich meinen neuen grünen Rock anzog und die weiße Spitzenbluse und dann mit meinem Kuchenpaket losschob zum Gasthaus von I.H.Schulz. - Ich war so gespannt, weil doch in

meinem Horoskop stand: "Abends gut für Liebe". Wir saßen mit Gudrun und ihrem Hansi an einem Tisch und tranken Coca. Erst war es ziemlich kalt, aber langsam kam Schwung und Stimmung auf.
Eckhard und ich, wir tanzten und tanzten und tanzten.... Einmal bei einem Foxtrott, Eckhards Spezialität, gingen wir gleich am Anfang auf die Tanzfläche und blieben die einzigen! Das ist ja ein blödes Gefühl.
Wir haben dann immer gewartet, bis andere tanzten. -
Bei dem Blues Tom Dooly wurde ich richtig schwermütig, und wenn Eckhard mich ganz fest umfaßte, hatte ich dieses komische Gefühl, wie damals, als ich mit Hering im Kino saß... So wie ein elektrischer Schlag!

"Trinke noch einen Whisky, es wird dein letzter sein....
Es ist ein starker Whisky, morgen bist du allein.
Dort hinter jenen Bergen glüht schon das Morgenrot,
Es ist dein letzter Abend, morgen schon bist du tot! "

Also wir haben keinen Whisky getrunken, sondern den billigsten Wein, 4,50 DM die Flasche. Den müssen die Herren bezahlen.
Ich habe den Kaffee und den Unkostenbeitrag bezahlt, insgesamt 1,- DM. Das geht ja noch.
Im Nu war es 12 Uhr und Schluß. Gudrun sagte zu Eckhard: "Nun bring Ilse aber schön nach Haus".
Das hat sie gut gemacht. Das Dumme war nur, daß ihr Hansi die gleiche Richtung hatte und mitlatschte.
So war ich leider nicht allein mit Eckhard. Vati und Mutti schliefen schon, aber ich mußte erstmal alles aufschreiben und bin noch viel zu aufgeregt, um zu schlafen.
Vielen Dank, lieber Gott, vielen Dank für diesen schönen Abend.

"Freitag, der Dreizehnte!"
Mädelkreis war erst ganz langweilig, aber dann hat Frl.v.Behr erzählt von der Möglichkeit, daß junge Mädchen 2 Wochen im Henriettenstift in Hannover arbeiten können, um Einblick in die christliche und soziale Nächstenliebe zu bekommen. Man muß im Krankenhausbetrieb arbeiten und bekommt dafür Essen und Unterkunft. Gudrun und ich würden das gern tun . Ich habe Mutti schon gefragt. Ich darf!!

Sonntag , 15.2.59
Bei der Hundskälte kriegt mich noch nicht einmal Pastor Gurland in die Kirche!
In meinem Zimmer ist es nur im Federbett auszuhalten, sonst ist es zu kalt.
Bei der Tanzstunde war ich ganz schön eifersüchtig, das muß ich wohl von Vati geerbt haben. Mutti hat mir mal erzählt, daß Vati immer ganz eingeschnappt war, wenn sie mit anderen Männern getanzt hat. Eckhard hat einige Male mit Antje Schulz getanzt und nicht nur das, er hat kräftig mit ihr geflirtet!

Montag, 16.2.59
Als ich heute in Bio rote und weiße Blutkörperchen in mein Heft zeichnete, beugte sich Rimke über meine Schulter und sagte: Die sehen aus wie Sputnik Nr.6. Ortrud guckte ganz neidisch. Dafür ist sie sein Häschen.

Dienstag, 17.2.59

Heute traf ich das Haushaltsmädchen von Pastors. Sie heißt Hildegard und ist ziemlich dick, aber sonst ganz nett. Wir stellten fest, daß wir beide eine Freundin suchten und so lud ich sie für morgen ein.

Mittwoch, 18.2.59

Sie kam auch tatsächlich, zwar etwas zu spät, - aber sie mußte noch so viel im Haushalt machen, bevor sie gehen durfte. Als sie sagte, daß sie zu mir geht, soll Pastor Gurland gesagt haben: "Ja, da geh mal hin, die Ilse ist ein patentes Mädchen." - Nur eins ist dumm, sie geht nicht tanzen, obwohl sie am 5. Juni schon 16 wird.
Na, ich werde mal mit Frl.v.Behr darüber reden.

Donnerstag, 19.2.59

Wir sind eine halbe Stunde spazieren gegangen. Leider stinkt sie nach Körperschweiß. Ich wollte so gern ihr Zimmer sehen, aber da meinte sie, das ginge nicht. Ich fragte, ob sie nicht aufgeräumt hat. Darauf erklärte sie mir:" Weißt du, Ilse, wenn man so in Stellung ist, dann muß man allerhand einstecken, und die alte Frau Pastor ist in letzter Zeit so komisch und der Herr Pastor auch . Du kommst am besten einmal, wenn die Frau Pastor wieder aus der Klinik zu Hause ist." - Also gibt es auch in einem Pastorenhaushalt Probleme.

Freitag, 20.2.59

Ich habe von Monika Synder eine Postkarte erhalten. Das ist ein Spiel, wo man an den Absender eine Karte schicken muß und je eine an 3 neue Adressen. Dann funktioniert das so, daß man nach 20 Tagen 256 Ansichtskarten erhält. Toll, da mache ich mit. Ich habe schon eine an Bärbel Labusch geschickt, eine an Anke und eine an Ingrid Lehneke.

Sonnabend, 21.2.59

Für die Tanzstunden-Abschlußball-Zeitung müssen wir Verse machen. Ich habe den ersten für den Fischfritzen gemacht:

Noch vor Minuten er im Stalle stand,
den Fischmehleimer in der Hand,
danach duftet er noch hinterher,
wie schön, wenn's Kölnisch Wasser wär.

Der soll endlich mal einen Denkzettel kriegen, daß er sich waschen muß, bevor er tanzen geht.

Montag, 23.2.59

Hildegard war übers Wochenende bei ihren Eltern in Müden. - Als ich sie vom Bahnhof abholte, weinte sie die ganze Zeit bis zum Pastorenhaus. Mutti meint, sie hält es da nicht lange aus, weil sie doch so ein Heimweh hat.

Dienstag, 24.2.59

In Handarbeit nähen wir Krageneinsätze aus weißem Piqué. Ich habe meinen ganz allein ohne Hilfe gemacht und Frau Pritzkat hat mich gelobt. Ich werde mir zu Hause noch zwei nähen, weil die so praktisch sind und hübsch frisch aussehen in einem Pullover.

Mittwoch, 25.2.59 Lieber Gott! Ach, ich bin ja so unglücklich! Liebes Tagebuch, kannst du verstehen, warum mir Gott so etwas antut?

MEIN PASTOR GURLAND WIRD VERSETZT!

Hildegard hat mir erzählt, daß er schon zum 1. April wegzieht nach Hildesheim und sie geht mit!
Ich kann es einfach nicht glauben! - Ich werde ihn nie wiedersehen. Nie! Es sei denn, ich hätte Bekannte in Hildesheim, und dann würde ich eines Tages.... bei ihm in der Kirche sitzen ....Er würde komisch gucken, mich fragen, wie es mir geht, was so in Bodenteich los wäre... usw. Ich wäre so froh und glücklich , seine Hand zu halten und mit ihm zu sprechen. Er würde mich zu sich nach Hause einladen zum Essen.
Ach Gott, das sind alles nur Träume und die Wirklichkeit ist, daß ich IHN nur noch 33 Tage in der Nähe habe.
Dann gehe ich nicht mehr in die Kirche, denn keiner predigt so schön wie er.

Dann will ich auch nicht den Bunten Abend machen, und ich quäle mich dann auch nicht weiter mit den blöden Gören beim Kindergottesdienst herum.
Aber zum Niedersachsentreffen wird er vielleicht fahren! Juchhu, es gibt die Möglichkeit auf ein Wiedersehen!
Lieber Gott, hilf mir, das auszuhalten. - Ich habe nur das Lesezeichen als einzige Erinnerung an eine schöne Zeit mit ihm.

Donnerstag, 26.2.59
Blöde Klassenfahrt nach Hamburg. - Zuerst sind wir auf den Flughafen gegangen, wo es mir ganz komisch zumute war, als ich die vielen vornehm gekleideten Menschen mit ihren dicken Pelzmänteln und Brieftaschen herumhetzen sah.
Das ist die wahre große Welt! Wo die wohl hinfliegen, und warum? Wenn ich erwachsen bin, werde ich auch die ganze Welt entdecken und nicht nur in so einem Kaff sitzen wie Mutti.

Wir sind mittags in ein Gasthaus gegangen. Jutta, Lieschen und ich, wir bestellten uns eine Hühnerbrühe mit Ei und glaubten, das sei Eierstich. Da kam in ganz klobigen Suppentassen mit klobigen Löffeln die Suppe an. Auf dem Grund der Plürre lag was Gelbes. Igitt, das war ein rohes wabbeliges Eigelb! Erst wollten wir uns beschweren, aber Herr Böhl sagte, man müsse das Ei kräftig mit der Suppe verrühren. Wir taten es und trauten uns gar nicht, es zu probieren. Aber nachher war's nicht schlecht. Kostete immerhin 1,10 DM.

Dann gings ab ins Theater. "Minna von Barnhelm" im Operettenhaus. Wir hatten ganz schlechte Plätze, Herr Raddatz saß mit seiner Klasse viel weiter vorn. Na, da werden wir wieder einen Aufsatz drüber schreiben müssen. Aber davor habe ich keine Angst.
In der Pause kaufte ich mir ein Eis zu 40, das hier aber 50 Pfennig kostet. Überhaupt kostet hier alles was! Auf Toilette gehen kostet auch 5, 10 oder gar 20 Pfennig und das Händewaschen extra nochmal 20 Pfennig. Ich bin doch nicht meschugge! Ich wasch mir zu Hause auch nicht die Hände.
Als wir nach Hause fuhren, sahen wir noch einmal die glitzernden Lichter der Kaufhäuser und die Alster.
Während der Heimfahrt (2 Std.) spielte der Fahrer immerzu sein Tonband mit Seemannsschnulzen und wenn wir mitsingen wollten, wurde geschimpft. Ortrud unterhielt sich köstlich mit Heinrich, Wolfgang Böhl und ..... man wird es nicht glauben: mit Eckhard Busch! Ich bin sooo eifersüchtig.

Zu Hause lag eine Postkarte vom Konsulat in Athen.

Freitag, 27.2.59

Es ist so warm wie im Sommer! - Nachmittags kam Hildegard zu mir. Sie sagt, daß sie Pastor Gurland erzählt hat, daß ich geweint habe. Das wollte er wohl gar nicht glauben und heute morgen soll er nochmals gefragt haben: Hat Ilse wirklich geweint? - Das freut mich, jetzt wird er sich wohl was denken können. Ist ja sowieso zu spät. Abends war ich mit Hildegard und Frau Meyer, die da arbeitet, zum Passionsgottesdienst.

Er stand auf dem Altar, sprach so schön und sang so herrlich, - da habe ich geheult und konnte gar nicht mehr aufhören. Ich werde ihn nie vergessen!!!

Sonnabend, 28.2.59

Gurlands haben eine kleine Christiane. Na, nun ist ihr Glück ja vollkommen! Ich stehe zehnmal am Tag still , lege den Kopf an die Wand und denke, es ist doch alles nur ein Traum. Ich kann es einfach nicht fassen, daß er dann plötzlich nicht mehr da sein soll.

Vormittags hat Rimke die Bioarbeiten eingetragen. Ich habe als einziges Mädchen eine II. Die Arbeiten selbst will er behalten "als schlagenden Beweis für Abschreibereien". Zum Glück habe ich nicht abgeschrieben.

Abends sind wir mit Apotheker Witte nach Uelzen gefahren zu dem Film "Der achte Wochentag" mit Sonja Ziemann. Vati und Mutti sehen lieber was Lustiges, aber ich mag auch mal gern was zum Nachdenken.

Ich befürchtete schon, daß ich jetzt gar nicht mehr ins Kino kann, wo wir doch den Fernseher haben.

Aber Apotheker Witte läßt sich immer hinfahren und bezahlt dann für uns alle mit, weil er niemanden hat, der sonst mit ihm etwas unternimmt Und das Geld für die Fahrt ist dann noch Vatis Verdienst.

Mittwoch, 11.3.59

Ich habe heute nacht geträumt, ich hätte im Aufsatz über Minna von Barnhelm eine 1, und Schneidewind hätte mich dafür gelobt. Und dann hätte ich ins Klassenbuch geguckt, und da hatte ich in allen Fächern eine 1.

Das letzte stimmte leider nicht, aber der Aufsatz ist ganz prima geworden und Schneidewind hat ihn vorgelesen. - Ich soll jetzt für die Entlassungsfeier der 10A eine Rede halten, die ich mir selber zurechtlegen kann. Sie kann ruhig lustig sein, hat Rektor Warneke gesagt.

Mutti hat meinen Petticoat ganz doll gestärkt und ich habe ihn heute gebügelt. Mensch, der steht jetzt toll!

Donnerstag, 12.3.59

Nachmittags hat Hildegard bei uns geweint, weil die alte Frau Pastor immer an ihr rummeckert. Ach, sie tut mir so leid und gleichzeitig beneide ich sie.

Abends habe ich in der Küche meine Haare gewaschen und wohl etwas Schaum auf den Boden gekleckert. Kurz danach ist Mutti darauf ausgerutscht. Sie war 5 Minuten bewußtlos und hatte ihre Beine ganz verknotet. Sie will Vati nichts davon sagen, damit er nicht mit mir schimpft. Arme Mutti.

Freitag, 13.3.59

Vati hat es doch rausgekriegt. Er hat Mutti sofort zum Durchleuchten ins Krankenhaus gebracht und die haben sie gleich behalten zur Beobachtung.

Bartelt hat in der Klasse mit brennenden Streichhölzern rumgeworfen und meine Bleyle-Jacke angebrannt.
Das muß er bezahlen!

Sonnabend, 14.3.59
Das ist doch ein verdammter Undank! Ich habe so eine lustige Rede gehalten und die Lehrer sind alle beleidigt!
Ich habe zu den Schülern gesprochen, daß sie jetzt ins Leben hinaustreten und daß sie sicher noch lange an die schöne Schulzeit denken werden, als ....

ein schneidiger Wind durch die Flure fegte,(Herr Schneidewind -)
der Raddatzky-Marsch in der Aula gespielt wurde,(Herr Raddatz)
manchmal Böllerschüsse abgelassen wurden, (- Herr Böhl -)
und Thies und Tas in Englisch gelernt (- Herr Thies -)
und in Musik meistens geBalzt wurde. (- Herr Balz)

Und dann noch ein bißchen Bla-Bla für die Seele, ganz ernst, - aber das hat dann alles auch nichts mehr gerettet. Herr Warneke sagte, meine Rede wäre eine Katastrophe gewesen. Der kann ja noch froh sein, daß ich seinen Namen nicht mit unterbringen konnte. - Vati hat die Rede gefallen. Er hat gelacht, als ich ihm das erzählt habe.

Dienstag, 17.3.59
Frl.v.Behr hat Nachricht gekriegt vom Henriettenstift. Wir dürfen kommen, obwohl wir erst 15 sind.
Aber vielleicht werde ich gar nicht können, weil doch Mutti bis dahin sicher noch nicht gehen kann.
Frl.v.Behr ist darum zu Vati gegangen, aber Vati sagte nur:
"Wir können doch das Geschaft nicht einfach zumachen, wovon sollen wir denn leben?"- (Ja,ja, aber dann drohen sie immer, daß sie mich rausschmeißen werden).
Gudrun wird wohl alleine fahren.

Mittwoch, 18.3.59
Juchhu! Mutti kommt morgen schon wieder nach Hause. Sie muß nicht in Gips, das soll so wieder heilen.
Meine Jacke ist schön gestopft worden. Hat nur 1,- Mark gekostet. Zu Bartelt werde ich sagen, daß es 4,50 Mark gekostet hat.

Donnerstag, 19.3.59
Mutti ist wieder da! Sie hat gestern im Krankenhaus Abendmahl in der Kirche genommen. Darüber freue ich mich. Jetzt kann ich doch mit nach Hannover!

Sonnabend, 21.3.59
Tanzstunden-Abschlußball
Bevor ich wegging , war ich erstmal wütend:
Eckhard hatte mich nicht abgeholt, obwohl ich mir das so sehr gewünscht hätte.
Der Petticoat saß nicht und guckte immer unter dem Rock vor.
Dann schimpfte Mutti, daß ich mir einen Pony ins Gesicht gekämmt hatte. Das gefällt ihr nicht.
Ich war froh, als ich endlich aus dem Haus war.

In dem großen Saal waren Tische aufgestellt und einige Gäste waren schon da. Eckhard kam später und zeigte mir dann, wo wir sitzen. Wir waren alle so furchtbar aufgeregt. Dann kamen die Eltern, auch Mutti und Vati.

Ich stellte sie Frau und Herrn Rehm vor, so wie es sich gehört.

Eckhard tanzte dann den ersten Tanz mit mir, danach bestellte er eine Flasche Niersteiner-Wein zu 5,oo DM.

Nach 2 Gläsern war ich benebelt und wurde ganz lustig. Dann gab es Kaffee und Kuchen. Eckhard und ich mußten die Ballzeitung vorlesen. Danach die Polonäse und einige Tanzspiele. Alles funktionierte wie am Schnürchen. Zum Schluß des offiziellen Teils das Gruppenfoto. Und dann konnten wir tanzen wann und mit wem wir wollten. Ich immerzu nur mit Eckhard. Ich hörte wie Mutti zu Vati sagte: "Gott, ist der süß!".

Ja, schick ist er und tanzen kann er!!

Als es uns so heiß war, gingen wir raus, ein wenig frische Luft zu schnappen. Da kam Herr Rehm und schickte uns wieder rein, sonst wäre in 5 Minuten Schluß. -

Was der wohl dachte, was wir da draußen machen...!?

Um 2 Uhr war dieses schöne Fest zu Ende!

Sonntag, 22.3.59

Pastor Gurlands letzte Konfirmation in Bodenteich. Ich mußte unbedingt hin, obwohl mich eine Grippe erwischt hat. - Ich habe es meinen Eltern nicht gesagt, sonst hätte ich nicht gehen dürfen.

Pastor Gurland hat sehr schön gepredigt. - Hinter mir saß eine alte Krähe, die hat nicht gesungen, die hat gegrölt, es war furchtbar! -

Ich schleppte mich nach Hause und würgte mir ein Kotelett runter, dann legte ich mich ins Bett und habe nur noch geschlafen. Mutti sagt, ich hätte mich verkühlt, als ich mit Eckhard im Hof war und Herr Rehm uns wieder reingejagt hat.

Zu allem Unglück habe ich auch noch einen dicken Pickel auf der Nase!

Montag, 23.3.59

Ich habe Fieber und konnte heute unmöglich zur Schule gehen.

Der Pickel ist gewandert und ist jetzt i n der Nase.

Dienstag, 24.3.59

Heute nacht träumte ich, - wie so oft - von Pastor Gurland: Ich lag an seiner Brust und heulte mich aus bei ihm.

Als ich aufwachte, konnte ich mich kaum rühren. Mir taten alle Knochen weh und dann auch noch das Furunkel in der Nase! Gudrun hat mich besucht, sie ist auch erkältet und 6 Jungs fehlen ebenfalls.

Morgen gibt's Zeugnisse. Den Wisch will ich gar nicht haben.

3 Vieren sind doch schrecklich.

Im Fernsehen habe ich einen Film über epileptische Kinder gesehen. Das ist ja ganz traurig. Aber es ist auch eine schöne Aufgabe, in einem Heim für solche Kinder zu sorgen. Gott sei Dank bin ich gesund, was macht denn so ein bißchen Grippe?

Mittwoch, 25.3.59

Als ich heute morgen zur Toilette gehen wollte, wurde mir ganz schwummerig und dann schwarz vor Augen.

Später hat Mutti erzählt, daß ich "ganz weg" war, und sie mich mit Vati in die Stube geschleppt hat. Ich habe gesprochen, aber ich war nicht bei Besinnung. Ich bin noch ziemlich schlapp. -
Lieschen hat mir das Zeugnis gebracht und ist schnell wieder gegangen, weil sie sich nicht anstecken will.
Fast alles Dreier und eine vier in Algebra. Naja, das Herbstzeugnis muß einfach besser werden. Ich werde es mit mehr Anschmeicheln versuchen und öfter den Mund halten. - Und wahrscheinlich muß ich auch noch feste lernen.

Sonnabend, 28.3.59
In der Zeitung stand, daß das VW-Werk jedem einen Fußball schenkt, der 1000 zugelassene Autonummern aufschreibt und einsendet. - Heute vormittag habe ich 20 aufgeschrieben, da fehlen ja noch 980. Mal sehen, wie weit ich komme, aber ich glaube, ich schaffe es nicht.
Vormittags mußte ich die Tankstelle sauber machen, dann habe ich Ostereier gefärbt, Pudding gekocht, mein Zimmer "ostersauber" gemacht. Dann bin ich zum Bahnhof gegangen und habe nach dem Preis für die Fahrkarte nach Hannover gefragt: Ich muß 16,- DM bezahlen und Gudrun nur 8,- weil sie aus einer kinderreichen Familie ist. Das darf ich Vati gar nicht sagen, sonst wird er wieder wütend.

1. Ostertag 1959
Also heute ist ja viel passiert. Angefangen hat es beim Ostereiersuchen: Ich bekam so eine blöde Collegemappe, es stand noch der Preis drin (16,- DM). Mutti sagte noch, daß ich es sagen soll, wenn sie mir nicht gefällt.
Da rutschte mir heraus, daß sie so billig aussieht. Na, da gab es ja wieder mal ein Drama: Mutti weinte und schrie herum, ich sei ein undankbares Geschöpf !
Vati paßt die Weste nicht., die Mutti ihm bei Fenske gekauft hat, auch nicht, wenn er den Bauch einzieht.

Als ich mit Waldi spazieren ging, fand ich eine tote Blaumeise, aber Mutti sagt, es sei zu teuer, sie ausstopfen zu lassen. Ich habe sie unterm Kirschbaum auf unserem Hof beerdigt.

Außerdem fand ich noch einen Zollstock in den Seewiesen. Muß der „Osterhase" dort verloren haben.

Abends wollte ich mit Hildegard ins Kino gehen, aber sie hatte noch nicht fertig abgewaschen. Da habe ich mir einfach ein Handtuch genommen und abgetrocknet. Da trat ein, was ich mir im stillen erhofft hatte: Pastor Gurland!. Er fragte, wie der Film heißt, in den wir gehen wollen. "Ohne dich kann ich nicht leben!". Ich hätte das viel, viel ausdrucksvoller sagen und ihn dabei verträumt ansehen müssen, aber ich bin immer zu aufgeregt, um daran zu denken. So wird er es nie erfahren, wie gern ich ihn habe.
Als er raus war, sagte ich zu Hildegard, daß mein Herz immer noch klopft. Und da meinte sie: "So weit ich gehört habe, gibt es da mehrere, die in ihn verknallt sind."- Da war ich ja eifersüchtig auf alle die ihn mögen.

2. Ostertag 1959
Mutti meinte beim Frühstück: "Deine Fahrt nach Hannover gib man wieder auf. Ich muß ins Krankenhaus."
Sie hat ein Karbunkel am Po und kann schon seit Tagen nicht sitzen und jetzt kann sie gar nicht mehr gehen.

ich habe mich damit abgefunden und bin dann in die Kirche gegangen. Pastor Gurland hat so wunderschön gepredigt, ich habe richtig Trost gefunden in seinen Worten. -
Als ich nach Hause kam, sagte Mutti, daß ich nun doch fahren dürfte, sie würde schon allein zurecht kommen.
Ach, ich war so glücklich, vielleicht hat der liebe Gott gemerkt, daß ich mich Muttis Willen gefügt habe und hat mich nun belohnt dafür. Liebes Tagebuch, du darfst mit nach Hannover.

Henriettenstift , Hannover, - Dienstag, 31.3.59

Also ich kann mir noch kein Urteil bilden über dieses alles hier. Gudrun und ich fuhren um 12.38 in Bodenteich ab, stiegen in Uelzen um in den tollen Eilzug, der um 14.38 in Hannover ankam.

Da stand Schwester Anneliese vom Henriettenstift und sah ganz freundlich aus. Sie hört ein bißchen schlecht, aber das ist gerade lustig, dann hört sie nicht, was wir über sie reden.
Wir fuhren mit dem Bus zum Henriettenstift, das aus mindestens 10 riesigen Häusern besteht. Ich bekam ein Bett in einem Zimmer mit Elke Bender und Gudrun 3 Stockwerke höher. So eine Gemeinheit, uns zu trennen! Der Gemeinschaftsraum ist zwar unten im Keller, aber ganz modern eingerichtet mit zwei verschiedenen Tapeten, einem Gestell aus Bambusstangen, an denen Blumentöpfe aus Messing hängen und einem riesigen Flügel in der Ecke. Aber ich traute mich nicht, gleich mal darauf zu spielen. Wir tranken Kaffee und mußten uns vorstellen. Wir mußten unsere Betten beziehen und dann kam der Rundgang durchs Haus.
Abends gab es ein Mittelding zwischen Knödel und Kartoffelpuffer, hat nicht schlecht geschmeckt. Danach Abendandacht und dann ins Bett.

Mittwoch, 1.4.59
Um 8 Uhr zur Mette, dann Frühstück mit Brötchen und Wurst oder Brot und Butter mit Marmelade.
Dann mußte ich auf Station VIII richtig feste arbeiten: Alle Betten abwaschen mit einer scheußlich stinkenden Desinfektionslösung, Balkone fegen, Fußböden aufwischen und die Betten beziehen. Die Schwester zeigte mir, daß die Bettbezüge alle auf links gedreht sind und so viel einfacher über die Decken rutschen, - und wie man die Bettlaken richtig um die Matratze schlägt
Vor dem Mittagessen war noch Bibelarbeit mit einer Diskussion über den reichen Jüngling. Also, Gott liebt uns, obwohl wir uns in dem Irrtum befinden, daß wir glauben, wir könnten das Geld ins ewige Leben mitnehmen. Darum soll man sich innerlich von irdischen Dingen, die uns fesseln, loslösen. -

Die Senfeier schmeckten gräßlich. Es war wohl Senf vom Winterschlußverkauf und viel zu viel Essig an der Soße. Während der Ruhepause bis 3 Uhr habe ich Karten nach Hause geschrieben und mir ganz blöd am Bett die Strümpfe zerrissen. Ich habe mir ein Paar von Elke geliehen und abends gesehen, daß ich da auch schon 2 Laufmaschen drin habe. Jetzt muß ich 2 Paar neue kaufen.
Nachmittags gingen wir zu Schwester Agnes aus der Friedenskirche Hannover. Bei echtem Bohnenkaffee unterhielten wir uns über die Arbeit einer Gemeindeschwester, sangen ein Liedchen und sahen uns dann die ganz tolle Kirche an. - Beim Abendbrot habe ich ein bißchen Heimweh gehabt. Wie mag es Mutti mit ihrem Furunkel gehen?

Donnerstag, 2.4.59

Wir müssen ganz schön schuften. Aber es ist immer das Gleiche: Morgenmette, Kaffee trinken, Stationsarbeit, Bibelstunde, Mittagessen. Ich habe immerzu Hunger. Heute habe ich feste reingehauen, weil es Kartoffeln mit Grützwurst gab.

Nachmittags fuhren wir mit dem Zug nach Barsinghausen

(2,40 DM mußten w i r bezahlen!) Erst haben wir in einem Altersheim gesungen und sind dann ins Anna-Forcke-Stift gefahren, wo die alten Schwestern untergebracht werden, die krank sind. Das Stift liegt in einem herrlichen Wald mit einem tollen Blick über Barsinghausen. Wir haben unheimlich viel Bucheckern gesammelt und gefuttert.

Beim Abendbrot ist mir etwas Lustiges passiert. Es gab weiche Eier. Ich steckte den Löffel rein und die ganze Schlabbe spritzte auf die Tischdecke. Wir haben uns fast totgelacht. - Wir lachen überhaupt viel bei Tisch und die Schwestern gucken immer ganz bös. Die haben wohl nichts mehr zu lachen.

Auf dem Heimweg zum Henriettenstift sangen wir Wanderlieder, das heißt wir grölten, so laut es ging. Da war ich zum ersten Mal wieder richtig glücklich. Mir ist es bei den Schwestern viel zu ernst. Ich freue mich auf zu Hause.

Freitag, 3.4.59

Heute mußte ich Zellstoff schneiden, und ich legte die Quadrate alle schön auf Kante. Da hat Schwester Martha, die sonst immer ganz streng ist, gesagt: "Hmm, sie schneidet das aber sehr akkurat." Und der junge Arzt, mit dem die anderen Mädchen immer rumflirten, kam vorbei und sagte auch, daß es so ordentlich noch keine vorher gemacht hat. -

Von zu Hause kam ein Päckchen mit einem lieben Brief, 2 Paar Strümpfen, Apfelsinen und Äpfeln. Ich mußte 30 Pfennig Zustellgebühr bezahlen!

In Kirchrode besichtigten wir ein ganz modernes Altersheim für Sieche. Überall mußten wir fromme Lieder singen. Ich bin jetzt mit Peggy befreundet. Die fährt im Sommer nach England. Ihre Eltern bezahlen das.

Ich weiß nicht, ob ich es aushalten werde, ein ganzes Jahr von zu Hause weg zu sein? Mir reicht es ja jetzt schon.

Abends gab es eine harte Diskussion mit Schwester Anneliese. Sie meint, es sei niemanden möglich, sich total von den irdischen Dingen loszulösen und niemand könne sich immer an die 10 Gebote halten, darum würde auch niemand jemals das Ewige Leben erreichen. Dann fragte ich, warum Gott es denn vorschreibt, wenn es doch keiner schaffen würde. In der Bibel steht: "Bei uns ist es unmöglich, aber bei Gott ist es möglich."

Schwester Anneliese versuchte uns zu überzeugen, daß wir es trotzdem versuchen müßten, auch wenn es unmöglich schiene. Das ist ja Unsinn, finde ich. Wir redeten hin und her und fanden kein Ende, bis Schwester Anneliese dann ganz verzweifelt Schluß machte und sagte: "Nun laßt man sein, die Frucht reift weiter."

Keiner hatte von allem etwas verstanden. Ich auch nicht. Ich glaube weiter an meinen lieben Gott, der da oben im Himmel wohnt. - Brunhild, eine ganz blöde Krähe, die keiner mag, hat noch lange im Flur mit dem jungen Pastor diskutiert, nur damit sie ihm imponiert. Ich finde so was schrecklich, wie die sich an den dranmacht!

Sonnabend, 4.4.59

Vati hat heute Geburtstag. Ich habe bei Radio Luxemburg Grüße für ihn bestellt und bin schon ganz gespannt, ob sie das wohl gebracht haben.

Vormittags zum letzten Mal Stationsarbeit, dann Mittagessen. Ich habe mir 5 Schlag Bohnensuppe geholt. Als ich noch was haben wollte, sagte Schwester Anneliese, ich würde dann Bauchschmerzen bekommen. (Abends merkte ich tatsächlich, wie es in mir herumrumorte.)

Wir gingen dann noch in die Marktkirche, die mir nicht besonders gefällt. Danach durften wir einen Stadtbummel machen. Ich war mit Elke, Peggy, Dally und Gudrun zusammen bei Karstadt. Da sind wir mit der Rolltreppe rauf- und mit dem Fahrstuhl wieder runtergefahren oder umgekehrt. Das hat Spaß gemacht.

Danach haben wir uns jeder ein Milchmixgetränk gekauft. Das ist jetzt modern und ich bin froh, daß mir die Milch so schmeckt.

Anschließend waren wir im AKI-Kino. Für 60 Pfennig kann man rein- und rausgehen wann man will. Das war ein toller Nachmittag!

Nach dem Abendbrot (Milchsuppe mit Reis, igitt!) besichtigten wir die Paramentik, wo die Altarbekleidung gewebt und gestickt wird. Mensch, alles mit der Hand! Doll! Das hat mir gut gefallen.

Sonntag, 5.4.69

Kirche - Singen bei der Oberin und bei anderen Schwestern, - Kaßler und wabbeligen Pudding zu mittag, Geburtstagsfeier bei Schwester Maria, die ist aber blöd.

Heute nacht wollen wir die unter uns ärgern. - Mal sehen, was daraus wird.

Montag, 6.4.69

Mensch, war das eine Nacht. Heike kam gestern abend in unser Zimmer zum Reden und wir merkten gar nicht, daß es schon 11 Uhr war. Da mochte Heike nicht mehr runter gehen in ihr Zimmer, weil die Schwestern um die Zeit immer noch Wache auf dem Flur halten. - Wir warteten also bis Mitternacht. Dann zogen wir Drei los zu den anderen. Aber der Fußboden knarrte so furchtbar und wir mußten so lachen, als Heike plötzlich an den Wasserhahn kam und das Wasser lospladderte. Ich habe vor Lachen in den Schlafanzug gemacht. Wir schlichen zurück ins Zimmer und haben uns fast totgelacht. - Plötzlich hörten wir eine Schwester kommen.

Blitzschnell Licht ausgemacht, Heike in den Schrank gesperrt und wir ab unter die Bettdecken. "Sagt mal, ist denn nicht endlich Schluß mit der Toberei auf dem Flur?! Bedenkt, daß hier Schwestern schlafen, die morgen früh um 5 Uhr wieder auf den Beinen sein müssen!" schimpfte Schwester Gertrud und schloß dann leise die Tür. (Das ist der Unterschied zu weltlichen Frauen: Mutti hätte meine Tür vor Wut laut zugeknallt) Mein "Entschuldigung, Schwester Gertrud" hat sie wohl nicht mehr gehört. Ich war froh, daß sie nicht gesehen hatte, daß ich mit meiner Brille(!) im Bett lag. Als Heike aus dem Schrank kroch, verheddderte sie sich im Dunkeln auch noch so blöd mit dem einen Fuß in Elkes Koffergriff, daß sie vor dem Schrank hingeknallt ist und den blechernen Papierkorb, natürlich mit Getöse umgeworfen hat. Vor lauter Schreck sprang sie zu mir unter die Decke. Da blieb sie die ganze Nacht über und ich konnte nicht schlafen, weil sie mich mit ihrem fetten Hintern immer an die kalte Wand gedrängt hat.

Dienstag, 7.4.69

Um 4 Uhr habe ich Heike aus dem Bett geschmissen und gesagt, daß ich sie verpetze, wenn sie nicht endlich verschwinden würde. Wie ein begossener Pudel ist sie abgezogen.

Ich habe mich aber dann noch bei Schwester Gertrud entschuldigt und bei allen anderen bedankt, daß sie uns so schöne Tage bereitet haben.

Wir fuhren mit einem Bummelzug bis Uelzen und dann nach Bodenteich. Ich konnte es gar nicht erwarten, endlich die Wierener Berge wieder zu sehen und dann mit dem Koffer die Bahnhofstraße entlangzugehen, - endlich daheim! - Ich rannte die Treppe hoch und umarmte meine Eltern in der Küche, die ganz überrascht waren, daß ich schon zurück war. Ich habe die ganze Zeit erzählt und langsam stelle ich fest, daß es mir doch ganz gut gefallen hat.

Mittwoch, 8.4.59
Heute sind wir alle nach Uelzen gefahren. Vati hat bei Klappenbach einen neuen Anzug, Sommerhut und eine Weste gekriegt und ich zwei süße Teenager-Kleider von Betty Barclay. Und dann haben wir ohne großes Theater die College-Mappe in eine schicke schwarze umgetauscht.

Donnerstag, 9.4.59
Schulanfang. Ingrid Lehnecke hat die Haare ab, muß aber auch eine Dauerwelle haben, weil ihre Haare so glatt sind. - Nachmittags habe ich heimlich Papis Oberhemden gebügelt, da hat sich Mutti gefreut.

Freitag, 10.4.59
Ich mag mich richtig leiden in den Kleid mit den rosa-weißen Karos.

Sonnabend, 11.4.59
Ich passe jetzt immer gut auf in der Schule. Da machen die Stunden sogar Spaß.

Sonntag, 12.4.59
Nachmittags hatte ich wieder Kindergottesdienst. Es ging ganz gut mit den Kleinen, aber ich glaube, wenn Pastor Gurland nicht mehr da ist, mache ich nicht weiter
Als dann Schluß war, hat er sich von mir verabschiedet, es war furchtbar!
Er stand vor mir, - aber ich habe ihn nicht gesehen.
Er hat mir die Hand gegeben, - aber ich habe sie nicht gespürt.
Er hat mit mir geredet, - aber ich habe ihn nicht gehört.

Frl.v.Behr möchte gern, daß der Mädelkreis ihm zum Abschied etwas schenkt, da ist mir heute die Idee gekommen, daß wir ihm einen Kalender basteln könnten, der immer gilt, und in den er Geburtstage eintragen kann. Mal sehen, vielleicht ist der Gedanke gut.

Montag, 13.4.59
Ach, die Schule macht so einen Spaß, wenn man alles mitkriegt, was die Lehrer erklären. Aber ich fürchte schon, daß die anderen sich aufregen, wenn ich mich plötzlich so stark am Unterricht beteilige. Nachmittags habe ich Hildegard vom Bahnhof abgeholt. Sie war übers Wochenende bei ihren Eltern, und die wollen nicht, daß sie mit nach Hildesheim geht. Sie soll sich nicht weiter in dem Pastorenhaushalt ausnutzen lassen. Sie hat immerzu nur geweint, weil sie meint, Mädchen, die nichts gelernt haben, würden immer ausgenutzt werden.

Dienstag, 14.4.59
Doris hat als einzige bei Böhl eine 6 gekriegt. Ich darf es in diesem Jahr auf keinen Fall so weit kommen lassen, weil mich dieses Zeugnis ein Leben lang verfolgen wird.

Hildegard kam heute nachmittag heulend zu mir. Weil ich wußte, daß sie jetzt meinen Beistand braucht, habe ich kein Englisch gemacht. Schreibe ich morgen von Lieschen ab. - Ausnahmsweise!

Mittwoch, 15.4.59
Erster Spargel! 6 Stangen! Jetzt geht das auch wieder los, daß ich abwechselnd mit Vati morgens ganz früh aufs Feld muß zum Stechen. Aber das sind ja nur 6-8 Wochen.
Nachmittags habe ich in der Bodenteicher Kirche geknipst für den Abschiedskalender. Dann mit Vati nach Uelzen. Ich habe Gesundheitssandalen gekriegt. Die sehen blöd aus!
Außerdem habe ich mir das Buch "Französisch in 30 Tagen" gekauft und werde jetzt abends im Bett lernen. Vielleicht laden mich ja Schäfers mal nach Paris ein. Das sind ganz tolle Weltenbummler, die sich immer von Vati nach Uelzen fahren lassen, wenn sie mal wieder in Bodenteich Heimaturlaub gemacht haben. Ich durfte meistens mitfahren und habe dann englisch mit ihnen gesprochen.

Donnerstag, 15.4.59
Schule macht Spaß! Böhl ist ganz nett zu mir!
Nachmittags die Bodenteicher Friedhofskapelle geknipst, die unter Pastor Gurlands Leitung erbaut wurde.

Freitag, 17.4.59
Mensch, die Bilder sind alle toll geworden! Besonders das von der Kirche und auch von der Friedhofskapelle.
Und die von Hannover werden mich später immer an diese schöne Zeit erinnern.
Morgen gehe ich mit Hildegard in den Film "Wenn die Kraniche ziehen." Pastor Gurland und seine Frau gehen auch und ich habe für uns alle Karten in einer Reihe gekriegt. Ich freue mich. Juhu!!!
Im Mädelkreis haben wir den ganzen Abend nur gedichtet an einem Abschiedslied nach der Melodie "Zogen einst 5 wilde Schwäne..." 20 Strophen! Und den Geburtstagskalender darf ich ganz alleine machen, - die anderen sind sowieso zu faul. - Übrigens, wir haben seit Tagen ganz tolles Frühlingswetter!

Sonnabend, 18.4.59
So ein Mist! Gurlands haben Besuch gekriegt und so mußte ich die Karten zurückgeben. Dafür bin ich aber mit Vati und Mutti nach Uelzen gefahren zum "Indischen Grabmal". War auch ganz prima.

Sonntag, 19.4.59
Nachmittags habe ich nur an dem Kalender gearbeitet. Es war gar nicht so einfach, die dicken Kartonblätter zu schneiden und dabei dachte ich an die Zellstoff-Quadrate im Henriettenstift. Das ist schon wieder 2 Wochen her. Die Zeit vergeht so schnell, - und bald ist er weg.
Abends bin ich dann mit Hildegard zu den "Kranichen" gegangen. Pastor Gurland kam ziemlich spät und kriegte nur noch eine billige Karte in den vorderen Rasiersitz-Reihen. Ich konnte beobachten, daß er sich die ganze Zeit mit seiner Nachbarin unterhalten hat, und war ganz schön eifersüchtig.
Hildegard hat heute von Rolf Gurland, der gerade im Pastorenhaushalt zu Besuch ist, einen Heiratsantrag gekriegt. Wo die doch so dick ist! Chancen hat sie, einfach doll! - Die Bäume blühen wunderschön!

Montag, 20.4.59
Nun ist auch die Abschiedsfeier schon vorbei!

Nachmittags habe ich noch schnell mit Frl.v.Behr einige Sprüche für den Kalender aus der Bibel ausgesucht und die dann mit der Skriptol-Feder unter die Photos geschrieben.

Beim Abendessen kriegte ich vor lauter Aufregung keinen Bissen runter.

Ich durfte ihm den Kalender überreichen mit den Worten "....damit Sie Bodenteich stets in lieber Erinnerung behalten...."

Er sagte: "Oh, darf ich das gleich aufmachen?" - Ich wußte dann nicht, ob ich ihm noch die Hand geben sollte, ich war einfach so unbeholfen und froh, als ich wieder saß. Er packte es aus und ich glaube, er hat sich wohl ehrlich darüber gefreut. Die Jungs haben ihm nichts geschenkt. Finde ich gemein. -

Ich mußte immer lachen, wenn ich seine Schuhe ansah: richtige Elbkähne, und wenn die Hose hochrutschte, konnte ich seine stacheligen Beine sehen.

Wir machten dann noch Bibelarbeit und zum Schluß ein Foto. Ich habe immer ganz ernst geguckt, damit ich nicht wieder so ein versoffenes Gesicht mache wie beim Tanzstunden-Gruppenfoto.

Jutta hat geheult. Ob die etwa auch....? Nein, das kann ich mir nicht vorstellen.

Als Abschluß bekamen alle, die ein Jahr im Mädchen- und Jungenkreis waren, ein Abzeichen zum Anstecken. Ich werde es immer tragen. Und ich werde ihn ganz bestimmt so schnell wie möglich in Hildesheim besuchen.

Dienstag, 21.4.59
Mutti hat mir aus Uelzen Stoff für mein nächstes Sommerkleid mitgebracht, einfaches blaues Strukturleinen, 4m zu 16,- DM. Ich habe schon angefangen und bin so froh, daß ich mir so vieles allein schneidern kann.

Mittwoch, 22.4.59
Wir haben eine Englischarbeit geschrieben und einen Fehler weiß ich schon. Aber mit einer zwei bin ich ja auch noch zufrieden.

Donnerstag, 23.4.59
Juhu, er hat den Fehler übersehen und ich habe eine EINS! Gudrun hat eine drei!
In Handarbeit habe ich das Oberteil vom neuen Kleid fast fertig genäht und zu Hause habe ich den Rock gekräuselt.

Freitag, 24.4.59
Heute habe ich mal versuchsweise so einen Einschlagknoten ins Haar gemacht, wie ich es in der Brigitte gelesen habe. Bartelt hat gerufen:" Da kommt die Brandt, das Bantunegerweib!"

Sonnabend, 25.4.59
Also, ich habe schon die ganze Woche schlechte Laune. Jemine, da kann ich auch nichts zu. Und Mutti schimpft! - Wenn ich später mal Kinder habe und ich merke, daß sie keine Lust haben zum Sprechen, werde ich sie einfach links liegen lassen. Wenn Mutti das zur rechten Zeit mit mir machen würde, wäre ich auch froh.

Sonntag, 26.4.59 (Kantate)
Vormittags war Abschiedspredigt. Erst hat er gepredigt wie sonst. Dann sagte er: "Wenn jemand, der oft in die Kirche geht, mal etwas Schlechtes tut, dann spricht sich das sofort rum, und erst recht, wenn ein Pastor mal etwas falsch macht." - Ich glaube, das war deshalb, weil er mal in der Zeit als die Kapelle gebaut wurde, vergessen hat, ein Brautpaar aufzubieten. - Doris wußte darüber Bescheid und

hat es überall herumerzählt, zu uns und Herrn Raddatz und wer weiß, wem noch alles. Sie sagte, sowas dürfte einem Pastor nicht passieren, und Pastor Gurland sei ein Schaf, und alles so was hat sie erzählt. - Während er das sagte, hatte Doris einen roten Kopf. Da sieht mans ja.

Ganz zum Schluß hat er sich noch bedankt für die freundliche Aufnahme durch die Gemeinde in den vier Jahren. Da fing Marlies Schild an zu flennen und Jutta und Lieschen haben gekichert. Wie gut, daß keiner gesehen hat, mit welcher Mühe ich mir das Weinen verkneifen mußte.

Einmal mußte ich dann doch lachen, und zwar, als er den Inhalt des Klingelbeutels vom letzten Sonntag vorlas: "Für Hermannsburg ist eine Mark gestiftet!" Es ist eine Schande, aber trotzdem lustig. Nachmittags im Kindergottesdienst wurde seine kleine Tochter getauft. Wo er sonst zur Mutter sagt: "Liebe Schwester in Christo...." hat er gesagt: "Liebe Ilse, der heilige Geist hat dich gesegnet...."usw. Das ging mir an die Nieren, als er "Liebe Ilse" sagte. - Ich stellte mir vor, seine Frau wäre tot und er würde mich eines Tages fragen, ob ich seinen Kindern eine liebe Stiefmutter sein würde.... Aber sowas darf man ja nicht denken.

Montag, 27.4.59
In Turnen waren wir auf dem Sportplatz . Plötzlich fing es an zu gießen und wir alle in den Wald rein. Ich habe Ingrid meine Jacke gegeben, damit ihre neue Dauerwelle nicht kaputt geht.

Dienstag, 28.4.59
Ich suche schon seit vorigem Sonnabend mein Buch "Französisch in 30 Tagen". Wo mag das nur geblieben sein ? -
Herr Rimke hat heute bei uns eine Luftpumpe gekauft.

Donnerstag, 30.4.59
Ich habe schon wieder eine Eins in Englisch geschrieben(Gedicht auswendig aufschreiben)

In Handarbeit hatte ich Krach mit Frau Pritzkat: Ich zeigte ihr meinen blauen Rock und sie meinte, der sei zu kurz, ich solle da was ransetzen, damit er länger wird. Diese blöde Kuh, da darf man nicht mal seine eigenen Sachen so machen, wie man es will. - Na, die sollte mich kennenlernen! Ich habe gebockt und gemault und zum Schluß laut geheult. Lieschen hat gekichert, ich hab's genau gesehen.

Ich habe mir für 1,50 DM einen Lippenstift gekauft. Aber der ist auch wieder so dunkel und ich wollte lieber einen hellen. Mist, man kann den nicht umtauschen.
Als ich "Bild" holen ging, begegnete ich Pastor Gurland vor Langwalds Haus. Er hat fast geweint. Abends hat er dann endlich(!) bei uns getankt. Während ich tankte, sang er leise vor sich hin "Alles vorbei, Tom Dooly..."
Na, der hat ja Galgenhumor. Mir war ganz schlecht, als er wieder weg war.

Freitag, 1.5.59
Mutti liegt im Bett und weint. Hoffentlich muß sie nicht schon wieder ins Krankenhaus. - Als ich Mutti ein paar Illustrierten zum Lesen ans Bett bringen wollte, fiel das Französischbuch aus dem Stapel heraus. Mutti sagte, sie wollte sich mal ansehen, in was ich alles meine Nase hineinstecke. - Sie steckt in alles ihre Nase rein, ach, ist nur Spaß.

Abends war Maiball. Eigentlich wollte ich gar nicht gehen, weil ich Angst hatte, daß mich keiner zum Tanzen auffordert. Aber als mir dann bei Brauns Haus eine Katze von rechts nach links über den Weg lief, faßte ich Mut(Kater von links nach Rechts- was Schlecht's, von rechts nach Links- was Flink's)

Wir (Lieschen, Jutta und ich) suchten uns einen Tisch direkt an der Tanzfläche aus und blieben dann noch 5 Tänze lang auf der Toilette. Es ist nämlich ein ganz furchtbares Gefühl, wenn man als einziges Paar auf der Tanzfläche ist.

Danach wurde ich recht oft geholt. Bei Fritz Goldschmitt wollte es erst nicht so richtig gehen mit den Schritten, aber dann meinte er, ich solle mal einfach nur zwei rechts, eins links tanzen, das käme dann hin. Und tatsächlich, es klappte prima. Da hätten wir uns die Tanzschule sparen können.

Ich tanzte auch mit Hansi und mit Hasenkrug, mit Manfred Bottermund und einem Herrn Walbier, der bei Schaper arbeitet.

Eckhard Busch stand draußen und war zu feige, reinzukommen. Oder er hatte keine 2,- DM für den Eintritt.

Als ich mit dem Walbier tanzte, merkte ich schon, daß er anzüglich wurde, dann wollte er mit mir in die Bar gehen und mich nach Hause bringen, aber ich sagte: "Nee, nee, immer schön anständig bleiben!" "Ich bin immer anständig .Also gehen wir jetzt in die Bar?" - Da kam zum Glück Lieschen als rettender Engel und schleppte mich an unseren Tisch. Er hat mich dann nicht wieder aufgefordert und hat sich an Jutta gehalten, die Ärmste!

Um ¾ zwölf hat Manfred gefragt, ob er mich nach Hause bringen darf und ich willigte ein. Es hat furchtbar gegossen und wir gingen ziemlich schnell. Er hat seine Jacke um mich gehängt und seinen Arm in meine Taille gelegt.

Da hatte ich wieder dieses komische Gefühl, das ich nicht beschreiben kann.

Bei Fergels haben wir uns verabschiedet - nur mit Händedruck, schließlich ist er ja verliebt in Elke. Manfred ist so lieb und so sanft, eigentlich so wie ich mir einen Freund wünsche. Er sieht auch nicht schlecht aus, aber er ist nicht viel größer als ich. Im Wesen ist er ganz anders als Eckhard. Viel netter. Ich will jetzt schlafen, gute Nacht.

Sonntag, 3. Mai 59

Himmelhochjauchzend, - zu Tode betrübt! Nur umgekehrt. So war es heute:

Um 3 Uhr kam Hildegard, weil sie einen freien Nachmittag hatte. Als wir in der Stube meine Filmprogramm-Zeitungen angesehen haben, sagte Mutti: Geht lieber an die frische Luft! - Also gingen wir um 10 vor 5 los und kamen um 20 nach 5 schon wieder, weil Hildegard so kaputt war und lieber fernsehen wollte.

Frau Fuchs war mit ihrem kleinen Michael da und der tobte rum, obwohl der Fernseher lief und die beiden Frauen sich unterhielten. - Es war ziemlich Remmidemmi in der Wohnung.

Abends sagte Mutti, ich solle den Abendbrottisch decken, aber Hildegard machte keine Anstalten zu gehen.

Sie wollte wohl mitessen. - Als Vati kam, sagte er: "So, nun man kss kss." Und wollte sie damit nach Hause schicken. Sie hat's kapiert und wir gingen noch schnell in mein Zimmer, die Hefte zurückbringen. Nachher stand sie vor der Küchentür und sagte, daß sie sich gar nicht trauen würde, meinen Eltern noch auf Wiedersehen zu sagen, weil Vati sie wie einen Hund davongescheucht hatte. Ich zuckte nur mit den Schultern, da bat sie mich nur, meine Eltern zu grüßen , und ging.

In der Küche ging dann das Theater los: Wir hätten viel länger spazieren gehen sollen, anstatt hier in der Bude zu hocken, und ob Hildegard nun auch schon von mir beeinflußt wäre, weil sie sich nicht verabschiedet hat.

Ich murmelte leise vor mich hin: "Bald ist sie weg und ihr habt euren Frieden!". Das muß sie aber doch gehört haben, denn da ging es erst richtig los: Sie hätten Hildegard viel lieber als mich und ich

solle man mit ihr tauschen, damit ich wisse, wie schwer es ist, sich mit Arbeit das Leben zu
verdienen!

Als ich in meinem Zimmer die Lotto-Ergebnisse anhörte, kam Mutti in mein Zimmer und schrie:
"Schämst du dich gar nicht? Immer hast du Widerworte, wenn wir was sagen!! Nichts kann man dir
recht machen! Bald fliegste raus!" - Ich habe mich aus dem Haus geschlichen und bin zu Hildegard
gelaufen, um ihr alles zu erzählen. Sie wollte es mir gar nicht glauben, daß Mutti so gemein sein kann.
- Als wir ein bißchen im Dunkeln spazieren gingen, sahen wir Herrn Stellmacher-Schulz in seinem
Garten und er bot uns an, einen schönen Primelstrauß zu pflücken, weil er eine wahre Wiese davon
hat. Das paßte sich gut. Ich kaufte dann noch im Schützenhaus ein Lebkuchenherz für 60 Pfennig mit
der Aufschrift "Aus Liebe!" und hängte später beides über Muttis Bett.
Eben gerade, als ich das geschrieben habe, kam sie ins Zimmer und bedankte sich dafür. Ich mußte ihr
versprechen, daß ich wieder so artig sein würde, wie damals in der Zeit nach dem Hannover-
Aufenthalt
Das schaffe ich nie!

Montag, 4. Mai 59
Mutti hat mir heimlich meine beiden Lippenstifte weggenommen. Die werde ich schon wieder
kriegen. Das Glas Gurken habe ich auch gefunden, was sie versteckt hat, weil ich immer dran nasche.

Dienstag, 5.5.59
Also, das ist ja wirklich ein dolles Ding, was heute passiert ist.
Als ich nachmittags zu Handarbeit in die Klasse kam, sagte ich zu allen: "Also, ich habe meine
Handarbeit seit vorigen Donnerstag nicht einmal ausgepackt, der Rock wird schön verknüllt sein." Ich
hatte ihn in der letzten Stunde einfach in den Beutel gestopft und zu Hause nichts dran gemacht, weil
ich so wütend war wegen der alten Pritzkat. - Ich machte den Beutel auf, und da lag der Rock fein
sauber zusammengelegt drin, und ein Zettel fiel heraus mit Muttis Handschrift: "Lieber länger, aber
enger!" Na, ich machte mir nichts weiter draus und warf den Zettel in den Papierkorb und dann kam
die Überraschung: Ich packte den blauen Stoff aus und da sah ich, daß Mutti den ganzen Rock
aufgetrennt hatte, - alles, - auch die Kräuseln! Da kamen mir die Tränen.
Meine ganze Arbeit war umsonst gewesen! - Ich habe sofort Frau Pritzkat zur Rede gestellt, warum
sie Mutti die Sache von letzter Woche erzählt hat. Aber ihr war das richtig peinlich, denn sie hatte
überhaupt nicht mit Mutti gesprochen. Wie konnte Mutti nur auf so einen Blödsinn gekommen sein?
Ich holte den Zettel wieder aus dem Papierkorb und legte ihn zu Hause in meine Nachttischschublade.
Als ich ihn dann abends hier ins Tagebuch kleben wollte, war er verschwunden. Also die kann ganz
schön hier in meinen Sachen herumschnüffeln. Die liest mein Tagebuch! Sonst hätte sie das nicht
wissen können.
Wenn ich bloß einen sichereren Fleck hätte für mein Tagebuch. Aber die schnüffelt ja überall herum.
Wenn sie von der Sache anfängt, sage ich: Schön, daß du das gemacht hast, ich hätte es sowieso
auftrennen müssen. - Dann ärgert sie sich!

Mittwoch , 6.5.59
Hildegard hat von Frau Meier eine kleine Gitarre bekommen, die aber noch ganz verstimmt ist.

Abends war ich mit Vati und Mutti in dem wunderbaren Film "Es war die erste Liebe!" Mensch, war
der toll, mit Marion Michael und Christian Wolff. Der spielte den Peter, der katholischer Priester
werden wollte, weil er glaubte, am Tode seiner Mutter Schuld zu sein. In den Ferien lernte er Anika

kennen und lieben. Doch Anikas Eltern wollten die beiden auseinanderbringen, weil er ja als katholischer Priester nicht heiraten dürfte. Also fuhr Anika ein paar Tage zu ihrer Tante. Peter war unglücklich. Klaus, ein kleiner Junge, paddelte Peter über den großen See zu Anikas Tante. Während Anika und Peter sich in einer Gartenlaube trafen, wartete Klaus in seinem Boot. Es kam plötzlich ein Unwetter und das Boot trieb hinaus auf den See. Als Peter die Sturmglocken hörte, fiel ihm Klaus ein. Er rannte hinaus, ihn zu suchen. In seiner Verzweiflung kniete er nieder und betete: "Himmlischer Vater, so hilf mir doch. Laß mich nicht ein zweites Mal Schuld sein am Tode eines Menschen!" Als Klaus dann gerettet wurde, wußte Peter, was er zu tun hatte: Noch am gleichen Tage fuhr er zurück ins Seminar. - Mutti redete auf dem Heimweg die ganze Zeit davon, daß man schnell Schuld sein kann am Tod eines anderen Menschen.

Donnerstag, Himmelfahrt 59
Mutti hatte schon seit Montag Spargel im Keller gehütet, weil die Leute alle am Himmelfahrtstag Spargel haben wollen. Da wir nicht an einem Tag mehr ernten können als an anderen auch, heben wir den Spargel in feuchte Tücher eingeschlagen auf und alle sind glücklich, daß sie "frisch gestochenen" Spargel kriegen.
Wir haben heute 50 Pfund verkauft und für uns noch genug dünne Stangen für heute mittag.

Vormittags habe ich an meinem Mistaufsatz gesessen, bis ich richtig ramdüsig war, als ich endlich 3 A-4 Bögen 2-seitig beschrieben hatte. Danach mußte ich unbedingt an die Luft.
Ich bin mit Hildegard nach Schafwedel gefahren an die Zonengrenze. Da stand eine riesige Vatertagsgesellschaft aus Uelzen und auch der Junge von Schittko. Die haben die "ostzonalen" Grenzposten geärgert. Einer von drüben sah ganz nett aus und hat manchmal zu uns rübergelacht , aber der andere war ein richtiger Kommunist und hat keine Miene verzogen.
Nachher sind wir quer über die Felder nach Langenbrügge gefahren. Da standen auch so viele Vatertags-Jünglinge und riefen uns alles Mögliche zu. Ich hatte mich einmal umgesehen und genau in dem Augenblick bin ich über einen Stein gefahren, peng, lag ich in hohem Bogen im Straßengraben! Aber wie! Alle haben gegrölt und ich hätte am liebsten geheult. Auf schnellstem Wege sind wir nach Hause geradelt. Da habe ich mal im Spiegel überprüft, wie das wohl ausgesehen hat mit dem hochgeflogenen Petticoat und darunter mein rosa Schlüpfer. Peinlich! Peinlich!

Freitag, 8.5.59
Heute habe ich meinen Aufsatz abgegeben. Hoffentlich hat sich die Mühe gelohnt.
Ich habe an Willy Brandt nach Berlin gechrieben, daß er mir eine Ansichtskarte schicken soll.
Kann er ruhig machen, wo er doch genauso heißt wie ich.

Auf die Kettenbriefaktion ist nur eine einzige Postkarte gekommen. Monika Synder hat auch nur 2 gekriegt. Vati sagt, das ist nur alles Humbug, und er denkt, daß die Post das anzettelt, damit sie Briefmarken verkaufen.

Sonnabend, 9.5.59
Ich habe im Aufsatz eine Eins und in der Englischarbeit auch , toll! Ich bin richtig stolz.
Naja, in meinem Horoskop stand für heute "Starke Erfolgstendenz."

Montag, 11.5.59
Elke hat ihre Haare ab!

Nachmittags hat einer getankt mit Berliner(!) Kennzeichen. Ich war ganz begeistert, daß einer von so weit her bei uns tankt. Ich sagte ihm, daß er mir mal eine Ansichtskarte mitbringen soll. Er versprach, morgen wieder hier zu tanken.

Dienstag, 12.5.59
Er ist tatsächlich heute wieder gekommen- mit Frau daneben. Aber sie waren beide sehr nett und haben mir gebrannte Nüsse und 2 Ansichtskarten geschenkt. Nett, was? Sie wollten mich gern mitnehmen, aber als ich sagte, ich sei erst 15 , meinte die Frau ganz freundlich: Na, dann hast du das ganze Leben ja noch vor dir.
(Vielleicht hat sie auch "Sie" zu mir gesagt).

Wir haben heute eine Geschichtsarbeit zurückgekriegt(3), eine Geoarbeit geschrieben, morgen gibt es eine Algebra-Arbeit. Zu Hause haben wir einen Aufsatz auf. Wir sollen ein Stimmungsbild beschreiben.
Ich sitze schon die ganze Zeit und grübele und grübele. Beschwipst war ich noch nie. Theaterstimmung hatte ich auch noch nicht. - Wie das war, als ich mal richtig traurig war, kann ich auch nicht mehr genau beschreiben. Mutti weiß auch kein Thema.

Juchhu, liebes Tagebuch, jetzt weiß ich's: Ich schreibe einfach die Stimmung, die ich gerade habe, weil ich kein Stimmungsthema weiß. Also los.
Mittwoch, 13.5.59
Heute morgen habe ich Mutti gesagt, daß sie gestern beim Bettenmachen die Knopfreihe nach oben gelegt hat. Da wurde Mutti ganz komisch. Ich wußte aber nicht warum.
Als ich aus der Schule kam, erklärte sie es mir: Wenn man die Knöpfe unbewußt ans Kopfende macht, bedeutet das, daß jemand stirbt. - Und es ist tatsächlich eingetroffen: Frau Zöllner aus der Sparkasse hat sich gestern vor den Zug geworfen. Schrecklich. Ihre Mutter soll sie so getriezt haben, daß sie so verzweifelt gewesen ist und sich umgebracht hat. Jetzt ist ihr Mann mit dem Kind übriggeblieben und Mutti sagte nur: "Jetzt hat sie ihren Frieden!" Ich wundere mich immer wieder, daß solche Aberglaubens-Geschichten tatsächlich eintreffen.

Donnerstag, 14.5.59
Wir haben die Algebra-Arbeit zurückgekriegt. Dieser Hund hat mir eine 3 gegeben!
Mein blaues Kleid ist fast fertig. Ich muß nur noch einen weißen Kragen nähen.

Und nachmittags ist es passiert: Meine Haare sind ab. Ich habe den gleichen Stufenschnitt wie Conny Froboess. Meine ganze Kopfhaut tut noch weh, weil die Haube zu heiß eingestellt war. Mutti sagt: Wer schön sein will, muß leiden, - und zahlen! 4,80 DM hat der teure Spaß gekostet.

Freitag, 15.5.59
Schneidewind hat gesagt, daß mein Stimmungsaufsatz der beste von allen ist.

Sonnabend, 16.5.59
Erster Ferientag. Anke ist zu Besuch in Bodenteich. Meine Wasserwellen lassen schon nach.

Sonntag, 17.5.59
Heute waren wir bei den Braunschweigern. Ich hatte mein blaues Kleid an. Ich habe es wieder genauso zusammengenäht, wie es vorher war und Mutti hat nichts gemerkt.

Morgen ist Schützenfestanfang.

Montag, 18.5.59
Anke wollte mit mir tanzen gehen, aber ich habe gesagt, daß ich nicht darf. Ich hatte nämlich keine Lust.
Mit Hildegard war ich in dem Film "Helden". Der war blöde.

Dienstag, 19.5.59
Abends ab 5 Uhr zum Schützenfestball mit Gudrun, Jutta, Lieschen und Thora. Ich habe abwechselnd mit Manfred Busch (vom Schuhmacher) und Wolfgang Ramünke (Herings Bruder) getanzt. Ich war mit beiden in der Bar, 3 Glas Sekt, 1 Glas Schnaps haben sie für mich ausgegeben. Hering mag schön eifersüchtig sein, aber ich mag ihn nicht mehr. Ich hasse ihn. Wie konnte ich diesen Hammel bloß mal gernhaben? Jutta und Lieschen haben immer mit Grenzern getanzt. Ich nur paarmal. Aber sonst war es ganz prima! Zuletzt war ich schon dolle müde. Um 2 Uhr war ich zu Hause.

Mittwoch, 20.5.59
Ich durfte heute wieder zum Tanzen, weil Jutta mich abholte. Ich zog mein weißes Kleid an, weil ich dachte, am Damentag würden die alle ihre schickste Kledasche anhaben. Nee, die hatten alle ganz einfache Kleider an, und es waren auch viel zu wenig Männer. Da mußten manchmal zwei Frauen zusammen tanzen. Das finde ich scheußlich. -
Aber ich kann mich nicht beklagen, weil mich die meiste Zeit Manfred Busch aufforderte und danach der Walter Röttger. Also mir war das immer so peinlich, wenn die alle so komisch mit mir tanzten: So eng und dann so mit dem Kopf auf meinem Kopf, und beim Drehen spüre ich immer ein Bein zwischen meinen.
Zum Schluß bin ich am Tisch fast eingeschlafen.

Donnerstag, 21.5.59
Man liebt jemand, hofft, ihn noch einmal zu sehen, und plötzlich merkt man, daß man allein ist, ohne Abschied.
Ich bin schon um 9 Uhr aufgestanden, damit ich nicht verpasse, wenn Pastor Gurland noch einmal bei uns tankt. Ich war noch sehr müde, als ich zur Drogerie ging und sah, daß vor dem Pastorenhaus der Möbelwagen weg war. Ich rannte zurück nach Haus und heulte nur immerzu in mein Kopfkissen. Er wollte doch noch einmal kommen, wenn er die Familie nachholte! Warum ist er einfach weggefahren? Für immer!

Ich habe mit Mutti auf unserem Dachboden Lumpen sortiert zum Verkaufen. Vom Bodenfenster aus konnte ich zum Pastorenhaus hinübersehen und da sah ich, daß das Auto noch dastand und Pastor Gurland und Hildegard feste einräumten. Also hatte ich immer noch die Hoffnung, daß er kommen könnte.... Gegen 12 Uhr fuhr das Auto weg und ich rannte - natürlich unter Muttis Protest - runter ins Contor, aber ich wartete vergebens. Er kam nicht mehr zum Tanken...
Ich fühlte mich so betrogen und verraten. Der Traum meiner ersten Liebe war aus. Ich war aufgewacht.
Das realistische Leben hatte mich wieder, ohne Illusion, ohne Hoffnung. - Aber vergessen werde ich ihn nie.

Nachmittags mußte ich mit Vati und Mutti nach Uelzen. Ich wäre lieber mit meinen Gedanken allein gewesen.

Mutti sollte ein neues Kostüm haben und ich eine Jacke, weil meine an den Ellenbogen schon ganz durchgescheuert ist. Mutti suchte mir bei Wilgrü eine Blaue aus, obwohl ich immerzu sagte, daß mir blau nicht steht. Ich mußte sie aber doch kaufen und nahm mir vor, sie nicht zu tragen. Im Laden hatte Mutti schon geschimpft, weil ich einen Flunsch gezogen habe und zu Hause ging es weiter. Sie kam in mein Zimmer und sagte, daß sie sich auf den Tag freut, wenn ich endlich aus dem Haus bin, weil ich so ein fieses Stück sei. Als ich sie umarmen wollte, hat sie mich auf mein Bett gestoßen und hat die Tür zugeballert. Gott, was soll ich denn bloß machen, um es ihr recht zu machen?

Mutti ist einfach für mich zu alt, körperlich und auch in modischer Richtung. Zufällig hat Herr Kossmann aus Uelzen hier getankt, dem hat sie dann die Jacke wieder mitgegeben ohne vorher noch einmal mit mir zu reden.

Gott sei Dank!

Freitag, 22.5.59

Schulanfang und gleich zwei Enttäuschungen!

Obwohl Schneidewind letzte Woche meinen Stimmungsaufsatz so gelobt hat, habe ich nur eine II gekriegt.

Und dann noch tadelnde Bemerkungen drunter, ich solle meine Gefühle in Zucht halten. So ein Quatsch!

Willy Brandt aus Berlin hat geschrieben, aber sein Sekretär muß meinen Brief wohl falsch verstanden haben. Anstatt eine Ansichtskarte von Berlin zu schicken, hat er mir ein Foto vom Bürgermeister selbst geschickt.

So ein Blödsinn. Was soll ich damit?

In der Geoarbeit habe ich eine II. Donnerwetter, Böhl ist ja wirklich ganz in Ordnung, wenn man lernt.

Aber die Geschichtsarbeit von heute wird sicher eine V werden, weil mein Schummelzettel leider im Mantel an der Garderobe war....

Sonnabend, 23.5.59

Ich habe eine IV, also ohne Schummelzettel ist das eine ganz gute Zensur.

Sonntag, 24.5.59

Letzter Schützenfest-Tag. Nachmittags war noch nichts los. Die ganze Dorfjugend stand draußen, aber keiner ging auf den Saal.

Abends war es dann besser. Als Manfred Busch zum ersten Mal mit mir tanzte, sagte er:

"Guten Abend, mein Schatz."... Aber ich kann mich im Augenblick noch nicht verlieben, höchstens verknallen. - Beim Tanzen hat er mir Koseworte zugeflüstert: "Liebes", "Mein Kleines" und "Ilse, lach mal".

Dann hat er mich an sich gedrückt und ein ganz verliebtes Gesicht gemacht. Als ich danach mit Wolfgang Ramünke tanzte und der mich so ganz eng führte, sagte Manfred : "Laß die Finger weg von meiner Ilse, wenn ich das mache, ist das was andres." - Aber Wolfgang sagte: "Laß sein, Ilse ist meine Frau".

Ich weiß nicht, ob Manfred das dann übel genommen hat, jedenfalls hat er danach nicht mehr mit mir getanzt, d.h. er hat überhaupt nicht mehr getanzt. Irgendwann war er verschwunden. Eigentlich schade, weil ich doch so gern mit ihm in die Bar gegangen wäre.

Das tat ich dann aber mit Wolfgang, allerdings trank ich nur ein Gläschen Jägermeister. Wolfgang Ramünke ist ganz nett. -

Paarmal habe ich mit Bottermunds Bruder getanzt, das ist ein Ekel. Immer wenn wir beim Tanzen angerempelt wurden, hat er die Möglichkeit benutzt, mich "beschützend" an sich zu drücken, aber so feste, daß mir der Busen weh tat. Ich sagte ihm, daß er das sein lassen soll. Aber er lachte nur dämlich. Ich habe mal mit Hasenkrug und mal mit Potlowski getanzt, beides sind Walzerfavouriten. "Pot" hat mich beim 2. Mal so dolle rumgedreht, daß ich fast nicht mehr stehen konnte. - Einmal habe ich auch mit Uwe Stein Rock'n Roll getanzt. Das war mein Tanzstundenfreund bei Lepehls Tanzstunde Der hat schon einen Volkswagen und tankt öfter bei uns., ist schick und nett und etwa 19 Jahre. Den könnte ich mir als Freund vorstellen.

Freitag, 29.5.59
Gestern hatte Ortrud gemeint, wir sollten alle mit dem Fahrrad eine gemeinsame Tour machen, so wie ich es letztes Jahr schon geplant hatte. Wir haben vor, den Rhein entlang zu fahren, Ingrid, Doris, Elke, Ortrud und ich.
Zu Hause habe ich alle Esso-Landkarten in meinem Zimmer ausgebreitet und Pläne geschmiedet.

Abends habe ich Blumen aus Pastors Garten geholt und den Altar in der Kirche geschmückt. Ich war ganz allein. Ich habe mir die Schuhe ausgezogen und mich auf die Altarstufen gesetzt und vor mich hingedöst.
Ich bin viel lieber allein, als mit anderen zusammen.

Sonnabend, 30.5.59
Ich konnte fast nicht schlafen, weil meine Gedanken immerzu bei der Radtour waren. Die Jungs trauen uns das ja nicht zu, nun muß es erst recht und unbedingt etwas werden. Wir wollen es denen schon zeigen, den Schlappschwänzen.
Ortrud hat ihre Eltern schon gefragt. Sie darf (natürlich!). Na, ich sag' noch nichts.

Herr Warneke hat heute gesagt, die ganze Klasse könnte einen "Bunten Abend" organisieren und dann das Geld für die Klassenkasse einkassieren. Die Jungs wollen nicht mitmachen, und die Mädchen nur, wenn wir das Geld unter uns aufteilen. Das wäre ja blöde, wenn die Affen was davon abkriegen, wenn wir die Arbeit haben. - Das ist ja immer schon mein Traum gewesen, so etwas zu machen. Prima!
Mensch, hab ich jetzt viel im Kopf: Die Fahrradtour, der Bunte Abend, das Sommerfest bei der Jugendgruppe und so langsam muß ich mir auch schon Gedanken über unser Klassenabschlußfest machen. Mein Schädel brummt.

Ich habe schon mal die km ausgerechnet und ein Verzeichnis mit Jugendherbergen besorgt. Natürlich wird unsere erste Übernachtung in Hildesheim sein. Ein Punkt ist allerdings fies: Wie sage ich's meinen Eltern?

Sonntag, 31.5.59
Apotheker Witte hat uns wieder alle eingeladen zu einer Spritztour: Zum Teichgut Warenholz. Ich habe brav Kaffee getrunken, dann bin ich abgedüst, weit zu den Fischteichen und ganz allein, richtig schön allein! Ich habe an alle Pläne gedacht und an Pastor Gurland. Ob er wohl auch mal an mich denkt? Morgen schicke ich ihm eine Karte zum Geburtstag.

Auf dem Heimweg haben wir noch in Bokel eine Flasche Wein getrunken. Ich finde das Getue immer so blöd, wenn man erst am Glas schüttelt und riecht und einen kleinen Schluck nimmt und dann garantiert immer aufs Etikett sieht mit den Worten : Ja, das ist ein gutes Tröpfchen! - Ich finde, wenn ich Durst habe, möchte ich das Glas runterkippen, aber dann wird man ja beschwipst.

Dienstag, 2.6.59
Heute nachmittag habe ich nur andeutungsweise gefragt, ob ich wohl mit den anderen die Fahrradtour machen dürfte.... Es besteht gar keine Hoffnung. Geschimpft haben die beiden. So etwas sollte ich mir gleich aus dem Sinn schlagen, das sei viel zu gefährlich. - Pech.

Mittwoch, 3.6.59
Heute hat Pastor Gurland Geburtstag. Ob er sich wohl über die Karte freut?
Vor zwei Jahren ist Oma gestorben.

Donnerstag, 4.6.59
Heute morgen war Herr Raddatz bei uns im Geschäft und hat mit Mutti über die Radtour geredet.
Nachher in der Schule sagte er zu mir: "Betrag dich anständig, dann darfst du vielleicht mit."
Mensch, der Raddatz ist in Ordnung. Doll! Aber eigentlich habe ich jetzt gar keine große Lust mehr, das alles allein zu organisieren. Keiner macht was, außer mir. Für den Bunten Abend ist es genauso. Keiner hat Lust, Aufgaben zu übernehmen. Aber ich werde so lange hinterher sitzen, bis sie spuren!

Freitag, 5.6.59
Ich habe eine Karte von Pastor Gurland gekriegt: "Liebe Ilse! Herzlichen Dank für die guten Wünsche zu meinem Geburtstag. Allmählich haben wir uns gut eingelebt und eingerichtet. Hoffentlich geht es Dir und Deinen Eltern gut. Grüss diese bitte sehr herzlich, ebenso den Mädelkreis, wenn der wieder auflebt. Dein Pastor Gurland." Es ist eine Postkarte mit seiner Kirche drauf. Ich finde sie ausgesprochen blöde. Aber bestimmt werde ich einmal hineingehen.

Mutti hatte natürlich die Karte schon vor mir gelesen und sagte nur vorwurfsvoll:" Kannst du denn gar nicht sein lassen, hinter dem Menschen herzulaufen?!" - Aber ich bin sehr glücklich. Er hat eine wunderschöne Schrift.

Montag, 8.6.59
In Sport nicht mitgemacht, sondern mit Ortrud, Elke und Ingrid über den Bunten Abend gesprochen.
Vielleicht wird es ja doch noch was.

Mittwoch, 10.6.59
Nein, es wird wohl doch nichts.
Ich hatte in den letzten Tagen vom Radio und Fernsehen einige Sketche mitgeschrieben und auf uns umgeändert. Wir werden uns aber nicht einig, wer was spielt.
Ich habe mir einen Lippenweißstift gekauft. Damit kann man tolle Farben hinkriegen.

Donnerstag, 11.6.59
Heute in Handarbeit sollte ich Frau Pritzkat ein Theaterstück vorlesen, was ich für den Bunten Abend umgedichtet habe. Da sagte sie, so was Albernes sei nichts fürs Schützenhaus, ihr Mann würde sofort aufstehen und weggehen. Ach nee, aber wenn der Kulenkamp das spielt, schaltet er wohl auch den Fernseher aus?

Aber die haben ja gar keinen. Kein Wunder. Die leben ja hinterm Mond ohne Fernseher!

In Religion haben wir über die Taufe gesprochen und alle haben gelacht, als ich sagte, daß ich erst mit 5 Jahren getauft wurde. Manfred Bonk hat gespottet, daß es doch gar keine so großen Taufkleidchen gibt. Abends habe ich Mutti ausgehorcht, obwohl ich weiß, daß sie darüber nicht gern spricht. Sie hat ganz lange überlegt und dann sagte sie, daß Vati und Mutti nach dem schlimmen Krieg nichts mehr von der Kirche wissen wollten. Sie waren nach all dem Leid verzweifelt. Und später, als ich dann in die Schule gehen mußte, hätten sie sich doch noch dazu entschlossen. -
Na, Gott sei Dank bin ich überhaupt getauft.

Sonntag, 14.6.59
In der Kirche hat Vikar Schaefer aus Nettelkamp gepredigt, nur 10 Minuten, und dann beim Segen hat die Stimme einen Hopser gemacht, das war ganz lustig.

Abends war ich mit Lieschen im Film "Stefanie". Na, das war ja wieder mal nach meinem Geschmack:
Ein 16jähriges Mädchen verliebt sich in einen 32 jährigen Mann und tut auf ihre naive Art alles, um ihn für sich zu gewinnen. Er sagt ganz zum Schluß, daß er verheiratet ist und sie verspricht ihm trotzdem ewige Treue.
Na, liebes Tagebuch, merkst du etwas?

Montag, 15.6.59
Heute haben wir uns in der Schule gestritten, ob man jeden Tag ins Tagebuch schreiben soll oder nur, wenn man dazu in Stimmung ist. Ursel hat gesagt, daß sie die Seiten rausgerissen hat aus Wut, daß sie einmal in "Heinzi" verliebt war. Ich finde, man muß doch bei irgendjemanden alles abladen können, was einen bewegt.
Auch wenn man später vielleicht über diese Gefühle lachen wird.

Dienstag, 16.6.59
In der Aula war Gedenkfeier wie jedes Jahr zum Tag der deutschen Einheit. Schneidewind hat gesprochen und ich habe geschlafen....

Mittwoch, 17. Juni 1959
Gudrun, Lieschen, Valko und ich mußten am Abend im Schützenhaus jeder 50 Anstecknadeln mit dem Brandenburger Tor verkaufen. Ich habe immer noch 10 Stück. Dafür konnten wir den langweiligen Vortrag "Macht das Tor auf" umsonst anhören. Ich wäre lieber ins Bett gegangen. Was die wohl mit dem Geld machen?
Die Russen lassen doch keinen rüber, auch nicht für Geld.

Donnerstag, 18.6.59
Ich habe in der letzten „Brigitte" eine Adresse gelesen, wo man Auskünfte über ein Jahr in England bekommen kann, und heute einen Brief mit allen meinen Fragen abgeschickt.
Morgen kommt Frl.v.Behr aus ihrem Urlaub zurück. Ich habe ihr aus Pastors Garten Blumen vor die Tür gestellt, und bei der Gelegenheit nochmal kräftig das Erdbeerbeet geplündert.

Freitag, 19.6.59

Mein Zimmer ist umgeräumt! Das Bett steht jetzt vorm Fenster und das Tischchen in der anderen Ecke.

An den Wänden habe ich selbstgemachte Bilder und einige Postkarten aus meiner Sammlung: Den Eiffelturm, das Atomium und...natürlich die Hildesheimer Michaeliskirche. Schade, daß ich im Augenblick niemanden zum Einladen habe.

Sonnabend, 20.6.59

Nachmittags habe ich Frl.v.Behr besucht. Sie schwärmt ja so von Hildesheim! Und Pastors haben es recht gemütlich in der neuen Wohnung. Na, das freut mich. -

Montag, 29.6.59

Seit einigen Tagen ist Horst Bartelt hinter mir her. Im Schreibmaschine-Unterricht hat er mich gekitzelt und da hatte ich seit langem mal wieder dieses komische Gefühl. Vielleicht gehe ich mit Lieschen und Jutta zum Reinstorfer Schützenfest. Das wäre ja toll, wenn ich dann auch mal mit Horst tanzen würde.

Dienstag, 30.6.59

Heute bin ich nun 15 Jahre alt geworden. In der Klasse haben mir alle Mädchen gratuliert und von den Jungs: Werner, Coerlin, Sonnenburg und..... Horst Bartelt. Das hat mich am meisten gefreut. Ich glaube, der hat ein Auge auf mich. Hihi! Als Herr Böhl mir gratuliert hat, habe ich ihm wie wild die Hand geschüttelt, weil wir das vorher so ausgemacht hatten. Der hat vielleicht komisch geguckt, weil er seine Hand zurückhaben wollte.

Nachmittags war ich mit Mutti in Uelzen, um Geburtstagsgeschenke zu kaufen: Knaur's Film- und Fotobuch , "Geschichte der deutschen Literatur" , gelben Stoff für ein neues Kleid.
In Handarbeit machen alle Mädchen das gleiche, aber weil mir der Schnitt nicht gefällt, darf ich eins so machen wie ich es möchte.

Mittwoch, 1.7.59

Weil es an Siebenschläfer geregnet hat, brauchen wir den Regenschirm gar nicht mehr zuzumachen. Es gießt jeden Tag. Erst beten die Bauern um jeden Tropfen Wasser und jetzt kriegen sie das Heu nicht trocken.
Ich könnte nicht Landwirt sein, wo man immer auf die Gunst des Himmels angewiesen ist.

Heinrich Lübke ist Bundespräsident geworden!

Freitag, 3.7.59

Als ich heute die "Bild"-Zeitung holen ging, stand Horst Bartelt nebenan bei Vietmeyer und pfiff mir nach. Ich tat so, als hätte ich es nicht gehört und ging weiter in die andere Richtung, aber so langsam, daß er mir bald folgen konnte. Bei der Polizei sprach er mich tatsächlich an: "Wohin willste? "
"Was hast du davon, wenn du es weißt? "
"Ich will es aber wissen."
"Zu Zaus."
"Aha, du gehst immer um diese Zeit zu Zaus, das habe ich schon mitgekriegt.Warum gehst du denn nicht zum Kiosk, da kaufe ich immer die AZ."

"Denkst du denn, ich laufe dir nach?" - fragte ich und Uwe Gade sagte: "Es laufen dir aber andere nach."

"Das glaube ich aber gar nicht," - meinte ich lachend.

Darauf Horst Bartelt grinsend, daß sein Grübchen zu sehen war: "Schön, daß du das nicht glaubst, aber immerhin 15 Jahre und noch keinen Freund, du bist mir ja so'ne Dirne. Das kann doch nicht so bleiben!Kommst du zum Reinstorfer Schützenfest? "

"Ach, ich glaube nicht. Willst du denn, daß ich komme? "

"Das ist eine dumme Frage, natürlich, ich will ja mit dir tanzen."

Dann mußten wir uns trennen. Schade, daß sie mich nicht noch bis zu Zaus begleitet haben. Aber so ist es auch besser. Mutti darf nichts davon wissen.

Sonnabend, 4.7.56

Mutti hat den ganzen Hals und die Arme voll mit roten Pickeln, die jucken. - Lieber Gott, warum ist Mutti immer krank. Warum kann sie nicht gesund und glücklich sein?

Sonntag, 5.7.59

Mensch, war das ein blöder Tag, sozusagen meine Nachgeburts-tags-feier. Lieschen durfte mit nach Wustrow fahren. Unsere steifen Petticoats haben wir erst nach der Fahrt angezogen, weil sonst die Stärke raus wäre.

In meinem Horoskop stand: Abends gut für innige Zweisamkeit. Davon habe ich nichts gemerkt.

Ich bin mit Lieschen ins Wustrower Schützenhaus gegangen, aber das war so voll und alles nur blöde Dorftroddel. Als Vati und Mutti nur mal schauen kamen, haben wir gesagt, daß wir nach Hause wollen.

Wir haben die Eintrittskarten, die je 2,oo DM gekostet hatten, wieder an andere verkauft und sind dann nach Bodenteich gefahren. Wir haben Lieschen nach Hause gebracht und dann kam das Lustigste zu Hause:

Mutti hatte eine Ratte in der Küche gesehen und schrie. Plötzlich war das Viech weg. Nun haben wir überall herumgesucht, auch Waldi schnüffelte ganz aufgeregt. Nirgends war sie zu sehen. Bevor wir schlafen gegangen sind, hat jeder nochmal genau unter sein Bett geguckt.

Montag, 6.7.59

Heute früh entdeckte Vati sie unter der Badewanne. Er holte das Gewehr und hat sie totgeschossen. Das hat vielleicht geknallt! Ich bin vor Schreck fast aus dem Bett gefallen.

In Schreibmaschine hat Horst zu mir gesagt: "Du bist in Ordnung, mach weiter so." - Baff, das ist ein Kompliment. - Hoffentlich darf ich am Samstag nach Reinstorf zum Tanzen. Lieschen und Jutta dürfen.

Mittwoch, 8.7.59

Mein gelbes Kleid ist fast fertig. Den Zwickel näht mir Frau Pritzkat morgen ein. Hoffentlich ist nicht hitzefrei, denn sonst fällt Handarbeit aus. Es ist eine furchtbare Hitze.

Mutti sagte heute plötzlich: "Na, dein gelbes Kleid willst du wohl am Sonnabend anziehen?"

"Wieso? " fragte ich ganz verdattert.

"Na, ihr wollt doch bestimmt nach Reinstorf zum Schützenfest."

"Woher weißt du das denn? "

"Ach, mein Kind, ihr seid doch jetzt in dem Alter, wo ihr überall hingehen müßt zum Tanzen. Das weiß ich doch."

Na, ich wundere mich immer wieder über Muttis 7. Sinn. Ich denke, daß ich nun wohl darf.

Donnerstag, 9.7.59
Horst Bartelt hat heute Geburtstag. Ich habe ihm in der großen Pause gratuliert und er hat so schelmisch gelacht!
- Abends bin ich mit Lieschen und Waldi spazieren gegangen, da trafen wir Frl.v.Behr.
Und sie sagte, - ich kann es kaum glauben! - daß Pastor Gurland nach Bodenteich kommt zu Besuch!!
Ich hatte mich so gefreut und mein Herz klopfte, und Lieschen sagte später, daß ich ganz rot geworden bin.
Ich bin so glücklich. In meinem Jahreshoroskop steht vom 29.Juli bis 1. August: Gute Zusammenarbeit mit Zwillingen! Hoffentlich kommt er in dieser Zeit.

In der Nacht vom 11.zum 12.7.1959
Mensch, war das Schützenfest in Reinstorf toll! Vati brachte uns (Lieschen, Jutta und mich) hin.
Erst gingen wir noch ein bißchen spazieren, aber von Horst war keine Spur. Schiete.
Um 19 Uhr gingen wir in die Scheune, 2,50 DM Eintritt ist ganz schön teuer für so ein kleines Kaff!
Als ich einige Male mit einem der Bauerntrampel getanzt hatte, sagte Lieschen plötzlich: "Guck mal , im Eingang!" - Da stand er - Horst Bartelt! - Ich tanzte den ganzen Abend abwechselnd mit Horst oder mit Uwe Gade, und ab und zu auch mal mit anderen, die ich nicht kannte. Aber keiner tanzt so gut wie Horst Bartelt.
Besonders Rockn'Roll kann er prima tanzen. - Es war herrlich. Er hat auch ein Glas Sekt spendiert und dann haben wir ganz witzig getanzt: Eng, Kopf an Kopf, - er konnte genau im Takt mit den Schultern wippen, und manchmal hat er ganz lustige Sachen gesagt. -
Als wir uns draußen abkühlen wollten, sahen wir Vatis Auto, aber von Vati keine Spur. Von nun an fühlte ich mich beobachtet und war traurig, denn es hätte mit uns beiden ganz romantisch werden können.

Vati ließ sich nicht blicken, vielleicht hatte er sich irgendwo versteckt, um uns zu beobachten. Erst um 3 Uhr kam er an unseren Tisch und sagte, daß nun langsam Schluß gemacht werden müßte. Um 4 Uhr war ich im Bett. Es war wunderschön. Ob ich Horst Bartelt auch noch im nächsten Jahr um diese Zeit gern habe?

Sonntag, 12.7.59
Bis 10 Uhr geschlafen. - Bin ja ganz zappelig, wenn ich an gestern denke. Juchjuch! -
Nachmittags bin ich mit Lieschen und Jutta wieder in Richtung Reinstorf spaziert. Wir wollten per Anhalter hinkommen, aber alle, die vorbeifuhren, winkten nur zurück, wenn wir die Hand ausstreckten.
Kurz vor Reinstorf nahm uns einer mit. Der meinte dann, so hübsche junge Mädchen sollten lieber vorsichtiger sein und nicht zu fremden Männern ins Auto steigen. - Wir haben Horst Bartelt getroffen und Spaß mit ihm gemacht.
Bin gespannt, wann das Gerücht in Bodenteich angelangt ist, daß wir uns mit Horst auf dem Schützenplatz herumgetrieben haben.

Montag, 13.7.59
In Turnen sind wir in die Badeanstalt gegangen. Horst war immer neben mir. - Als Ursel fragte, wie es denn gewesen sei, habe ich gesagt, daß es ganz doof war, weil ich fast gar nicht getanzt habe. Ich mag nicht gern über so etwas reden.

Dienstag, 14.7.59

Horst flittert mit Gudrun rum und mit Ursel. Ich glaube, der will mich eifersüchtig machen.
- Nachmittags hat Vati wieder das Ehepaar Schaefer nach Uelzen zum Bahnhof gebracht. Die fahren mit dem Zug nach Hamburg und von da mit dem Flugzeug nach Amerika. Die haben ein Leben! Aber das zeigt, daß man auch was werden kann, wenn man in dem kleinen Kaff Bodenteich geboren ist. -

Morgen fangen die Ferien an. Ich habe gar keine Ferienstimmung. Alle fahren weg, nur ich bleibe allein zu Hause. - Später werde ich alles Geld zusammensparen und in die weite Welt hinausreisen. Aber das ist noch lange hin.

Mittwoch, 15.7.59

In der letzten Erdkundestunde hat mich Schneidewind rausgeschmissen, weil ich mit Lieschen geflüstert habe.
Der blöde Hund wird mich auch nicht mehr lange ärgern! -
Ferien! - Ich habe heute bei Wahlen gefragt, ob sie noch Leute zum Kirschen pflücken brauchen, aber sie haben genug. Ich hätte mir gern ein bißchen dazuverdient.

Donnerstag, 16.7.59

Das war aufregend! Ich war auf dem Feld, um Suppengrün zu holen, und hörte plötzlich wie auf der Langenbrügger Straße ganz lange ein Auto hupt. Da sah ich, daß auf dem Heuwagen nebenan eine große Stichflamme hochkam. Oh Gott, was sollte ich tun? Ich sprang aufs Fahrrad und raste ins Dorf. Zwei Männern rief ich zu: " Sehen Sie doch, da hinten brennt es! " - Dann fuhr ich nach Hause, rief Vati und Mutti, die telefonierten zur Feuerwehr und dann fuhren wir alle gemeinsam aufs Feld. Inzwischen war alles ausgebrannt.
Die Frauen schnatterten und die Männer waren damit beschäftigt, den schweren Wagen umzukippen, damit sie die verkohlten Überreste ausbreiten konnten. Es stank furchtbar, besonders die angebrannten Gummireifen.
Ich dachte mir nur, wie schlimm muß es sein, wenn einem Haus und Hof verbrennt, wenn schon dieser kleine Heuwagen so viel Umtriebe macht.

Freitag, 17.7.59

Heute habe ich mit Mutti den Balkon umgeräumt, alles gefegt und geschrubbt und eine schöne Tischdecke aufgelegt. Das Essen schmeckt viel besser, wenn es so schön gemütlich ist.
Ich habe mit Mutti beschlossen, daß sie in der nächsten Woche "zu mir zu Besuch kommt", d.h. daß ich den gesamten Haushalt übernehme und sie vormittags spazieren gehen oder lesen kann und morgens länger schlafen. - Ich habe mir schon einen richtigen Einkaufs- und Essensplan gemacht.

Sonnabend, 18.7.59

Abends bin ich mit Lieschen in den Film "Christine" gegangen. Als wir die Karten lösten, fragte Herr Fergel:"Schon 16?" - Lieschen sagte prompt "Klar!" - Ich hatte solche Angst, weil ich wußte, daß er schonmal während der Vorstellung jüngere rausgeholt hat. Immer, wenn das Licht anging, haben wir uns klein gemacht, aber eigentlich war der Film gar nicht heikel!

Montag, 20.7.59

Obwohl heute ja mein erster "Haushaltstag" ist, bin ich erst um halb neun aufgestanden. Also gab es etwas später Frühstück mit frischen Brötchen vom Bäcker. Danach ist Mutti mit Waldi aufs Feld gegangen, aber nur zum Ausruhen. Vati hat ihr verboten, etwas zu arbeiten.

Ich habe Geröstete Grießsuppe gemacht, Bratkartoffeln mit Buletten und einen Gurken-Mohrrüben-Salat.

Mutti und Vati waren ganz begeistert.

Abends habe ich dann auf dem Balkon die Bowle serviert, die ich schon seit gestern bei mir im Schrank stehen hatte, damit die Ananas gut durchzieht. Dazu hatte ich schön dekorierte Brote gemacht, sogar Vati hat es gewürdigt.

Dienstag, 21.7.59

Heute kam der Esso-Tankwagen zum Auffüllen. Die haben immer so schicke Männer als Fahrer. Es gefällt mir nur nicht, daß die das ganze Fahrerhaus mit Frauen im Badeanzug zugeklebt haben. Wo der doch sicher an die 60 Jahre alt ist! - Mutti sagte darauf: "Alter schützt vor Torheit nicht! "

Mittwoch, 22.7.59

Als ich heute mit Lieschen spazieren war, hatten uns zwei Grenzer in Uniform auf dem Kieker. Wir wechselten absichtlich mehrere Male die Straßenseite, aber die kamen immer hinterher. Dann stellten wir uns beim Mühlenteich ans Geländer und sahen den Schwänen zu. - Prompt stellt sich der erste rechts von Lieschen und der zweite links von mir und mir rutschte es heraus: Oh, jetzt wird's gefährlich! - Sie wollten uns nun aushorchen nach dem Namen und wo wir wohnen. Da sagte ich, daß wir hier nur zu Besuch sind. - Lieschen sagte: "Ja, wenn die Semesterferien zu Ende sind, fahren wir wieder nach Hause. "

"Aha, ihr studiert also noch? Was denn?"- fragte der eine und ich sagte: "Die Einwirkung der radioaktiven Sonnenstrahlen auf das Geschlechtsleben der Kieselsteine!" Das hatte ich heute morgen gerade im Radio gehört und auswendig gelernt. Da war er baff.

Wir sind dann schnell auf Umwegen nach Haus gegangen, damit es bloß kein Gerede im Dorf gibt!

Donnerstag, 23.7.59

Weil mein rotes Kleid bei der letzten Wäsche 4 cm eingelaufen ist, habe ich heute roten Stoff gekauft, damit ich einen Saum rannähen kann. Das ist gar nicht so leicht, weil es ein Tellerrock ist. Aber ich krieg das schon hin.

Freitag, 25.7.59

Als ich noch im Bett lag, hörte ich Mutti ganz aufgeregt auf der Straße mit Frl. Hitawski sprechen, gleich darauf trötete Herr Schlefereit zu Frau Fenske: "Haben Sie schon gehört von Dr. Stockmann?" - Sie darauf: "Ja, das ist ja schrecklich!" - Ich sprang aus dem Bett und rannte auf die Straße und fragte Mutti, was denn passiert sei.

Dr. Stockmann ist tot. Mutti meint, er sei betrunken an einen Baum gerast. - Ich kann's nicht glauben: gestern habe ich ihn noch gesehen, heute ist er tot!

Hinterher hörte ich Herrn Schlefereit noch laut in seinem Ostpreußen-Dialekt die Neuigkeit verbreiten.

Frau Pritzkat, die auch aus Ostpreußen ist, hat mal in der Handarbeitsstunde zu uns gesagt, daß es für ihre Ohren wie Musik klingt und sie sich nichts sehnlicher wünscht, als wieder in ihre Heimat zurückzukommen. -

Mutti geht der Hut hoch, wenn sie die Sprache von den Flichtlingen hört.

Ich habe Frl.v.Behr gefragt, ob ER bald kommt.- "Ja, Montag!" - Oh, mein Gott, Montag schon. Wie ich mich auf diesen Tag freuen! - Wenn er dann nicht bei uns tankt, ist es aus! - Oder verzeiht die Liebe alles?

Sonntag, 26.7.59
Vormittags in der Kirche. Ich mag ja nicht wenn Pastor Fabig predigt, aber ich will Mutti beweisen, daß ich nicht allein wegen Pastor Gurland in die Kirche gegangen bin (obwohl es stimmt).

Nachmittags sind wir wieder mit Apotheker Witte herumkutschiert. Erst nach Schnackenburg. Das ist ein süßer Ort an der Elbe. Wir sind nur 5 Minuten herumspaziert. Im Gasthaus mußte ich mich dann auf Muttis Bitten und Flehen ans Klavier setzen und den Kaiserwalzer spielen. Erst ist es mir immer peinlich, wenn alle gucken, aber wenn es gut geht, bin ich ganz schön stolz.

Morgen kommt Pastor Gurland ! Hoffentlich kann ich schlafen.

Montag, 27.7.59
ER ist nicht zum Tanken gekommen!
Ich bin ganz früh aufgestanden, weil ich es vor Lampenfieber nicht mehr aushielt im Bett.
Ich habe die Straße gefegt und jedem Auto nachgesehen.
Ich bin am Pfarrweg vorbeigerast, doch sein Auto stand nicht vor dem Pastorenhaus.
Ich fragte mich immer wieder: Warum bin ich so verrückt nach ihm? Es ist doch so sinnlos!
Er ist verheiratet, hat 3 Kinder, und er macht sich überhaupt nichts aus mir!!
Aber er ist ein guter Mensch, er ist nett zu mir, er ist klug, er kann gut predigen.
Nachmittags um 5 Uhr hörte ich auf, die Autos anzustarren und setzte mich vor den Fernseher.
Ich wollte nicht mehr an ihn denken.

Als ich abends mit Lieschen am Pfarrweg vorbeiging, rief Frl.v.Behr aus ihrem Fenster, daß sie Photos vom Abschiedsabend für uns habe. Wir rasten hoch zu ihr und sie sagte gleich, daß er sehr in Eile gewesen sei und uns alle schön grüßen läßt. Also, ich verzeihe ihm alles.
Wer das liest, mag denken, ich sei albern und sentimental.
Wer das denkt, ist doof.
Wer so doof ist, darf nicht weiterlesen und soll sich begraben lassen. So! (außer Mutti).

Sonnabend, 1.8.59
Vormittags habe ich Omas Grab schön saubergemacht und Blumen gepflanzt.
Ich will mal nicht, daß man mein Grab pflegt. Die sollen lieb zu mir sein, so lange ich lebe.

Abends war Tanz im Schützenhaus. Mutti sagte, ich solle doch auch mal zu Hause bleiben. Aber Lieschen , Doris und Elke drängten so lange, bis ich dann auch mit hineinging, immerhin 2,50 DM Eintritt!
Um Mitternacht, als die Kasse zu war, kam Horst Bartelt! Und stell dir vor, liebes Tagebuch, er hat mich als Einzige von den Mädchen geholt. Mensch, war ich froh!
Wolfgang Ramünke hat 2 Jägermeister ausgegeben und wollte Brüderschaft mit mir trinken. Ich tat so, als wüßte ich nicht, was das bedeutet. Da hat er mir's erzählt. Hihihi! Aber ich war dann doch zu feige, es zu tun. Horst saß die meiste Zeit neben mir, aber Wolfgang Ramünke hat mich den halben Weg nach Hause gebracht.

Wir waren ganz brav! - Es ist drei Uhr und ich kann noch nicht schlafen.

Montag, 3.8.59
Heute ist Mutti 57 Jahre alt geworden. Ich habe in der Stube einen schönen Frühstückstisch gedeckt und die Geschenke aufgestellt(Mouson-Seife, Strümpfe, elektrische Kaffeemühle, Wiesenblumen). Mutti hat vor Freude geweint.

Abends kam Anke und brachte Mutti 3 Nelken mit, ganz aus Zufall! - Ich möchte Anke so gern mal besuchen, aber ich mag nicht fragen.

Wir gingen auf den Sportplatz, wo eine Berliner Jugendgruppe zeltet. Wir durften uns dazu setzen und mitsingen. Plötzlich tippte mich einer auf die Schulter: Horst Bartelt! Er setzte sich 2m entfernt von uns und redete mit einem kleinen Jungen. Der sagte, er sei 15. Da sagte Horst:" Dann bist du genauso alt, wie das hübsche Mädchen da" und deutete auf mich. Der Junge fragte: "Ist das deine Freundin?" - "Nee!" sagte Horst.

"Wie heißt denn deine Freundin?" fragte der Junge und Dieter Linde sagte ganz schnell "Anni!" , aber da meinte Horst "Ach, Anni, diese Zicke!" - und Dieter Linde sagte: "Na,komm,komm, erst gibst du an mit ihr und jetzt ist sie 'ne Zicke!" - "Ja, meine Freundin heißt anders." - Mehr hat er nicht gesagt, aber er ist etwas näher zu mir hingerutscht.
Vielleicht gehen wir zum "Lustigen Sonntag" nach Reinstorf.

Mittwoch, 5.8.59
Ich habe den ganzen Vormittag geplättet und dann habe ich mir ein Herz gefaßt und Mutti gefragt, ob ich nicht mal zu Anke nach Lüneburg darf. Aber Mutti ist ja nicht von ihrer Ansicht abzubringen, daß Anke nur die "Kerls"(furchtbares Wort) im Kopf hat und Lüneburg ein gefährliches Pflaster ist. .
Es ist schrecklich! Hoffentlich werde ich meine Kinder später besser verstehen! Ich verstehe ja, daß Mutti Angst um mich hat, aber wovor denn? Ich möchte doch nur die Stadt kennenlernen und mit Anke bummeln gehen. Und wenn wir wirklich tanzen gehen und es erbarmt sich einer einen Abend meiner, mehr als küssen kann er mich auch nicht. Und geküßt sind schon alle Mädchen aus unserer Klasse (außer Jutta!) Vergewaltigen wird mich schon keiner. So'n Quatsch, schließlich bin ich erst oder schon 15 Jahre alt! Naja, Mutti kann nichts dazu, daß sie so ist.

Freitag, 7.8.59
Ich habe Hannelore Zaus gefragt, wer die Ansichtskarten macht, die sie verkauft. Sie sagt, da kommt ein Vertreter, aber der knipst die Fotos auch nicht selbst. - Ich zeigte ihr mein Bild von der Kirche und sie meinte auch, daß das ein gutes Motiv für eine Postkarte wäre. Vielleicht kann ich damit Geld verdienen und dann steht überall mein Name drauf. Toi,toi, toi, sie will sich mal erkundigen.

Sonnabend, 8.8.59
Jetzt habe ich schon wieder eine neue Aufgabe mit den Postkarten-Fotos. Ich habe mir heute mal die Napoleon-Brücke angesehen, die sieht ja toll aus mit einem richtigen romantischen Rundbogen. Wenn man drüber geht, kriegt man da gar nichts von mit, welch ein Schatz sich da unter den Füßen befindet. Ich will versuchen, die Brücke im Abendlicht zu knipsen und den Burghof im Morgengrauen. Die Postkartenknilche fotografieren nämlich immer nur die Burg von vorn, und gerade der Hof ist ja so romantisch.

Sonntag, 9.8.59

Heute hat ein Pastor Finkbein von irgendwoher bei uns gepredigt, ein sehr alter Herr mit grauen Haaren und einer tiefen lauten Stimme. Aber die Predigt war langweilig. Ich glaube solche Wanderpastoren geben sich keine große Mühe, denn es kennt sie ja doch niemand.

Nach dem Gottesdienst bin ich noch schnell in die Burg gelaufen, habe einige Fotos gemacht und dann zum Kriegerdenkmal. Ich kann mir vorstellen, daß das im Rauhreif ganz romantisch wäre... So ein Quatsch, mitten im Sommer an Rauhreif zu denken! -

Meine neue Uhr ist kaputt! Ich glaube, ich bin wirklich zu blusterig, wie Vati immer sagt. Alles, was ich anfasse geht kaputt: Der Belichtungsmesser, die Phototasche, mein Kabel fürs Rad-Rücklicht und nun die Uhr.

Montag, 10.8.59

Ich mußte den ganzen Nachmittag Birnen schälen zum Einmachen.

Mittwoch, 12.8.59

Onkel Albert und Tante Else haben mich eingeladen für eine Woche. Heute kam die Postkarte und ich habe gleich gepackt. Ich freue mich so sehr darüber! Bloß raus! Raus aus diesem Kaff!!

Braunschweig, Donnerstag, 13.8.59

Den ganzen Vormittag Reisefieber gehabt. 15.10 gings los mit dem Eilzug nach Braunschweig. Tante Else und Astrid holten mich ab. Tante Marie aus Hannover ist auch hier. -

Freitag, 14.8.59

Nach dem Frühstück bin ich mit Astrid den langen Weg nach den Voigtländer-Werken gegangen, um zu fragen, ob die den Photoapparat reparieren können. Nein, wir müssen ihn nach Hannover schicken. So was Blödes!

Es war ganz schön aufregend, vor so einem großen Werk zu stehen und dann mit dem Pförtner zu reden. Muß interessant sein, da zu arbeiten. Aber ich glaube mit Photographieren hat das gar nichts mehr zu tun.

Mittags gab es Eiermakkaroni mit Tomatensoße. Igitt, die Nudeln waren so pampig, mir kam's beinahe hoch!

Sonnabend, 15.8.59

Wir sind heute alle in die Innenstadt zum Einkaufen gefahren. Ich war dann auch gleich beim Friseur.

An der Kasse fragte mich die Frau, wie alt ich bin. Instinktiv sagte ich "14!" und sie sagte: "Dann brauchen Sie (!) nur 1,20 DM bezahlen fürs Schneiden". Das finde ich ja prima! -

Mittags gab es saure Heringe und Pellkartoffeln. Hat ganz gut geschmeckt.

Dann haben wir Canasta gespielt. Immer wenn Astrid einen Witz macht oder etwas, was sie nicht darf, sagt Tante Else zu ihr:" Na, das haste wohl von Ilse gelernt?!" - Ich finde das richtig gemein, das alles Schlechte von mir ist und ihr Gör ist das Klügste von ganz Niedersachsen. -

Abends waren wir im Film "Alle Tage ist kein Sonntag." Mit dem Donkosaken-Chor. In Braunschweig darf man abends erst ab 16 rein. - Na, das ist ja ganz lustig: In der Straßenbahn bin ich 13, beim Friseur 14, in Wirklichkeit 15 und im Kino 16!

Obwohl es ein riesengroßer Unterschied ist: Chris Barber und die Donkosaken könnte ich stundenlang hören.

Sonntag, 16.8.59

Tante Else und Onkel Albert waren im Harz und ich saß mit Astrid allein zu Hause. Weil es so kalt und regnerisch war, konnten wir auch nicht raus. Das war langweilig, weil die keinen Fernsehapparat haben. Tante Else hat gesagt, sie wären schließlich nicht so reich wie wir.

Dienstag, 18.8.59

Das war ein prima Tag! Wir sind wieder mit dem Bus in die Innenstadt gefahren.
Erstmal haben wir in Hertie's Erfrischungsraum zu Mittag gegessen, Tante Else hatte Fisch und Salat für 1,24 DM, Astrid und ich Riesenbockwurst mit Salat und Eis für 2,oo DM.
"Mutter und Tochter " sind zur Oma gefahren und ich durfte bis 5 Uhr allein herumlaufen. Bei Karstadt habe ich für Vati einen Kalender mit Hunden gekauft. Aber 5 Minuten später habe ich es bereut, weil wir ja von der ESSO genug Kalender kriegen. Ich ging also zur Verkäuferin und sagte, daß ich die 3 Mark zurückhaben wollte. Sie sagte, das könnte ich nicht, ich könnte nur etwas anderes dafür kaufen. - Der Krähe habe ich aber erstmal die Leviten gelesen und fragte dann nach dem Geschäftsführer. "Was, der ist im Urlaub? Dann möchte ich den Vertreter sprechen!" habe ich gesagt und sie hat mich dann mit bissigem Gesicht zur Kasse geführt. Die Frau da war ganz nett und hat mir sofort mein Geld zurückgegeben. Als Dank habe ich dann ein Hundebuch gekauft für 3.75 DM.
Für Mutti habe ich eine Blumenspinne gekauft, die man in die Vase steckt, damit die Blumen nicht umfallen.

Als ich an der Katharinenkirche vorbeiging, las ich auf einem Schild, daß die Kirche zur stillen Andacht geöffnet ist. - Ich bin reingegangen und habe eine ganze Weile gebetet und war ganz glücklich über den schönen Tag.

Mittwoch, 19.8.59

So, dieses schreibe ich schon wieder in meinem eigenen Bett.
Heute vormittag war ich mit Astrid im Braunschweiger Stadtbad. Es war furchtbar voll. Weil wir mit der Kinderkarte reingekommen sind (25 Pfennig) durften wir uns nur in der Sammelkabine umziehen. Da standen auch erwachsene Frauen drin, ganz nackt, und haben sich abgetrocknet. Zum Glück hatte ich mein großes Badetuch mit! -
Zu Hause zeigte ich Tante Else wie man saure Kartoffeln macht. Mir wurde schon ganz heimwehig, weil es nach "Zuhause" schmeckte.
Abends brachte mich Onkel Albert zum Bahnhof und um 21.oo Uhr war ich in Bodenteich. Ich war ganz enttäuscht, daß mich niemand abholte. Aber Vati mußte nach Uelzen fahren, da konnte Mutti nicht weg.
Das war eine schöne Zeit und ich hatte viel zu erzählen.

Donnerstag, 20.8.59

Die Schule fing gleich mit einer V in Deutsch an. Jetzt kriege ich keine II mehr im Zeugnis.
Nach dem Mittagessen habe ich Muttis neuen Star-Mix-Apparat ausprobiert. Da kann man die Äpfel mit Schale und Kerngehäuse zu ganz prima Apfelmus pürieren. Toll!

Freitag, 21.8.59

Rektor Warneke will sich mal erkundigen über die Möglichkeit, als Kindermädchen nach England zu gehen.
Er sagt, das sei das Vernünftigste, was ich machen könnte. Na, also!

Sonnabend, 22.8.59

Viele Bilder von dem Braunschweig-Film sind nichts geworden. Vati schimpft sonst immer, wenn ich so viel herumexperimentiere, weil es so teuer ist. Als ich das "Zwillingsbild" von Astrid gezeigt habe, war er doch ganz erstaunt und fragte, wie ich auf die Idee gekommen sei, zweimal zu belichten ohne weiterzudrehen.

Abends waren wir im Film "Wir Wunderkinder". War schön!

Freitag, 28.8.59

Heute war die Berufsberaterin in der Schule.
1. Zugsekretärinnen bekommen zu wenig Geld.
2. Das Arbeitsamt kann nach England erst ab 18 Jahre vermitteln.
3. Zur Höheren Handelsschule in Uelzen muß man eine Prüfung machen.

Abends war Mädelkreis mit den Konfirmanden von diesem Jahr. Wir haben mindestens 20 Einladungen verschickt, aber gekommen sind nur Regine Lühmann und Monika Tölke.

Sonnabend, 29.8.59

Das war wieder mal ein Tag! - Muttis Hände sehen wieder schlimm aus: Alles voll Bläschen und Risse bis über die Handgelenke hinaus. Sie muß Warondo raufschmieren, aber die Salbe rutscht immer weg, - und wenn sie Handschuhe anzieht, kleben die an.
Weil das aber Unglück bringt, wenn man die Hände eines anderen betrachtet, da kam das dann auch gleich:
Ich mußte für die Erdkundeblätter von allen Geld einsammeln und heute morgen fehlten mir 3,80 DM. Herr Raddatz sagte, ich muß es jetzt dazugeben. So ein Schiet, da soll er nächstes Mal selber einsammeln!

Außerdem verstehe ich Algebra nicht! Lieschen und Karin haben es mir erklärt, aber ich kapiere das nicht!

Aber abends war es schön. Ich war mit Werner Mahlke in seiner Dunkelkammer. Wir hatten Kopfhörer um und hörten über elend lange Strippen die Musik aus seinem Zimmer. Das hat er alles selber verlegt.
Marlene brachte uns ein Milchmixgetränk und Knabberzeug.
Werner baut mir so einen Kasten zum Belichten, dann kann ich auch meine Filme selbst entwickeln.

Sonntag, 30.8.59

"Wenn die Conny mit dem Peter" war ein blöder Film. Sonst nichts Besonderes passiert.

Montag, 31.8.59

Heute abend war ich mit Mutti zu Dr. Hinze, weil er Muttis Hände ansehen soll.
Sie fing gleich wieder an zu weinen und sagte, daß sie nicht mehr leben möchte.
Dr. Hinze sagt: "Aber Muttchen, du hast doch so eine hübsche Tochter! Da wird man doch nicht weinen!"
"Ja,ja, Kinder sind nur gut, wenn sie klein sind. Später wachsen sie einem über den Kopf!"

"Na hor mal Muttchen, nun sei man nicht ungerecht! Sie ist doch ganz lieb, nicht wahr?" und dann sah er mich so schelmisch an und wollte mir in den Po kneifen.

Wenn Mutti dabei ist, habe ich nichts dagegen, wenn er mir in den Hintern kneift, aber heute hatte ich .... und ich wollte nicht, daß er das fühlt. Ich habe fast einen Kniefall gemacht, weil ich ihm entwischen wollte.

Das sagte er zu Mutti "Siehste, hast 'ne anständige Tochter".

Donnerstag, 3.9.59

In Handarbeit sollten wir ein Stickmuster selbst entwerfen. Alle anderen haben Kreuzstich gemacht und ich habe eine abstrakte Landschaft im Kettenstich angefangen. Die Pritzkat fand das "ulkig" und "komisch" und alle haben gelacht und ich geweint.

Zu Mutti habe ich gesagt: "Meine Decke gefällt Frau Pritzkat nicht." - Da sagte sie nur: "Da kann ich dir auch nicht helfen, warum mußt du denn immer was Besonderes machen, bist selber Schuld."

Als Vati kam, lief ich hoch und heulte in meinem Zimmer in mein Kopfkissen. .

Dann kam Mutti rein und schimpfte weiter: "Immer bist du bei allem der Anstifter. Du mußt überall die erste Geige spielen!" -

Das fand ich nun wirklich gemein und mußte mich verteidigen: "Aber Mutti, du bist doch immer stolz, wenn ich besser bin als die anderen. Du warst stolz als ich beim "Internat Pöppelmann" die Hauptrolle spielte, daß wir bei der Hochzeit und beim Abschlußball immer das schönste Paar waren, daß ich das Gedicht im Schützenhaus so schön aufgesagt habe, daß alle geweint haben, - du willst doch immer stolz sein auf mich!"

"Ach, wir passen einfach nicht zusammen. Du mit deinem Modefimmel. Und wenn man sich um dich sorgt, erntet man keinen Dank!"

"Du bist gemein! - Ich kauf dir für 10 Mark Geschenke und Blumen. Ich koche und plätte und wasche ab!

Ich gehe frühmorgens Spargel stechen und im Sommer Äpfel pflücken. Was würdet ihr denn machen, wenn ihr mich nicht hättet?"

"Du drückst dich doch immer ums Abwaschen und rennst zu Zaus, weil du die Zeitung holen willst, genau in der Zeit! - Mein Bürschchen, ich weiß genau, was du für Mist im Kopf hast. Immer neue Ideen haste und denkst, du kannst uns für dätsch halten! - Aber hundertmal ins Kino rennen, den Radiokasten anhaben, stundenlang Fernseher an, Schwarten lesen, - wir merken uns alles und eines Tages platzt es! Dann fliegste raus!"

Zum Glück kam Vati dann rein und fragte, was denn hier los sei, das sei ja schrecklich mit uns beiden.

Da ist Mutti rausgelaufen und hat geschrien; "Ich nehme jetzt 'n Strick und häng mich auf!!"

Vati lief ihr nach und ich blieb heulend zurück und betete: "Es ist alles so furchtbar, lieber Gott, so hilf uns doch! Mach, daß Mutti wieder lieb wird."

Das Telefon klingelte und Vati hatte eine Fahrt nach Uelzen. Mutti kam zu mir und sagte, daß sie mitfährt.

Sie war ganz lieb und ich dachte schon, alles wäre wieder in Ordnung. Aber sie blieb dann doch hier und saß die ganze Zeit im Badezimmer und hatte abgeschlossen, was sie sonst nicht tat.

Ich rüttelte an der Tür und sagte, daß sie rauskommen soll, aber sie sagte nur: "Laß mich sterben! "

Ich sagte, daß ich Herrn Fenske rufen werde, wenn sie nicht rauskommt. Das half. Sie hat dann für mich und Vati den Abendbrottisch gedeckt, und als sie Vatis Auto hörte, ging sie ins Bett und sagte immerzu nur:

"Ich will sterben! Laßt mich sterben!"

Ich lief zu Vati und sagte, daß sie vielleicht Schlaftabletten nimmt, aber Vati sagte nur, daß die nicht so stark sind und nicht tödlich. - Wir würgten uns das Essen runter und haben uns ganz schön unterhalten. Nebenbei hat Vati auch mit mir geschimpft, aber ich sehe es ja ein, daß ich Schuld bin.

Es ist jetzt 23 Uhr, hoffentlich lebt Mutti morgen noch.

Freitag, 4.9.59

Lieber Gott, so hilf mir doch. Bald wird wohl ganz Bodenteich sagen, daß ich eine Mörderin bin. -

Als ich morgens bei Mutti am Bett war, hat sie sich umgedreht und gesagt, daß sie von mir nichts mehr wissen will. In der Schule habe ich immerzu an Mutti gedacht.

Als ich nach Hause kam, saß Vati ganz traurig im Contor und erzählte mir, daß Mutti alle Schubladen ausgeräumt hat und die Schlaftabletten gefunden hat, die ich gestern abend noch schnell versteckt hatte.

Da muß sie wohl welche genommen haben und lag dann ganz schwach auf dem Fußboden. Vati wußte sich dann keinen Rat und holte Doktor Hinze. Der hat den Puls gemessen und gemeint, wir sollten sie ausschlafen lassen.

Ich lief sofort hoch zu ihr und dachte, sie wäre tot, weil sie sich nicht bewegte. Ich habe sie gerüttelt und geschrien und Waldi ist aufs Bett gehopst und hat ihr übers Gesicht geleckt, aber Vati meinte, sie schläft.

Während ich das schreibe, höre ich die Orgel, - ich würde so gern in die Kirche gehen, aber ich will nicht weg hier. - Gibt es einen Gott? - Bin ich eine Mörderin? - Ich bin zu feige, mich umzubringen. Ich werde wahnsinnig.

21.oo Uhr im Bett:

Nachmittags war ich so unruhig und konnte keine Hausaufgaben machen, nicht lesen und nicht Fernseh gucken. Ich habe für Vati und mich Erbsensuppe mit Würstchen gekocht und dann wollte ich zu Dr. Hinze gehen, um mit ihm zu reden. - Sein Auto stand gerade vor Schapers Haus, so ging ich also von Lübkes an ganz langsam, damit ich ihn treffen würde, wenn er rauskommt. - Als ich ihn sah, lief ich hin und er sagte lächelnd: "Na, was macht Muttchen?" - "Die schläft und Vati hält Pfötchen."- "So, Vati hält Pfötchen, das ist recht.

Weißt du, diese Tabletten sind nicht stark, aber für ihren Organismus sind 2 vielleicht schon zu viel. Sie wird jetzt paar Tage noch bißchen tüddelig sein, aber sterben wird sie davon nicht, mein Kleines. Ich fahre jetzt nach Haus, ruf mich an, wenn was los ist." - "Ach, nehmen Sie mich mit? Ich laufe dann zu Fuß zurück."

- "Natürlich, steig ein, ich habe gern eine hübsche Mitfahrerin dabei."- Mensch, dieser Mercedes ist ja ein Traumauto! So geräumig! Das ist ein tolles Gefühl da drin. Schade, daß die Strecke so kurz war.

Dokterchen ist doll in Ordnung. Ich fühle schon, daß er mich gern mag. - Ich glaube, es genügt mir, wenn ich weiß, daß mich jemand mag und freundlich zu mir ist. Mehr brauche ich nicht.

Als ich nach Hause kam, mochte ich nicht mehr zu Mutti gehen, weil ich mich so schämte.

Sonnabend, 5.9.59

Mutti ist durch! Lieber Gott, hab 1000 Dank! Ich würde so gern morgen zum Abendmahl gehen, aber die Braunschweiger kommen.

Vormittags war Sportfest. Karin Piepe hat allein mit dem Werfen schon fast alle Punkte für die Urkunde geholt. Die wirft besser als die Jungs! Ich schmeiße immer nach hinten und dann lachen alle.

Als ich nach Hause kam, wandelte Mutti, - meine gute Mutti! - in der Küche herum und backte Kuchen.
Sie sagte nur "Ja" oder "Nein" oder gar nichts. - Als ich sie fragte, ob sie mich liebhat, sagte sie: "Das haste ja wohl gemerkt, nächstes Mal nehme ich mehr." - Lieber Gott, mach, daß ich jetzt immer lieb sein kann.
Dienstag, 8. 9.59
Ingrid mußte heute für Kochen 1 Liter Apfelwein mitbringen, da hat sie 3 Flaschen gebracht und jeder hat eine Tasse voll getrunken. Das schmeckt mir besser als der Niersteiner von der Tanzstunde.
Vati hat Rimkes Frau in die Klinik gebracht.

Mittwoch, 9.9.59
Rimke hat ein Mädchen, es heißt Andrea-Susanne! Ich bin mit Doris in Überschallgeschwindigkeit in der großen Pause zur Drogerie gerannt und wir haben eine Nuggelflasche und einen Schnuller mit einem rosa Ring gekauft. Er ging gerade in die Klasse, als wir zurückkamen. Unterm Tisch habe ich einen Zettel geschrieben "Für Papis Liebling" und dann habe ich es Ortrud gegeben, daß sie (!) es ihm geben sollte. Sie hat es ziemlich ausdruckslos auf den Tisch gestellt und sich wieder gesetzt. Ich glaube, sie war wütend, daß w i r die Idee hatten.
Er hat sich gefreut.

Donnerstag, 10.9.59
Weil wir heute das Gedicht nicht konnten, kriegten wir alle bei Warneke "Kämmerchen voll Sonnenschein".
Das sagt er immer, wenn wir bei ihm im Rektorzimmer eine Stunde nachsitzen müssen.

Um 4 Uhr bin ich mit Gudrun zum Photogaphen gewesen, weil sie ein Paßfoto braucht. Wir haben immerzu gekichert, da hat er mich rausgeschmissen. - Durch einen Schlitz im Vorhang konnte ich sehen, daß Gudrun dann ein ganz vornehmes Gesicht gemacht hat. Wie eine feine Dame! -

Abends ging ich mit Lieschen zur Hochseil-Gruppe, die seit gestern im Burghof ihre Gestänge und Scheinwerfer aufgebaut hat. 1,40 DM wollten die Kerle als Eintritt haben. Da sind wir zu viert (Lühmi, Lieschen, ein fremder Junge und ich) in der Stockfinsternis bei Behn runter gelaufen, über den Seewiesenfluß gesprungen und von hinten herum zur Burg gegangen. Das war richtig aufregend, weil es so dunkel war und wir abwechselnd in Kuhpladden oder in Brennessel getreten sind. Wir haben eine Weile von der Ferne zugesehen, aber nachher wurde es langweilig. Da wir ja nichts bezahlt hatten, fiel es leicht, abzuhauen. Wir wollten über Pastors Garten nach Hause gehen und hielten uns immer am Zaun fest, weil genau daneben der schmuddelige Abwassergraben war und ich schon paarmal reingepatscht war. Bäh! Als wir im Pastorengarten dem Kirchenchor lauschten, tippte Lieschen mich an und flüsterte: "Du, ich muß mal müssen." und verschwand in den Stachelbeerbüschen. Als sie wiederkam, wollte sie nicht aufhören zu kichern und schob mich ein Stück weiter: Da wälzte sich ein Liebespaar eng umschlungen auf der Erde. Wir haben sie eine Weile beobachtet, sind aber dann auf allen Vieren und ganz geräuschlos weggekrochen und ab nach Hause.

Freitag, 11.9.59
Heute habe ich mal gefragt, was man im Rathaus bekommt:

65,- DM monatlich bei 3 Jahren Lehrzeit.

Gut, dachte ich mir, dann gehe ich am besten gleich mal hin und lief in der großen Pause ohne zu fragen ins Rathaus. Draußen ließ ich erstmal mein Herz auspuckern und dann klopfte ich beim Gemeindedirektor und sagte: "Guten Tag, Herr Schäfer, ich wollte mal fragen, ob Sie mich ab Ostern hier einstellen würden." - Er war ganz verdattert und meinte, er würde alle Bewerberinnen vor sich hinsetzen und die müßten dann einen Aufsatz schreiben. Hihihi! Der spinnt ja. Ich könnte wetten, daß sich außer mir keine andere bewirbt. Leider hat dann die Pausenglocke geklingelt und ich mußte wieder zur Schule zurück. Mal sehen, ob er sich meldet, - wenn nicht, macht's auch nichts.

Abends im Mädelkreis hat Frl.v.Behr bestimmt, daß Thora den Tod im nächsten Kirchentheater spielen soll. Scheiße!
Wenn ich nicht wenigstens das Fräulein spielen darf, mach ich nicht mit.

Dienstag, 15.9.59
Lübke ist als Bundespräsident vereidigt worden.

Die Ausgabe der Herbstzeugnisse eilt herbei, aber es sieht nicht schlecht aus für mich: in Bio habe ich als einzige eine 2, im Aufsatz eine 1. Die Algebra-Arbeit von heute wird nicht so gut werden, obwohl mir Gudrun sehr viel geholfen hat.
Ich sitze jetzt täglich einige Stunden an der Jahresarbeit ("Über die Sitten und Gebräuche Bodenteichs")

Dienstag, 22.9.59
Die Zeit vergeht so schnell, ich komme nicht zum Tagebuch-Schreiben.
In Mädelkreis haben wir mit dem Theater angefangen, zumindest mal die Rollen verteilt. Ich darf die Braut spielen. Uwe Stein ist der Bräutigam und Thora ist der Tod.

Ich habe ein kariertes Wollkleid angefangen und versehentlich den Ärmel falsch geschnitten. Mutti hat natürlich geschimpft und ich mußte den Ärmel nochmal neu ausschneiden. Ich hoffe nur, daß jetzt der Rock nicht zu eng wird.

Vati mußte neulich nach Bevensen und da habe ich Bärbel Labusch besucht. Mensch, haben die eine moderne Wohnung! Sie hat ihre Zimmerwände total bekritzelt mit Pferden und Ornamenten und Schauspielerkarten angeklebt. Und ihre blonden Haare sind ganz gerade abgeschnitten, so als hätte man einen Topf drüber gehalten. Das ist wohl jetzt modern. Mutti würde mir das nie erlauben.

Freitag, 25.9.59
Mein Zeugnis ist gar nicht so schlecht, nur in Rechnen eine 4, sonst alles besser.
Am meisten bin ich auf die 2 in Bio stolz, weil alle Mädchen 4 und schlechter haben.
Ferien!

Montag, 28.9.59
Als ich heute mein Zeugnis beim Rathaus abgeben wollte, sagten die Mädchen im Vorzimmer, ich müsse ein richtiges Bewerbungsschreiben machen. Und außerdem sollte ich mich auf alle Fälle auch noch woanders bewerben. Gott, das ist wohl eine Ehre, wenn man da anfangen darf bei 65 DM im Monat!

Sonnabend, 3.10.59

Wir waren zum Einkaufen nach Braunschweig. Ich brauchte dringend einen neuen Mantel für den Winter.

Die Verkäuferinnen sind immer wütend geworden, wenn ich eine halbe Stunden probiert und dann nichts gekauft habe. Mutti war ganz k.o., weil es so anstrengend ist, durch die großen Kaufhäuser zu laufen. Wenn sie nicht mit Vietmeyers verkracht wäre, könnte sie alles bei unseren Nachbarn kaufen. Anschließend haben wir im Gasthaus "Falkenhof" Kaffee getrunken und fuhren dann im dicken Nebel nach Haus.

Erntefest 59

Lieschen durfte nicht zum Tanzen. Da bin ich ihr zuliebe auch nicht gegangen, obwohl viel los war.
Wir sind ins Kino gegangen, "Väter und Söhne" , blöder Film! Tanzen wäre sicher schöner gewesen.

Montag, 5.10.59

Der alte Herr Pohl hat sich im Apfelbaum aufgehängt. Was in diesem kleinen Kaff doch alles passiert. Mutti sagte, wenn sie mal ganz verzweifelt ist, tut sie das auch. - Dann hat sie den ganzen Nachmittag geweint, obwohl sie den Pohl doch gar nicht mochte.

Freitag, 9.10.59

Herr Schäfer will unbedingt, daß Lieschen ans Rathaus kommt, weil sie keinen Vater hat und ihre Mutter das Geld braucht. Vati hat geschimpft, weil die Flüchtlinge langsam mehr Rechte haben als die Einheimischen. Mir tun die Flüchtlinge leid.

Sonntag, 11.10.59

Seit Pastor Gurland nicht mehr da ist, habe ich keine Lust mehr zum Kindergottesdienst.
Bin heute nicht gegangen und sollte dann dafür mit Vati und Mutti spazieren gehen. Aber das mag ich auch nicht mehr. Da hat Mutti gleich wieder geweint.
Ich bin trotzdem zu Hause geblieben und habe Radio gehört und Knöpfe an Vatis Hose genäht.
Mein kariertes Kleid habe ich auch fertig genäht und gebügelt. Sieht todschick aus!

Montag, 12.10.59

Ich habe an Kuli Kuhlenkamp geschrieben und an
Werner Baecker von der Schaubude(wegen Ansichtskarten).

Mittwoch, 14.10.59

Heute ist was passiert!
Einer aus Hamburg hat für 10 Mark bei mir getankt. Wir haben die ganze Zeit Witze gemacht. Dann hat er gefragt, ob der Chef da ist. -
"Wieso, wollen Sie einbrechen?" habe ich gelacht.
"Nein, aber können S i e meinen Wagen abschmieren? Sie haben doch Hosen an."
Darauf ich: "Sie haben auch Hosen an, warum machen Sie's denn nicht selbst?"
Er legte seinen Arm um meine Taille: "Sind Sie immer so schlagfertig?"
"Das kommt auf die Männer an, - aber jetzt bezahlen Sie erstmal." Und dann habe ich seine Hand weggemacht.
Wir gingen ins Contor und er bot mir eine Zigarette an. Ich nahm eine und legte sie beiseite für Vati, hihihi!
Wir sprachen ziemlich lange über Schule und Lehrer, über Filme ab 18 und über Eltern.

Ich saß vorsichtshalber vor der Kasse, man kann ja nie wissen. - Zwischendurch hörte ich nebenan ein Geräusch, aber dann redeten wir weiter. Er wurde ziemlich intim und fragte mich, ob ich noch an den Klapperstorch glaube und ob ich schon einen Freund habe, ob er Du zu mir sagen dürfte und ob wir uns heute am Abend sehen könnten.

"Nee, nee, ich halte nichts von Eintagsfliegen.", wollte ich ihn abwimmeln, aber er sah mich immerzu so an, daß ich bestimmt rot geworden bin. Er wollte meinen Vornamen wissen und ich sagte, daß so ein Fluß im Harz heißt. Aber in Erdkunde war er wohl nicht so gut, also sagte ich ihm meinen Namen. Da stand er auf, gab mir die Hand, und ich dachte, er wollte sich verabschieden. Während er meine Hand hielt, sah er mich wieder so komisch an und bat mich, daß ich ihm noch die Scheiben wischen soll. -

Ich sagte, daß er das selber machen kann und darauf kam er mir ganz nahe, hielt meine Hand immer noch fest und flüsterte: "Ilse, du machst es für mich, ja?" -

Ich wehrte mich so gut ich konnte, und ich glaube, da wollte er...

aber da tauchte Mutti plötzlich von nebenan auf und rief: "Ich bring euch auseinander!" -

Er wurde ganz rot, ließ mich los und bat Mutti um Entschuldigung.

Mein Gott, ich habe mich immer danach gesehnt, geküßt zu werden, aber so? Auf jeden Fall nicht so einfach im Büro. Ein Abendspaziergang im Mondschein mit ihm wäre sicher nicht langweilig.

Aber jetzt habe ich erstmal genug davon. War gut, daß Mutti dazu kam. -

Als er sich von Mutti verabschiedete, sagte er verschmitzt: "Aber Ihre Tochter klau ich mir noch mal."

Mutti ist mir nicht böse, im Gegenteil, sie freut sich, daß ich mich gewehrt habe. Sie hat alles hinter der Tür belauscht.

Donnerstag, 15.10.59
Schulanfang, die alte Leier geht wieder los. Jetzt kommt das Finale, da muß ich mich zusammenreißen.

Als ich "Bild" holen ging, dachte ich gerade über den von gestern nach, und da hupt hinter mir ein Auto. Ich drehe mich um, er ist es. Ich bin schnell zu Zaus reingegangen und habe da extra lange bei den Schauspieler-Karten herumgesehen. Zum Glück war er dann weg. Jetzt habe ich immer Angst, wenn einer zum Tanken klingelt. Hoffentlich kommt der nicht wieder, - oder höchstens, wenn ich ganz alleine bin....

Sonnabend, 17.10.59
Vati mußte in Uelzen 5,- DM Strafe bezahlen, weil er die Vorfahrt nicht beachtet hat.

Sonntag, 18.10.59
Endlich nach Monaten Trockenheit ein paar Tropfen Regen zu Mittag.

Vati mußte nach Uelzen und ich fuhr mit. Als wir zurückfuhren, standen Horst Bartelt und Dieter Linde an der Straße und machten Anhalter. Ich bat Vati, sie mitzunehmen, - aber sie kamen nicht .
Da ist Vati weitergefahren. Ich wünschte ihnen , daß sie pitschnaß werden würden.

Wir haben ein Blitzlicht für den Photoapparat gekauft. Das steckt man auf den Apparat und dann kann man auch photographieren, wenn es dunkel ist.

Abends haben Herr und Frau Rehm bei uns getankt. Sie machen wieder einen Tanzstundenkurs in Bodenteich und suchen noch Mädchen, die schon tanzen können und dann nur den halben Preis bezahlen müssen.

Vati hat gleich gesagt, ich dürfte nur unter der Bedingung, daß das Geld "vertankt" wird.

Nächsten Sonntag geht's los!

Mal sehen, was da für männliche Wesen auftauchen.

Freitag, 23.10.59

Morgens fragte mich Bartelt, ob ich auch in dem Auto gesessen wäre. Ich schwindelte: "Nee, aber mein Vati war schön wütend, daß ihr dann nicht gekommen seid." - "Ach, als Dieter deinen Vater erkannt hat, sagte er "Mensch, der fährt Taxi, nachher knöppt der uns 16,- Mark ab!" - Sie sind wirklich ganz naß geworden, bis sie endlich ein anderer mitgenommen hat.

Mutti ist schon wieder krank. Jetzt hat sie Schmerzen in der Brust. Die Ärmste! Dr. Hinze hat sie untersucht, aber er weiß auch nicht, was das sein könnte.

In Mädelkreis hat sich der neue Pastor vorgestellt. Er sieht aus wie ein Dorfschäfer und stinkt fürchterlich nach Tabak. - Er hat sich die Probe vom Theaterstück angesehen und seine (dummen) Bemerkungen dazugemacht.

Sonnabend, 24.10.59

In der Physikstunde kam Rektor Warneke rein und sagte, ich soll schnell nach Hause gehen, weil Mutti ins Krankenhaus muß. Na, ich bin vielleicht gerannt!

Vati hat sie nach Uelzen zum Röntgen gebracht, aber zum Glück mußte sie nicht da bleiben.

Keiner weiß, woher die Schmerzen kommen können. Mutti weint immerzu.

Gestern hat es noch Krach gegeben, weil ich gern zur Handelsschule nach Lüneburg gehen würde, Inge Vrobel sagt, die sei viel besser als die in Uelzen. Aber ich darf nicht. Dann geh ich eben nach Uelzen!

Sonntag, 25.10.59

Heute waren wir zu Onkel Alberts Geburtstag und haben unser neues Blitzlicht eingeweiht. Es war aber langweilig.

Abends erstes Treffen für die Tanzstunde. Es sind einige Grenzer dabei.

Montag, 26.10.59

Oh, lieber Gott, mach doch bloß Mutti bald gesund!

Heute nachmittag hat sie wieder so einen scheußlichen Weinkrampf gehabt, obwohl sie gar nicht weiß, warum sie weint.- Sie ist dann ganz durchgedreht und rennt in der Wohnung herum und weiß nicht wo sie ist. Es tun ihr oben rum alle Glieder und Knochen weh. Sie will immer nur sterben. Ich komme mir so unbeholfen vor, weil ich nicht trösten kann. Wenn ich neben ihr sitze und sie weint, dann kommt Waldi und leckt Mutti. Dann nimmt sie seinen Kopf in ihre Hände und schluchzt immer nur, daß er ihr auch nicht helfen kann. - Ich bin dann mit Waldi spazieren gegangen und habe zweimal den Hamburger gesehen. Aber der scheint mich nicht erkannt zu haben. Ob der hier irgendwo arbeitet?

Bei der Molkerei überholt mich Dr. Hinze, hält an und fragt aus dem Autofenster, was Muttchen macht.

"Die weint", sagte ich nur. "Soso, na dann sei man schön lieb zu ihr. Aber das bist du ja, oder?"
Dann fuhr er weiter und ich wäre eigentlich gern mitgefahren.

Bei Thams & Garfs traf ich den neuen Pastor Freser. Er gab mir die Hand und hat belangloses Zeug geredet.
Nachher kam mir der Gedanke, daß ich ihn mal einweihen sollte, daß es Mutti so schlecht geht.
Vielleicht kann er sie trösten. Ich muß das aber hintenrum deichseln, weil Mutti das sicher nicht will.

Dienstag, 27.10.59
Mutti war wieder in Uelzen beim Facharzt. Der sagt, die Hände werden nie mehr gut. Und die Schmerzen in der Brust kann er sich auch nicht erklären. Warum geht man überhaupt zum Spezialarzt, wenn der doch nicht helfen kann?? -
Mutti hat sich eingeschlossen und weinte so laut, daß wir sie unten im Contor hören konnten.
Ich habe mit Vati gesprochen. Wir könnten vielleicht alles verpachten und hinten die Werkstatt für uns als Wohnung einrichten. Dann könnte Mutti auf ihre alten Tage noch einmal Ruhe kriegen und müßte nicht mehr tanken. -
Vati ist ziemlich verzweifelt, weil das alles so viel Geld kosten würde. Und Pächter wollen auch nichts zahlen, das haben wir ja bei Frau Fuchs gesehen.
Also, ich hätte mich in Muttis Stelle auch schon um die Ecke gebracht.

Mittwoch, 28.10.59
Ich habe den ganzen Tag geplant und Vati hat nachgedacht, aber er will nicht. Er hat immer noch Bedenken, weil man heutzutage keinem trauen kann. So'n Quatsch! Mensch, einmal muß man doch mit arbeiten aufhören. Vati ist 59 und Mutti 58. Die können doch nicht zähneklappernd und kopfwackelnd mit 65 oder 70 noch runter gehen und tanken oder im Laden Fahrräder und Kleinkram verkaufen!
Ich habe so lange gequengelt und Vati ausgerechnet, daß wir von 200 Mark Pacht und den Autofahrten leben können, dann kommt noch die Ernte vom Feld dazu und die Gartenpacht vom Bremmelgarten. Ich verdiene bald und da kriegen sie auch was von ab. -
Dann sagte Vati endlich: "Gut, ich mach's. Ich leih mir Geld und dann bau ich hinten aus." - Als Mutti das hörte, wurde sie wild und rannte schreiend auf den Flur. Ich wollte sie halten, weil ich Angst hatte...
Aber sie schrie nur: "Laßt mich sterben! Einer muß hier weg. Laßt mich doch!"
Da kam Vati und brüllte so laut, daß sich seine Stimme überschlug. Es war schrecklich. Waldi zog den Schwanz ein und kroch unters Sofa .
Vati nahm seine Jacke, schluchzte: "Ich kann nicht mehr, ich kann nicht mehr!" und lief die Treppe runter. Mutti zitterte und flehte mich an: "Bitte, mein Kind, hol Pappilein rauf!"
Vati stand in der Werkstatt an die Wand gelehnt und weinte. Ich muß irgendwas Dummes gefaselt haben und dann gingen wir beide rauf zu Mutti, Vati streichelte ihre Hand, und damit war das Thema beendet.
Es wird nun alles so bleiben wie es ist.
Mutti weint immer noch.

Donnerstag, 29.10.59
Es ist eine furchtbare Stimmung zu Hause. Wir schleichen alle nur herum und keiner sagt was.

Freitag, 30.10.59
Ich habe seit Tagen ganz furchtbare Kopfschmerzen.
Vati sagte, das könne an der Brille liegen, ich soll mal zu Dr. Hinze gehen. Na, ich ging ja gerne.
Ich setzte mich auf einen Stuhl, er zog sich seinen Schemel her und setzte sich vor mir hin. Dann sah er mich ganz lieb an und streichelte an meinen Beinen hoch und sagte: "Sieh mal an, du hast auch solche Strümpfe an, die von unten bis ganz oben gehen und gar nicht aufhören."
Da hab ich ihm auf die Hände gehauen: "Nu! Das kitzelt doch!" -
Da ist er aufgestanden und hat mir so eine Brille aufgesetzt, wo man immer neue Gläser reinstecken kann. Wir haben die ganze Zeit gelacht. Ach, der ist in Ordnung, aber ziemlich.... Naja.
Ich brauch keine stärkeren Gläser, sagt er.

Sonntag, 1.11.59
Heute fing die neue Tanzstunde an.

Montag, 2.11.59
In der Geoarbeit habe ich eine 4, das fängt ja "schön" an! -
Ich möchte Horst Bartelt so gern für mich zurückgewinnen.

Dienstag, 3.11.59
Englisch- und Bioarbeit geschrieben. Englisch wird bestimmt eine fünf!

Der Esso-Wagen war da und ich habe mit dem Fahrer geschäkert. Plötzlich drehte er sich zu mir um und goß mir eine Ladung Benzin über die Hose. Das stank ja furchtbar. Ich rannte hoch zu Mutti in die Küche, nun stank das ganze Haus. Ich hab mich schnell umgezogen und dann den armen Mann so ausgeschimpft, daß er mir eigentlich richtig leid tat. Er hat Vati 5 Mark gegeben für die Reinigung, aber Mutti hat die Sachen über den Zaun gehängt und heiße Seifenlauge drüber gegossen.

Donnerstag, 5.11.59
Habe Nachricht gekriegt vom Rathaus. Morgen um 2 Uhr soll die Prüfung stattfinden. Der kann mich mal.
Ich melde mich ab!

Sonnabend, 7.11.59
Lieschen sagt, die Prüfung war ganz leicht. Sicher hätte ich sie auch geschafft, aber ich glaube, für Frau Rautenberg ist es bestimmt eine große Freude, wenn Lieschen die Stelle kriegt.
Die Braunschweiger waren da. Onkel Albert hat Vati geholfen beim Holzhacken.

Sonntag, 8.11.59
Mein Gott, ich bin verliebt!
In einen, der nicht verheiratet ist!! -
Aber alles der Reihe nach:
Vormittags war ich in der Kirche, das ist ja direkt eine Komödie mit dem neuen Pastor. Die Predigt erweckt den Eindruck, als ob er alles so - naja - fast spöttisch erzählt. Er hat folgende Ausdrücke gebraucht:
...und sie merkten, daß sie splitternackt dastanden und nichts aufzuweisen hatten ....
...da hat er sich vor Angst bald in die Hose gemacht ..
.. und auf dem Markt stand das Flittchen....

134

Na, ich meine, so etwas gehört doch nicht auf die Kanzel!

Spaßeshalber habe ich heute nachmittag wieder mal Kindergottesdienst gemacht, nur, um diesen ulkigen Kumpan Freser zu beobachten.

Um 6 Uhr abends zur Tanzstunde und dann schlug das Schicksal zu!
Elvira Dröge hatte mich abgeholt.
Als wir beide in die Gastwirtschaft gingen, begrüßte ich die Jungs wie immer ziemlich oberflächlich, aber einer grüßte ganz intensiv zurück... Es war der, mit dem ich voriges Mal schon öfter getanzt hatte. So'n dunkler Typ, mit schwarzen Haaren, er ist der Schickste von allen. Ich glaube, es ist ein Grenzer. Der wäre was für unseren Abschlußball in der Schule! Als ich nachher mit Ede tanzte, sah mich der Dunkle ganz komisch an, als wollte er mich hypnotisieren. Was tut ein wohlerzogenes Mädchen? Es blickt geniert zur Seite oder schlägt die Augen galant nieder. Ich glaube, das reizt so ein männliches Wesen.
(Hoffentlich liest Mutti das nicht, sonst denkt sie wieder sonst was. Ich schreibe es auch nur auf, damit ich später mehr Verständnis für die Gefühle meiner Kinder habe, als Mutti bei mir).
Nachher mußte ich mit ihm tanzen. Jedesmal, wenn er mich etwas fester nahm, wurde es mir wieder so flackerig im Bauch und das Herz klopfte! - Ich weiß noch nicht mal wie er heißt.
Er hat paarmal ganz laut gebrüllt, wenn ihm was nicht paßte, z.B. wenn die Musik plötzlich aufhörte. Das mag ich nicht. Außerdem ist er am Hals schlecht rasiert. Aber alles Gute ist ja nie beisammen.
Zum Schluß hat er mir noch in den Mantel geholfen. Ich bin verliebt!

Montag, 9.11.59
Ganzen Tag prima Laune gehabt und immer an gestern gedacht.
Im Bravo-Horoskop steht für diese Woche: Glück in der Liebe, auch wenn es erst aussieht wie ein harmloser Flirt! Juch, juch!

Dienstag, 10.11.59
Nichts Besonderes passiert, nur daß Mutti wieder so komisch war und meinte, die Tanzstunde sei nichts für mich. Wenn sie das geahnt hätte(was dennbloß?), hätte ich da nicht hingedurft.
Mutti schnüffelt in meinem Tagebuch. Ich muß es wieder abschließen und verstecken. Wenn das nur nicht so umständlich wäre!

Mittwoch, 11.11.59
Elvira Dröger sagte heute zu mir, daß sie nicht eine (!) Bluse besitze. Sie ist, glaube ich , unehelich und die Mutter hat sie weggegeben zu Nieschulzens. Wie kann man so etwas nur tun? Ein Kind weggeben und bei anderen arbeiten lassen? Mutti sagt, die Frauen haben im Krieg mit den Soldaten geschmust und dann wollten sie die Kinder nicht mehr haben. Elvira sagt, wenn sie erwachsen ist, geht sie trotzdem zu ihrer Mutter. Arme Elvira! Mutti sagt, ich soll ihr meinen alten weißen Pullover geben und die rosa Bluse, die mir zu klein ist.

Abends haben wir mit Kostümen in der Kirche geprobt. Ursel Böhl als Tod ganz in schwarz gekleidet und mit weiß gepudertem Gesicht. Sie sah ganz toll aus!
In einer Szene muß mein "Bräutigam" ein bißchen mit mir flirten. Das ist sonst Manfred Lindhorst, aber der konnte nicht kommen. Da hat der Pastor die Rolle übernommen und mich ganz wild umarmt. Puh, der stinkt ja nach seiner Haarpomade!

Donnerstag, 12.11.59

Kuli hat mir eine Ansichtskarte geschickt und ein Foto von sich mit Autogramm und sogar meine Briefmarke wieder beigelegt.

Heute war Jahrmarkt in Bodenteich, aber es wird immer blöder! Ein einziges Kinderkarussel. Früher war alles schöner!

Pastor Freser hat mit seinem neuen Moped bei uns getankt. Ich habe ihn gefragt, ob wir Mutti nicht mal von der Kirche aus wegschicken lassen können. Er sagte, ich solle das mit Frl.v.Behr besprechen, aber möglich wäre es schon. - Mutti wollte davon nichts wissen, weil sie nicht betteln will. Ich frage aber trotzdem mal .

Sonntag, 15.11.59

Nach dem Horoskop sollte heute mein Glückstag sein. Habe aber nichts davon gemerkt.

Vormittags habe ich die Plakate gemalt für das Totensonntags-Theater, nachmittags mit den Eltern spazieren gewesen und abends bei der Tanzstunde hat mich zwar Dieter Linde zum Mittelball eingeladen, aber der Dunkle hat mich gar nicht weiter beachtet. - Nach Hause gebracht hat mich auch keiner. Ist ja alles Käse!

Montag, 16.11.59

Heute hatte ich so ein herrliches inneres Glücksgefühl, obwohl nichts wirklich Großartiges passiert ist.

Ich freute mich,

daß es heute so wunderschön geschneit hat,

daß Pastor Freser meine Plakate gelobt hat und eins in der Kirche aufhängen will,

daß ich endlich den Brief an den Bundespräsidenten Lübke abgeschickt habe,

daß ich BBC auf meinem kleinen Radio kriege,

daß ich Peter Beil und Yvonne Carrée im Fernsehen gesehen habe,

daß Mutti nachmittags ohne Schmerzen auf der Couch in der Stube lag,

daß es mit der neuen Chianti-Flaschen-Lampe so gemütlich in meinem Zimmer ist.... usw.

Ach, die Welt kann so schön sein, man muß nur mit sich selbst zufrieden und vor allen Dingen dankbar sein!!

Dienstag, 17.11.59

Schade, auf den Straßen ist der Schnee schon wieder weggetaut, nur die Dächer sind noch angezuckert.

Wir haben eine Algebra-Arbeit geschrieben. Scheiße! Alles falsch! -

Mutti war heute bei einem anderen Arzt in Uelzen, aber der weiß auch nicht, woher die Herzschmerzen kommen.

Wenn ich sie frage, warum sie weint, sagt sie: "Schnutchen, ich habe solche Angst!" -

"Aber wovor denn, Mutti?" -

"Das weiß ich doch selber nicht!" -

Vati sagt, er hält das nicht mehr lange aus.

Donnerstag, 19.11.59

Heute hat mir Schneidewind ein Buch für meine Jahresarbeit gegeben. Da sind berühmte Bauten in niedersächsischen Städten drin. Und was meinst du liebes Tagebuch, was ich da sehe? Die Michaeliskirche in Hildesheim. Pastor Gurlands Kirche! Sie ist innen sehr hübsch, langgestreckt mit

mehr als 25 Bankreihen hintereinander. Vorn in der Mitte der Altar, rechts die erhobene Kanzel und von oben hängen an langen Ketten 3 wunderschöne Kronleuchter herunter.
Ich habe mir vorgestellt, wie er da predigt, und ich einmal in einer Bank in der Nähe des Mittelganges sitzen werde, wie in der Bodenteicher Kirche auch. Ich werde dann extra beim Frisör gewesen sein, ein enges modernes Kostüm anhaben, hohe Stöckelschuhe und einen schicken Mantel. Er wird mich erst gar nicht erkennen.... Ach, ich male mir das so oft aus...

Freitag, 20.11.59
Pastor Freser sagte mir heute, daß er wegen Muttis Erholung mal nach Hannover geschrieben hat. Sie müsse aber damit rechnen, daß sie pro Tag 9,- DM zuzahlen muß. - Mutti weiß noch nichts davon. Zum Glück mag sie den Pastor gerne und ich tue so, als ob auch.

Sonnabend, 21.11.59
Vati will morgen in die Kirche kommen, wenn wir das Theaterstück spielen. Aber ich glaube, dann kann ich das nicht so hingebungsvoll spielen, weil er hinterher bestimmt lästern wird. Er will doch sonst auch nichts mit der Kirche zu tun haben!

Totensonntag, 22.11.59
Heute morgen war einer hier und hat Vati sein Moped für 90 Mark verkauft und dann mußte Vati ihn an die Grenze fahren. Er hat im Auto erzählt, daß er unglücklich verliebt ist und jetzt für immer in die Ostzone rüber will. Vati wollte ihn davon abhalten, aber der junge Mann war ganz verzweifelt. Hoffentlich bereut er es nicht.
Ich kann jetzt auf dem Moped fahren lernen. Waldi ist immer hinter mir hergelaufen und hat gekläfft. Ich habe mich fast kaputt gelacht, weil ich zu viel Gas gegeben hatte, und plötzlich nicht mehr wußte, wie man bremst.

Um halb 3 Uhr kam Ursel Böhl. Wir zogen uns in meinem Zimmer um und ab gings in die Kirche. Obwohl ich meine Rolle hundertmal zu Hause geübt hatte, war ich furchtbar aufgeregt und zitterte am ganzen Körper.

Beim Einzug vor den Altar kriegte ich dann plötzlich so einen Lachanfall, daß ich alle anderen angesteckt habe und die nicht mehr singen konnten. Wir haben nochmal anfangen müssen, mein "Bräutigam" hat furchtbar gekrächzt.
Eigentlich klappte dann alles prima, nur beim Monolog hab ich mich verbabbelt. Ich brachte zwei Zeilen durcheinander und sagte dann in aller Aufregung auch noch "Oh, Entschuldigung!" So ein Kamel wie mich gibt es auch nur einmal! - Naja, in der Kirche klatscht das Publikum ja nicht, so wußten wir nicht, wie es ihnen gefallen hat.

Donnerstag, 26.11.59
Ich habe mir am Dienstag von Pastor Freser eine Reiseschreibmaschine geliehen und die ganze Jahresarbeit abgeschrieben. Gott sei Dank, ist der Mist fertig!

Freitag, 27.11.59
Ich habe gestern auf der Straße ein Flugblatt gefunden mit Aufdruck in russischer Schrift. -
Die alte Weißrussin, Frau Katschuba oder so ähnlich, ißt immer im Gasthaus Fergel zu Mittag. Ich habe ihr von dem Flugblatt erzählt und sie sagte, ich soll nachmittags mal zu ihr kommen, sie würde es mir dann übersetzen.

Sie hat es durchgelesen und dann sofort zerrissen. Da stand was von kommunistischen Reaktionären drauf, die uns zum Widerstand gegen die Regierung aufrufen wollten. Sie sagt, das gehört in kein Haus und kann nur Ärger bringen. -

Sie fragte mich dann, ob sie mir - umsonst! - Russischunterricht geben dürfte. Mensch, das muß man mir nicht zweimal anbieten! Wir machten gleich aus, daß ich jeden Montag zu ihr kommen soll.

Rusisch kann man immer gebrauchen, wer weiß, was noch für Zeiten kommen! Es ist eine sehr schwere Sprache, aber mit Ausdauer und Fleiß werde ich es sicher schaffen.

Abends war Frl.v.Behr bei uns und hat Mutti zugeredet, in Erholung zu gehen. Hoffentlich tut sie es.

Zum Wohltätigkeitskonzert durfte ich nur, weil Lieschen und Gudrun mich abgeholt haben.

Es kostete zwar 2,50 DM Eintritt, aber es war ein wunderschönes Erlebnis! Prima Orchester!

Erst spielten sie Operettenmusik und dann Marschmusik und anschließend war Tanz. Bottermund hatte mich gepachtet, obwohl ich gern auch mal mit paar Grenzern getanzt hätte.

Ich war erst halb 1 zu Hause, obwohl ich nur bis Mitternacht durfte.

Sonntag, 29.11.59 /1. Advent

Es ist nachts 12.20 Uhr. Eben habe ich mich mit schmerzenden Füßen ins Bett geworfen, aber es war herrlich!

Ich meine den Tanzstunden-Mittelball! Um 6 Uhr schob ich mit meinem Kuchenpaket los. Dieter Linde begrüßte mich vorn am Eingang und dann haben wir erstmal zusammen getanzt, weil ich ja von ihm eingeladen wurde. Aber danach forderte mich dieser - na, liebes Tagebuch, du weißt schon, aber ich kenne immer noch nicht seinen Namen - also dieser Dunkle forderte mich dann öfter auf. Mein Herz klopfte, besonders als der Schlager "Immer will ich bei dir sein..." kam und er mitsummte und mich fest an sich zog.

Bei der Kaffeepause zündeten wir die Kerzen an, das große Licht wurde ausgemacht und plötzlich schlug Herr Rehm vor, daß doch einer Klavier spielen könnte.... Der "???" fing leise an zu klimpern. Und dann rief ich:

"Gut, dann spielen wir 4-händig!" Erst haben wir beide auf moderne Art "Ihr Kinderlein kommet" gespielt und "Oh, du fröhliche!" , dann hat er allein weitergespielt in Moll. Das hat sich ganz gut angehört, so traurig.

Nach dem Kaffeetrinken wurde wieder getanzt. - Ich war froh, daß er mich immer wieder aufforderte.

Er fragte mich, warum ich abends immer so schnell nach Hause gehe und ich schlug meine Augen nieder und sagte, daß meine Eltern das so wollen. "Ach so." seufzte er und drückte mich ganz fest.

Bei Damenwahl habe ich natürlich Dieter Linde aufgefordert, und der hat mich dann auch schnellen Schrittes nach Hause gebracht. - Puh, jetzt bin ich müde!

Mittwoch, 2.12.59

In der großen Pause kam der Kleinmichel auf mich zu und sagte: "Ich soll dir 'n schönen Gruß bestellen von Klaus Mathias, der geht mit dir zur Tanzstunde." - Ich tat ganz erstaunt und fragte, wie er denn aussähe.

"Ach so'n Schwarzer, der ist beim Grenzschutz." - Ha, jetzt konnte ich sicher sein, daß DER mich hat grüßen lassen! Wie hat der denn wohl meinen Namen rausgekriegt? -

Vielen Dank, lieber Gott, ich bin so glücklich!

Mutti macht immer so komische Andeutungen, z.B. singt sie morgens "Gerrrrn hab ich den Mann geküßt!"oder sie fragt mich, was ich mich mit meinen Tanzpartnern unterhalte. Ha, die will ja nur schnüffeln, weil ich jetzt das Tagebuch versteckt habe und sie nicht mehr auf dem Laufenden ist. Am liebsten hätte sie, wenn ich ihr erzählen würde, daß mich der und der geküßt hat und daß ich in den und den verliebt bin. Nur, damit sie mich später wieder ärgern kann. Ich sage nichts mehr. Und komischerweise funktioniert die Nachrichtenpost über Bodenteichs Einwohner nicht mehr, wenn sie nichts mehr im Tagebuch lesen kann.

Nachmittags hatte ich meine erste Unterrichtsstunde bei der "Weißen Taube", Mutti nennt Frau Katcuba so, weil sie aus Weißrussland kommt. Also, leicht ist russisch nicht, aber im Augenblick kapier ich noch alles.
Sie sagt immer "Mein Teibchen" zu mir. Ich muß alles schön abschreiben und morgen gehe ich wieder hin.

Donnerstag, 3.12.59
In der Pause bin ich immer in der Nähe vom Kleinmichel gewesen, aber er hatte anscheinend keine Nachricht für mich. -
In Erdkunde habe ich eine 5 geschrieben! Mein Gott, wo soll das bloß hinführen! Wo doch nun bald Schulschluß ist! Meine letzte Hoffnung ist immer noch, daß die Lehrer beim Abschlußzeugnis ein Auge zudrücken, sie können einem doch nicht das ganze Leben vermasseln!

Die "Weiße Taube" sagt, ich sei sehr intelligent und wir könnten uns bald in russisch unterhalten. Das freut mich, es macht mir richtig Spaß. Jetzt muß ich erstmal das russische Alphabet lernen.

Sonntag, 6.12.59
Der Nikolaus hat mir eine Apfelsine, ein Päckchen Feigen und das Buch "Ich spucke gegen den Wind" in die Schuhe gesteckt.
Gudrun hat einen tollen neuen Mantel! Darum hat sie mich heute auch gleich zum Spazieren gehen geholt.

Danach fing meine Aufregung wegen heute abend an. Ich konnte gar nichts essen. So sehr freute ich mich, Klaus Mathias wiederzusehen! - Ich habe ihn gefragt, wie er meinen Namen herausgekriegt hat. Natürlich vom Kleinmichel, der wisse noch so einiges über mich. Oh Gott, hoffentlich hat er nichts über die Karte an Pommerien erzählt, dann schäme ich mich zu Tode!
Er sagte, ich solle heute abend mal nicht wie der Blitz verschwinden, - aber ich tat es doch.
Man muß es den Männern nicht zu leicht machen! - Aber eine Woche ist furchtbar lang!

Montag, 7.12.59
Ich habe fast nicht schlafen können, weil ich immer an Klaus Mathias dachte. Das ist so ein schöner Name.

In der Englisch-Arbeit habe ich eine 1 und in Erdkunde eine 6 ! Lieber Gott, so hilf mir doch!
Ich habe einen schriftlichen Vertrag entworfen, wo schwarz auf weiß geschrieben steht, daß ich eine Mark für die Kirche stiften werden, sobald ich in Erkunde oder Geschichte eine I schreibe. Gudrun, Doris und ich haben unterschrieben. Aber das wird auch nichts helfen.

Sonnabend, 12.12.59
So, liebes Tagebuch, ich habe mich wieder schwer getäuscht in Mutti!
Ich habe geglaubt, daß sie nicht bei mir herumwühlt. Aber sie muß das Tagebuch gefunden haben, obwohl ich es im Sofakissen auf dem Cocktailsessel versteckt habe!
Gudrun, Lieschen und Monika Tölke holten mich ab fürs Kino. "Der schmutzige Engel" spielte. Da fragt mich Mutti, ob der Grenzer aus der Tanzstunde auch mitkommt. - Da war ich baff und wußte nicht, was ich sagen sollte. Da meinte Mutti, ich würde so tun, als sei ich die Unschuldigste von ganz Bodenteich. "Das bin ich nicht, aber die Schuldigste bin ich auch nicht!" habe ich geantwortet und dann sind wir Mädchen losgegangen. Lieschen sagte noch, daß sie mit ihrer Mutti über ihre Freunde reden kann, und daß ihre Mutti immer nur sagt: Lieselottjen, denk immer daran, über einen niedrigen Zaun steigt schnell jemand drüber! - Ich finde das ganz schön, wenn eine Mutti so Vertrauen hat und nicht alles durch den Kakau zieht.

Sonnabend 12.12.59 **(in Steno)**
Heute im Kino saßen hinter uns so viele Grenzer. Das wäre ja wieder ein Fressen für Mutti gewesen! Unter anderem saß da auch der große Blonde , mit dem ich beim Konzert mal getanzt habe. Morgen fahre ich mit meinen Eltern nach Uelzen zum Weihnachtsmarkt und danach gehts zur Tanzstunde. Ich freue mich gar nicht mehr darauf, weil ich mich verraten fühle. Ich werde jetzt alles, was Mutti nicht wissen darf, in Steno schreiben.

Sonntag, 13.12.59
In der Tanzstundenpause hatte ich furchtbaren Durst, da hat mich Klaus Mathias auf eine Cola eingeladen.
Danach habe ich immer nur mit ihm getanzt. Hoffentlich lädt er mich zum Abschlußball ein! - Als Schluß war, flüsterte ich ihm nur ganz leise "Tschüß" zu und haute ab. Er rief mir noch hinterher, ich solle doch warten, aber ich raste so schnell ich konnte. Trotzdem schaffte er es noch, mich einzukriegen. Wir lachten beide, weil er so keuchte, dann standen wir ca. 20 Minuten bei uns vorm Haus, redeten über Weihnachten und Tanzen gehen und Silvester. Er wohnt in Saarbrücken und fährt wohl über die Feiertage nach Hause.
Na, abwarten und Tee trinken.

Zu Mutti sagte ich dann frank und frei, daß mich jemand nach Hause gebracht hat, von wem, das würde sie ja wohl wissen, weil sie ja mein Tagebuch liest.- Da nahm sie mich in ihre Arme und sagte ganz lieb zu mir: "Sieh mal Schnutchen, ich habe doch längst gespürt, daß da was nicht stimmt! Dazu brauche ich nicht dein Tagebuch lesen. Es gibt doch schließlich auch noch andere Leute, die das alles mitkriegen und es mir dann erzählen. Mütter wissen alles!" - Na, dann ist ja alles gut, wenn Mutti so lieb ist. -
Komisch, im Bett habe ich an meiner linken Hand noch nach Klaus gerochen! Herrlich!

Donnerstag, 17.12.59
Eigentlich glaubte ich schon, daß ich nichts zu Weihnachten kriegen würde. Aber Mutti tut so geheimnisvoll!
Ich habe heute mit Vati in Uelzen die Höhere Handelsschule angesehen. Na, das ist ja vielleicht ein alter Schuppen! - Die Rektorin hat gesagt, eine Aufnahmeprüfung müsse man nicht machen, und wenn man danach eine Arbeit annimmt, würde man 180,- DM im Monat bekommen!

Freitag, 18.12.59

In der Nordschau haben sie heute die Michaelis Kirche von Hildesheim gezeigt. Da wurden neue Bilder angebracht. Leider gab es kein Interview mit Pastor Gurland! Ich wäre in Ohnmacht gefallen, wenn ich ihn am Fernsehschirm gesehen hätte!

Sonnabend, 19.12.59

Eigentlich wollte ich mir für den Tanzstunden-Abschlußball ja selbst ein Kleid nähen. Aber Mutti meinte, für so einen großen Augenblick müßte ich was Richtiges anhaben. Also bin ich heute mit Mutti in Uelzen herumgerannt, bis wir bei Burrack ein ganz Schickes gefunden haben! Es ist aus brokatähnlichem Stoff und kostete 89,- DM. Mensch, so ein teures Kleid! - Ich freue mich riesig auf den Weihnachtsball!

Sonntag, 20.12.59

So 'ne Scheiße! Verzeihung! Na, ich bin vielleicht wütend!
Die Tanzstunde fing schon um vier an. Klaus Mathias saß mit seinem Freund Günther Forst gelangweilt da, als ich kam. Danach: Nischt! -
Den ersten Tanz tanzte ich mit Karsten Synder. - Mathias blieb sitzen.
Den zweiten tanzte er mit Monika Tölke.
Ich sah ihn an!
Er sah durch mich hindurch!
Ich lachte ihm stur ins Gesicht, aber er verzog keine Miene. So ein Dussel!
Den nächsten Walzer mußte er mit Frau Rehm tanzen, weil er es wohl nicht kapieren konnte.
Dann endlich bemühte er sich zu mir, forderte mich auf, und schwieg.
Ich auch!
Und so schwiegen wir, und das war alles!!
Als ich ging, sagte ich nur noch herausfordernd "Auf Wiedersehen" zu ihm, aber er zog sich mit aller Seelenruhe den Mantel an. Monika und Regine meinten zwar, ich solle nicht so hart sein, aber ich sagte, daß ich hier nicht wie "bestellt und nicht abgeholt" auf ihn warten würde.
Ich konnte ihn nichtmal fragen, ob er Weihnachten zum Tanzen geht.
Hach, ich bin wütend über diesen Idioten!
- Ich plane etwas!

Montag, 21.12.59

Hihihi, es hat geklappt! In der kleinen Pause ging ich mit Gudrun in Huldas Klasse, um den ausgestellten Eiffeltum anzusehen. Ich traf Kleinmichel auf der Treppe und zog ihn zu mir hin: "Sag mal, kommst du heute abend mit Klaus Mathias zusammen?" -
"Vielleicht. - Läßt du was springen?"-
"Na, hör mal, du spinnst wohl? Also paß mal auf, du sagst ihm, er soll mir nicht böse sein, weil ich gestern so schnell nach Hause gelaufen bin, meine Mutti ist nämlich krank, verstanden? - So, und dann fragst du ihn, ob er Weihnachten tanzen geht, aber nicht sagen, daß ich das wissen will, verstanden? Und morgen sagst du mir Bescheid."
Gudrun sagte, ich würde dem ganz schön nachlaufen. - Vielleicht hat sie Recht. Wenn doch bloß in einem Horoskop etwas Gutes stehen würde! Ich lese schon jedes, was mir in die Finger kommt. Keins ist gut für Weihnachten. -

Dienstag, 22.12.59

Heute begannen unsere letzten Ferien, das ist vielleicht ein Gefühl! Ich gehe ja noch länger zur Schule, aber die anderen müssen schon richtig arbeiten und kriegen dann nur paar Wochen Urlaub.
In der ersten Stunde hat Rimke Geschichten vorgelesen,
in der zweiten hat Böhl mein Buch "Wenn wir alle Engel wären" angefangen,
und die dritte war Englisch bei Warneke, da hieß es natürlich wie immer : "Lies und übersetze..." Bähbäh..!
Kleinmichel habe ich nicht mehr gesehen. Lieber Gott, mach doch bitte, daß Klaus Mathias Weihnachten zum Tanz geht.
Ich mußte den ganzen Nachmittag plätten und stopfen.

Heiligabend 1959
Lieber Gott, ich bin dir so dankbar für den heutigen Tag!!
Vormittags fuhr ich mit dem Bus nach Wieren zu Fuchsens Frisörsalon, meine Haare waschen und legen lassen, weil doch Weihnachten ist.
Aber ich sehe nicht anders aus, als wenn ich es selber mache.

Zu Hause gab es Gänseklein, das schmeckte prima!
Danach brachte ich der "Weißen Taube" eine Schachtel Pralinen als kleine Aufmerksamkeit. Sie hat sich ganz doll gefreut. Die arme Frau ist Weihnachten ganz allein, aber ich brauch Mutti gar nicht zu fragen, ob....

Heiligabend 1959
Zu Hause aßen wir schnell Abendbrot und nach unserem traditionellen Weihnachtsständchen (ich Klavier, Vati Geige, Waldi jault) kam die Bescherung:

Mutti bekam:
Eine "Eset-Rolle", 1 Fl. 4711, eine Butterglocke, einen Gutschein über 4 Wochen Haushaltsführung wenn sie zur Kur in Hahnenklee ist, 1 warmes Hemdchen, 1 Flasche Kirsch mit Rum, 1 Fl. Eierlikör, 1 Perlenkette, 1 Tafel Schokolade, Punschbohnen, 1 Flaschenbürste, eine große Schachtel Pralinen von Apotheker Witte.

Vati bekam:
Einen Schlips, eine Unterhose, 2 Paar Socken, Zigaretten, Zigarren, 1 Fl. Stonsdorfer von Herrn Witte.

Und ich bekam:
"Meine Welt 1960, 1 neues Tagebuch (hat den gleichen Schlüssel wie dieses), ein Ansichtskartenalbum,
"Draußen vor der Tür" von Borchert, 1 Zahnbürste, 4711 Parfum und Seife, 1 Schlafanzug mit schwarzer Hose, einen tollen Pullover, 1 Paar weiße Stiefel aus Fell (und die passen sogar!), 3 Paar Strümpfe, einen BH mit passendem Hüftgürtel (paßt auch beides), 3 Garnituren, Schokolade und Feigen., na, ich bin zufrieden!

1. Weihnachtstag, 1959

Heute gab es Gans. Schmeckte ja ganz gut, aber Mutti hat furchtbar geschwitzt und die ganze Bude ist jetzt verstänkert. Nachmittags ging ich bißchen raus und traf Gudrun und Werner Mahlke. Wir gingen zu dritt nach "Waldesruh", wo Werner für uns eine Coca ausgab.

Danach haben wir bei uns im Ostzonensender die "Feuerzangenbowle" angesehen. Das ist ja ein lustiger Film!
Um 8 Uhr fing Tanzen im Schützenhaus an. Die Männer kamen fast alle "vons Dorf", denn die meisten Grenzer haben Heimaturlaub. Gegen 10 Uhr kam Monikas Freund Forst, der auch der Freund von Klaus Mathias ist.
Als er einmal mit mir tanzte, bestellte er mir - juchhu! - ganz liebe Grüße von Klaus und sagte, Klaus habe viele Kameraden gefragt, aber keiner wollte den Wachdienst mit ihm tauschen. - Na, das beruhigt mich ja! -
Dann tanzte der andere Blonde - auch aus der Tanzstunde - mit mir, und der mußte mich auch von ihm grüßen und außerdem sollte ich morgen um 6 Uhr abends zum Bundesgrenzschutz - Eingang kommen.
"Nee, da geh ich nicht hin!" sagte ich gleich, denn das würde mir Mutti nie verzeihen. Ein anständiges Mädchen geht nicht zu den Kasernen. - Ich schlug vor, daß er zum Kriegerdenkmal kommen soll, wenn er Lust hat, oder er solls bleiben lassen. - Ich war ja so aufgeregt, aber ich wollte ihm nicht zeigen, daß mir etwas an Klaus Mathias lag. - Ich war ja so glücklich!

Dann forderte mich Horst Bartelt auf und tat ziemlich verliebt. Die Musik spielte: "Ich hab sie ja nur auf die Schulter geküßt.." und Horst sagte: "Was, auf die Schulter, das lohnt sich doch gar nicht!" - Ha, als ob der überhaupt schon ein Mädchen geküßt hätte! Der gibt ja sooo an.
Dann kam der Bottermund wieder und drückte mich so fest an sich und redete und redete. Ich hab gar nichts gesagt, worauf er mich fragte, ob ich böse auf ihn sei. "Nö, ich bin nur müde!" - "Darf ich dich nachher ein Stück begleiten?" - "Nö, ich geh mit Lieschen." - Da hat er mich nicht wieder aufgefordert.

Ich tanzte dann noch oft mit Horst Bartelt, immer so ganz eng, und das war mir peinlich, weil ich Angst hatte, daß der Forst das sehen würde. Also habe ich mich mit aller Wucht gegen ihn gestemmt, worauf er sagte:
"Mädchen, Mädchen, wie tanzt du denn? Was sollen den die Leute denken?!" - Echt Horst Bartelt!

Mit Eckhard Busch bin ich zu einem Glas Sekt in die Bar gegangen. Das war das Einzige heute abend. Ortrud hat sich mit Dieter Reese mitten im Saal abgeknutscht. Nee, also das ist eigentlich 'n bißchen doll!
Um 20 nach 2 wollte ich ganz schnell nach Hause gehen, und wer steht draußen? Bottermund! Er bot mir nochmal an, mich nach Hause zu bringen, aber ich lehnte ab, - wickelte meinen Schal um die Frisur, schlug den Kragen hoch und lief los. Es war wirklich stockdunkel. Wenn ich nicht die Straßen so genau kennen würde, hätte ich mich garantiert nicht zurechtgefunden. Ich tapste immerzu in Fützen und in meinen Schuhen quabbelte das Wasser. Um 3 Uhr lag ich ganz glücklich im Bett. - Ich freue mich auf morgen.

2. Weihnachtstag 1959

Mir ist im Augenblick richtig schlecht.
Mir wird immer so schrecklich übel, wenn ich mich auf etwas freue und auch noch verliebt bin. -

Es hatte den ganzen Tag genieselt und ich dachte schon, das Rendezvous sei im Eimer. Aber gegen 4 Uhr wurde es besser und ich schlug Vati vor, mit mir spazieren zu gehen. Also schesten wir los mit Waldi. - Ich wollte ja nur die Zeit totschlagen und habe Vati von Klaus erzählt und ihn gefragt, ob er seinen "Schwiegersohn" nicht mal kennenlernen möchte, - schließlich hätte Monika Tölkes Freund gestern im Saal auch bei den Eltern gesessen **(in Steno:stimmt aber gar nicht!).**
"Schwiegersohn? Nun mach mal halblang! Prüfe, wer sich ewig bindet!"
"Quatsch, ich will ihn doch nicht heiraten!"
Und dann hat er mir einen Vortrag gehalten, daß ich doch noch das ganze Leben vor mir habe und daß ich erstmal was lernen soll.... Naja, Vati ist besorgt um mich.

Dann trafen wir Monika Tölke und nach einer kurzen Begrüßung ging Vati nach Hause und ich mit ihr zum Kriegerdenkmal. Sie wollte sich nämlich auch um diese Zeit mit Forst treffen. Und pünktlich kamen die Herren anmarschiert.

Wir sind auf der Promenade spazieren gegangen . Zwei und zwei, wir waren hinten.
Auf mein ständiges Fragen, warum er nicht nach Hause gefahren sei, rückte er endlich mit der Sprache heraus, daß zu Hause was nicht stimmt.(Vielleicht lassen sich die Eltern scheiden, oder er hat auch so'n Krach gehabt, wie es bei mir manchmal ist.) - Er ist katholisch!!! Und geht trotzdem in unsere Kirche. Oh Gott, wenn Mutti davon erfährt! - Er war auch schon mal verlobt. Als er dann die ersten Monate beim Grenzschutz war, hat es seine Freundin so mit anderen getrieben, daß er Schluß gemacht hat. -
Er sagte, ich sei anders als die anderen "Weiber" hier in Bodenteich(ich mag diesen Ausdruck nicht)

Und dann fragte er mich, ob ich wirklich hier in Bodenteich geboren sei, er hätte das nämlich anders gehört...
"Ach, was erzählt man denn so über mich?" fragte ich ihn mit möglichst gelangweilter Stimme, obwohl es mich brennend interessierte.
Er habe gehört, daß ich aus dem Osten sei, und daß meine Mutter mich weggegeben haben soll, weil sie schon 5 andere Kinder hatte.... und dann fügte er noch hinzu "...von verschiedenen Männern!"
Mein Herz klopfte, aber ich lachte dann nur und riet ihm, auf diesen Dorftratsch nicht zu hören. Ich hätte Beweise. daß ich in Bodenteich geboren bin und daß die Brandten meine richtigen Eltern sind. Basta.

Vor längerer Zeit hatte das mal Helga Langwald zu mir gesagt. Daraufhin ist Mutti ganz empört zu ihren Eltern gegangen und hat geschimpft, daß sie so einen Blödsinn herumerzählt.
Damals hatte ich Mutti gefragt, warum in meinem Zeugnis steht, daß ich in Lebus geboren bin, das ist in der Ostzone. Da meinte sie, da hätte man sich nur verschrieben. - Aber warum schreiben sie das immer wieder falsch ab? - Und warum bin ich erst so spät getauft? - Nur weil die Zeiten so schlecht waren? -
Antje N. ist doch auch adoptiert und alle wissen es. Warum ist bei mir so ein Geheimnis drumrum?
Ich mag Mutti gar nicht danach fragen. Vielleicht möchte ich auch die Wahrheit nicht wissen. Was würde ich denn machen, wenn irgendwo meine richtigen Eltern wären, vielleicht in Uelzen, oder in Lüneburg?
Nein, ich will nicht mehr darüber nachdenken.
.

Monika und ihr Günther (Forst) duzen sich schon!

Klaus hat mich bis vor unsere Haustür gebracht, dann hat er mir ganz lange und fest die Hand gedrückt.
Silvester holt er mich zum Tanzen ab und klingelt kurz-kurz-lang, dann weiß ich Bescheid.
Vielen Dank, lieber Gott, ich freue mich so.

Sonntag, 27.12.59
So, Weihnachten ist vorbei. Ohne Schnee. -
Abends klingelte das Telefon, ich ging ran. Es meldete sich der Bundesgrenzschutz und ich kriegte so ein Herzklopfen, daß ich gleich wieder auflegte. -
Dann klingelte es nochmal. - Oh Gott, ich war so aufgeregt.
Es wurde zu Klaus Mathias verbunden, der mich abends sehen wollte. Aber Vati sagte gleich, daß abends nicht infrage kommt. Ich sagte also "Vier Uhr am Schützenhaus." - "Warum so früh?" - "Himmeldonnerwetter, weil ich abends nicht darf!" - Ich hörte, wie er zu jemanden sagte:" Bißchen hysterisch, die Kleine!"Hihi, daß ich das noch hören mußte! -
Als ich ihn traf, entschuldigte ich mich für meine "Hysterie", weil Mutti nämlich deswegen auch gleich geschimpft hatte. Man tut das nicht! -
Er hat das wohl nicht so ernst genommen und sagte nur, daß er sich freut, daß ich überhaupt kommen konnte.
Wir gingen ziemlich lange spazieren, aber leider sind wir niemanden begegnet, weder Lieschen noch Gudrun oder sonstwem. - Wir redeten über Sternschnuppen und über seinen Stiefvater, den er nicht ausstehen kann.

Zu Hause kam dann das Theater. Vati hat Angst, daß die Leute über mich und meine Eltern reden.
Es sei ihm schleierhaft, wieso ein Setzer, der doch so viel Geld verdient, zum Bundesgrenzschutz geht.
Und dann hat er Angst, - hihihi- , daß ich eines Tages sagen würde: "Ich kann ohne ihn nicht leben. Wir wollen heiraten!" So ein Quatsch!
Und Mutti sagte: "Paß mal auf, der ist bestimmt katholisch, wenn der aus dem Saarland kommt."
Ich tat so, als ob ich das nicht wüßte und sagte: "Na, und wenn schon. Solange ich ihn nicht heirate, ist das doch schietegal."
Als Vati nachher draußen war, sagte Mutti, sie hätte ihn durch die Gardine beobachtet, und der würde ja totschick aussehen. - Na, habe ich's doch gewußt, daß er ihr gefallen würde.

Dienstag, 29.12.59
Jetzt habe ich immer Angst, wenn das Telefon klingelt. Heute abend auch. Vati ging ging ran.
Jemand sagte, daß er Frl. Brandt sprechen möchte, und Vati fragte "In welcher Angelegenheit?"
Darauf hat der dann gesagt, es sei privat und Vati hat den Hörer auf die Gabel geschmissen.
Mutti wollte sich schon wieder aufregen, aber Vati hat so laut geschimpft, daß sie nicht zu Worte kam.
Er hat sich geärgert, daß der andere nicht gesagt hat, was er wollte und außerdem hätte er sagen sollen, daß er seine Tochter (anstatt Frl.Brandt) sprechen möchte. Also das ist ja nun wirklich kein Grund, einfach aufzulegen. - Hoffentlich wollte Klaus Mathias nicht für Silvester absagen....

Mittwoch, 30.12.59
Heute war Mutti schon am Morgen so komisch. Sie sagte, sie hätte gar nicht schlafen können, weil sie immer über mich und meine "Rumtreibereien" nachdenken muß. Oh Gott, hoffentlich klappt sie nicht wieder zusammen. Ich will nicht schuldig sein, wenn sie wirklich etwas Schlimmes tut...

Mittags hat sie sich kurze Zeit hingelegt, kam aber bald wieder weinend zu mir ins Zimmer, ziemlich durchgedreht, und das alles angeblich wegen Klaus! - Scheiße, daß ich so schlecht trösten kann!

Ich redete auf sie ein, daß es doch kein Grund zur Aufregung ist, wenn ich mal mit einem jungen Mann durch Bodenteich spazieren gehe.
Naja, Mutti nahm dann eine Schlaftablette und marschierte wieder in ihr Bett. Was soll ich nur tun?
Ihn verlieren will ich auf keinen Fall, aber Muttis Liebe erst recht nicht.
Abends mußte ich den Toto-Schein wegbringen und traf auf dem Rückweg Horst Bartelt. Wir quasselten ein bißchen und plötzlich fing es an zu gießen und wir stellten uns unter ein Scheunendach. Horst ist eigentlich süß, aber man darf nie erwarten, daß man ihn für sich allein hat!

Am Abend lag Mutti noch genauso verweint im Bett und sie bot einen jämmerlichen Anblick. Sie tut mir so leid. Lieber Gott, hilf Mutti! Bitte hilf Vati ..... und mir.... Gibt es das in anderen Familien auch?

Silvester 59
Heute vormittag ging ich zu Dr. Hinze, um für Mutti Schlaf- und Beruhigungstabletten aufschreiben zu lassen. Ich begegnete dem Kleinmichel und der sagte ganz übereifrig: "Gut, daß ich dich treffe, ich soll dir 'n schönen Gruß von Klaus Mathias bestellen, seine Mutter ist krank und er mußte sofort nach Hause fahren."
"Ha, lieber Gott, ich danke dir! Das ist ja die Lösung!," jubelte ich innerlich und rannte nach Hause, um Mutti ganz beiläufig zu sagen, daß ich nicht zum Tanzen gehen wollte, weil s i e so krank ist. Ich nahm sie in die Arme und sie drückte mich, so doll sie konnte. Naja, eigentlich habe ich mich schon geschämt, weil ich sie ja getäuscht habe. Das darf sie nie erfahren.

19.30 Stell dir vor, liebes Tagebuch, ich gehe nun doch zum Tanzen!!
Ganz schnell: Doris hat angerufen, ich habe gesagt ich gehe nicht, da hat Vati gesagt: Na, nun geh man, Silvester ist nur einmal im Jahr!
Juchhu! - Keine Zeit! - Prosit Neujahr!

Neujahr 1960

So, jetzt beginnt mein neues Tagebuch, und ich habe gleich soooo etwas Herrliches hineinzuschreiben!
Eigentlich wollte ich gestern abend nicht zum Tanzen gehen, weil nämlich mein augenblicklicher Schwarm, Klaus Mathias vom Bundesgrenzschutz, überraschend nach Hause fahren mußte. Seine Mutter ist krank und meine Mutti wollte auch nicht so gern, daß ich gehe. Also dachte ich, bleibe ich einfach zu Hause.

Dann rief aber Doris an und Vati sagte, ich soll doch gehen, denn es sei ja nur einmal im Jahr Silvester.
Da bin ich losgerast, erstmal um Lieschen abzuholen. Wir umärmelten uns vor Freude mitten auf der Straße.

Dann gingen wir schnurstracks ins Schützenhaus, wo nur Besoffene auf der Tanzfläche herumtorkelten.

Wir hatten wieder "unseren" Tisch gleich vorn an der Theke. Bald kam auch Doris und so langsam fing das Tanzen an. Zuerst holte mich Eckhard Busch, dann so ein paar Doofis und danach Horst Bartelt.

Eigentlich fand ich es ja noch ziemlich bescheiden, aber ich machte ein strahlendes Gesicht und ein paar Witze und dachte mir im Inneren: Mach dir nichts draus, du hast ja deinen Klaus. Wenn ich da gewußt hätte, was noch kommen sollte...!

Dann kam wieder dieser Blonde, der schon mal beim Konzert mit mir getanzt hatte und im Kino mal neben mir saß und mein Programmheft haben wollte. Der sieht prima aus und ist vor allen Dingen größer als ich und wird 22! Erst hatte ich mir ja ein wenig Hoffnung gemacht, aber als er dann immer bei Mecki und Monika Synder saß und andauernd mit denen tanzte, gab ich die Hoffnung auf.

Dann tanzte ich mit einem, der sah zwar im Gesicht gut aus, war aber knapp genau so groß wie ich, wenn nicht sogar kleiner. Das hab ich nicht so gern, aber immerhin lud der mich zu 2(!) Glas Sekt ein. Das war das einzige, was ich an dem Abend zu trinken bekam, ... aber ich bekam was anderes!

Um Mitternacht tanzte ich mit Bartelt und der Blonde mit Monika Synder. Dann gab es den Tusch und das Neue Jahr war da!! Alle gratulierten und umarmten sich. Ich wäre gern mit Horst Bartelt in die Bar gegangen, aber der ist ja immer zu geizig, also gingen wir beide raus zu den anderen und hörten die Knallerei an, d.h. ich hielt mir die Ohren zu! Horst hielt seine Arme um meine Taille und kam mir ziemlich nahe, aber ich wich aus, wie es sich gehört.

Warum weiß man nie, wie der andere wirklich denkt?

Ich ging mit Horst Bartelt wieder rein und als ich gerade am Tisch saß, kam der Blonde auf mich zu. Er wünschte mir alles Gute und lud mich zu einem Sekt in die Bar ein. Da war es aber übervoll und so gingen wir gleich wieder raus, sausten quer über den Saal, riefen allen Prosit Neujahr zu und verzogen uns dann in den kleinen angebauten Raum. Karla Vietmeyer und Marlies Pollehn saßen da schon mit Herrenbegleitung und schmusten, weil es da so schummerig war. Wir setzten uns auch hin. Er sah mich an. Sehr tief in die Augen. Er faßte meine Hände, meine Arme. Ich lehnte mich zurück, aber er warf mir eine Papierschlange um den Hals und zog mich zärtlich zu sich. Ich legte meine Hände an seine Brust und wir sahen uns wieder in die Augen, d.h. ich wurde dann ganz verlegen und sah nach unten. - Und dann, dann küßte er meine Schulter, meinen Hals, mein Haar, .. ich wußte nicht, was ich sagen sollte und lächelte nur. Dann hob er mit dem Zeigefinger mein Kinn und sah mich wieder ganz ernst an, so furchtbar ernst, und küßte mich auf den Mund, dann auf die Stirn. Ganz zart. Ich legte meinen Kopf auf seine Schulter, an sein Gesicht und zitterte am ganzen Körper. - Es war so schön, in den Armen eines Mannes zu liegen, seinen warmen Körper und seine Küsse zu spüren. Oh, war ich glücklich. Schließlich passiert so etwas nicht alle Tage (bei Ortrud vielleicht). "Hast du schon viele geküßt?" fragte ich ihn leise und wußte gleich, daß das eine blöde Frage war. Er schüttelte ganz ernst den Kopf.

"Sag mir doch bitte deinen Vornamen," bat ich ihn. Er küßte mich noch einmal auf die Stirn und sagte: "Das ist jetzt nicht wichtig, wir werden uns doch wiedersehen, oder?" - Ohje, jetzt fängt das wieder an. - Nein, ich durfte nicht an später denken. Ich dachte nur, daß dieses jetzt das erste Mal war, daß mich ein Mann küßt und ich es mir nie erträumt hätte, daß es gerade heute passiert, wo doch Klaus nicht da ist.

Komisch, ich kann mir jetzt - wenn ich das schreibe - gar nicht vorstellen, daß ich mich von Klaus küssen lassen würde. Ob ich ihn überhaupt einlade zum Abschlußtanz, jetzt wo das hier passiert ist?

Wir saßen ungefähr eine viertel Stunde da und ich hatte alles um mich herum vergessen: daß Karla und die Pollehn daneben saßen, daß man mich vom Saal her sehen konnte, daß Mutti einen Nervenzusammenbruch kriegen wird, wenn sie das erfährt.....

Ich sollte um eins nach Hause gehen, und so erhoben wir uns, ich war ganz verträumt und sah nur, daß Gudrun doof guckte, Monika Synder noch doofer und Mecki ganz wütend. Mein Gott, die laufen dem wohl alle nach!
Naja, so wie der ist.... Mecki hängte sich an ihn und mauzte: "Du hast heute erst einmal mit mir getanzt!"
Ob er die auch schon geküßt hat? - Ich sagte dann leise zu ihm: "Ich muß jetzt nach Hause, dann kannst du ja mit Mecki tanzen!" - "Wenn ich das wollte, könnte ich es ja jetzt schon tun", sagte er darauf und strich mir übers Haar und dann tanzten wir noch einmal. Ich sah immerzu nur nach unten, weil ich glücklich war und das sollte jetzt keiner sehen. Da flüsterte er mir ins Ohr: "Du hast doch so ein hübsches Gesicht, schau mich doch an." Als ich gerade hochsah, wollte er mich küssen, aber ich - zack-zack! - bin ihm ausgewichen. Monika Synder hatte das wohl beobachtet und rief mir zu : "Nicht so zaghaft, Ilse!" - Er faßte mich fester und sagte: "Laß die nur reden, bleib wie du bist! - Und sei mir nicht böse, wenn ich nachher mit denen tanze."
Ich glaube, er machte sich lustig über diese Gänse, die ihm so nachlaufen. Ich werde nie einem Mann nachlaufen, wenn ich merke, daß er mich nicht mehr mag! -

Ich machte mich dann auf den Heimweg. Erst war ich traurig, daß er nicht gefragt hat, ob er mich begleiten darf, aber dann wußte ich, daß es so sein sollte: Vati und Mutti kamen mir nämlich entgegen. Na, wenn die mich mit ihm gesehen hätten, wenn er vielleicht gerade....

Um 2 Uhr lag ich im Bett, es war so wunderschön!
Was wird das neue Jahr bringen? Werde ich verliebt sein? Werde ich viele Tränen vergießen?
Wird mit der Schule in Uelzen alles klappen? Lieber Gott, steh mir auch in diesem Jahr bei und gib mir Kraft, alles Schwere zu ertragen. Gute Nacht!
Bis 10 Uhr gepennt. - Nachmittags nach Braunschweig zu Onkel Albert und Tante Else gefahren, alles Gute zum neuen Jahr gewünscht. - Alle haben geredet, aber ich habe nur weitergeträumt von gestern...

Zu Hause haben wir abends eine Feuerzangenbowle gemacht. Ich war ganz beschwipst. Ich mußte doll aufpassen, daß ich nicht in meiner Glückseligkeit etwas von heute nacht ausplauderte.

Sonnabend, 2. 1.60
Ich hatte vergessen aufzuschreiben, daß ich mich mit dem Blonden heute um 3 Uhr bei Blome treffen wollte.
Aber er war nicht da! - Ich lief zu Lieschen und wir beide schoben die Straße rauf und runter, eine Stunde lang, aber er kam nicht. Doris hatte mir heute morgen gesagt, er hätte nachher noch ganz schön oft mit Mecki getanzt! Naja, so ungern wird er es nicht getan haben! - Soll er! - Ich habe ja Klaus Mathias!

Wir möchten am 16. Januar zur Maskerade gehen, Lieschen als Sonnenblume und ich als Gigi. Ich darf sogar.

Sonntag, 3.1.60

Heute hatte ich gar keine Lust zur Tanzstunde, aber es war dann doch schön. Es waren 7 Herren und 21 Mädchen, jetzt mußten teilweise zwei Mädchen zusammen tanzen. Ich bin dann meistens der "Herr", das ist ganz lustig. Forst hat sich gewundert, daß Klaus nun doch nach Hause gefahren ist, - am Mittwoch soll er wohl wieder da sein.

Montag, 4.1.60

Mutti ist heute nacht ausgezogen, weil Vati so geschnarcht hat. Im Wohnzimmer hat sie sich erkältet. Sie lag den ganzen Tag im Bett und ich mußte zu Dr. Hinze Schlaftabletten für sie holen, dann kann Vati ruhig schnarchen.

Dienstag, 5.1.60

Ich habe mittags Rosenkohl gekocht und den Rest vom Braten warmgemacht, weil Mutti immer noch nicht aufstehen konnte. - Dann habe ich den Weihnachtsbaum geplündert und alle Sachen auf den Dachboden gebracht.
Als ich nachmittags Strümpfe zu Otto's gebracht habe zum Laufmaschen-Aufnehmen, hat mich Frau Otto nach Strich und Faden über Mecki und den Blonden ausgehorcht. Er heißt übrigens auch Klaus. Sie mag ihn gern und hat nichts dagegen, wenn ihre Tochter mit ihm geht. - (Ha, wenn die wüßte, was das für einer ist!)
Ach, wenn mein Klaus Mathias doch bald wieder käme.

Mittwoch, 6.1.60

Den ganzen Tag habe ich gehofft, daß er anrufen würde.... Nischt.
Ich war bei Frau Dr. Sauer, weil ich meine Tage plötzlich schon nach 2 Wochen kriege. Sie hat mir Ovibion-Tabletten verschrieben.

Donnerstag, 7.1.60

Schiet, die Schule fing heute wieder an. Jetzt geht's ins Finale! Für meine Jahresarbeit "Über die Sitten und Gebräuche Bodenteichs" habe ich eine 1 gekriegt. Doll, was? - Ursel Müller hat auch eine 1.
Dr. Hinze war heute wieder bei Mutti, weil es ihr immer noch nicht besser geht. - Als wir beide die Treppe hochgingen, legte er seinen Arm um meine Taille...
Er will mir immer in den Popo kneifen. Doktorchen ist in Ordnung.

Freitag, 8.1.60

Als ich Vati heute abend wie immer den Gute-Nacht-Kuß geben wollte, leckte er sich - wie üblich - erst die Lippen ab. Ich habe gesagt, daß ich das auf den Tod nicht abkann. Da war er ganz entrüstet und meinte nur:
"Na, du bist ja albern. Machen das deine Kavaliere nicht?" - "Nee!" sagte ich und nichts weiter. Der will mich ja nur aushorchen. - Ob Mutti wieder in meinem Tagebuch gelesen hat (**in Steno: Ich muß mich wirklich dazu zwingen, in Zukunft die "gefährlichsten" Sätze in Steno zu schreiben, aber meistens bin ich dazu zu müde**)

Sonnabend, 9.1.60

In der Zeichenstunde haben wir mit Herrn Raddatz die ganze Zeit über unsere Schul-Abschlußfeier geredet. Er will mal Herrn Brunhöfer fragen, ob wir das Schützenhaus dafür kriegen können, und zwar umsonst!

Mensch, Raddatz ist der beste Lehrer, den es an der Bodenteicher Schule gibt!

Sonntag, 10.1.60

Ich weiß nicht, ob es eine Enttäuschung ist, die ich heute erlebte. Aber danach weint man doch, und ich kann gar nicht weinen, so aufgeregt bin ich immer noch!

Ich ging ziemlich spät zur Tanzstunde, mein(?!) Klaus war schon da. Er tanzte zuerst mit Monika Tölke. Nachher habe ich ihn ganz mutig abgeklatscht. Er sagte nichts, keine Begrüßung, gar nichts.

Also sagte ich auch nichts und blickte immer nur hinunter. - Als wir wieder saßen, erinnerte der Tanzstundenlehrer daran, daß die Herren sich eine Dame zum Abschlußball einladen müßten. -

Danach griff ich die Gelegenheit beim Schopfe, d.h. ihn am Jackett und forderte ihn auf zur Damenwahl.

"Wir haben uns noch gar nicht begrüßt!" sagte ich spaßig-vorwurfsvoll.

"Schlimm, was?" -

"Nö, aber wie geht es denn dei--eh- Ihrer Mutter?" (Das mit dem Versprecher machte ich absichtlich, damit er merken sollte ich gern du zu ihm sagen würde). -

"Wieso, wie soll's denn meiner Mutter gehen?" -

"Na, ich denke, ihretwegen sind Sie nach Hause gefahren?" -

"Ach so, ja,ja, stimmt, der geht's gut."

Na, jetzt wußte ich ja, daß da irgendwas nicht ganz geheuer war. - Wenn der Hund mich doch bloß einladen würde, - dachte ich die ganze Zeit. - Aber es kam nichts. Die anderen Mädchen dachten alle, daß ich sicher schon eingeladen bin und da versuchte ich es mit einem Trick beim nächsten Tanz: "Also, die Mädchen glauben alle nicht, daß Sie mich nicht eingeladen haben zum Abschlußball." -

"Ach ja, das wollte ich ja noch tun!" , sagte er ganz schusselig. Dann hat er es offiziell getan, hihihi! -

Wir tanzten gerade Marsch und ich war jetzt gutgelaunt, da rief ich Regine zu: "Ich hab's geschafft!" und er fragte "Was?" -

"Die Drehung, Herr Mathias!"

Danach tanzte ich mit Forst.- Der druckste dann so eigenartig herum, daß er mir etwas erklären müsse, was die Zukunft von Klaus betreffen würde, - da gäbe es doch so Dinge wie Verlobung, Hochzeit usw. ...

Ich schnappte nach Luft: "Mein Gott, ich werde verrückt!" weil ich Dussel dachte, er sollte mir in seinem Namen einen Heiratsantrag machen.

Aber dann kam es raus:

Klaus hat sich über Weihnachten verlobt! -

Ich konnte es erst nicht glauben, aber dann habe ich mich zusammengerissen und gesagt: "Oh schön!", obwohl ich vor Herzklopfen fast nicht atmen konnte.

Bevor ich das alles in mein Tagebuch geschrieben habe, saß ich eine ganz lange Zeit auf meinem Bett und grübelte. Ich konnte es nicht in meinen Dötz bringen....

Montag, 11.1.60

Horst Bartelt tut mir gegenüber ziemlich verliebt. Aber das ist ein Casanova, dem trau ich nicht.

Wenn ich an Klaus Mathias denke, wird es mir ganz schwummerig. Ob ich so etwas wohl noch öfter erleben muß?

Dienstag, 12.1.60

Heute habe ich mit Lieschen und Jutta in Uelzen Stoff für unsere Faschingskostüme gekauft.

Mutti sagt, ich darf dann nur bis 1 Uhr. Ich finde das gemein. Andere kommen erst um 4 Uhr nach Hause und spinnen dann ihren Eltern was vor.

Mittwoch, 13.1.60
Ich habe den Schlips genäht und in meine billige Maske alte Brillengläser mit Leukoplast reingeklebt.

Donnerstag, 14.1.60
Mensch, ich habe in der Erdkundearbeit eine 1 ! Ich traute meinen Augen nicht. Jetzt muß ich meinen Vertrag erfüllen und eine Mark in den Klingelbeutel werfen. Lieber Gott, ich danke dir.
Nachmittags bin ich durch einen schrecklichen Schneesturm zu Lieschen gegangen und hab geholfen, Bommeln für ihr Kostüm zu machen.
Mutti geht es schon wieder schlecht. Sie ist zu schwach, um aufzustehen. Ach, es ist schrecklich.

Sonnabend, 16.1.60
Ich war den ganzen Tag aufgeregt und habe immerzu geguckt, ob ich noch irgend etwas an meinem Kostüm besser machen könnte, bis dann um 7 Uhr Vati mich zu Lieschen gebracht hat, und dann uns beide ins Schützenhaus. Wir haben vielleicht gegackert und gekichert!! -
Für 1,50 DM Eintritt bekamen wir noch ein Los dazu und eine Nummer auf den Rücken für die Preisverteilung. Dann stürzten wir uns ins Gedränge. Das war ja herrlich, Quatsch zu machen und andere zu ärgern und nicht erkannt zu werden. Ich tanzte auch mit Horst Bartelt und holte mir meistens Grenzer.
Mit einem war ich gerade in der Bar und quälte mich mit einer Zigarette herum, als Vati runterkam und mich darauf aufmerksam machte, daß bald Demaskierung sei. Nun hatte ich einen Grund ,die Zigarette wegzuschmeißen, die ich sowieso nur widerwillig genommen hatte.

Als wir hochkamen in den Saal, faßte mich ein "Hauptmann von Köpenick" am Arm und zog mich mit auf die Bühne.
Ich sagte ganz bewundernd zu ihm: "Herr Hauptmann, Sie sehen aber wirklich aus wie im Film!"
und dann hörte ich nur noch durchs Mikrofon: ".....und der vierte Preis geht an den Hauptmann von Köpenick!"
Ich klopfte ihm auf die Schulte, er nahm seine Maske ab..... ich konnte es nicht glauben, ... nein, das war unmöglich! -........es war.......Mutti! -
Sie gab mir auf der Bühne einen Kuß und juchte vor Freude. Nie, nie, hätte ich das vermutet. Überhaupt, wo sie gestern noch nicht mal aus dem Bett raus konnte vor lauter Schwäche.

Meine Freundinnen haben sich gewundert und für die aus dem Romméclub war Mutti der Hahn im Korbe. Sie saß in einer großen Runde und erzählte Witze, als wäre sie nie vorher krank gewesen. Die dicke Meier aus der Bahnhofstraße sagte zu Frau Otto: "Die Lina tyrannisiert doch nur ihren Alten mit ihren Krankheiten. Die hat so einen gar nicht verdient " Ich hab das Vati erzählt, damit er sie fertigmachen sollte, aber Vati sagte nur:
"Laß man, die spinnt!" Ob Vati denkt, daß sie Recht hat?

Nach Mitternacht kam auch noch Klaus Mathias.
Ich ging glücklich mit ihm zu meinen Eltern.
Mutti sagte dann gleich, daß ich in einer halbe Stunde nach Hause muß. Naja, lieber um 1 nach Hause und Klaus konnte mich begleiten, als um 2 und ich hätte mit meinen Eltern gehen müssen.
Ehrlich gesagt: Irgendwie hat es mir nicht gepaßt, daß meine Eltern dabei waren.

Vor der Haustür gab es nur einen Händedruck. Naja, er ist ja verlobt.

Sonntag, 17.1.60
Schon wieder so ein herrlicher Tag! Wir wurden gestern von der dicken Tante Paula eingeladen zum 80. Geburtstag vom Opa. (Irgendwie sind die mit uns verwandt, weil sie ja auch Brandt heißen).
Eigentlich hatten wir alle keine Lust, aber es gehört sich nunmal, auch solche Besuche zu machen. Daß es dann trotzdem ganz lustig wurde, lag daran, daß zwei nette Jungs eingeladen waren. Der eine heißt Hans-Jürgen und wohnt in Groß-Ilsede und der andere wohnt in Versen, heißt Dieter und ist 'n bißchen doof.
Ich verstand mich prima mit Hans-Jürgen und Mutti freute sich über uns, weil wir so ein schön "naives" Paar waren.
Irgendwann kamen dann noch Anneliese und die Laske und die kleine Schwester von Dieter (ebenfalls doof!)
Die wollten nun immer mit Hans-Jügen schäkern. Na, also die Kleine ist höchstens 8 Jahre alt, ist ja wohl ein bißchen früh zum Flirten. -
Wir sind eine halbe Stunde im Ort spazieren gegangen, - ich mit 2 Jungs!!
Dann gabs Abendbrot und Dieter fuhr mit seiner Familie nach Hause, ich war jetzt mit Hans-Jürgen allein.
Wir saßen im Nebenzimmer, hatten das Licht aus und hörten bei der Beleuchtung aus dem Radioapparat Schlagermusik. Er sagte mir, daß er für uns beide eine Flasche Wein auf dem Hof sichergestellt hatte, aber leider mußte ich mit meinen Eltern nach Hause, bevor wir eine Gelegenheit hatten, sie zu holen.
Mutti mag ihn sehr gern. Ich auch. Er ist wohl so etwas wie ein Cousin über 2 Ecken. Hoffentlich kann ich mich noch mal mit ihm treffen, bevor er wieder nach Ilsede fährt(Lustig, wie sein Wohnort zu meinem Namen paßt!)

Montag, 18.1.60
Heute mußte ich in der Schule erstmal alles erzählen von der Maskerade und von Mutti als Hauptmann von Köpenick. Sie wollten das alle nicht glauben, daß Mutti das geschafft hat, obwohl sie so oft krank ist.

Als ich nach Hause kam, schwärmte Mutti noch so von dem gestrigen Abend und von dem netten "Kleinen" aus Ilsede. "Na, ist das nicht schöner als diese ewige Aufgeilerei mit den Kerls vom Grenzschutz?" fragte sie und sagte dann in einem Atemzug, daß ich in Zukunft beim Tanzen nur noch bis 1 Uhr bleiben darf. Und dann hat Vati mir wieder einen Vortrag gehalten von Anständigkeit und Zurückhaltung gegenüber Männern und da sagt Mutti etwas, was mich total erschüttert hat: "Du kannst dir später noch oft genug deinen Mund ablecken lassen!" I gitt, das war ja ein fieser Ausdruck.
Ich dachte natürlich gleich, daß Mutti wieder in meinem Tagebuch geschnüffelt hat, aber angeblich kam Frau Schubert gerade vom Schützenhaus, als Vati und Mutti mich abholen wollten(Silvester) und da soll Frau Schubert zu meinen Eltern gesagt haben: "Na, Frau Brandt, Ihre Tochter läßt sich gerade eben ihren Mund ablecken." -
Komisch, ich habe Frau Schubert den ganzen Abend nicht einmal im Saal gesehen, aber es wird wohl stimmen.

Natürlich haben meine Eltern recht, daß ich alles noch vor mir habe. Aber ich möchte hinter meinen Freundinnen auch nicht zurückstehen. Ich bewundere innerlich Vati und Mutti, aber nach außen gebe ich das nicht zu. Ich habe, ehrlich gesagt, richtig Angst, später mal meine eigenen Kinder zu erziehen. Ob ich dann auch so schlau und reif sein werde, wie meine Eltern?

Naja, es war dann alles wieder gut. Es klingelte und Hans-Jürgen stand draußen, um mich zum Abendessen bei Brandten Paula abzuholen. Wir schlenderten Hand in Hand los und bei Brandten sagte ich: "Hier hat sich ein kleiner Junge verlaufen, der sagt immerzu: Ich will zu meinem Opa!" Alle haben gelacht.
Nach dem Essen haben wir beide uns Heiratsanzeigen aus der AZ durchgelesen und uns fast krank gelacht dabei. Es gab viel Wein und Likör, ich trank auch mal aus Quatsch aus seinem Glas, und unter dem Tisch hielten wir unsere Pfötchen. Hihi! Um 10 Uhr ging ich dann freiwillig nach Haus und er half mir im Nebenzimmer in meinen Mantel und legte ganz kurz seinen Arm um meinen Hals... Huch! Gerade als ich gehen wollte, kamen meine Eltern und es gab Verlängerung. -
Einmal fragte ich Hans-Jürgen, wo die Toilette ist(ich wußte es ja, daß sie auf dem Hof ist) und er ging mit mir raus. Da stellten wir uns in einer unbeleuchteten Ecke an die Wand und schäkerten. Plötzlich hörten wir Onkel Fritz und ich sauste schnell auf die Toilette. Zum Glück hat er mich nicht gesehen.
Um 12 Uhr war Schluß. Morgen holt mich Hans-Jürgen von der Schule ab und nachmittags fährt er wieder weg. Schade!

Dienstag, 19.1.60
In der letzten Stunde bin ich ständig zum Papierkorb gerannt, um zu sehen, ob er schon unten wartet.. Aber ich konnte ihn nicht entdecken, weil er beim Kino drüben stand.
Gudrun kam nur ganz kurz mit über die Straße und ich stellte ihn ihr vor. Dann gingen wir ganz, ganz langsam, damit mich alle aus der Klasse mit ihm sehen konnten. Die haben vielleicht alle geguckt!!
Er hat bei uns Mittag gegessen und dann sind wir losgescheest. Zuerst zur Burg, dann zu Lieschen, dann bei Dieter Linde vorbei , Richtung Reinstorf bis zur Masch. Weil es anfing zu nieseln, drehten wir um und liefen zum Bahnhof. Da sah uns Uwe Gade, was mir sehr recht war. Wir erreichten gerade noch die Baracke vom Lager Wendtland und konnten uns beim nächsten Schauer dort unterstellen. Er legte seinen Arm "schützend" um meine Taille. Danach patschten wir weiter durch den grauen, nassen Schnee in Richtung Kriegerdenkmal und lasen dort die Gefallenen-Namen durch. "Wärest du traurig, wenn ich in den Krieg ziehen müßte?" fragte er mich und ich mochte gar nicht drauf antworten. Krieg wäre für mich das Schlimmste auf der Welt.
Hand in Hand und schweigend gingen wir bei den Häusern von Raddatz und Schneidewind vorbei in den Wald rechts von Waldesruh. Da hakte er mich dann wieder ein, und wir beide summten die Melodie von "Marina".

Plötzlich fing es wieder an zu regnen und wir stellten uns unter einen Baum. Ich machte meine Kapuze hoch und er sagte: "Komm laß mich auch mit drunter, " und kam dabei meinem Gesicht gefährlich nahe, daß ich ausweichen mußte. Vielleicht hätte ich es nicht tun sollen, aber nach meinen Erfahrungen sieht es immer irgendwer. Und dann ist es mit Muttis Vertrauen und ihrem Glauben an unsere Naivität aus.
Plötzlich fragte er: "Lebst du noch? "-
"Ja, wieso?" -
"Weil dein Herz gar nicht mehr klopft, laß mich mal hören. -
Nein, das konnte ich ihm nun wirklich nicht erlauben, aber ich habe seins gespürt...juchjuch!

Ein Blick auf seine Armbanduhr holte uns in die Wirklichkeit zurück: Wie zwei Rennpferde trabten wir im Gleichschritt in 10 Minuten bis zu Brandten Paula! Gerade noch pünktlich, denn alle standen schon mit ihren Taschen bereit.

Wir haben uns versprochen, beim nächsten Mal Brüderschaft zu trinken. Ich machte die Bewegung des Tränen-auswischens und dann haute ich ab nach Hause. - Ich war zwar wehmütig, aber Mutti sang:

"Wer wird denn weinen, wenn man auseinander geht,
und an der nächsten Ecke schon ein andrer steht,
man sagt Auf Wiedersehn und denkt sich heimlich bloß,
na endlich, biste wieder mal ein Scheusal los."

Mittwoch, 20.1.60
Die Mädchen haben gelästert, weil ich abgeholt wurde. Tja, nicht nur Ortrud hat Chancen!

Freitag, 22.1.60
Hans-Jürgen hat mir eine Postkarte geschrieben:
Vorgedruckte "Grüße aus Peine" und drunter Dein H.-J.
In Klammern hat er geschrieben "Du hattest wohl kein Taschentuch" - weil ich mir doch die Tränen mit den Fingern aus den Augen gewischt hatte.
Mutti sagte : "Wenn du wieder hinschreibst, dann nur eine Postkarte, die jeder lesen kann. Euch ist ja nicht zu trauen!"
Hat sie etwa erfahren, daß wir "eng umschlungen" spazieren waren? Sie tat so komisch. Geküßt hat er mich jedenfalls nicht! Das kann mir keiner anhängen.

Schneidewind schimpfte in der Stunde, daß unsere Mädchen so lange bei der Maskerade waren. Ach, wie bin ich meinen Eltern dankbar, daß sie mich so früh nach Hause geschickt haben.

Sonntag, 24.1.60
Mensch, ist das 'ne Scheiße! Als ich nachmittags vom Spaziergang nach Hause kam (ich hatte übrigens ganz kurz Klaus Mathias getroffen) kam Vati aus der Werkstatt und sagte: "Komm mal her, komm, komm!"
Also ging ich mit ihm ins Büro und ahnte schon, daß jetzt ein Theater losgehen würde. Er machte mir klipp und klar klar, daß ich besser daran täte, nicht mehr in die Tanzstunde zu gehen, die Leute reden und er hätte mir das schon immer sagen wollen.
Aha, wieder mal so eine Maßnahme, um mir zu zeigen, wie sehr er mich liebt und sich um mein seelisches und moralisches Wohlergehen sorgt! Vielen Dank! Ich heulte nicht. Ich bettelte nicht. Ich stand nur im Türrahmen, sah ihn an und hörte ihm zu, meinem lieben Vater.
"Sag Mutti man nichts. Die regt sich nur wieder auf," meinte er zum Schluß.
"Ach, ich habe vor Mutti keine Geheimnisse. Das werde ich ihr gleich sagen!"
Meistens wird er dann eifersüchtig. Aber es half nichts. Dann versuchte ich, ihm klar zu machen, daß alle anderen zur Tanzstunde dürfen, auch Lieschen im nächsten Jahr.
"Laß die man, - geh da nicht mehr hin, die Leute reden über dich, basta!"
So, und dann habe ich ganz kühl gesagt: "Vati ich gehorche dir, aber was ich über dich denke, überlaß bitte mir!" Mensch, das war hart und Vati rief noch hinterher: "Komm mir jetzt nicht mit Drohungen!"

Ich lief rauf zu Mutti, umarmte sie und fragte: "Vati sagt, ich darf nicht zum Abschlußball?" -
"Abschlußball? Du gehst überhaupt nicht mehr hin! Vati will das nicht. Und jetzt Schluß!"
Nachher spielte ich bekannte Lieder auf dem Klavier und immer wenn Vati mitgepfiffen hat, habe ich
zu einer anderen Melodie gewechselt. Dreimal hat er das mitgemacht und dann hat er wohl zuviel
gekriegt und ist rausgegangen.

Nach dem Abendbrot wollte ich zu Lieschen gehen, aber Mutti sagte ich soll zu Hause bleiben.
"Vati hat aber gesagt, ich darf ins Kino!" -
Vati rief aus der Stube, daß ich darf. Also schnell Schuhe an, Mantel an, und ab zu Lieschen. In
Gegenwart von Frau Rautenberg habe ich noch nichts erzählt, aber draußen! Lieschen ist bald auf'n
Hintern geflogen vor Erstaunen. So gingen wir zu I.H. Schulz, ich sah Klaus Mathias.... und dann
sagte ich zu Herrn Rehm, daß ich plötzlich nicht mehr kommen darf.
Er meinte, so einfach könnten meine Eltern mir das nicht verbieten, aber wenn mein Vater Grund
hätte für irgendwelche Befürchtungen, dann sollte ich doch besser gehorchen. Er will aber in der
nächsten Woche mal tanken kommen und mit meinen Eltern reden.
Der ist toll! Ob der Kinder hat?

Wir kauften die Kinokarten und gingen dann noch ein bißchen hin und her. Genau bei Kirck & Kruck
sagt Lieschen plötzlich ganz leise: "Dreh dich mal vorsichtig um".
Sie hatte Vati gesehen, aber ich sah nur noch eine Person zum "Kaufhof" reinhuschen. Hat der mir
etwa nachspioniert? Will der etwa zu Herrn Rehm und mit ihm reden? Während des ganzen Films
"Jaqueline" mit Johanna v. Koczian habe ich immer nur an mein Schicksal gedacht. -
Ich tu mir schon selber leid.

Montag, 25.1.60
Mutti hat kein Wort mit mir gesprochen. Wenn sie mucksch ist, sag ich auch nichts!

Monika Tölke sagte mir, daß Klaus Mathias in der Tanzstundenpause bei meinen Eltern gewesen sein
soll und Vati hätte gesagt, daß ich nie mehr kommen dürfte.
Nachmittags kaufte ich bei Langwalds einen Blumenstrauß für eine Mark und brachte ihn Mutti mit
den Worten: "Diese Blumen überreiche ich dir als Zeichen der Verehrung und Hochachtung usw. Das
andere kannst du dir ja denken!" Mutti fragte: "...und Liebe?" Ich nickte, gab ihr einen Kuß und dann
haben wir beide geweint. Da bin ich schnell weggelaufen. Hoffentlich ist sie nun wieder gut.

Mittwoch, 26.1.60
Ich mußte heute Stickgarn kaufen bei Frau Otto im Laden. Natürlich hat sie gleich angefangen zu
tratschen über den Abschlußball und bedauerte, daß Mutti dann wohl auch nicht kommen würde, und
es sei doch immer so nett, ihren Witzen zuzuhören, usw. usw. -
Das habe ich zu Hause erzählt, in der Hoffnung, daß es was nützen würde, aber im Gegenteil, es ging
wieder das Theater los. Vati hatte von irgendjemand erfahren, daß ich mit Hans-Jürgen im Regen
beim Wendtland-Schuppen gestanden war. -
"Das habe ich Mutti doch erzählt, was ist denn dabei?" fragte ich ziemlich aufgebracht.
"Aber du hast mir nicht erzählt, daß er bei dir untergekrochen ist!" -
"Das ist ja die Höhe! Wir haben nebeneinander gestanden! Jawohl! Sag mir doch mal, wer diese
Lügen verbreitet! Los!" -

Aber sie nannten keinen Namen und redeten dann übers Tanzen gehen im Schützenhaus, daß es da nicht anständig zugeht und daß man mich da nicht mehr hinlassen kann." - Ich fragte sie, was sie denn unter anständig verstehen würde.

"Anständig ist, wenn man hingeht, setzt sich an einen Tisch und bestellt sich 'ne Brause. Aber nicht , wenn man an der Bar liegt und nachher mit jedem x-beliebigen rumgeilt und abknutscht und sich draußen rumtreibt. -Wenn wir dir freien Lauf lassen würden, müßte man dich um 5 Uhr früh betrunken abschleppen lassen. Du hörst doch allein nicht auf!"

Das war ja so gemein! Bis jetzt bin ich immer noch pünktlich nach Hause gekommen und Sekt trinken die anderen doch auch. Ich weiß genau, was man darf und was nicht!

Und dann haben sie gleich noch angekündigt, daß ich den zweiten Schulabschlußball (also den ohne Lehrer und Eltern) nicht mitmachen darf. Gott, wie blöd die sind!

Es gab ausgerechnet heute so viele Kußszenen im Fernsehen, daß ich am liebsten rausgegangen wäre, weil es mir so peinlich ist.

Ich hoffe immer noch, daß Herr Rehm ein gutes Wort für mich einlegen kann.

Aber nach dem Krach heute sieht es nicht sehr gut aus, noch nicht mal gut.

Donnerstag, 27.1.60

Mein Tagebuchschloß ist kaputt. Jetzt verstecke ich das Buch jeden Tag woanders, und manchmal kann ich es selbst nicht finden.

Freitag, 28.1.60

Heute abend war Jungen- und Mädchenkreis zusammen. Gudrun, Sabine, Regine und Monika und ich natürlich, wir schlichen uns über die Seewiesen von hinten an und haben eine Weile durchs Fenster geguckt, was die so mit Pastor Freser alles besprechen. Plötzlich hat Gudrun ganz laut gemofft und wir prusteten alle laut los.

Das hat Freser wohl gehört, riß das Fenster auf, aber wir kicherten in den Stachelbeerbüschen weiter.

"Kommt doch rein, schade um die Zeit!" blökte er nach draußen, und dann folgten wir "dem Ruf des Herrn".

Sonnabend, 30.1.60

Siehst du liebes Tagebuch, nun darf ich doch zum Tanzstundenabschlußball! Genau genommen, habe ich im tiefsten Inneren wirklich nie geglaubt, daß meine Eltern mich nicht lassen würden, weil sie sich ja dann blamieren. Aber sie haben bis zuletzt so getan, um mir Angst zu machen.

Als ich heute abend gebadet hatte, habe ich mir gleich die ganz gute Wäsche angezogen und die Perlonstrümpfe, damit es - später dann - schnell gehen würde. Beim Abendbrot aß ich keine Zwiebeln auf dem Gehackten Molli-Brot (tu ich ja nie, weil man dann so scheußlich aus dem Mund riecht). Vati hat mich dann ganz schelmisch angelacht und gefragt:" Na, du willst wohl heute abend keine "Fahne" haben beim Tanzen?!"

Ha, da habe ich ja schon geahnt, was evtl. kommen würde und konnte nur mit Mühe meine innere Freude verbergen. Ich tat also so, als ob mich das alles gar nicht berührte und aß weiter. Vati wußte nun wohl nicht mehr, wie er weitermachen sollte und nahm erstmal einen Schluck Bier. Ich denke schon, daß er mich beobachtet hat, aber ich schaute ganz uninteressiert in der Küche herum...

"Na, du willst wohl nicht hin?" fragte er mich und prostete mir zu.

"Mach du dich man noch über mich lustig, ich denke ich darf nicht" fragte ich und mußte grinsen, Vati lachte auch, - sogar mit den Augen, - und schon war ich weg in meinem Zimmer, um schnell die paar Notizen zu machen und mich umzuziehen. Es ist 7 Uhr, ich muß los, hoffentlich wird es schön!

Sonnabend/Sonntag

Lieber Gott, wie soll ich das nur überstehen. Bitte, gib mir die Kraft dazu. Ich möchte einfach nur heulen,
tue ich übrigens auch und meine Tränen kullern immer aufs Blatt.

Ich war ja so glücklich, daß ich nun doch zum Abschlußball durfte, raste so schnell es in meinen Stöckelschuhen ging, zu I.H.Schulzens Gasthaus. Zuerst bedankte ich mich einmal bei Herrn Rehm, der mit Sicherheit dafür gesorgt hat, daß Vati und Mutti ihre Meinung geändert haben.

Herr Rehm hatte bereits die Empfangsrede gehalten, da ging die Tür auf..... und meine Eltern kamen rein.
Sie setzten sich zu Herrn und Frau Otto an den Tisch. Mit wäre es lieber gewesen, wenn sie nicht gekommen wären, aber schließlich waren die Eltern ja eingeladen. -

Dann wurden alle Paare namentlich vorgestellt und die Damen mußten einen Hofknicks machen, naja, ich sah sicher aus, wie ein norddeutscher Buddha. Klaus redete nicht ein Wort mit mir und holte mehrere Male Monika Synder zum Tanzen und richtig wild wurde ich, als Monika ihn danach zur Damenwahl holte und er mit ihr Wange an Wange tanzte. Er wollte sie auch mal küssen, aber da hat Mutti ihm auf die Schulter getippt und "Nanana!" gesagt. Ich war ihr richtig dankbar.

Während der Kaffeetafel habe ich gemeinsam mit Klaus die Ballzeitung vorgelesen. Mutti hat zu Hause gesagt, wir wären ein hübsches Paar gewesen. Aber was nützt das, wenn er verlobt ist und mich nur neben sich duldet?
Er hat sich dann noch ganz häßlich betrunken und im Saal herumgegrölt. Seine Kameraden haben auf ihn geschimpft und wollten ihm das Trinken verbieten, aber er ging dann einfach nach Hause... und ich habe mir einen Einzelgänger, Therwisch heißt er, geholt und den Rest des Abends mit ihm verbracht. Er hat fast väterlich mit mir geredet und gemeint, ich solle niemals einem jungen Mann zeigen, wie sehr ich ihn mag. Außerdem habe sich Klaus nur deswegen so betrunken, weil er seine Verlobung schon wieder bereuen würde. - Na, dann hätte ich ja doch noch ein Fünkchen Hoffnung, aber Therwisch meinte, ich solle ihn in Ruhe lassen.

Kurz nach 2 Uhr zuckelte ich mit meinen Eltern nach Hause. Eigentlich wäre es gar nicht so schlimm gewesen, wenn ich überhaupt nicht hingegangen wäre. - Ich möchte ihn nur noch ein einziges Mal sehen...und mich mit ihm aussprechen.

Montag, 1.2.60

Gestern abend vor dem Einschlafen habe ich noch eine Weile geheult, jetzt habe ich es überstanden.
Als Trostpflaster kam heute eine Karte von Hans-Jürgen aus Peine. - Ich habe Mutti gefragt, ob wir nicht mal hinfahren könnten. Ja, vielleicht, meinte sie.

Nachmittags habe ich Strümpfe zum Maschen-Aufnehmen gebracht und natürlich hat Frau Otto sofort vom Abschlußball angefangen. Sie hat gesagt, daß Mutti erfahren habe, daß Klaus verlobt ist, und darum hätte ich eigentlich nicht mehr zur Tanzstunde gehen sollen. Ich weiß nicht, wer Mutti immer all diese Sachen erzählt. Langsam denke ich, sie kann hellsehen. Aber wenn sie das könnte, müßte sie nicht immer zur Wahrsagerin nach Wittingen fahren. Heute ist sie wieder dagewesen. Die hat ihr aus den Karten gelesen, daß ich mit 20 Jahren heiraten werde, entweder einen Beamten oder einen

Offizier vom Grenzschutz. Na, das sind ja tolle Aussichten! Außerdem hat sie gesagt, daß Mutti bald in Erholung kommt, und das stimmt ja auch. Dann hat sie von "viel Geld" gesprochen. Aber ob Mutti wieder richtig gesund wird, konnte sie auch nicht sagen.

Montag, 8.2.60
Ede ist wieder in unserer Klasse. Er war so lange krank und hat uns allen gefehlt. Hoffentlich kann er alles nachholen. Aber wir haben ja sowieso nichts Gescheites gelernt.

Dienstag, 9.2.60
So, jetzt bin ich für 4 Wochen mit Vati allein! Mutti ist nach Hahnenklee gefahren und wir hoffen, daß sie sich so richtig erholen kann und dann nie mehr weinen muß.

Mittwoch, 10.2.60
Na, ich sinke immer tiefer: In Algebra eine 5 und die heutige Erdkundearbeit wird auch nicht besser werden.
Mittags gabs Gulasch und Sauerkraut und Vati hat mich gelobt und gesagt:" Wer gut kochen kann, kann auch heiraten. Da brauchste dann den ganzen Theoriekram nicht mehr. Hauptsache, du gibst nicht mehr Geld aus, als dein Mann nach Hause bringt. Merk dir eins, Ilse, die Grenzer verdienen nicht viel, nimm dir lieber einen Studierten." (Ich muß ja froh sein, wenn   m i c h   einer nimmt!)

Mutti hat einen langen Brief geschrieben, es gefällt ihr im "Haus Tannenhof" ganz gut.
Ich habe ausgefegt, Blumen begossen, Kartoffeln geschält für morgen, und dann meine Haare mit so einem Color-Zeug gewaschen. Hat aber nicht gewirkt.

Freitag, 12.2.60
Heute war der Schulrat bei uns in der Klasse. Jahrelang wird uns gedroht damit, und heute haben wir überhaupt nichts gewußt, aber passiert ist auch nichts. Er war ganz nett und hat sich die ganze Zeit mit Schneidewind unterhalten. -
Jemand hat eine Taxifahrt nach Bremen bestellt für nächsten Dienstag. Das ist ja toll! Erstens bringt das 100 Mark und zweitens muß ich mir für den Tag freinehmen, damit ich bei der Tankstelle sitzen kann. Juchhu!

Sonnabend, 13.2.60
Na, heute war ja was los in der Schule!
In der Geschichtsstunde sagte Schneidewind: Mit Tränen in den Augen hat van der Lubbe den Reichstagsbrand gestanden. Wie abgesprochen hat plötzlich fast die ganze Klasse laut gesungen: "Tränen in deinen Augen, Tränen aus lauter Liebe, Tränen..." weiter kamen wir nicht, weil Schneidewind wie wild geschrien hat:
"Raus! Wer hier stören will, soll rausgehen, aber sofort!" -
Natürlich ging keiner und wir gluckerten nur vor uns hin. Da hat sich Schneidewind wieder hingesetzt, seine Hände gefaltet und Däumchen gedreht, mit den kurzen Beinchen unterm Tisch herumgescheuert und nichts gesagt! - Das war uns unheimlich, weil er so streng aussah und durch uns hindursah. Ich glaube, das hat 20 Minuten gedauert. Dann hat er seinen Stuhl nach hinten geschoben und ist wütend rausgegangen und gleich wieder reingekommen und stellte sich vor die Klasse hin, die Arme hinten verschränkt und schaukelte in den Knien. Da habe ich mich geopfert und bin rausgegangen. Ortrud sagte nach der Stunde, daß er dann ganz erstaunt war, weil er mich nicht

gehört hatte und es würden ganz andere abwechselnd rot und weiß werden. Naja, Geschichte ist sowieso blöd.

Sonntag, 14.2.60
Heute habe ich einen schlechten "Kochtag" gehabt: Die Soße zum Rippenbraten schmeckte bitter, die Kartoffeln waren zu wenig gesalzen und der Rosenkohl war noch hart, der Pudding ist nicht mehr steif geworden. Ich will auch nie mehr meckern, wenn mir bei Mutti was nicht schmeckt.

Montag, 15.2.60
Dafür hat heute mittag das Essen prima geschmeckt: Rindfleischbrühe mit Suppengrün und Fadennudeln.
Mutti hat einen langen Brief geschrieben, aber zwischen den Zeilen lese ich, daß sie sich nicht sehr wohl fühlt. Ich glaube, sie möchte nach Hause. Vati sagte: "Paß auf, eines Tages steht sie vor der Tür."
Es ist erst eine Woche herum. Hoffentlich hält sie durch.

Abends fuhr die ganze Klasse mit dem Bus nach Lüneburg ins Theater: "Ein Inspektor kommt", war ganz prima. Am schönsten war, daß Anke auch hinkam und sogar neben mir sitzen durfte. Sie hat sich toll rausgemacht, allerdings ist sie ziemlich dick geworden.

Auf der Rückfahrt haben wir mit den Jungs geschäkert. Gerd Schulz aus Wieren hat mir Plätzchen aus der Hand gegessen. Wir haben richtig Spaß gehabt. - Morgen habe ich frei, weil Vati nach Bremen muß.

Dienstag, 16.2.60
War das ein Tag! - Mensch, ich bin k.o. Es ist gar nicht so leicht, einen Haushalt zu führen!
Ich bin um 6 Uhr aufgestanden und habe Vati einen ganz starken Bohnenkaffee gekocht. Dann habe ich ihm 2 Scheiben Brot zum Mitnehmen geschmiert und mit 2 Äpfeln, ein paar Bonbons und einem Zettel "Guten Appetit!" in die Aktentasche gepackt.
Vati fuhr um halb acht los. Es war doll glatt auf den Straßen. Ich habe ihm noch 3x über die Schulter gespuckt, damit ihm nichts passiert unterwegs.
So, nun war ich mit Waldi allein und mein Arbeitstag begann:
Ich setzte 2 große Bottiche mit Waschlauge auf den Herd. Bis die warm wurden, habe ich aufgeräumt, Wäsche zusammengesucht, Betten gemacht, gefegt, gemoppt, Staub gewischt usw.
Dann habe ich die Stubengardinen und die aus meinem Zimmer abgenommen und schön zusammengefaltet in warmer Sunil-Lauge eingeweicht, in der heißen Waschlauge aufgekocht , vorsichtig wieder rausgenommen und in der Badewanne ausgespült und das Wasser vorsichtig abgedrückt. Dann habe ich sie in Muttis Frotteebademantel gelegt, zusammengerollt und feste draufgekloppt, damit sie schneller trocken wurden.

In der heißen Lauge habe ich die Weißwäsche aufgekocht, rausgenommen, - und dann die bunte Wäsche rein ohne aufkochen. - Also, es ist schon ziemlich anstrengend, und jetzt verstehe ich auch, daß sich Mutti schon lange so eine elektrische Trommelschleuder wünscht. Aber Vati sagt, wenn er ihr hilft, die nasse Wäsche herauszunehmen, dann würde es auch weiterhin noch die Wäschewalze tun.
Nachdem ich die Gardinen aufgehängt hatte, ass ich zwei Wurstbrötchen und erfreute mich am Anblick der hellen Gardinenpracht.

Zwischendurch mußte ich paarmal tanken und ein Junge hat Feuersteine gekauft. Für Vati habe ich noch Vanillepudding gekocht, worüber er sich am Abend ganz doll gefreut hat. Er war genau so k.o. wie ich.

180,- Mark hat er für die Fahrt gekriegt.

Donnerstag, 18.2.60
Ich habe meine Konfirmationskleid ein bißchen umgeändert: Ärmel gekürzt und einen runden Ausschnitt gemacht. Ich konnte es heute abend gleich zum Operettenkonzert im Schützenhaus eingeweiht. Jutta und Lieschen saßen rechts von mir, links waren 3 Grenzer . Die wollten mit uns was anfangen, aber ich habe nicht geantwortet. Ich will keinen Ärger mit meinen Eltern.

Sonnabend, 20.2.60
Jetzt wird es ernst! Wir haben unsere erste Clausur-Arbeit geschrieben(aus dem Lateinischen "Klau Soraya")
Es standen folgende Themen zu Auswahl:
1. Deute die Ballade "Schöne Agnete"
2. Zeige das Schuldgefühl an Beispielen aus der Literatur.
3. Zeige das Schuldgefühl jedes einzelnen in "Ein Inspektor   kommt".
4. Warum muß Deutschland Außenhandel treiben?
Ich habe das dritte genommen und 5 Seiten geschrieben. Danach war ich erschöpft.
Mittags habe ich nur Pellkartoffeln und Kopfwurst gemacht. - Lieschen hat mir nachmittags beim Saubermachen geholfen. - Dafür hat sie bei uns Abendbrot gegessen und dann haben wir Millowitsch im Fernsehen angeguckt. Vati hat ganz laut gelacht.

Montag, 22.2.60
Mittags gab es Salzkartoffeln mit Spiegelei und Spinat. Vati hatte sich ein bißchen im Wohnzimmer aufs Ohr gehauen und ich machte gerade die Küche sauber, als Klaus Scheelje und Werner Mahlke unten klingelten.
Ich hatte ganz vergessen, daß wir ja bei I.H. Schulz um 3 Uhr für unseren Abschlußball üben wollten. Sie kamen mit in die Küche und halfen mir beim Abtrocknen. Werner hat sogar noch schnell meine Schuhe geputzt. Da kam Vati und ich sah ihm schon an, daß er fast einen Schlaganfall gekriegt hatte, als er die 2 männlichen Wesen bei mir in der Küche sah! -
Wir haben uns dann verduftet und sind zu I.H.Schulz gelaufen. Die anderen waren schon da und übten an der Polonäse herum. Dann haben wir noch einige Programmpunkte besprochen, wie wir den Raum schmücken wollen und wer Kuchen mitbringt. Plötzlich machte Klaus Scheelje das Radio an und wir haben alle getanzt! Meistens Rock'n Roll. Das war so schick und die Jung können alle so gut tanzen, besonders Hannibal legte eine richtige Schau hin. Plötzlich kam Herr Schulz in den Saal und sagte laut, daß Vati angerufen habe, daß ich sofort nach Hause kommen soll.
Ich raste los, weil ich befürchtete, daß irgendetwas mit Mutti passiert wäre. Aber Vati empfing mich nur mit den Worten: "Solange Mutti nicht zu Hause ist, gehst du nicht mehr aus! Sonst schreibe ich ihr, daß sie sofort nach Hause kommen soll!"
Ich war so wütend auf Vati und habe nur schnell den Abendbrottisch gedeckt und bin dann ins Bett gegangen.
Er wußte genau, wo ich war und regt sich so auf!

Dienstag, 23.2.60

Heute haben wir die letzte grausame Physikarbeit geschrieben und zum letzten Mal Kochen gehabt. Abends gab es wieder Krach mit Vati, aber ich habe immer ziemlich schlagfertig dagegen geredet. Ich muß ihm langsam beibringen, daß ich nicht mehr mit kleinen Mädchen in der Sandkiste spiele, sondern langsam erwachsen werde.

Mittwoch, 24.2.60

Heute hat Vati Steckrübeneintopf gekocht. Hat prima geschmeckt. - Naja, er lobt sich auch die ganze Zeit beim Essen.
Abends war Karneval im Fernsehen. Ich habe ein paar Verse mitgeschrieben, die ich dann vielleicht für die Abschlußzeitung verwerten kann.

Freitag, 26.2.60

Mensch, hab ich heute den Schneidewind betuppt! Wir wurden alle in Geschichte geprüft. Immer vier mußten nach vorn an eine Bank und Zettel ziehen, auf denen ihr Thema stand. Bei mir, oh Graus, "Europalösung um 1880". Ich hatte natürlich von Kieks und Kaks keine Ahnung und zeigte mit meinen Fingern hinter dem Rücken die Jahreszahl zu den anderen, aber die wußten entweder auch nichts darüber oder es wollte mir absichtlich keiner vorsagen. Da mußte ich mir selber helfen: Also ich habe mit den Fingern nervös gespielt, mit den Augen ängstlich in der Gegend herumgeguckt, völlig übertrieben gezittert und dann habe ich stotternd angefangen: "Also - eh - Bismarck - eh, der wollte - Deutschland wieder zusammenbringen..."

War natürlich alles Quatsch. Aber dank meiner schauspielerischen Ausdrucksweise habe ich Schneidewind wohl von meiner Aufgeregtheit überzeugt. Ich mußte mich setzen und er schrieb ins Klassenbuch: Brandt verliert die Fassung! -
Naja, aufgeschoben ist nicht aufgehoben, aber jetzt lebe ich erstmal noch.

Mittags gab es den Rest Weiße Bohnen-Suppe.
Ein altes Huhn hat dicke Füße. Hoffentlich müssen wir das nicht schlachten. Ich habe noch nie ein Huhn ausgenommen. Hoffentlich hält es durch, bis Mutti zurück ist.

Dienstag, 1.3.60

Böhl hat gesagt, ich sei in der Physikarbeit gerade noch an einer 5 vorbeigerutscht. Ich habe herzerweichend geflennt und gehofft, daß er Mitleid mit mir hat. - Wenn ich an Geschichte und Erdkunde denke, wird mir ganz schwarz vor Augen, ich habe nur lauter Fünfer. Das ganze Leben wird einem vermasselt mit diesen blöden Zensuren. (Und dabei hatte ich mir so fest vorgenommen, in diesem Jahr mehr zu lernen, also in der Höheren Handelsschule muß es dann wirklich anders werden!)

Abends war Kappenfest vom Reichsbund im Schützenhaus. Ich habe nur mal reingeguckt, aber da sind ja nur Invaliden, so mit Holzbein und Glasauge, - nee, da bin ich gleich wieder nach Hause gegangen. Der Weg war so schön, der Schnee glitzerte, oben leuchteten die Sterne, die Luft knackig kalt und ich warm eingepackt und gut gelaunt , weil ich freiwillig auf einen Tanzabend verzichtet habe.

Mittwoch, 2.3.60

Ich habe meinen beige-farbenen Sommermantel zu einem Dufflecoat gekürzt. Jetzt lasse ich mir von dem abgeschnittenen Stück Stoff noch einen Gürtel beziehen und habe dann wieder ein schickes neues Kleidungsstück. Ich kann mir einen Haushalt ohne Nähmaschine gar nicht vorstellen.

Donnerstag, 3.3.60

Mutti hat geschrieben, daß wir sie am Sonntag abholen sollen. Ich freue mich schon riesig darauf, denn es war ja doch eine lange Zeit ohne Mutti. Hoffentlich hat sie sich gut erholt.

Ich habe noch die Gardinen vom Contor gewaschen und überall gefegt und gewischt, die ganze Wäsche ist versorgt, die Blumen sind gegossen und den Herd habe ich auch geputzt, den Aschenkasten geleert.

Hoffentlich freut sie sich.

Ich kann es gar nicht erwarten. Vielleicht fängt jetzt ein neues Leben an.

Freitag, 4.3.60

Heute habe ich Herrn Raddatz mal gesagt, daß er aufpassen soll, daß in meinem Abschlußzeugnis nicht wieder als Geburtsort Lebus steht. Schließlich bin ich in Bodenteich geboren. Er hat erstmal lange überlegt und gemeint, das hätte sicher seine Gründe.

"Was für Gründe?" habe ich gefragt, aber dann sagte er, ich solle mal schnell rüberlaufen ins Rathaus, da wäre es ja amtlich eingetragen. Ich traute mich nicht. Ich hatte Angst, daß die mir sagen würden, daß ich tatsächlich nur angenommen bin. Ich weiß gar nicht, ob das dann irgend etwas in meinem Herzen ändern würde. Vati und Mutti sind immer Vati und Mutti gewesen. Und wenn mich meine richtige Mutter wirklich weggegeben hat, will ich die gar nicht sehen.

Herr Raddatz hat wohl meine Gedanken gelesen und hat mir versprochen, daß er heute nachmittag mit dem Gemeindedirektor sprechen wird. Hätte ich nur bloß nicht davon angefangen.

Ich kriege das schlechteste Zeugnis, das ich je gehabt habe!

Wie ich mich freue, daß Mutti bald wieder zu Hause ist!

Sonnabend, 5.3.60

Es gab das traditionelle Sonnabend-Essen: Pellkartoffeln und Spiegelei. Dann habe ich noch alle Betten frisch bezogen und ein großes Pappschild gemalt

"Herzlich willkommen in der Hauptstraße 15!"

Mein Gott, wie ich mich freue!!

Sonntag, 6.3.60

So, jetzt haben wir unsere liebe Mutti wieder! Wir sind um 8 Uhr losgefahren nach Hahnenklee im Harz.

Die Fahrt in den hohen Bergen war aufregend, alles verschneit und man kann so weit gucken. Schade, daß der halbe Harz und nicht mehr zu uns gehört.

Wir trafen Mutti am Eingang, wo sie schon ganz lange mit ein paar anderen Frauen gewartet hatte.

Vati meinte, daß wir doch einen kleinen Schwenk nach Ilsede machen könnten und Mutti war einverstanden.

Als wir durch Hildesheim fuhren, dachte ich, wie schön es wäre, wenn wir jetzt Pastor Gurland besuchen würden. Und im gleichen Augenblick sagte Vati "Das wär doch was, wenn wir jetzt den Gurland besuchen würden, aber der wohnt ja ganz in der Innenstadt, das hält uns nur auf. Ein andermal dann."

Vati hat das so lieb gesagt, daß ich mich gar nicht traute, noch zu betteln. Außerdem merkte ich, daß ich immer seltener an Pastor Gurland denke und mich im Augenblick viel mehr auf Hans-Jürgen freute.

Wir mußten in Ilsede ziemlich oft fragen, weil wir doch die Straße nicht wußten. Endlich standen wir vor der Haustür und ich lief hin , um zu klingeln. Hans-Jürgen öffnete und überlegte wohl, wie er mich begrüßen sollte. Aber er fragte nur, ob ich allein sei und dann sagte er, daß wir natürlich alle reinkommen sollen. Das war ein großes Hallo! Das ganze Wohnzimmer war voll mit Besuch, alles Verwandte. Vati und Mutti tranken Kaffee und ich sah mit Hans-Jürgen im Fernsehen eine „Stahlnetz“-Sendung an. -

Wir konnten leider nicht spazieren gehen, weil Hans-Jürgen seinen einzigen Mantel in die Reinigung gegeben hatte.

Wäre schön gewesen, so ein Spaziergang bei eisigem Sturm, der einem durch die Haare fährt. Ich mag gern so ein trauriges Wetter, das alle anderen häßlich nennen. Die innere Unbeschwertheit macht mich dann ganz glücklich, am liebsten habe ich noch Nebel dabei. Aber dann halten mich alle für bekloppt.

Montag, 7.3.60
Ich habe Gemeindedirektor Schäfer auf dem Schulhof gesehen und bin schnell hingerannt, um ihm die Sache mit meinem Geburtsort zu erzählen. Ich glaube, er wußte schon etwas, aber er sagte nur, daß er im Rektorat anrufen werde. Verdammt nochmal, warum tun die alle so geheimnisvoll?!

Mittwoch, 9.3.60
Ich bin ich mit Frl.v.Behr nach Uelzen gefahren zum Helferinnentreffen der Christlichen Jugend.
Es fand im Lutherhaus statt und war ganz interessant.
Zuerst war Bibelarbeit mit Pastor Fuchs(ganz prima Mensch!), dann eine ganz förmliche Wahl der Konventlerin. Es gab drei Kandidatinnen, eine davon geht auf die Höhere Handelsschule in Uelzen. Die habe ich am Schluß gleich angesprochen und ein bißchen ausgehorcht. Sie ist ganz nett und hat mich auf einen Kaffeeklatsch eingeladen, wenn ich mal Zeit habe.

Es wurde viel geredet über die Jugendarbeit, wie sie ist und wie sie sein sollte.
Danach hat uns Frl.v.Behr ins Café Harder eingeladen, wo was Tolles passiert ist: Am Nebentisch hat plötzlich bei einer Frau der Hut angefangen zu brennen und sie ist aufgesprungen und hat geschrien. Wahrscheinlich ist sie beim Rauchen drangekommen. Wenn man zu dumm ist zum Rauchen, soll man es lassen.

Freitag, 11.3.60
Heute hat unser Musiklehrer, Herr Balz, richtig geschimpft, weil wir keine Klassenzeitung zusammenkriegen. Später würden wir einmal froh sein, wenn wir noch so ein Andenken in den Händen halten würden. -
Er ist wirklich prima. Wenn der meckert, schämt man sich richtig. Bei den anderen Lehrern hört ja keiner mehr hin.
Vielleicht kriegen wir in den letzten Tagen doch noch so etwas hin. In einer Woche ist Schluß!
Alle Scheißlehrer hängen mir zum Hals raus, außer Balz und Raddatz, na, und Rimke ist sowieso in Ordnung.

Sonnabend, 12.3.60
Herr Böhl hat uns die Rechen- und Physikstunde freigegeben zum Dichten. -

Der erste Satz, den ich über Böhl in mein Tagebuch geschrieben habe, war "Böhl ist wirklich prima!" Heute habe ich festgestellt, daß es stimmt.

Er ging von einem zum anderen, schmunzelte, half ein bißchen nach, und war so nett, wie ich ihn die ganzen Jahre nicht erlebt habe. Am liebsten wäre ich mit ihm rausgegangen und hätte ihn um Verzeihung gebeten für alle meine Taten...

In der Religionsstunde hat Herr Balz mit mir und Gudrun Gedichte über die Lehrer gemacht. Der kann ja toll dichten! .

Nachmittags habe ich mir von Tölkes eine Schreibmaschine geliehen und alle fertig gedichteten Seiten schonmal geschrieben (aber mit 3 Durchschlägen, also 4-fach!) Hoffentlich können wir in der nächsten Woche noch weitermachen.

Sonntag, 13.3.60

In der Kirche hat sehr schön Vikar Altevogt gepredigt. Die Sonne schien so strahlend auf den Altar und ich war zufrieden, wie lange nicht. Mit Mutti verstehe ich mich prima, die Klassenzeitung ist toll geworden, ein neuer Lebensabschnitt fängt bald an, und ich denke an Pastor Gurland voll Dankbarkeit. Vor einem Jahr glaubte ich, es sei Liebe, - heute weiß ich, daß ich ihn verehrt und für ihn geschwärmt habe, weil ich ihn so nett fand. Aber Liebe ist wohl noch etwas anderes. -

Nachmittags waren Onkel Albert und Astrid bei uns. Als ich mit Astrid spazieren ging, habe ich ihr die ganze Geschichte von Klaus Mathias erzählt. Und wenn man vom Teufel spricht, ist er nicht weit: Er und Forst standen beim Gasthaus Fergel. Wir grüßten uns im Vorbeigehen und er lächelte mich in seiner üblichen spitzbübischen Art an. Mein Herz klopfte und ich war traurig, daß alles so geendet hat. Astrid sagte, den hätte sie längst zum Teufel gejagt, wenn ihr so etwas passiert wäre. -

Zu Hause habe ich Mutti gleich erzählt, daß ich ihn getroffen habe und sie meinte darauf: "Ja,ja, die strolchen schon die ganze Zeit vor unserem Haus herum. Hast du mit ihm gesprochen?" -
"Nö!" -
"Laß das man ja sein!!"
Da haben wir's ! -

Montag, 14.3.60

In der Deutschstunde habe ich in aller Ruhe die Seiten von der Klassenzeitung sortiert. Da hat mich der Schneidewind rausgeschmissen. Ich war schon fast an der Tür, da bin ich umgedreht und hab den Zeitungsstapel mitgenommen. Gudrun kam einfach auch mit raus. Das fand ich solidarisch!
Er hat uns beide ins Klassenbuch eingetragen, aber die Zeugnisse sind ja sowieso schon geschrieben.

Nachmittags haben Lieschen, Ortrud, Gudrun und ich im Rektorzimmer an den Zeitungen geschrieben.
15 Stück sind fast fertig. Uns taten die Finger weh. -
Meine Eltern bleiben hart. Ich darf am Sonnabend nicht zum elternlosen Klassenfest.

Dienstag, 15.3.60

Mensch, mir brummt der Kopf ! Keiner kann sich vorstellen, was diese 34 Zeitungen für Arbeit machen.
Das Dichten war ja noch ein Spaß. Aber dann das Abschreiben mit 3 Durchschlägen, das Radieren der Tippfehler, und dann das Ordnen der Seiten. Mal fehlt hier war, dann ist da was falsch geheftet, eine Seite verkehrt herum oder verwechselt, oder manche Durchschläge waren so schlecht, daß man sie noch einmal schreiben mußte, weil das Blaupapier schon abgeschrieben war. . -

Jetzt sind alle fertig.
Ich auch.

Mittwoch, 16.3.60
So, heute war der endgültig letzte richtige Schultag!
In den ersten beiden Stunden sahen wir einen langweiligen Kulturfilm.
In der Bio-Stunde wollten wir traditionell alle unsere Schulhefte verbrennen. Herr Rimke hatte das erlaubt. Doch wir hatten die Rechnung ohne Warneke gemacht. Er kam runter auf den Schulhof und brüllte: "Seid ihr wahnsinnig?! Ich habt doch jetzt Biologie!"
Ich hatte ja eine Wut auf den und hätte ihn am liebsten.... Wir sind dann raufgezuckelt und haben in der Biostunde ganz nett mit Herrn Rimke geredet.
In der Erdkundestunde hat Schneidewind noch einiges vom späteren Leben usw. erwähnt. Ich fand das alles so langweilig und habe zum Schluß halblaut die Minuten bis zum Klingeln gezählt:
10-9-8-5-2-1-30 sec. 10 sec.-KLINGELN! -
Hurra. Die Jungs haben geblökt und ich habe mitgeschrien. Ortrud, Ingrid, Lieschen und Jutta haben geheult, diese blöden Gänse! Denen ging es ja auch nie so schlecht wie mir!
Ingrid sagte zu mir: "Na, Ilse, so schön ist das aber auch nicht!" -
Die tut so gescheit!
Ich bin froh, daß ich aus diesem Stall endlich raus kann! Die letzten Wochen haben mir die ganze Schulzeit versaut und weshalb soll ich mir Tränen rausquetschen, wenn sie nicht von Herzen kommen?
Außerdem machen sich die Jungs alle lustig über die Heultrinen.

Ich ging mit Gudrun frohen Mutes nach Hause. Das Mittagessen schmeckte mir bestens und ich hatte richtig gute Laune. -
Nachher mußte ich zu Dr. Hinze, um für Mutti verschiedene Medikamente aufschreiben zu lassen.
Ich sagte ihm ganz stolz, daß ich heute meinen letzten Schultag gehabt habe. Da hat er mein Gesicht in seine Hände genommen und - ganz kurz - meine Stirn geküßt.
Liebes Tagebuch, denk jetzt bitte nicht schlecht von mir! Dr. Hinze ist ein Mann in den Fünfzigern , nicht gerade schlank, aber sehr nett. Ob er das wohl bei anderen Patientinnen auch macht? Mensch, wenn in dem Moment seine Frau gekommen wären, hätte ich mich zu Tode geschämt. Er meinte dann, darauf müßten wir übermorgen einen trinken. Nee, ich geh nicht hin. Das tut man doch nicht!

Nachmittags haben wir in der Schulküche Salate für morgen vorbereitet: Doris, Ingrid, ich, Horst Bartelt und Dieter Linde. Das sah richtig ulkig aus, als die beiden Jungs mit Handtuch vorm Bauch abgetrocknet haben und Horst hat sogar Zwiebeln gerieben.

Danach bin ich dann noch zum Friseur gegangen und habe jetzt eine schicke Außenrolle. Hoffentlich sieht es morgen auch noch gut aus.

Ich habe einfach kein Gefühl für den morgigen großen Tag meines Lebens. Vielleicht bin ich noch nicht reif genug, um zu begreifen, daß das eine ernste Sache ist, und daß dann plötzlich alles vorbei ist.
Ach, ich habe noch genug Zeit, später zu heulen, aber heute und morgen noch nicht!!!

Endlich Schluß! Herrlich!

So, jetzt sind wir endlich freie Menschen! Ich habe die ganze Nacht nicht geschlafen
a) wegen meiner Frisur und
b) vor Aufregung.

Um 2 Uhr habe ich mein Radio ans Bett geholt und - ich glaube, es war stundenlang - BBC und Luxemburg gehört. -
Um 7 Uhr bin ich aufgestanden, bin ohne Frühstück zu Ede gegangen, um zu fragen, was mit ihm los ist, weil er doch gestern nicht in der Schule war. Er hat Mandelentzündung. Na, Gott sei Dank nichts Schlimmeres.
Danach ging ich noch mal zum Kämmen. Um halb neun holte mich Gudrun ab und wir beide nahmen uns fest vor, nicht zu flennen bei der Feier. Au backe!
In der Klasse schwirrten es rum wie ein Bienenschwarm: die Jungs alle fein in schwarzen Anzügen und die Mädchen alle aufgedonnert. Ich hatte meinen schwarzen Konfimationsrock an und die neue hellblaue Minicare-Bluse.
Mit gemischten Gefühlen schritten wir die Stufen zur Aula hoch. Einige waren ernst, ich tat nur so und mußte mir das Grinsen verkneifen, so wie manchmal in der Kirche. Es waren nur wenige Eltern da.
Als der Chor unter der Leitung von Herrn Balz "Nun zu guter Letzt..." sang, übermannte mich auch die Rührung, weil es sich so schön anhörte und Herr Balz so schick aussah im schwarzen Anzug.
Unsere Mädchen flennten alle.
Schneidewind hielt eine Ansprache und beschwor uns, im Leben Hammer zu sein und nicht Amboß. Ja,ja, die Lehrer hier waren immer der Hammer! -
Es wurden einige Gedichte aufgesagt und Ingrid ging dann ans Rednerpult und sprach ein paar geschwollene Dankesworte.
Danach teilte Rektor Warneke die Zeugnisse aus. Als ich meins ansah, fiel ich fast in Ohnmacht!!!
Ausreichend, ausreichend, ausreichend....sieben mal!!!
Ich fragte Gudrun: Sind das alles Vieren?
Ich sah noch mal auf den Umschlag, ja, es stand mein Name drauf. Und als Geburtsort steht wieder Lebus!
Ich möchte ja, daß die einen Riesenprozess kriegen wegen Urkundenfälschung. Aber erstmal muß ich der Sache auf den Grund gehen.
Aber diese vielen Vieren konnte ich einfach nicht verkraften! Herr und Frau Pritzkat, die vor mir saßen, trösteten mich, weil ich sagte, daß ich mich gar nicht nach Hause traue. - Als endlich Schluß war, bin ich als erste weggelaufen und nun heulte ich doch, aber nicht vor Rührung, sondern vor Wut!
Böhl, dieser Sauhund hatte mir versprochen, alles Dreien und eine Vier zu geben, und umgekehrt hat er es gemacht! Letzte Woche hatte ich einen Anflug von Zuneigung für ihn, alles Betrug!
Frau Pritzkat rief mich zurück und legte den Arm um mich, indem sie ganz lieb sagte: "Ilse, du warst aber auch ein faules Luder, nicht?"-
Da mußte ich lachen und blieb noch ein bißchen bei den anderen. Wir holten uns Autogramme von den Lehrern. Herr Balz sagte: "Oh, das ist aber nett!" -
"Naja, Sie waren ja auch immer nett zu uns." -
"Danke!" sagte er ganz charmant. Balz ist in Ordnung!

Doris kam zu mir und sagte, daß in unseren beiden Zeugnissen für Naturlehre u n d Physik jeweils eine Vier steht, wo doch beides daßelbe ist. Wir gingen ins Rektorzimmer und Herr Warneke hat es ausgebessert. Jetzt habe ich Doris zu verdanken, daß ich eine Vier weniger habe. Naja, Herr Böhl hat uns ganz am Anfang eingebleut "Physick ist die Lerre von den Kräften der Naturr!" Na also, wenigstens e t w a s haben wir gelernt!

Ich ging ziemlich langsam nach Hause und fiel Mutti weinend um den Hals: "Ich hab so ein schlechtes Zeugnis!"
"Siehst du", sagte sie "ich hab's ja geahnt!"
Weiter hat sie nicht doll geschimpft und nur gesagt, daß sie froh ist, wenn ich jetzt von der Schule weg komme   und daß ich mich in Uelzen dann wirklich zusammenreißen soll. Ich will mir die beste Mühe geben.

Ich war dann viel zu aufgeregt, um zu Hause zu bleiben, und ging ein bißchen mit Bienchen spazieren und anschließend zu ihrer Tante. Die scheint mich gern zu haben und tröstete mich liebevoll. Sie glaubt nicht, daß ich die vielen Vieren verdient hätte.

Zu Mittag hatte ich mir Eierzöpfli mit Tomatensoße gewünscht. Hmmm, das war was für meine gepeinigte Seele und für meinen Magen!
Abends kam dann der Abschlußball. Ich hatte mein Jaquardkleid an, ganz neue Strümpfe und die hohen spitzen Stöckelschuhe, in denen ich mir fast die Beine breche.
Beim Einlaß mußten wir Karten ziehen, auf denen Vornamen berühmter Künstler standen und die Jungs hatten dann die Nachnamen. Ich saß mit Horst Bartelt und Gudrun und Sonni an einem Tisch, später kamen noch Doris und Heinrich dazu. Meine Eltern saßen mit Piepes, Schulzes und Niemanns zusammen.
Klaus Scheelje hielt eine kurze, schöne Ansprache und eröffnete die Polonäse. Danach abwechselnd ein Schülertanz, Lehrer-Schülertanz, Schüler-Eltern-Tanz usw.
Mit Horst Bartelt habe ich den Apfelsinentanz gemacht, wo leider Elke und Eckhard Sieger wurden.
Einmal forderte mich Herr Balz auf und ich war riesig stolz, als er sagte: "Also Ilse, ich muß euch wirklich loben. Bis jetzt ist es wirklich nett. So schön hat es noch keine "Zehnte" gemacht. Vor allen Dingen, weil es ja vorher ziemlichen Ärger gab deswegen, nicht?" -
 "Ja, aber Sie haben uns dann angespornt, vielen Dank, Herr Balz."
Es gab dann noch den Zuplinkertanz und den Bierdeckeltanz, da hatten jeweils Gudrun und Sonni gewonnen, das scheint ja feste Sache mit den beiden zu sein!
Um halb 11 wurde die Klassenzeitung vorgelesen von Doris, Horst und mir. Der Applaus nahm kein Ende.
Als Rektor Warneke mit Frau Gemahlin und später auch Herr Schneidewind kamen, gab es nur Gemurmel, aber als Herr Raddatz eintraf, haben alle begeistert geklatscht. Naja, er war ja oft auch ganz nett, besonders wenn er gute Laune hatte. Immerhin hat er uns von der allerersten Klasse an durchgeschleppt, und leicht war es wohl auch nicht immer für ihn. Damals waren es über 50 Kinder! Mir reicht immer schon die Kindergottesdienstgruppe.

Frau Pritzkat hat noch mit meinen Eltern gesprochen wegen nächsten Sonnabend. Juchhu, ich darf!
Ich weiß nur noch nicht, ob ich mir einen Herrn einladen darf und wenn ja, wen ? Ob ich Klaus Mathias nehmen darf oder sieht das zu blöd aus? Na, ich werde das ganz freundschaftlich mit Mutti besprechen.

Um Mitternacht verkündete Klaus Scheelje, daß Ortrud Geburtstag hat. Na, das gab ja ein Hallo! Herr Raddatz und Schneidewind haben ihr zugetrunken und Schneidewind hat sich so geil benommen und ihr immer auf die Schulter geküßt. I gitt! Dieser alter Knacker!

Als sich Herr Balz von mir verabschiedete, kamen mir die Tränen. Er war eigentlich immer sehr nett. Um zwei Uhr lag ich als freier Mensch im Bett! - Wie lange dauert das Glücksgefühl an? Bestimmt nicht ewig.

Freitag, 18.3.60
Es ist so herrlich, an der Schule vorbeizugehen ohne reinzumüssen.
Ich habe Mutti gefragt, ob ich mir einen Herrn vom Bundesgrenzschutz einladen darf für morgen abend.
Sie meinte nur, das solle ich man selbst entscheiden, aber sie würde Vati nichts davon erzählen.
Ich versuchte also, Klaus telefonisch zu erreichen, aber der hatte dummerweise Dienst. Sollte das ein Wink des Schicksals sein? - Schade, daß Hans-Jürgen nicht kommen kann. Vielleicht gehe ich einfach allein hin.

Sonnabend, 19.3.60
Ach, es war ein herrlicher eltern- und lehrerloser Schulabschlußball!

Heute vormittag kam Gudrun zu uns, und wir haben bei Vati immer so Anspielungen gemacht wegen Herren einladen und so weiter, und daß die vom Bundesgrenzschutz alle so gut tanzen können und so weiter. Aber Vati blieb stur. Er verstand nicht oder er wollte nicht, daß ich einen vom Grenzschutz einlade.
Dann haben wir mit Mutti beratschlagt, wen ich mir von den einheimischen männlichen Bodenteichern nehmen könnte. Na, die hat mir vielleicht so Knilche vorgeschlagen! Der, der drüben bei Bäcker Braun arbeitet, den Flaak, den Bruder von Hering, nee, ich danke! -
Schließlich einigten wir uns mit Mutti, daß ich irgendeinen vom Bundesgrenzschutz einladen soll und daß ich dann morgen bei Vati die ganze Schuld auf mich nehme und sage, Mutti hätte nichts gewußt.
Aber die gesamte 6. Hundertschaft hat langes Wochenende. Mist!
Dann gingen wir (Gudrun und ich) auf die Straße und warteten auf Männer. Es kamen zwei, die Gudrun kannte und ich schob sie vor: "Los, frag die!" Beide waren erst nicht abgeneigt, aber als Gudrun sagte, daß es für mich sein sollte, hatten sie plötzlich keine Zeit. Blöde Idioten! -

Um 8 Uhr gings los. Ich hatte mein Konfirmationskleid an und die weißen Schuhe, weil in den hohen Schwarzen meine Füße so weh taten. Ede war wieder einigermaßen gesund und saß links neben mir, rechts war Drangscheißer. Weil Mines Wein bei I.H.Schulz im Gasthaus so teuer ist, hat Ede bei Brockelmanns zwei Flaschen gekauft und in den Saal geschmuggelt. Die haben wir dann zu dritt leer gemacht. Manchmal habe ich bei Drangscheißer aus dem Glas getrunken und er hat mich sanft "verwarnt" und für mich 3 Cox bezahlt(Likör mit 3 Kaffebohnen und einem Stück Zucker). Ede hat mich dann auf ein Glas Bier eingeladen und ich hatte bald einen sitzen. Ich bin von Tisch zu Tisch gegangen und habe überall ziemlichen Quatsch erzählt, Elke hat sich halb krank gelacht über mich. Es war ein ganz komischer Schwebezustand, wenn man so gar keine Angst hat, vielleicht etwas Falsches zu sagen. -
Um ein bißchen Luft zu schnappen, mußte ich durch die Gaststube. Da saß doch tatsächlich Günther Forst!

Wir sprachen über die Liebe und über Klaus und seine Verlobte. Ich laberte, Klaus solle sich ja nicht einbilden, daß ich ihm nachtrauern würde....

Das würde er wohl auch nicht tun, meinte Forst frostig. Das tat mir weh. Ich hätte Klaus gern wieder als Freund, besonders jetzt, wo ich verstehe, wie schön das Gefühl ist, beschwipst zu sein.

Horst Bartelt brachte mich nach Hause. - Da stand gerade bei uns an der Tankstelle ein Auto und wollte wohl noch Benzin haben mitten in der Nacht. Ich konnte da unmöglich ins Haus gehen und so stellten wir uns bei Fergel in die Seitengasse und warteten, bis der Autofahrer abhaute. Horst klatschte mir auf den Po und sagte:
"Nun lauf mal, Mädchen, und schlaf gut!" - Das will ich jetzt auch tun, es ist inzwischen drei Uhr, ich verstecke jetzt noch das Tagebuch und dann träume ich ....

Sonntag, 20.3.60
Vati mußte nachmittags nach Uelzen, da bin ich gleich zu Renate Rohlfs gegangen, die ich beim letzten Seminar kennengelernt habe und habe sie ausgehorcht über die Höhere Handelsschule. Mann, ist die klug! Ob ich das alles schaffe??

Sonnabend, 26.3.60
In dieser Woche ist nicht viel passiert. Ich genieße es, aus der Schule zu sein und schlafe täglich bis 9 Uhr.
Mc.Millans Sekretär hat mir geschrieben, er könne meinem Wunsch (Ansichtskarte von London) leider nicht nachkommen, da sie die vielen Anfragen alle unberücksichtigt lassen müssen. Blöder Heini. Für das Porto vom Brief hätten sie auch eine Ansichtskarte kaufen können.

Montag, 28.3.60
Ich habe 35,- DM von meinem Sparbuch abgehoben, weil ich Vati zum Geburtstag ein Oberhemd schenken will und auch dringend eine neue Sommertasche brauche.
Abends war ich mit Gudrun in der Operette "Saison in Salzburg". Das ist eine wundervolle Musik, die mich immer richtig durchschauert . Dann darf mich keiner anreden, weil ich eigentlich gar nicht vorhanden bin. Einfach nur glücklich sein und genießen.

Auf dem Nachhauseweg kamen uns ganz viele Panzer entgegengerattert in Richtung Bundesgrenzschutz. Das ist dann ein Gefühl, das ins andere Extrem geht: Angst vor Krieg! Werner Mahlke ging neben mir und das beruhigte mich einigermaßen.

Dienstag, 29.3.60
Heute habe ich so über das Leben nachgedacht. Ich glaube, ich werde keine gute Mutter sein. Ich kann mir gar nicht vorstellen, daß ich so ein kleines hilfloses Kind trockenlegen soll und richtig pflegen, wenn es krank ist.
Und ich wüßte auch gar nicht, wie ich es erziehen soll, später mal. Ich meckere nur immer über meine Eltern, aber ob ich es besser machen könnte, weiß ich auch nicht.
Ich kann auch nicht glauben , daß ich ein Leben lang einem einzigen Mann treu sein könnte, so wie Mutti, die sich auch öfter über Vati ärgert. -
Außerdem will ich erstmal Karriere machen und viel Geld verdienen. Ich werde niemals meinen Beruf für einen Mann aufgeben, nein, das würde mir im Traume nicht einfallen!!!
Aber bis dahin ist noch viel Zeit.

Donnerstag, 31.3.60

Ich hatte mich schon so gefreut, daß wir nächsten Sonntag zu den Braunschweigern fahren wollten. Heute sagt Mutti, ich soll Tante Else schreiben, daß wir nicht kommen können, weil Vati eine Taxifahrt machen muß.

Ich wußte aber, daß das nur eine Ausrede war, und machte einen Flunsch. Das hat Mutti geärgert und so gab es wieder Krach. Während ich die Briefmarke drauf klebte, murmelte ich vor mich hin: "Da freut man sich, daß man endlich mal hier raus kann, und dann habt ihr keine Lust und ich muß eine Schwindelkarte schreiben!"

"Aha, " schimpfte Mutti gleich wieder "Das Fräulein fühlt sich hier nicht wohl. Du hast ja auch alles und bist trotzdem unzufrieden. Als wir so jung waren,...."

Naja, so wurde dann den ganzen Abend rumgeleiert. Ich kenne das schon auswendig, daß Muttis Schulbrotscheiben sich unter dem hauchdünnen Rübensirupaufstrich gebogen haben und daß Vati als kleiner Junge noch mit einem Kreisel und Reifen gespielt hat....

Sonntag, 3.4.60

Bei der Konfirmandenprüfung in der Kiche hat Pastor Freser so viele Witze gemacht, daß ich mir vorkam, wie in einer Vorstellung vom Ohnesorg-Theater. Alle haben gelacht, aber zum Glück nicht geklatscht. Nein, diese Art von Pastor gefällt mir nicht. Ich finde, ein Pastor muß Ruhe und Vertrauen ausstrahlen. Das schafft der nie!

Montag, 4.4.60

Heute hatte Vati Geburtstag. Von Mutti bekam er Zigaretten, Osterglocken und ein Marzipanei. Ich habe ihm bei Fenske ein Oberhemd für 14.95 gekauft.

Von Apotheker Witte hat Vati so eine Schnapsflasche gekriegt, die eine Spieluhr unten drin hat und beim Hochheben "Freut euch des Lebens!" spielt. Das ist ganz toll.

Dienstag, 5.4.60

Heute wurde Apotheker Witte 80 Jahre alt und der Posaunenchor hat vor seinem Haus gespielt. Ich war bei dem neuen Frisör Schulz, die sind ganz nett. Ich hoffe, die neue Dauerwelle für 14,50 DM hält lange.

Mittwoch, 6.4.60

Heute haben die Schulkinder Ferien und Zeugnisse gekriegt. Ich bekomme langsam Schiß, daß ich die Höhere Handelsschule nicht schaffe. Wie heißt es doch: Ich bin zwar willig, doch mein Geist ist schwach.

Lieber Gott, hilf mir.

Freitag, 8.4.60

Oh Gott, morgen geht es los! Ich wollte heute abend noch mal zum Bahnhof laufen, um zu sehen, wieviel Zeit ich brauche für den Weg, - aber Mutti sagte gleich wieder: "Nee, nee, das hättste tagsüber machen können. Die Männer schlag dir jetzt ein für alle Mal aus dem Kopf!"

Ja, sie hat recht, ich sollte jetzt wirklich Nonne werden.

Sonnabend, 9.4.60

Ach, das Leben ist so aufregend! Morgens um 6 Uhr aufstehen, anziehen und zum Zug rennen. Ingrid Marwede geht auch in die Höhere und fährt jeden Tag mit mir. Die ist superhübsch und trotzdem nett.

Sie hat eine ganz tolle Mutter, die immer zu ihr hält, wenn sie mit ihrem Freund ausgehen will. Der Vater kriegt nichtsdavon raus. Bei uns zu Hause wäre das nie möglich.

In Uelzen müssen wir durch die ganze Stadt rennen bis zu unserer Schule. Das ist vielleicht eine Bruchbude!
Zum Glück kommen wir nach den Sommerferien in das neue Gebäude! - Der Rex hat uns begrüßt (30 Mädchen und 2 Jungs) und uns die Bücher genannt, die wir kaufen müssen. Dann gab es schon wieder Ferien bis zum 20.April. Mir gehen die Ferien auf die Nerven. - Bevor wir nach Hause fuhren, haben wir in einer Milchbar auf Barhockern ein Milchmix getrunken.

Sonntag, 10.4.60
Heute war Konfirmation in Bodenteich.
Als die Konfirmanden das Abendmahl kriegten, habe ich geflennt. Warum wohl?
Es ist schon wieder so viel Zeit vergangen...

Montag, 11.4.60
Heute war ich zu Bienchens Geburtstag eingeladen. Die ganze Hausgemeinschaft war da. Ich habe 6 Stück Obsttorte gegessen.

Mittwoch, 13.4.60
Gott, was ist mir schlecht! Als ich heute morgen aufstand, wurde ich gar nicht richtig klar im Kopf und war froh, als ich mich schnell wieder ins Bett legen konnte. Nachmittags wurde es noch schlimmer. Mutti meinte, das sind die 6 Stücken Torte, die jetzt raus wollen.

Als ich mich gerade mal ins Contor gesetzt hatte, kam plötzlich ein Mann bei der Tankstelle rein und blutete aus der Brust, das ganze Hemd war voll und er schrie: Ich muß sofort zum Arzt! Igitt, das hat mir den Rest gegeben und ich kam gerade noch raus auf den Hof, als ich brechen mußte. Gott sei Dank, danach war mir etwas besser. Inzwischen hatte der Mann im Büro alles angeblutet und Vati begleitete ihn ins Auto. Der Mann war beim Streichen durch ein Fenster gefallen und hatte einige Scherben noch in der Haut stecken.
Ich habe mich gleich wieder ins Bett verzogen und dusel vor mich hin.
Jetzt habe ich zwar nichts mehr im Bauch, aber Kopfschmerzen.

Gründonnerstag, 14.4.60
Mir ist es immer noch nicht besser. Wenn ich aufstehe, wird es mir schwarz vor Augen und ich sehe Flackersterne. Die Gelenke tun mir weh, Mutti hat mir das Heizkissen gegeben. Aber es wurde dann noch schlimmer. Ich hätte am liebsten laut geschrien. Eigentlich sollte ich heute den Laden putzen. Jetzt denkt Mutti bestimmt, daß ich mich drücken will.

Freitag, 15.4.60
Heute ist Mutti krank. Es ist ihr auch ganz übel. Jetzt liegen wir beide, Mutti im Bett und ich auf dem Sofa.
Vati versorgt uns. - Hab keine Kraft zum Tagebuchschreiben.

Sonnabend, 16.4.60
Frau Dr. Sauer sagt, ich hätte zu wenig Magensäure und mein Blutdruck wäre mit 80 viel zu niedrig.

171

Ostersonntag, 17.4.60

Als ich nachmittags mit Bienchen durch Bodenteich stöckelte, trafen wir Inara Reinsons aus der ersten Klasse! Ich habe sie gleich wieder erkannt, aber sie mich nicht mehr. Erst als ich sagte, daß ich damals vorn keine Zähne hatte und immer nur so doof grinsen konnte, hat sie sich wieder an mich erinnert. Sie hat sich toll rausgemacht, die Inara. - Sie lebt jetzt im Rheinland und möchte am liebsten studieren.

Plötzlich fragte sie mich, ob ich meine Eltern schon mal kennengelernt hätte. - Ich war ganz platt und sagte, daß ich doch bei ihnen wohne. Bienchen hat Faxen gemacht und Inara hat sich dann gleich verabschiedet, weil sie zum Zug mußte. - Sie war so schnell weg und ich stand wie angewurzelt da, genau vor Zaus' Laden und überlegte wieder, was das für ein Geheimnis um meine Herkunft sein könnte.
Bienchen zog mich weiter und sagte: "Laß die reden, die weiß doch gar nichts." -
"Weißt du denn was über mich?" -
"Nö, meiner Tante hat mal jemand gesagt, daß deine Mutter was mit 'nem englischen Soldaten gehabt haben soll." -
"Waaaas?"
"Aber meine Tante hat dann gleich gesagt, daß du in Bodenteich geboren bist." -
"Wie lange wohnt deine Tante denn schon hier?" -
"Seit 10 Jahren". -
"Dann kann sie das auch nicht mit Bestimmtheit sagen."-
"Komm jetzt, vergiß es. Du bist Ilse Brandt und damit Basta."

Freitag, 22.4.60

Endlich komme ich wieder mal zum Schreiben. Am Mittwoch wurden wir richtig eingeschult, mit Rede und so weiter. Weil die Schule erst um 10 Uhr anfing und ich schon um 5 nach acht in Uelzen war, bin ich noch schnell zum Uelzener Krankenstift gerannt, wo Ede liegt. Er hat irgendwas mit den Knochen und wird in den nächsten Tagen nach Hamburg-Eppendorf eingeliefert. Er hat sich so gefreut, als ich kam. Ach Gott, Ede ist so ein netter Junge, warum muß er so eine blöde Krankheit kriegen? - Leider hatte ich nicht viel Zeit, ich wäre gern noch ein bißchen länger bei ihm geblieben.
In der Höheren Handelsschule gehen die Lehrer ja mordsmäßig ran! Frau Kremp ist furchtbar streng, da werde ich mir keine Mätzchen erlauben dürfen. Naja, wenn man erstmal erwachsen ist, wird das Leben sowieso langweilig. Wie gut, daß ich schon Steno und Schreibmaschine kann, da habe ich wenigstens einen Pluspunkt den anderen gegenüber. Aber die meisten haben eine Maschine zu Hause zum Üben. Vati repariert die alte immer wieder, aber das hält nie lange.
Frl.v.Behr hat mir eine Einladung zur Kreisjugendmitarbeitertagung gegeben. Und weil Renate Rohlfs da auch hingehen muß, hat sie mich für morgen abend zum Hausball eingeladen.

Montag, 25.4.60

Das war ein h e r r liches Wochenende in Uelzen. Am Sonnabend nahm ich schon morgens gleich mein Jaquardkleid und den frisch gestärkten Petticoat mit und brachte das Riesenpaket in Windeseile zu Renate, bevor ich zur Schule ging.
Wir hatten zum Glück schon nach 4 Stunden aus, weil die Englischlehrerin krank war. Ich brachte für Frau Rohlfs 3 gelbe Rosen(2,70 DM) , worüber sie sich sehr gefreut hat. Dann ging ich mit Renate in der Stadt einkaufen für abends, und um 16 Uhr mußten wir zur Kreismitarbeiterbesprechung. Der evangelischen Jugend.Zuerst wurden Referate gehalten über die Oekumene (hab nichts davon kapiert) und dann quasselte der Probst noch mal über den gleichen Käse (wenn ich jetzt an Käse denke, kriege

ich Herzklopfen, aber alles der Reihe nach.). Eigentlich wäre es ja noch viel länger gegangen, aber wir verabschiedeten uns um 6, weil die ersten Gäste schon um halb acht kommen sollten.

Es waren 9 Paare. Natürlich wieder die Platzverteilung mittels gezogener Karten. Ich hatte "...liegt die Wahrheit" und dazu fand sich Harald mit "Im Wein...". Harald ist klein und nicht besonders geistreich.

Im Laufe des Abends bin ich ein bißchen herumgeschwirrt..

Herr Bäcker, ein Nachbar, ist Bowlenspezialist und hat mich zur Ausguß-Expertin auserkoren. Ich mußte sogar eine Flasche Sekt aufmachen. Eigentlich ist das ja Männersache.

Getanzt wurde nach Tonband. Bald schon ziemlich auf Tuchfühlung, obwohl Frau Rohlfs dabei war. Mensch, das ist ja eine tolle Mutter! -

Nach dem vierten Glas Bowle wurde mir schwummerig und ich ging auf den Hof, um ein bißchen frische Luft zu schnappen. Da kam Herr Rohlfs angetorkelt. Der war ziemlich blau.

"Ach, Fräulein Bodenteich, so ganz allein?"

"Ja, ich muß wieder nüchtern werden, die Bowle hats in sich," sagte ich und holte tief Luft.

Herr Rohlfs kam auf mich zu, nahm mich in seine Arme und flüsterte : "Komm gib Küßchen, nur einen ganz kleinen." -

I gitt, der widerte mich an, weil er so nach Alkohol stank. Ich machte mich schnell los und rannte rein, in meinem Kopf drehte sich alles und meine Gedanken schlugen Purzelbaum. Der hat so eine prima Frau und will mit jungen Mädchen rumschmusen. Ob Vati das wohl auch manchmal tut? - Ich war plötzlich so müde und hätte mich am liebsten ins Bett gelegt. Als ich in die Runde sah, bemerkte ich mit Schrecken, daß alle Mädchen mit ihren Herren herumflitterten und sich abknutschten, Frau Rohlfs hatte sich verzogen. Als mich ein Herr um einen Tanz bat, willigte ich ganz beduselt ein und gab auch seinen Annäherungsversuchen einfach nach. Hier war ich wohl sicher, daß mein Benehmen nicht am nächsten Tag bei Mutti gepetzt werden würde.

Es ist so ulkig, die Jungs zu beobachten, wie sie die Eroberungen anstellen: Erst tanzen sie ganz anständig und erzählen gescheit daher, dann kommen die Komplimente, dann wird enger getanzt, dann fassen sie die Arme an, der Kopf fällt ein bißchen niedriger, - meistens ist dann erstmal Tanz- und Aktionspause.

Beim nächsten Tanz geht es von vorn wieder los, allerdings ein bißchen schneller, bis zu dem Punkt, den man im "ersten Gang" erreicht hat. Und dann, wenn sie merken, oder wie bei mir zu merken glauben, daß das Mädchen nachgibt, folgt meistens eine Reihe von scheuen Küssen auf die Schulter, an den Hals. Und wenn sie dann genug Mut haben, versuchen sie es mit dem Mund.

Aber da haben sie bei mir Pech. Er auch. Er heißt Käseberg! - Darum wird mir schlecht, wenn ich an Käse denke. Aber wie gesagt, bei mir hat er Pech gehabt.

Um halb fünf lag ich mit Renate im Bett!

Am Sonntagmorgen sagte Renate, daß sie gar keine Lust hat, in die Kirche zu gehen. Also pennten wir weiter bis 12 Uhr. Frau Rohlfs hatte mittags Rindsrouladen mit Spargel und Petersilienkartoffeln gemacht und Eis hinterher. Renate fragte, ob wir nicht abends nochmal einen Ausklang mit paar Gästen feiern könnten. Stell dir vor, liebes Tagebuch, Frau Rohlfs war sofort einverstanden und stiftete noch eine Flasche Sekt. Ich würde gern wissen, wann sie gestern nacht von uns weg gegangen ist und ob sie sich "gefreut" hat, als ihr Mann angeduselt ins Bett kam.

Eigentlich hätten wir nachmittags wieder zur Tagung gehen müssen, aber wir haben geschwänzt, weil Renate noch zu einer anderen Geburtstagsfeier gehen mußte. In der Zeit bin ich mit ihrer Schwester Hilke ins Kino gegangen. "Der Jugendrichter" mit Heinz Rühmann, war ganz toll!! -

Abends kamen dann die drei auserwählten Herren: Klaus Käseberg, der lange Jürgen und Rolf, der mit Renate feierte. Zu Herrn Rohlfs haben wir gesagt, daß die ganz zufällig vorbeigekommen sind. Frau Rohlfs hat mit uns unter einer Decke gesteckt. Die ist ja 'ne Wucht. Mutti würde das wohl nie erlauben.
Plötzlich kam die ganze Geburtstagsgesellschaft an, wo Renate vorher gewesen war. Jetzt waren wir 8 Mädchen und 3 Jungs. Klaus wollte mich einmal zum Tanz holen, aber ich sagte, daß ich nur tanze, wenn Hilke auch von einem aufgefordert wird. Hilke ist nämlich in Klaus verknallt und darum wollte ich nicht mit ihm tanzen.
Um 1 Uhr schickte Renate alle nach Hause. An der Haustür berührte Klaus nur ganz zart mit seinen Lippen meine Stirn und noch flüchtiger meinen Mund. Schade, daß Hilke hinter mir stand, sonst wäre das sicher nicht so ein schneller Kuß geworden. - Aber es war immerhin ein Kuß!

Sonnabend, 7.5.60
Ich komme einfach nicht mehr dazu, ins Tagebuch zu schreiben. Abends bin ich zu müde und nachmittags zu beschäftigt. Wir kriegen unheimlich viele Schularbeiten auf und alles ist mächtig schwer.
Am Freitag habe ich einen Brief von Ede gekriegt, der nun schon 6 Tage in Hamburg-Eppendorf liegt. Ich würde ihn ja gern besuchen, aber es ist doch ziemlich weit.

Ich hatte gestern in der AZ gelesen, daß jemand eine gut erhaltene Schreibmaschine verkaufen will. Gleich nach der Schule machte ich mich auf den Weg . Bei dem Kiosk gegenüber der Milchbar fragte ich den Herrn, ob er wisse, wo die Platenmacherstraße sei. Er hatte einen Stadtplan und meinte dann, das sei ziemlich weit. Wenn ich eine Stunde warten würde, könnte ich mit ihm mitfahren. - So ganz wohl war mir nicht, aber zu Fuß wäre ich bestimmt eine Stunde gelaufen. Ich fragte ihn nach seinem Namen und seiner Adresse.
Für alle Fälle, man kann ja nie wissen. Dann ging ich erstmal wieder weg und dachte nach.
Um 3 Uhr ging ich wieder hin, er stand schon mit einem schwarzen VW mit offenem Dach und Radio vor dem Kiosk. Also stieg ich ein und er brachte mich genau zu der Haustür, wo ich hinwollte. Zum Schluß fragte er mich: "Haben Sie wirklich gedacht, ich wollte Sie verführen?" - "Nicht direkt, aber man muß vorsichtig sein," lachte ich und stieg aus. Er brauste weiter.
Die Schreibmaschine war genau so alt wie Vatis. Die will ich nicht. Pech.
Ich lief 30 Minuten bis zum Bahnhof, und das in Stöckelschuhen und engem Rock!

Sonntag, 8.5.60
Mutti ist ganz krank. Frau Mottek hat ihr 3 Zähne auf einmal gezogen, weil sie vermutete, daß eventuell vereiterte Zähne die Schmerzen in den Gelenken auslösen könnten. Nun sind immer noch Splitter im Kiefer. Mutti hat aber auch immer irgend etwas!

Montag, 9.5,60
In einem Schreibmaschinengeschäft habe ich mir mal Neue angesehen. Der Verkäufer hat mir gleich eine ganz flache Reiseschreibmaschine mit Koffer für 8 Tage zur Ansicht mitgegeben.
Vati hat geschimpft, schließlich würde er das Geld nicht im Schlaf verdienen. "Der Mann hat gesagt, du kannst das von der Steuer abschreiben!" wagte ich einzuwenden, aber Vati meinte, erstmal müsse

das Geld verdient sein! - Ach, und ich war schon so stolz, als ich mit dem Köfferchen die Bahnhofsstraße entlangtrippelte!

Dienstag, 10.5.60
Heute bin ich zum Kiosk gegangen und habe gesagt, daß es mit der Schreibmaschine leider nichts geworden ist. Er sieht sehr gut aus. Möchte wissen, ob er verheiratet ist.

Mittwoch, 11.5.60
Habe heute "Bild" und "Hör zu" bei ihm gekauft und mich mit ihm unterhalten. Wenn er mal durch Bodenteich fährt, will er bei uns tanken. So hat er eine neue Kundin und wir haben einen neuen Tankkunden. Ist doch prima!

Donnerstag, 12.5.60
Heute haben wir 6 Stunden gehabt! Das ist entschieden zu viel. Ich war fast tot, als ich im Zug saß.
Ich hatte mit Müh und Not meine Hausaufgaben erledigt, als auch schon wieder Zeit war, zum Mädchenkreis zu gehen. Frl.v.Behr sagt, daß in diesem Jahr wahrscheinlich wieder ein Landesjugendtreffen im Sachsenhain ist. Ach, darauf freue ich mich schon 2 Jahre. Dann kann ich endlich Pastor Gurland wieder sehen.
Nach dem Mädchenkreis gingen wir alle noch auf den Bodenteicher Jahrmarkt und Frl.v.Behr hat für jeden eine Bockwurst spendiert. Das ist wirklich eine tolle Frau! Und Frau Rohlfs auch, und Mutti natürlich auch...

Sonnabend, 20.5.60
Vor einer Woche holte ich wieder eine "Bild"-Zeitung bei dem Knilch vom Kiosk. Da fragte er mich, ob wir nicht mal mit dem Auto wegfahren wollen, um irgendwo eine schöne Tasse Kaffee zu trinken....
Ich lachte nur und schüttelte den Kopf. Irgendwie fühle ich mich schon geschmeichelt, aber langsam wird mir das zu gefährlich. -

Am Sonntagabend war Reiter-Tanz. Aber ich durfte nicht. Also bin ich nur mal zum Gucken ins Schützenhaus gegangen. Klaus Mathias war da und strahlte und unterhielt sich prächtig. Er sieht doch verdammt gut aus!
Schade! Es war einmal...

Am Dienstag haben wir unsere Arbeiten in Steno und Schreibmaschine wiedergekriegt. Beides 2 !

Mittwoch in der Literaturstunde haben wir (Puppi, Ursel Schmidt und ich) Fotos angeguckt. Da hat die Kremp gezischt: "Ursel Schmidt, bitte wiederholen Sie sofort, was ich eben erzählt habe!" Die wußte natürlich nichts. Dann kam eine Gardinenpredigt, die uns Dreien galt! Ich muß mich zusammenreißen, sonst fliege ich.
Die machen keine langen Faxen. .

Donnerstag haben wir ein saftiges Diktat geschrieben. Bis jetzt weiß ich schon sicher 2 Fehler. Ich glaube, die wollen gleich am Anfang eine Auslese machen. Wer zu blöd ist, fällt durch.

Heute, Sonnabend, haben wir eine Arbeit in Betriebswirtschaftslehre geschrieben. Ich hatte mein Heft die ganze Zeit auf dem Tisch und konnte relativ gut abschreiben.

Abends im Fernsehen war der Film "Die Brücke". Ein ganz furchtbarer Film über den letzten Krieg. Ich habe die ganze Zeit nur gebetet: Lieber Gott, laß es bitte nie wieder so weit kommen. Der letzte Krieg war so schlimm, der nächste wird uns alle vernichten. Weshalb läßt du das alles zu? Weshalb nur?

Nach der mißratenen Gipfelkonferenz steht es so schlecht um unseren Frieden. Die Russen benehmen sich so gemein. Wie soll das bloß weitergehen? Ich denke immer, daß ich mich vorher umbringen würde. Aber wie?

Mutti redet auch immer nur vom Sterben. Sie hat furchtbare Schmerzen in den Armen. Jetzt ist auch noch der zweite Arm ganz lahm. Ich weiß gar nicht, wie ich ihr helfen oder sie trösten könnte. Lieber Gott, gibt es dich denn gar nicht da oben hinter den Wolken? Wo bist du denn?

Montag, 22.5.60

Vati hat mich schon um 11 Uhr von der Schule abgeholt, weil wir gleich nach Braunschweig zum Einkaufen fahren wollten.

Ich habe einen blauen Alltagsmantel(39,-) und einen für sonntags (49,-) gekriegt, ein Kleid, was allerdings noch nicht richtig paßt und einen engen Trevira-Rock. Mutti hat auch ein Kleid und Schuhe gekriegt und Vati endlich mal wieder einen schönen Anzug. Abends sind wir noch zu den Braunschweigern gefahren.

Tante Else hat Stielaugen gekriegt, als sie sah, was wir uns alles geleistet hatten. "Ihr habt wohl im Lotto gewonnen?" hat sie gefragt. Mutti sagt, die ist doch nur neidisch, weil sie selbst mit Geld nicht umgehen kann.

Dienstag, 23.5.60

Ich war eine Stunde in der Uelzener Kirche und habe gebetet, daß Mutti doch gesund werden soll.

Danach habe ich dann noch "Bild" gekauft beim Kiosk. Der regt mich auf mit seinen anzüglichen Bemerkungen. Jutta hat gesagt, der ist verheiratet und hat schon große Söhne. - Eigentlich bin ich immer nur hingegangen, weil er sagte, er würde dann mal bei uns tanken.

Ich bin doch verrückt, wenn ich mir sowas einrede! Ich will nur seine Komplimente hören.

Mittwoch, 24.5.60

Mannomann, die Kremp läßt Arbeiten schreiben in Wirtschaftsgeo, da kann einem der Hut hochgehen.

Ich habe bestimmt total danebengehauen, mindestens 5 ! In Steno und in Schreibmaschine stehe ich auf zwei.

Himmelfahrt 1960

Mensch, das war ein toller Vatertag. Wir fuhren mit Herrn Witte und einem Lüneburger Apotheker nach Bokel. Ich habe die ganze Zeit Witze gemacht und mit den alten Herren sogar russisch gesprochen. Ach ja, ich gehe immer noch fast jede Woche einmal zur "Weißen Taube"(Frau Katcuba). Ich kann ein russisches Gedicht auswendig und habe ganz schön damit angegeben! -

Mutti war sicher stolz auf mich, auch wenn sie nichts verstanden hat.

Freitag, 26.5.60

Ich habe eine 2 in der BWL-Arbeit! Ich bin so glücklich, ich kann es gar nicht glauben!

Abends war niemand im Konfirmandensaal, als ich zum Mädchenkreis wollte. Frl.v.Behr wunderte sich, daß ich nichts davon wußte, daß heute Schnitzeljagd gemacht werden sollte. Ich holte schnell mein Rad und sauste in den Wald beim Sportplatz. Da habe ich Hasenkrug gesehen, Klaus Wölk und Christiane von Böttchers.

Wir fuhren alle zusammen zum Bundesgrenzschutz. Bis um 11 Uhr fuhren wir in der Gegend herum, bis endlich dann der Pastor kam und die Fahne schwenkte, die wir eigentlich hätten finden sollen.

Übrigens: Der Bürgermeister hat sich im Schützenhaus aufgehängt. Mutti hat wieder gesagt, das würde sie auch am liebsten machen.
Vati wurde bös und hat auf den Tisch gehauen: "Wirst du wohl deinen Schnut halten!"
Da hat Mutti losgeweint und ihren Kopf auf den Tisch gelegt, die Arme drüber zusammengefaltet und gerufen: "So helft mir doch, daß ich gesund werde!"
Vati kamen die Tränen und ich wäre am liebsten rausgelaufen. Ich weiß gar nicht richtig, was für eine Krankheit sie eigentlich hat, mal sind es die Knochen, dann der Hautausschlag, dann hat sie Herzschmerzen und manchmal weint sie nur und weiß nicht warum.

Dienstag, 7.6.60
Gestern Abend bin ich mit Dr. Hinze mitgefahren bis nach Heuersdorf. Als wir auf einem einsamen Feldweg fuhren, fragte er mich, ob ich schon einen Freund habe. - Ich sagte. "Nein, leider nicht. Ich darf das nicht."-
"Muttchen will das nicht, was?" - "Ja!" - "Du mußt ihr doch nichts erzählen." - "Aber sie erfährt es von anderen." - "Ach was, sie grübelt zu viel, weil sie Angst hat, daß du mal weggehst von ihr." - "Aber das tun doch alle Kinder einmal." - "Aber bei dir ist es was ganz Besonderes." - "Wieso?" - Er grinste, - sagte eine Weile nichts und dann: "Weil du etwas Besonderes bist!"
Ich fühlte mich geschmeichelt, aber ich werde nicht mehr mit ihm mitfahren.
Und zu dem Knilch vom Kiosk in Uelzen gehe ich auch nicht mehr hin. Das mag ich nicht haben, wenn der verheiratet ist und dann mit mir rumschmusen will. Nee, das laß ich lieber sein.
Ich habe Pastor Gurland eine Geburtstagskarte geschickt, aber er hat sich noch nicht bedankt dafür wie im letzten Jahr.

Pfingstsonntag, 1960
Ich war allein mit Vati in Braunschweig, weil Mutti nicht mitwollte. Als Tante Else uns im Garten entgegenkam, sagte sie: "Na, Lina markiert wieder krank, was Fritz?" Vati war das sicher peinlich, aber er sagte nichts dazu.

Pfingstmontag
Heute morgen gab es wieder mal Krach zwischen Mutti und mir. Ich habe nur gesagt, daß Dr. Hinze so ein tolles Auto hat und da warf sie mir vor, ich würde den Männern nachlaufen und damit noch einmal großes Unheil anrichten. Sie hat gesagt, ich wollte nur mit ihm rumschmusen und ihn verrückt machen.
"Du hast auch einen Liebhaber in Uelzen sitzen. Ich weiß alles!"
Mutti ist so gemein! -
Ich bin in mein Zimmer gerannt und habe im Tagebuch nachgeblättert, klar, daß sie das alles gelesen hat. Sonst würde sie es nicht wissen. (**In Steno: Am liebsten möchte ich jetzt erst recht mit dem was anfangen. Mit ihm wegfahren und schmusen! Nur damit Mutti sich ärgert, wenn sie das dann im Tagebuch liest!**)

Ich wollte rausrennen, zu Lieschen oder zu Frl. v. Behr, aber Vati hielt mich unten im Flur auf und zog mich ins Contor. Ich schrie wie wild herum: "Mutti ist so gemein, keine andere Mutter würde so gemein sein!"

Da hat Vati mich auf den Sessel gedrückt und erzählt, daß Mutti schwer krank ist und eigentlich in eine Nervenklinik gehört. Aber Vati will sie nicht weglassen. Dr. Hinze war am letzten Freitag hier und hat ihr Herz untersucht. Da hat er gesagt, sie soll stolz sein auf so eine hübsche und kluge Tochter und er hat auch gesagt, daß ich ab und zu mit ihm mitfahre. - "Weil er sein Auto so toll finde!!" - "Mutti denkt da weiter. Sie hat Angst um dich." - "Und was meint sie mit dem Liebhaber in Uelzen?" - Auch das konnte Vati erklären: "Frau Burmeister hat sich so gefreut, daß du Ede im Krankenhaus besucht hast. Und Mutti denkt nun wohl, daß er dein Freund ist. -

"Aber Ede ist doch kein Liebhaber!" - "Mutti phantasiert sich das wohl so zusammen. Halt deine Gefühle unter Kontrolle, du bist noch nicht mal 16!" - Ich wollte noch etwas sagen, aber Vati wollte nichts mehr hören und beendete unser Gespräch: "Reg dich nicht auf und sei schön lieb zu ihr, dann wird alles wieder gut."

Ich ging in mein Zimmer, habe alles aufgeschrieben und mein Tagebuch versteckt.

Nach diesem Krach bin ich endlich mal wieder in die Kirche gegangen. Ich fühlte mich so allein. Ich würde Frl.v.Behr gern alles erzählen, aber Vati hat mir verboten, über das zu reden, was bei uns so passiert.

Dienstag, 7.6.60

Die Schule fing wieder an.

Abends war ich zum Tanzen. War nicht besonders schön. Herr Vietmeyer, unser Nachbar, ist Schützenkönig !

Ich habe viel mit Forst getanzt. Kolander hat mich um 12 Uhr nach Hause gebracht. Aber ganz artig!

Mittwoch, 8.6.60

Wir haben die Buchführungs-Arbeit wiedergekriegt, ich habe eine 5 und Ingrid auch, das tröstet mich.

Sonnabend, 11.6.60

Heute nachmittag haben wir Mutti nach Ebstorf ins Krankenhaus gebracht. Sie konnte es vor Schmerzen nicht mehr aushalten. - Jetzt bin ich wieder mit Vati allein.

Abends war ich zum Schützenfest-Ball. Da hat mich doch tatsächlich so ein ganz Langer 12x geholt. Ich habe andauernd so ganz scharfe Bemerkungen gemacht, aber er scheint ganz dusselig zu sein. Dann habe ich gefragt, ob wir uns nicht mal abkühlen wollten. „Nee," hat er gesagt, „kühlen Sie sich man alleine ab." Als er mich dann immer wieder geholt hat, wurde ich deutlicher und habe ihn gefragt, ob er für mich eine Wochenkarte hat. Aber auch das hat er nicht kapiert. Nach dem 9. Tanz habe ich klar und deutlich gesagt, daß ich auch mal mit einem anderen tanzen will, da hat er einen ausgelassen und dann kam er wieder freudestrahlend angescheest. Der hat mich aufgeregt, weil er mir die anderen Jungs vermiest hat!

Um 11 Uhr war Feuerwerk. Firma Motzkuhn hat das gestiftet und ich war halbtot vom Knallen.

Danach hat mich Therwisch aufgefordert. Weil das Monikas Freund ist, habe ich nichts mit ihm gesprochen. Er hat mich auf ein Glas Sekt in die Bar eingeladen und Monika hat ganz blöd geguckt. Vielleicht will er sie nur eifersüchtig machen. -

Um 12 Uhr hat er mich nach Hause begleitet. Wir sind eingehakt und ganz langsam gegangen. Vor der Haustür hat er mir zugeflüstert, daß ich wirklich ein ganz liebes Mädchen sei. - Ich weiß nicht, ob er das ehrlich gemeint hat, aber es war schön anzuhören.

Montag, 13.6.60
Heute war ich doch wieder am Zeitungskiosk. Ich hatte den festen Vorsatz, mit ihm auszugehen, wenn er den Vorschlag machen würde, aber er begrüßte mich gleich mit:
"Guten Tag, Fräulein Brandt!"-
"Woher wissen Sie denn meinen Namen?", fragte ich.
"Ihr Vater war hier!" - Ich dachte erst, er machte einen Spaß , aber dann erzählte er, daß Vati bei ihm war und gesagt hat: "Guten Tag, mein Name ist Brandt. Ich will Sie nur warnen, meine Tochter nicht zu verführen."- Mir wurde ganz schwarz vor Augen vor lauter Wut. Wir haben uns noch eine Weile unterhalten, dann bin ich weggegangen und **(in Steno: wäre am liebsten mit irgendjemanden irgendwohin gefahren, nach Hannover oder nach Hamburg, und nie mehr nach Hause zurück .**

Nun ist mir klar, daß meine Eltern doch alles immer im Tagebuch gelesen haben, alles , alles, wirklich alles, - das vom Klaus, von meinem ersten Kuß und wie ich da geschwärmt habe...
Ich schäme mich jetzt für das, was ich geschrieben habe, und es kommt ein ganz schrecklicher Haß in mir auf. Nur darum hat sich Mutti so dafür eingesetzt, daß ich mit 12 Jahren mein erstes Tagebuch bekam!!!
Verdammt, Mutti hat seit Jahren immer alles ausspioniert. Sie hat über alles Bescheid gewußt!
Mich so zu hintergehen! Und dann so zu tun, als ob sie nie im Leben auf die Idee kommen würden, in mein Tagebuch zu sehen! Und ich habe meinen Eltern vertraut und so gut von Ihnen gedacht. Auch wenn ich mal eine Wut auf sie hatte, so glaubte ich doch immer noch, daß sie es eigentlich gut mit mir meinten. Sie sind gemein, ganz doll gemein!

Ich hasse meine Eltern! Ich hasse meine Eltern!
Ich hasse sie beide!

Nachts 4 Uhr
Ich habe meine Tagebücher durchgeblättert und mit anderen Augen gelesen. Alles, was Mutti wußte, hatte sie nicht von anderen erfahren, sondern kurz vorher, wahrscheinlich regelmäßig gelesen.
Meine innersten Gedanken, meine Schwindeleien, meine Gefühle, die ich so ehrlich von mir geschrieben habe...
Wenn mir jetzt jemand sagt, daß es nicht meine richtigen Eltern sind, laufe ich weg.
Ich werde nie mehr ins Tagebuch schreiben. Am liebsten würde ich das Tagebuch auf die Straße werfen, damit alle Leute lesen können, wie gemein meine Eltern sind.

Freitag 17.6.60 **(in Steno)**
Doch, ich schreibe wieder, aber gewisse Stellen nur in Steno. Ich muß meine Gedanken aufschreiben, sonst platze ich. Nur, wenn ich mir alles von der Seele schreibe, kann ich wieder ruhig werden. Ich habe jetzt ein gutes Versteck für mein Tagebuch!

Gestern haben wir einen Aufsatz geschrieben, aber ich habe nichts Gescheites zustande gebracht,
Heute war schulfrei. Wir wollten mit dem Mädchenkreis eine Fahrradtour machen, aber es kam niemand außer mir. Da bin ich einfach alleine weggefahren - über Bokel nach Hösseringen. Die Gegend ist ja herrlich und ich bin so gern allein in der Natur, mit meinen Gedanken und meinen

Plänen. In der Jugendherberge habe ich nichts zu essen gekriegt, weil ich keinen Ausweis hatte. So was Blödes! Ich habe mir ein Langnese-Eis gekauft, das war dann mein Mittagessen. Über Suderburg bin ich ganz langsam nach Bodenteich gefahren. Ich wollte gar nicht, daß die Fahrt zu Ende geht, irgendwie hatte ich keine Lust auf Zuhause...

Vati hatte Mutti in Ebstorf besucht und Mutti hat geschimpft, daß ich nicht mit war.
Ich will sie nicht sehen.
Ich glaube, ich werde sie nie wieder liebhaben.
Als ich abends noch mal mit Waldi raus wollte, fragte Vati gleich mißtrauisch: "Wo gehste denn hin?"
- und als ich zurückkam:
"Wo warste denn schon wieder so lange?"
Es ist schrecklich. Hoffentlich bin ich nicht so zu meinen Kindern.

Sonntag, 19.6.60
Heute mußte ich unbedingt mit nach Ebstorf. Ich habe Mutti umarmt, aber ich habe mich nicht gefreut, sie zu sehen. Trotzdem tut sie mir leid, weil sie so krank ist. Man hat ihr das Rückenmark punktiert. Sie sagt, das hat so wehgetan, daß sie aus dem Bett gesprungen wäre, wenn sie nicht angeschnallt gewesen wäre. Mir wird ganz schlecht, wenn ich mir die Schmerzen vorstelle.

Freitag, 24.6.60
Der Jugendkreis hat abends ein Lagerfeuer auf dem Petersberg gemacht. Das war prima.
Der Pastor sah ja cklig aus: Das Hemd hing bis zum Hintern runter, die Hosen aufgekrempelt und die Haare flogen um den Kopf herum. Mensch, manchmal habe ich Zweifel, ob der wirklich ein studierter Pastor ist.

Sonnabend, 25.6.60
Horst Nagel will einen Teil von unserem Haus pachten. Mensch, das wäre ja toll!

Montag, 27.6.60
Heute habe ich die Schule geschwänzt. Am Morgen bin ich ohnmächtig geworden, und als es mir dann wieder besser ging, hat Vati gesagt, ich könnte ja mal die Wohnung putzen und im Laden Staub wischen und die Fahrradnetze auf die drei neuen Damenräder aufziehen.
Das ist eine fummelige Arbeit, aber besser als Schule.

Dienstag, 28.6.60
Heute waren Horst und Uschi Nagel bei uns und haben mit Vati über das Pachten gesprochen. Ich habe ja innerlich gelacht, denn 10x hat Horst Vati nach dem Preis gefragt, aber Vati ist immer wieder ausgewichen. Er sagt, er kann sich nicht entschließen und will alles erst mit Mutti besprechen. Hoffentlich wird es was. Uschi ist unheimlich nett, fast wie eine Freundin.

Donnerstag, 30.6.60
Ich bin jetzt 16 Jahre (alt?). Vati hat mir einen schönen Geburtstagstisch gedeckt mit Apfelsinen und Bananen und eine neue Reiseschreibmaschine mit Koffer!!! Darauf ein Zettel "Für die fleißige Spargelstecherin!" - (In dieser Saison war ich gar nicht so oft auf dem Feld, weil ich dann immer schon um 5 Uhr aufstehen mußte. Sonst hätte ich den Zug nach Uelzen nicht mehr gekriegt.).
In der Klasse haben mir alle gratuliert und ich habe für jeden eine Flasche Kakau ausgegeben.
Endlich sind Sommerferien!

Sonntag, 3.7.60

Die Braunschweiger waren hier, und wir sind alle zu Mutti ins Krankenhaus gefahren.

Ich hatte so einen Haß auf diese scheinheiligen Erwachsenen und sagte, ich geh mal ein bißchen draußen spazieren. Ich lief ein wenig im Park herum und dann in dem kleinen Verkaufsraum und dann mußte ich mal auf die Toilette. Ich hatte gerade runtergespült, da hörte ich Tante Else und Astrid reden, die kamen auch auf die Toilette und ich habe mich nicht gerührt. Tante Else sagte zu Astrid: "Tante Lina spinnt doch schon. Die gehört in die Klappsmühle!"

Ich bin rausgestürzt zu ihnen und habe gerufen: "Das sage ich Vati, was du da gesagt hast!"

Tante Else sah mich böse an und zischte fast tonlos: "Du kleines freches Biest, halt bloß den Mund! Deinetwegen ist Tante Lina doch so krank! Die haben dich aus dem Sumpf gezogen und jetzt spielst du dich hier groß auf! Das hätten sie sich lieber ersparen sollen."

Ich weiß nicht, was sie meinte, - aber *ich hasse sie alle!*

Als wir nach Hause fuhren, habe ich Vati die Sache von Tante Else erzählt. Er wurde ganz still und fing beinahe an zu weinen. Vielleicht ist er traurig, daß Mutti immer so krank ist. Vielleicht denkt er aber auch, daß Mutti wirklich Theater spielt und gar nicht krank ist.

Als Vati abends beim Fernsehen saß und Waldi auf seinem Schoß streichelte , sagte er ganz plötzlich:"Weißt du, Tante Else ist immer schon neidisch auf Mutti gewesen. - Jetzt will sie ihr wohl was anhängen."

"Und was hat sie damit gemeint, daß ihr mich aus dem Sumpf gezogen habt?"

"Ach, die denkt, du glaubst noch an den Klapperstorch, der alle Babys aus dem Teich holt.... Aber daran glaubst du wohl nicht mehr, oder?" - "Nee!" lachte ich und gab Vati einen Kuß. -

(Aber ich glaube auch nicht, daß Tante Else das wirklich so gemeint hat.)

Montag, 4.7.60

Von 5 Uhr morgens bis abends mußte ich allein auf dem Feld Kirschen pflücken.

Abends habe ich sie eingekocht: 17 Dosen sind es geworden!

Vati hat mir eine schicke Nietenhose gekauft. Ganz Toll! - Ich schreibe trotzdem weiter alles, was niemanden etwas angeht, in Steno. Ich falle nicht darauf rein, nur weil er jetzt lieb zu mir ist.

Freitag, 15.7.60

Mutti ist heute aus dem Krankenhaus entlassen worden . Die Ärzte wissen nicht, warum sie solche Schmerzen in den Gelenken hat. Sie sagt, wie will am liebsten nur sterben. Und Horst Nagel und Uschi will sie auch nicht ins Haus haben, weil man dann nicht mehr sein eigener Herr ist.

Ich hatte so sehr gehofft, daß alles gut wird, wenn Vati und Mutti die Tankstelle abgeben und sich das Leben ein bißchen schöner machen.

Manchmal denke ich, Mutti will gar nicht mehr gesund werden.

Die "Weiße Taube" hat gesagt, daß manche Menschen ihre Krankheiten brauchen und pflegen und daß es Mütter gibt, die auf ihre eigenen Töchter eifersüchtig sind.

Sonntag, 17.7.60

Heute war Tante Putty bei uns zum Kaffee. Sie wollte mal wissen, wie es Mutti geht und was ich nun so mache. Als sie hörte, daß ich zur Höheren Handelsschule nach Uelzen gehe, meinte sie, dann könnte ich ja immer mit ihrem Schwiegersohn mitfahren, der jeden Tag um die selbe Zeit in die Zuckerfabrik fährt. Herbert ist irgendwas Besseres im Büro, er ist ganz nett und hat auch schon einige

Male mit seinem kleinen Auto bei uns getankt. Mutti fand das besonders gut, weil wir dann später aufstehen könnten.
Und ich dachte gleich daran, daß ich dann öfter mit den Stöckelschuhen zur Schule gehen könnte, weil ich nicht erst quer durch Uelzen laufen müßte.

Dienstag, 19.7.60
Die Braunschweiger sind seit vorgestern hier und haben Vati geholfen, die schweren Schränke aus Omas Zimmer auf den Dachboden zu schleppen. Das war Muttis Idee.
Ich mußte 3 Tage lang oben den Dachboden fegen und putzen und alle Sachen aufräumen.
Onkel Albert hat herumkommandiert und ich mußte gehorchen.
Vati hat mir 200 Mark geschenkt, weil ich so feste geholfen habe. Davon kaufe ich mir das Neckermann-Tonband-Gerät. Tante Else hat nicht mehr mit mir geredet, weil sie neidisch war, daß Vati mir fürs Arbeiten Geld gegeben hat und sie und Onkel Albert nichts gekriegt haben.

Sonntag, 24.7.60
Als Herbert und seine Frau Gerti gestern bei uns getankt haben, hat Mutti sie für heute nachmittag eingeladen. Es war ganz nett. Ich habe mit Herbert vierhändig Klavier gespielt. Als sie wegwaren, hat Mutti gesagt, daß die Gerti ganz schön dick geworden ist, und Vati meinte, daß es langsam an der Zeit wäre, daß die mal ein Kind kriegt, - weil sie schon 5 Jahre verheiratet sind.

Mittwoch, 27.7.60
So ein Mist, das Tonband-Gerät kostet 199 Mark, aber dann kommt noch das Tonband mit 20,- DM dazu und das Mikrofon auch noch 22,- DM. - Ich habe aber trotzdem heute die Bestellung abgeschickt.

Mittwoch, 3.8.60
Muttis Geburtstag war schön. Horst Nagel und Uschi waren auch da. Nun ist es sicher, daß die beiden im September hier einziehen und ich habe mit der neuen Schreibmaschine den Pachtvertrag geschrieben.
Es war so eine lustige Feier. Vati hatte richtig einen Kleinen sitzen und hat immerzu Witze gerissen. Mutti hat laut gejucht und Horst sagte einmal: "Tante Brandt ist wieder so wie früher!" Manchmal vergißt sie ihre Schmerzen, glaube ich.

Sonnabend, 6.8.60
Das Tonband ist angekommen. Mein eigenes Tonbandgerät! Ich habe die restlichen 41,- DM von meinem Sparbuch abgehoben. Jetzt bin ich bald pleite.

Mittwoch 10.8.60
Schulanfang. - Herbert stand halb acht vor der Tankstelle und Vati hat ihm umsonst den Tank vollgemacht.
Herbert fährt ziemlich schnell, ich glaube, er will mir damit imponieren.
Als ich vor der Schule ausstieg, haben einige Mädchen aus der Klasse ganz doof geguckt und Hannelore hat mich gefragt, ob das mein Freund ist.
Wir sind jetzt in dem neuen Schulgebäude. Da macht das Lernen sicher doppelt Spaß.
Ich will mich ganz doll anstrengen, damit ich ein gutes Zeugnis kriege.

Montag, 15.0.60
Am Freitag machen wir eine kurze Klassenfahrt nach Bielefeld . Herbert hat gesagt, ich werde ihm fehlen.

Freitag, 19.8.60
Die Fahrt im D-Zug nach Bielefeld war ganz prima. Ich habe sogar mit Ingrid im Speisewagen gegessen..
Die Jugendherberge liegt ganz hoch auf einem Berg und es hat furchtbar gegossen, als wir mit unseren Koffern rauflaufen mußten.

Sonnabend, 20.8.60
Ich bin ganz allein nach Bethel gefahren, die anderen waren in Bielefeld bummeln.

Sonntag, 21.8.60
Wir haben eine katholische Kirche besucht. Das kommt mir vor wie Theater. Und von dem Weihrauchgestank kriege ich immer Husten.

Montag, 22.8.60
Besichtigung einer Leinenfabrik. Ich habe Mutti eine Tischdecke zu 7.80 DM gekauft.
Nachmittags ging es wieder in Richtung Heimat. Ich stand die ganze Zeit am Fenster und habe die Landschaft betrachtet. -

Dienstag, 23.8.60
Als ich heute morgen zu Herbert ins Auto stieg, sagte er: "Guten Morgen, mein Schatz!"
Soll ich das wohl ernst nehmen?

Mittwoch, 24.8.60
Herbert sagt, er würde mir Autofahren beibringen und ich dürfte auch mal sein Auto fahren.
Das ist mir aber zu gefährlich. Ich bin froh, wenn e r mich heil nach Uelzen bringt.

Donnerstag, 25.8.60 **(Steno)**
Heute haben wir uns über alles Mögliche unterhalten, auch über essen und gute Figur usw.
Er meinte, ich könnte froh sein, daß ich so eine schöne Figur hätte, nur da oben (er faßte während der Fahrt auf meinen Busen) könnte noch ein bißchen mehr hin. Ich hab ihm gleich auf die Hand gehauen und gesagt, daß er das nicht tun soll.
Da tat er ganz beleidigt und nach einer Weile sagte er: "Die Gerti quillt immer mehr auf." -
"Magst du das nicht?" fragte ich.
"Nein, sie läßt sich gehen und futtert Schokolade und Salzstangen in sich rein." -
"Sag's ihr doch." -
"Dann wird sie wild und frißt extra weiter. Ich hab schon alles versucht. Keine Frau hört das gern und jede Frau denkt, wenn sie mal verheiratet ist, ist das Wichtigste, daß die Wäsche gewaschen und das Essen gekocht wird. Aber ein Mann braucht noch was anderes." -
"Eine Frau auch", sagte ich.
"Du bist ein kluges Mädchen, Ilse", sagte er, und dann mußte ich schon aussteigen. Gott sei Dank.

Freitag, 26.8.60

Ingrid hat gefragt, ob sie vielleicht auch am Morgen mit uns mitfahren könnte, aber als ich Herbert darauf angesprochen habe, meinte er, das sei nicht möglich wegen seiner Versicherung. Vati sagt, das könnte er sich gar nicht vorstellen, aber Mutti meinte gleich, daß sie verstehen kann, wenn er kein Risiko eingehen will. Schließlich sei schnell mal was geschehen.- (überhaupt wenn er meistens so rast.)

Donnerstag ,1.9.60

So, nun ist es endlich so weit. Horst und Uschi Nagel haben einen Teil unseres Hauses gepachtet. Ich mußte die letzten Tage feste mithelfen beim Umziehen. Es ist alles so aufregend. Plötzlich sind wir nicht mehr allein im großen Haus. Mutti behandelt die beiden, als wenn es ihre eigenen Kinder wären und Horst hat sie umarmt und gesagt: "Ach, Tante Brandt, ich freue mich ja so und ich fühle mich hier wie ein König!"
Da kamen mir beinahe die Tränen, weil ich mich so mit ihnen freue.

Sonntag, 4.9.60

Heute war das Landesjugendtreffen in Verden und Vati hat gestern noch so komisch geredet, daß es besser wäre, wenn ich nicht mitfahre. Ich weiß schon, daß meine Eltern nicht wollten, daß ich Pastor Gurland wiedersehe. - Naja, ihr Wunsch war dem lieben Gott Befehl: ER war nicht da. Überhaupt war alles nicht so wie beim letzten Mal: Pastor Freser und Frl.v.Behr waren auch nicht mit, und so kam keine richtige Stimmung auf.

Freitag, 9.9.60

Heute war wieder Jugendabend, d.h. Mädel- und Jungskreis zusammen mit Pastor Freser.
Wir haben über das Landesjugendtreffen gesprochen und dann hat der Pastor gesagt, daß wir im Schützenhaus bei einem öffentlichen Gemeindeabend Bert Brechts "Kreidekreis" aufführen könnten. Mit dem eingenommenen Eintrittsgeld könnten wir uns dann endlich ein Tonbandgerät für die Jugendgruppe kaufen.
Ich habe vor dem Einschlafen noch lange darüber nachgedacht und sah meine Chance, endlich, endlich meinen Traum vom eigenen "Bunten Abend" zu realisieren. Denk, denk, ...

Samstag 10.9.60

Vom nächsten Tanzstundenkurs hat mich ein Junge zum Mittelball eingeladen. Aber ich darf nicht, weil Mutti sagt, ich soll nicht mit "Kindern" tanzen. Eigentlich hatte ich auch gar keine Lust. Ich habe jetzt ganz andere Gedanken im Kopf.....

Montag, 12.9.60

Heute nachmittag habe ich meinen Brief eigenhändig beim Pastorenhaus-Briefkasten eingeworfen:

Sehr geehrter Herr Pastor Freser!

Ihre Worte vom Freitag über den Gemeindeabend habe ich mir lange durch den Kopf gehen lassen und mache Ihnen kurz einen Vorschlag, wie man den Abend gestalten könnte, daß er auch wirklich ein Erfolg wird.

Vor allen Dingen finde ich, daß wir doch den Reinertrag den Berliner Kindern zugute kommen lassen sollten. Damit machen wir die Bodenteicher mal ein bißchen wach und tun außerdem ein gutes Werk, was ja eigentlich als Motto über unserer Jugendarbeit stehen sollte!

Der Abend muß natürlich sehr abwechslungsreich und humorvoll sein. Vor allem brauchen wir tolle Musik. Das zieht immer! Ich könnte evtl. eine Amateur-Jazzband aus Uelzen besorgen.

Folgendes könnte man an dem Abend noch aufstellen:
Quiz, Musik, Frau Dittberner könnte mit ihrer Tanzgruppe auftreten, einige Sketche, die die Leute zum Lachen bringen und ein Laienspiel, das auch tatsächlich einen Wert hat, könnte von einigen der Jugendgruppe aufgeführt werden.

Als Höhepunkt des Abends muß ab 10.30 Uhr Tanz sein für Teenager. Was meinen Sie, wie das zieht! So ganz nebenbei könnte man ja auch erwähnen, daß sich die Jugendgruppe über jede kleine Spende freuen würde. Dann kriegen wir bestimmt auch noch obendrein ein Drittel des Kaufpreises für ein Tonbandgerät zusammen.

Sicherlich werden Sie jetzt denken: "Tja, Ilseken, so einfach, wie du dir das denkst, ist es ja nun auch nicht! Schließlich dauert es eine ganze Zeit, bis man so etwas in Gang gesetzt hat und außerdem kostet es sehr viel Mühe und Arbeit, für die mir meine ohnehin sehr knapp bemessene Freizeit zu kostbar ist."
Stimmt's, daß Sie so gedacht haben? Nein? Gut! Was nämlich die Mühe und Arbeit angeht, da will ich Ihnen gern zur Seite stehen, so gut es geht..
Ich war heute schon in Uelzen beim Kreisjugendpfleger und habe die Sache mit ihm besprochen. Er findet das auch in Ordnung und wird wahrscheinlich morgen mal ganz kurz bei Ihnen vorbeikommen.

So, und nun überlegen Sie sich den Fall bitte noch einmal. Es ist alles nicht so schlimm, wenn man will und der Anfang erstmal gemacht ist.
Mit freundlichem Gruß
Ilse Brandt.

Dienstag, 13.9.60
Ich habe Herbert meine Ideen erzählt. Er sagt, er habe große Achtung vor mir, aber ich sollte mich doch lieber wichtigeren Dingen zuwenden.
"Und das wären?" fragte ich .
"Schule und ..... Liebe, " sagte er und sah mich ganz komisch an.
Dann legte er seine Hand auf mein Knie. Ich zog das Knie weg. -

Donnerstag, 15..9.60
Ich habe Pastor Freser heute auf der Straße getroffen und ihn gefragt, was er von meiner Idee halten würde und ob der Kreisjugendpfleger sich schon gemeldet hat.
Seine einzige Antwort war :"Ilse, ich freu mich über deinen Mut! Aber das ist wirklich nicht so einfach, wie du denkst! Wir reden morgen abend nochmal drüber."

Freitag, 16.9.60

Beim Jugendabend kam heraus, daß Freser eine feige Flasche ist. - Er traut mir das nicht zu, daß ich so etwas organisieren könnte, daß ich die Vergnügungssteuer erlassen bekäme, daß ich mit allen Beteiligten verhandeln könnte und überhaupt würden die Bodenteicher Geschäftsleute bestimmt keine Geschenke stiften. Er sagt, die hocken in ihrem Nest und sind zufrieden.

Na, das kann er mit mir nicht machen! Ich werde es schaffen! - Ich habe nur Angst, daß die Schule zu kurz kommt. Darum dürfen meine Eltern auf keinen Fall etwas vorher davon erfahren.

Sonnabend, 17.9.60

Ich bin nachmittags gleich zu Frl.v.Behr gegangen und habe ihr meine Ideen erzählt. Sie hat volles Vertrauen zu mir und würde vom Mädchenkreis die Verantwortung für das Ganze übernehmen. Und daß wir den Reingewinn für die Berliner Kinder stiften wollen, findet sie "knorke". Jetzt geht es los, wir dürfen keine Zeit verlieren.

Freitag, 23.9.60

Beim Mädchenkreis wurde nur über den Bunten Abend gesprochen und ich habe berichtet, daß ich bereits an den Regierenden Bürgermeister von Berlin, Willy Brandt, geschrieben habe und an die GEMA , damit sie uns die Musikabgabe erlassen, die jeder Veranstalter zahlen muß.

Außerdem war ich schon bei Frau Brunhöfer, die uns das Schützenhaus - möglichst umsonst - zur Verfügung stellen soll. Und da fingen schon die ersten Schwierigkeiten an: Der Wunschtermin 29.10.60 ist belegt, ebenfalls der 5.11.60, früher schaffen wir es nicht, - der 22.11. ist der Sonnabend vor dem Volkstrauertag, der 19.11. ist vor dem Totensonntag. Also bleibt es jetzt vorläufig beim 26. November 1960.

In der Gruppe finden es alle toll und wollen auch mitmachen. Jetzt muß ich mich um die Arbeitsverteilung kümmern.

Montag, 26.9.60

Kille hat mir heute die Adresse von einer guten Amateurkapelle genannt, ich habe heute gleich an Cleby Schlockermann geschrieben. Hoffentlich schreckt es ihn nicht, daß die umsonst spielen sollen.

Freitag, 30.9.60

Die Schlockermann-band hat sich aufgelöst. - Ursel Böhl meinte heute beim Mädelkreis, ich sollte mich mal an den Bundesgrenzschutz wenden . Ich rief also Major Grunwald an, der mir ganz freundlich sagte, daß es zwar Laien-Musiker gäbe, er dann aber Schwierigkeiten mit dem Arbeitsamt bekommen würde. Was tun?

Sonnabend, 1.10.60

Ich kann meine Aktionen bald nicht mehr verheimlichen, weil ich so viel und geschäftig außer Haus bin. Meistens sage ich, daß ich zu Ingrid gehe, um mit ihr zu lernen. - Mutti guckt immer ganz ungläubig. Aber ich bin überzeugt, daß sie sehr stolz auf mich sein wird, wenn alles gut geklappt hat.

Heute nachmittag war ich bei Herrn Wilsch, dem Kapellmeister der Martin-Müller-Kapelle Bodenteich.

Er meinte, es würde sicher keinen guten Eindruck machen, wenn wir eine auswärtige Gruppe engagieren würden.

Von 40,- DM pro Mann habe ich 5,- DM runtergehandelt, die Musik am Abend kostet also 140,- DM und Frl.v.Behr will privat 40,- DM dazustiften. Mensch, die ist so in Ordnung.

Montag, 3.10.60

Da die Vergnügungssteuer bei ca. 500,- DM Einnahmen bereits 100,- DM kosten würde (20%) ist es unbedingt nötig, daß wir sie erlassen kriegen. Ich war heute bei Bürgermeister Priebe, der sich sehr über unsere Hilfsbereitschaft gefreut hat. Er war zuversichtlich, daß der Gemeinderat positiv darüber abstimmen würde.

Mittwoch 5.10.60

Ich war im Rathaus und habe Herrn Gemeindedirektor Schäfer die Idee erzählt. Er fand das alles erst ganz gut, aber als ich auf die Vergnügungssteuer zu sprechen kam, und daß wir die nicht zahlen wollen, da meinte er plötzlich: "Ilse, du solltest lieber was Ordentliches lernen. Bei diesen Wohltätigkeitsveranstaltungen kommt nie was bei raus. Da geht doch keiner hin."
"Soso, und unten im Eingang hängen Sie großartig ein Plakat auf *Helft Berliner Kindern*!" Wenn die Jugend etwas machen will, müssen die Erwachsenen helfen. Der Bürgermeister ist auch dafür!" -
"Dann mußt du das schriftlich an den Gemeinderat einreichen." -
Ich habe den Antrag heute abend geschrieben, morgen ist er beim Rathaus im Briefkasten. Gute Nacht, mir geht so viel im Kopf herum. Ich muß erst noch ein bißchen Wirtschaftsgeo lernen.

Sonntag, 9.10.60

(In Steno) Gestern haben wir einen HöHa-Klassenball gemacht. Kille hat ganz viele Jungs organisiert, weil wir ja nur 2 in der Klasse haben. Zu meinen Eltern habe ich gesagt, daß auch die Lehrer dabei sind, sonst hätte ich gar nicht gedurft. Bei Ingrid ist es ebenso. Es war ganz prima! Wir haben bei Ingrids Oma in Uelzen übernachtet und uns genau besprochen, was wir unseren Eltern erzählen wollten.

Montag, 10.10.60

Nach der Schule bin ich zu C.Beckers Buchdruckerei gegangen und habe Plakate bestellt, 50 Stück in den Farben rot, grün, blau, gelb und weiß. Sie sollten 37.65 kosten, ich konnte leider nur 5,- DM Nachlaß erhalten.

Montag, 17.10.60

Herbert sagte heute, daß er sich richtig gefreut hat, als seine Schwiegermutter den Vorschlag gemacht hat, mich mitzunehmen. **Er hätte sich schon immer beim Tanken gedacht, daß ich die richtige Frau für ihn gewesen wäre. Ich erinnerte ihn daran, daß er mit Gerti verheiratet ist, und er winkte nur ab, das sei ein heikles Thema. "Wieso?" wollte ich wissen. "Ja, sieh mal, Gerti hat keine Lust mehr, mit mir zu schmusen. Und Männer brauchen das." Er sah mich so lange von der Seite an, daß ich Angst hatte, er würde vom Wege abkommen. Als er wieder auf die Straße schaute, sagte ich, daß Vati meint, sie sollten sich ein Kind anschaffen. Da lachte er und sagte: "Dann kann ich meinen Schwanz in'n Astloch stecken!" Der Rest der Fahrt verlief "ordnungsgemäß" und ich dachte darüber nach, was er damit meinte.**
Während ich das jetzt schreibe, kommt mir alles wie ein böser Traum vor und ich habe immer den Satz der Wahrsagerin im Ohr, daß sich meinetwegen einmal ein Mann scheiden lassen wird. Es wäre furchtbar, wenn das Herbert sein würde! Die sind doch erst so kurz verheiratet und ich mag ihn gar nicht so besonders gern.

Dienstag, 18.10.60

Ich würde mich morgens lieber mit Herbert über den Bunten Abend unterhalten als über sein Eheproblem.

Erst haben wir beide geschwiegen, aber ab Wieren fing er wieder an, daß Gerti nicht mehr so ist wie früher und sich im Bett bei ihnen nichts mehr abspielt. Ich will das gar nicht hören. Und ich will auch nicht, daß er mir immer so nahe kommt. -

Er hat meine Hand gehalten und gestreichelt. Ich kann ihm immer wieder sagen, daß er das sein lassen soll, aber ich glaube, er nimmt mich nicht ernst. Obwohl es so bequem für mich ist, möchte ich lieber wieder mit dem Zug fahren. Aber ich weiß nicht, wie ich es meinen Eltern sagen soll, ohne ihn zu verpetzen.

Mittwoch, 19.10.60

Es wird immer schlimmer! Heute ist er in einen Seitenweg gefahren, hat den Motor abgestellt und hat mich fest an sich gezogen. Ich glaube, er wollte mich küssen, aber ich habe mein Gesicht zur Seite gegeben, weil er so aus dem Mund riecht. "Ilse, ich brauche auch ein bißchen Liebe. Es genügt nicht, wenn man amtlich mit einer Frau verheiratet ist. Gerti ist abends immer müde. Bitte, Ilse, laß mich ein bißchen lieb zu dir sein, komm...." Ich stemmte mich so gegen ihn , aber es nützte nichts. Er gab mir einen Kuß auf den Hals und dann ließ er mich los. -

Ich war so durcheinander, daß ich in Uelzen herumgelaufen bin und die Schule geschwänzt habe bis 10 Uhr.

Ich habe erzählt, daß das Auto kaputt war, und ich mit dem nächsten Zug fahren mußte.

Es kann so nicht weitergehen. Ich muß mit Mutti reden.

Freitag, 21.10.60

Heute bin ich nicht mit ihm gefahren, weil er zum Arzt mußte. Im Zug hätte ich beinahe Ingrid alles erzählt. Aber ich habe es dann doch gelassen. Es m u s s ein Geheimnis bleiben.

Mutti kam heute ins Krankenhaus nach Veerßen. -

Gestern habe ich die Plakate von der Druckerei geholt und zu Hause gesehen, daß ein Druckfehler passiert ist.

Man hat "Sie" in der Anrede klein geschrieben. Also bin ich heute wieder hingegangen und habe reklamiert.

"Wieviel ist Ihnen Ihr guter Ruf wert? Schließlich steht ja die Druckerei unten drunter." - Der Herr grinste und bot mir 10 % an, worauf ich sagte: "Machen Sie sich doch nicht lächerlich! Dann drucken Sie es eben nochmal, schließlich sieht das ja furchtbar aus!" - Er ging auf 15%, und ich sagte: "20% und ich bin zufrieden!" Er grinste die ganze Zeit und schrieb die Rechnung um. - Frl.v.Behr hat mir abends beim Mädchenkreis ganz anerkennend auf die Schulter geklopft. Das macht mir ja einen Riesenspaß!

Sonnabend, 22.10.60

Herbert fuhr wieder beim selben Waldweg rein und fing wieder an, mit mir zu schmusen. .Jetzt hat er mich auch geküßt, sogar mit der Zunge. Es macht mich so fertig, weil es so schön und so böse ist. Er sagt, wenn ich es nicht mit ihm mache, dann nimmt er sich in Uelzen eine Freundin.

Wenn Gerti das erfahren würde, würde er sie verlassen und irgendwo neu anfangen. -

"Und ich würde mich umbringen", warnte ich ihn. -

Ich wehre mich mit allen Gedanken, mich in ihn zu verlieben.

Ich muß damit Schluß machen, bevor es zu spät ist.

Sonntag, 23.10.60

Wir haben Mutti heute besucht. Beide Hände sind geschwollen, die Unterarme kann sie nicht anheben und die ganze Haut ist mit feuchten Pusteln bedeckt. Mutti sagt, daß sie den Herrgott bittet, daß er sie zu sich holen soll. Als Vati mal raus ging, um mit dem Oberarzt zu reden, wollte ich Mutti die Sache mit Herbert erzählen. Ich wußte nicht, wie ich anfangen sollte und sagte nur möglichst unbekümmert, daß Ingrid Marwede mich im Zug vermißt. Sie hätte es so gern, daß wir uns auf der Fahrt gegenseitig den Lernstoff abfragen.

"Nee, nee, mein Schnutchen, fahr du man weiter mit Herbert, sonst denkt der noch, sein Auto ist uns nicht gut genug für unsere Tochter."

Dann kam Vati wieder zurück und wir redeten über was anderes. - Ich muß eine Lösung finden. Ich könnte zum Beispiel sagen, daß die Schule eine Stunde früher anfängt.

Montag, 24.10.60

Er hat gleich meinen Trick durchschaut und hatte nun wohl Angst, daß ich die Sache herumtratschen würde. "Vielleicht fahre ich deine Mutter mal besuchen, wenn ich meine Mittagspause habe." sagte er nach einer Weile und ich weiß genau, daß er mir damit Angst machen wollte. Mutti würde nur ihm glauben und mir vorhalten, daß ich mich allen Männern anschmeißen würde. Sie darf nie darüber etwas erfahren, auch nicht von mir.
Wir haben dann bis Uelzen nicht mehr über das Thema gesprochen.

Dienstag, 25.10.60

Uschi kocht jetzt immer für Vati und mich, weil ich sonst keine Zeit für die Hausaufgaben habe. Vati sagte am Abend zu mir:" Na, das war doch eine gute Lösung, daß wir die Nagels hier aufgenommen haben. Ich hätte doch gleich auf meine kluge Tochter hören sollen, was Ilse?"

Einen Augenblick war ich nahe dran, Vati mein Herz auszuschütten, aber es stand viel zu viel auf dem Spiel. Ich glaube, er würde Herbert verprügeln. Und dann die arme Gerti, wenn das im Dorf herumgeht! Und Tante Putti würde sich ewig Vorwürfe machen, daß sie die ganze Sache eingefädelt hat.

Mittwoch, 26.10.60

Juchhu, der liebe Gott hat meine Gebete erhört: Herbert muß ab November für 6 Wochen zum Fortbildungskurs nach Celle.

Donnerstag, 27.10.60

Heute gab es noch eine Abschiedsvorstellung. Er fuhr an "unserem" Waldweg vorbei und ich wollte schon aufatmen. Kurz vor Uelzen sagte ich: "Herbert, ich danke dir, daß du es heute nicht getan hast." - Da hielt er an, direkt auf der Bundesstraße, machte den Motor aus und umarmte mich, küßte mich so stark wie nie zuvor, ich mußte mich fast übergeben, stieß ihn dann mit dem Knie weg und sagte wütend: "Laß mich jetzt in Ruhe! Du bist verheiratet!!" - Er drehte den Zündschlüssel um und sagte: "Die Katze läßt das Mausen nicht!" Ich weiß nicht, ob er sich selbst oder mich gemeint hat.

Freitag, 28.10.60

Heute abend konnte ich im Mädelkreis nur Niederlagen berichten:
Die "Hör zu"- Redaktion hat abgesagt und das Norddeutsche Fernsehen will keinen Beitrag in der Nordschau bringen, Peter Beil hat mir einen handschriftlichen ganz lieben Brief geschickt, daß er

nicht ohne seine ganze Gruppe auftritt, und Harald Martens vom "Scholermann"-Theater hat keine Zeit.

Aber wir lassen uns nicht unterkriegen, und üben weiter die Laienspiele ein, die aufgeführt werden sollen.

Ich habe heute mehrere Listen herumgegeben, auf denen für jeden steht, in welchem Geschäft er um Präsente für die Quiz-Runde "betteln" gehen muß. Ich selbst schreibe am Wochenende an große und auswärtige Firmen

Inzwischen hat sich die ganze Sache vom Bunten Abend in Bodenteich herumgesprochen und natürlich wissen nun auch meine Eltern schon Bescheid. Komischerweise haben sie nicht geschimpft und ich habe ihnen fest versprochen, daß ich meine Schularbeiten nicht zu kurz kommen lasse. -

Die Kommentare in Bodenteich sind verschieden: Einige sagen, daß das eine gute Idee ist, andere wieder winken ab, wenn sie hören, daß die Evangelische Jugend dahintersteckt, das könne doch nur langweilig sein.

Na, wir werden ihnen was anderes beweisen, Hauptsache, sie kommen.

Sonnabend, 29.10.60
Ich weiß gar nicht mehr, wen ich noch fragen könnte!
Kein Junge will den männlichen Quizmaster neben mir machen. Sind die alle zu feige oder fürchten sie sich vor mir? - Meine letzte Hoffnung war Jürgen Kroll, aber der meinte auch, daß ihm das freie Sprechen auf der Bühne sicher schwer fallen würde. Aber er hat mir jede mögliche Hilfe angeboten. -
Mutti sagte, ich soll doch mal Gerhard Schulz fragen, das wäre doch ein "hübscher Junge". Morgen geh ich hin.

Sonntag, 30.10.60
Er macht es! Wir haben den ganzen Nachmittag zusammengesessen und unsere Rollen verteilt. Jetzt steht das ganze Programm fest.
Ich glaube, wir passen ganz gut zusammen und es macht uns beiden den gleichen Spaß.

Montag, 31.10.60
Gerd hat es übernommen, von den Berufsschulen und von den übrigen Schulen in Uelzen Busse zu organisieren und jeweils Karten in Reisebüros und in anderen Geschäften zum Verkauf zu hinterlegen. Das macht wirklich alles viel Arbeit, aber ich finde es toll!
In Steno habe ich eine 1 geschrieben. Vielleicht macht das die Übung im Tagebuch?
Frau Ristow ,unsere Stenolehrerin, sagt, daß sie meine Energie bewundert und daß sie überall für unseren Abend Werbung macht. Ha, der Freser wird schön staunen!

Dienstag, 1.11.60
Ich bin so froh, daß sich die Angelegenheit mit Herbert jetzt erledigt hat.

Freitag, 4.11.60
In meinem Kopf schwirren die Gedanken wie Makkaroni in der Tomatensoße.....
Ich weiß überhaupt nicht mehr, wie ich alles ordnen soll:
In der Schule gehen sie mit Riesenschritten vorwärts, wir schreiben eine Klassenarbeit nach der anderen,
der Termin für den Bunten Abend rückt immer näher und es gibt noch so viel Arbeit bis dahin,

Mutti schleicht schon wieder im Haus herum, als hatte sie über mich irgend etwas erfahren,
und heute abend im Mädchenkreis hat uns Frl.v.Behr unterbreitet, daß sie im Januar von Bodenteich
weggeht!
Dann habe ich keinen mehr, mit dem ich reden kann, wenn zu Hause alles drunter und drüber geht.
Warum hat sie mir das nicht schon vorher allein gesagt? Dann hätte ich weinen dürfen, aber in der
Gruppe bin ich wohl nur ganz blaß geworden. Weiß sie nicht, wie sehr ich sie lieb habe? Sie ist mir
mehr als Mutti (und wenn ich das schreibe, weiß ich, daß ich das nicht sagen darf.) - Ich möchte alles
hier liegen lassen und mit ihr nach Wolfsburg gehen. Lieber Gott, warum tust du mir das an?

- Aus, Schluß, - ich muß jetzt Betriebswirtschaftslehre lernen, - Personengesellschaften,
unvollkommene Handelsgesellschaften, Kapitalgesellschaften, Aktiengesellschaften.....
D a s   ist jetzt der Boden der Tatsachen. Ich muß mich auf die Klassenarbeit am Montag
vorbereiten....
Gute Nacht.

Mittwoch, 23.11.60
Ich habe keine Zeit, Tagebuch zu schreiben. -
Nur ganz kurz: Alles läuft bestens, die Schule, die Vorbereitungen für den Großen Abend, Mutti ist
lieb, es könnte nicht besser sein. - Muß lernen. Gute Nacht.

Sonnabend, 26.11.60 , 13 Uhr
Ich gehe jetzt los zum Schützenhaus, lieber Gott, hilf mir, daß es ein Erfolg wird. ..

Sonntag, 27.11.60
Es   w a r   ein Erfolg! - Mein großer Bunter Abend! Es kamen mehr Besucher als erwartet. Vor
dem Schützenhaus standen 6 Busse, viele, viele Autos, der Saal war   v o l l !
950, - DM haben wir eingenommen, das ist ein Reingewinn von 600,- DM!
Alles lief wie am Schnürchen, obwohl wir während des Abends das Programm immer wieder schnell
umstellen mußten, weil es sonst zu lang geworden wäre. Die Quizrunden wurden länger als geplant.

Und dann hinterher habe ich getanzt, ich weiß nicht mehr, mit wem alles. Plötzlich drehte sich alles
um mich und ich war eigentlich nur glücklich und erleichtert. I c h   hatte es geschafft, diesen ganzen
Abend zu organisieren, was viele Erwachsene und besonders Pastor Freser nicht geglaubt hätten. Ich
war aber auch froh und dankbar, daß alle aus der Mädchengruppe feste mitgemacht hatten und
Frl.v.Behr so sehr an mich geglaubt hatte.

Vati und Mutti waren auch stolz und Vati ließ sich immer mit mir photographieren. -
Um 2 Uhr nachts fuhren wir nach Hause. Ich bin ins Bett geplumpst wie eine Leiche. Aber eine
glückliche Leiche.

Montag, 28.11.60
Ich mußte zum Rex und der hat mir gratuliert. Er fragte mich, ob ich das nicht auch einmal für die
Höhere Handelsschule machen könnte, - und nach einer Weile fügte er hinzu: "Natürlich, wenn Ihr
Jahr zu Ende ist."
Ach, wer weiß, wo ich dann bin? -

Ich habe das ganze Geld überwiesen.

Frau Geffert von der Sparkasse sagte: "Ach, d u hast das alles gemacht. Sieh einer an, die Jugend ist doch nicht so schlecht, wie alle immer behaupten." - Ich war ganz schön stolz, daß ich den Ruf der Jugend gerettet habe.

Mal sehen, ob sich Willy Brandt bedankt.

Dienstag, 29.11.60 -(Steno)

Vati hat mir heute morgen 50,- DM gegeben, damit ich mir Stoff kaufen konnte für einen dunklen Trevira-Rock. Ich ging nach der Schule zu Burrack und fand genau das Richtige: 1,80 m für 48,oo DM. Mit dem Paket lief ich zu Klappenbach, um Knöpfe und Nähseide zu kaufen, und dann zum Zug.

Gerade als ich einsteigen wollte, bemerkte ich, daß ich das Stoffpaket gar nicht mehr unterm Arm hatte.

Ich rannte wie gejagt quer durch die Stadt zu Klappenbach, da lag es nicht mehr. Ich fühlte mich elend, was sollte ich Vati abends sagen? - Meine Eltern würden - wohl mit Recht - sagen, daß ich viel zu viel im Kopf hätte und zu schusselig sei. Das mag ich nicht mehr hören.

Ich lief zu Frl.v.Behr und erzählte ihr mein Mißgeschick. Sie holte 50,- DM aus ihrer Geldbörse und gab sie mir mit den Worten: "Gibst es mir irgendwann zurück, ja?" - Ich umarmte sie und bewunderte sie. Ich nahm mir vor, später anderen auch so zu helfen, wie sie es tut.

Zu meinen Eltern sagte ich, daß ich keinen schönen Stoff gefunden hatte und auch vorläufig keine Zeit und Lust zum Nähen hab. Vati hat sich gefreut, daß er das Geld zurückbekam **Auf meinem Sparbuch habe ich nur noch 22, - DM, also muß ich ca. 30,- DM verdienen oder noch mehr, denn mein Erspartes will ich nicht gern aufbrauchen.**

Mittwoch, 30.11.60

Ich war heute nochmal bei Klappenbach. Das Paket ist auch nicht zurückgebracht oder abgegeben worden.

Ich fragte den Abteilungsleiter, ob er nicht Arbeit für mich hat, weil ich jetzt dringend Geld verdienen muß.

Nein, hat er nicht.

Donnerstag, 1.12.60

Ich habe unsere Steno-Lehrerin gefragt, wo man Arbeit finden könnte und sie schickte mich zum Arbeitsamt. - Da war ich heute nachmittag, aber sie haben auch nichts.

Freitag, 2.12.60

In der Englisch-Arbeit habe ich eine 1. - Das muntert mich ein bißchen auf.

Abends war Mädchenkreis. Natürlich haben wir nur über den Bunten Abend gesprochen.

Es gab auch noch Ärger, - aber das ist wohl bei so einer großen Sache normal.

Mittwoch, 7.12.60

Hansgeorg Arnold, der eine unserer männlichen Mitschüler, kam heute zu mir und sagte, sein Vater könnte jemanden im Büro gebrauchen. "Prima, - mach ich sofort! Und wo? " - "In Wittingen, bei einer Druckerei."

Oh Gott, Wittingen, das ist ja entgegengesetzt, wie soll ich das meinen Eltern unterjubeln? - In Uelzen hätte ich mir schon was einfallen lassen können, z.B. Nachmittagsunterricht u.a. Aber Wittingen?

Denk, denk, grübel, grübel. Gute Nacht.

Donnerstag, 8.12.60

Große Theatervorstellung in Bodenteich, Hauptstraße 15

Mitwirkende: Ilse Brandt und ihre Eltern

Ilse kehrt von der Schule heim, wirft ihre Aktentasche aufs Sofa.

Ilse: Stellt euch vor, die Schule vermittelt uns in den   Weihnachtsferien an Betriebe zum Berufe-Schnuppern.

Mutti: Oh, das ist aber sehr gut!

Vati: Und wo kommst du hin?

Ilse: Leider nach Wittingen, in eine Druckerei.

Mutti: Das ist aber ungesund mit den Blei-Buchstaben.

Ilse: Nein, ich arbeite als Sekretärin!

Vati: Umsonst?

Ilse: Nö, ich kriege wohl was dafür. Freitag muß ich mich vorstellen.

Du siehst, liebes Tagebuch, man kann sich doch auf mich verlassen.

Freitag, 9.12.60

Ich bin gleich von Uelzen nach Wittingen durchgefahren und habe mich mit klopfendem Herzen bei der Druckerei Neef vorgestellt. Herr Arnold, der Vater von Hans-Georg, hat mir gleich ein paar Briefe diktiert, die ich fehlerfrei in die Maschine geschrieben habe. Der Chef, Herr Steffens, kam einmal vorbei und meinte, das sei doch recht ordentlich und fragte, ob ich nicht im April dort anfangen möchte. -

Als ich durch die verschneite Bahnhofstraße zum Zug ging, war mir klar, daß ich in Wittingen sicher niemals arbeiten werde. Das liegt doch am Ende der Welt.

Montag, 12.12.60

Erster Schul-Ferien-Tag und zugleich erster Arbeitstag.

Ich mußte Banküberweisungen ausfüllen, Zeitungsquittungen abzählen und eintragen und viele Briefe in Steno aufnehmen und in die Maschine schreiben. Alle sind sehr nett zu mir. Ich glaube, das Berufsleben wird mir mehr Spaß machen, als die Schule.

Sonnabend, 17.12.60

Frau Steffens, die Chefin, fragte mich heute, wie es mir nach der ersten Arbeitswoche bei ihnen gefallen würde.

"Sehr, sehr gut!", antwortete ich. Dann hat sie mir angeboten, daß ich mit 200,- DM Gehalt hier anfangen könnte und außerdem auch noch die Fahrkarte ersetzt bekommen würde. - Während ich das schreibe, schwanke ich immer noch hin und her, weil es mir wirklich sehr gut bei ihnen gefällt und Wittingen auch nicht so schlecht ist. - Ich werde am Wochenende darüber nachdenken. Vati und Mutti

193

sagen nichts dazu. Ich glaube, Mutti hätte lieber, wenn ich in Bodenteich bei der Post oder am Rathaus arbeiten würde.

Sonntag, 18.12.60
Ich habe mich entschlossen, im April zur Druckerei Neef zu gehen! Besonders reizt mich, daß auch der Zeitungsverlag für das "Isenhagener Kreisblatt" dabei ist, da ist bestimmt immer was los.

Montag, 19.12.60
Lieber Gott, es ist alles so furchtbar!. - Es ist wieder ein Riesenkrach zu Hause! Eigentlich kein Krach, sondern eisiges Schweigen. Ich würde am liebsten weit weggehen und alles hinter mir lassen. - Ich mag auch nicht mehr ins Tagebuch schreiben, aber ich zwinge mich dazu!
Und dann auch noch in Steno, damit ich Übung bekomme!

Am Morgen sagte ich Frau Steffens, daß ich ihr Angebot annehme und im April dort anfangen möchte.
Sie gab mir die Hand und sagte: "Frl. Brandt, das ist ein guter Entschluß. Wir freuen uns."
Ich habe mit viel Freude gearbeitet, in der Mittagspause mit den anderen Kolleginnen und mit Herrn Arnold Witze gemacht , und dann kam es:

Um 14 Uhr erschien Vati in der Eingangstür, war nervös und sagte: "Ilse, komm mal her." -
Ich ging mit ihm vor die Tür, alle schauten mir nach. Draußen saß Gerti im Auto und da wußte ich, daß es was mit Herbert zu tun hatte. Vati fragte mich, ob es wahr sei, daß ich mit Herbert rumgeschmust habe.
- "Ja." - "Und was denkst du dir dabei?" - "Vati, Gerti, ich muß euch das erklären.." -
"Schluß, aus, - das wollte ich nur wissen. Geh wieder rein." Sagte Vati, setzte sich ins Auto und fuhr wieder weg.
Ich sagte den anderen , daß Gerti eine Freundin von mir ist und nach Wittingen ins Krankenhaus muß.
Ich konnte mich nicht auf meine Arbeit konzentrieren und habe immerzu Fehler gemacht. Ich mußte einen Brief 4 mal abschreiben. Ich habe die verschriebenen Briefbögen in meine Manteltasche gesteckt, damit sie niemand im Papierkorb findet. -
In Steno:Als ich abends in unsere Küche kam, saß Mutti mit verbissener Miene am Tisch und sagte nichts. - Sie hat bis jetzt nichts gesagt. - Ich weiß nicht, ob Herbert etwas erzählt hat, oder Tante Putti, oder ob uns jemand gesehen hat, oder ob Mutti meine Stenoeintragungen jemanden zum Lesen gegeben hat. -

Nach dem Abendbrot bin ich ins Pfarrhaus gelaufen, aber Frl.v.Behr war nicht zu Hause. Sie spielte in der Kirche Orgel. - Ich lief nach Haus und konnte nicht mal weinen. -
Nur ich selber weiß, daß ich nicht so bin, wie mich wohl alle einschätzen. -
Ich werde aufhören, ins Tagebuch zu schreiben.

+++

Nachdem ich weiß, daß in mein Tagebuch nicht nur meine Augen hineinsehen, mag ich eigentlich auch nichts mehr ehrlich aufschreiben, aber ich kann nicht leben, ohne meine Gedanken festzuhalten. - Ja, Mutti, solltest du wieder einmal nachspionieren, dann wirst du dich freuen, daß ich nicht in Steno schreibe. - Dann brauchst du es dir nicht erst von jemanden "übersetzen" zu lassen.

Weihnachten verging genau so schweigend wie die knappe Woche vorher. Mutti wollte mich für die Herbert-Affäre bestrafen, indem sie mich einfach ignorierte. Wer sich verteidigt, klagt sich an, - hat mal irgend jemand gesagt, und darum habe ich auch geschwiegen. Ich war in einer ganz anderen Welt, wenn ich tagsüber, - auch zwischen Weihnachten und Neujahr - in Wittingen bei der Arbeit war, anerkannt wurde und lustig sein durfte.

Am Silvester-Abend war ich zu einer Kellerparty bei Jürgen und Sabine eingeladen. Das war weiter nichts als ein unbeaufsichtigtes Knutsch-Gelage, - jawohl, Mutti, du liest richtig, ---falls du das liest! - Und das ist überall das Gleiche: es wird Alkohol getrunken, geraucht, getanzt und geküßt, und manchmal grabscht auch irgend jemand an einen fremden Busen und man lacht, und flirtet, und verdammt noch mal, dann mag man gar nicht mehr nach Hause gehen, - wo immer nur genörgelt wird, wo nichts gut genug ist, und wo ständig eine Mutter davon redet, sich das Leben nehmen zu müssen!

Donnerstag, 2.2.61
Heute hat Frl.v.Behr Geburtstag..... Sie ist schon seit 4 Wochen in Wolfsburg und fehlt mir so sehr.
Ich habe niemanden, mit dem ich wirklich richtig reden kann.
Anke ist weit weg in Lüneburg, neue Freundschaften kann ich nicht schließen, weil Mutti ständig Angst hat, es würden Männer dahinter stecken und Liebschaften.
Die "weiße Taube" hat sich nach kurzem Siechtum im Altenheim aufgehängt und mir kurz vorher noch ein Russisch-Lehrbuch geschenkt.
Vati sagt meistens nichts, hält aber bei allen Unstimmigkeiten zu Mutti, ich sitze oft mit ihm im Auto und dann habe ich den Eindruck, daß er traurig ist, - wie ich auch.

Ich lerne sehr fleißig und angestrengt für die Schule und werde ein gutes Abschlußzeugnis bekommen.
Einerseits freue ich mich auf den neuen Lebensabschnitt nach dem Besuch der Höheren Handelsschule, aber dann bin ich auch traurig, daß ich nicht ganz weit weg von zu Hause neu anfangen kann.
Mutti ist immer kränklich, schimpft, wenn bei Nagels gefeiert wird und sie nicht schlafen kann, sie möchte am liebsten die ganze Bagage wieder rausschmeißen, sagt sie.

Vati versteht sich mit den jungen Leuten sehr gut, - und Uschi und Horst mögen "Onkel Brandt" auch, als wäre es ihr Vater. Mutti hat an allem etwas auszusetzen. Und wenn es dann nicht so geht, wie sie es will, droht sie mit Selbstmord....

Aber ich darf noch nicht ausziehen.... Ich bin ja noch nicht
einmal 17 Jahre. Es gibt einen schönen Schlager von Ivo Robic
"Mit 17 fängt das Leben erst an...."

Ob das stimmt?

Liebes Tagebuch, heute ist meine Kindheit zu Ende gegangen....
auch meine Schulzeit, und wunderbare Jahre als Tochter von Friedrich und Lina Brandt in Bodenteich.
Heute habe ich bestätigt bekommen, was ich seit längerer Zeit vermutet habe:

Ich bin nicht das richtige Kind von Vati und Mutti,
sondern ich bin ein angenommenes Kind!

Es haben also alle, die früher schon so geheimnisvoll herumgeredet haben, Recht gehabt. Nun ist es raus,
und das kam so:

Die Schulentlassungsfeier der Höheren Handelsschule am Vormittag war nicht besonders feierlich,
ruck - zuck war alles vorbei. Aus. Das Leben beginnt! - Als ich Frau Kremp die Hand gab, kamen mir die Tränen. Sie war streng, aber gerecht, unbestechlich und sehr charmant. - Zum Abschlußball treffen wir uns am nächsten Wochenende wieder.

Ich fuhr allein mit dem Zug nach Braunschweig zur Verlobungsfeier meiner Cousine Astrid.
Mutti geht es seit Tagen nicht besonders gut, sie kriegt schlecht Luft und hat Herzstiche, außerdem ist sie auf die neue Verwandtschaft nicht besonders gut zu sprechen...

Als wir abends alle in der Stube beim Abendbrot saßen, hörte ich, wie jemand Astrids neue Schwiegermutter fragte: "Und wer ist die Kleine da?" - "Das ist Ilse Brandt aus Bodenteich, einziges Kind, - angenommen."
Mir blieb das Eibrot im Halse stecken. Hartmut, der Bruder von Astrids Verlobten, sagte: "Über was anderes können sich die Weiber wohl nicht unterhalten." und Onkel Albert sah sich erschrocken zu mir um. Da hielt ich es nicht mehr aus. Ich drängelte mich an meinem linken Tischnachbarn Manfred vorbei, und rannnte um die Tische, raus auf den Flur, auf die Toilette. Manfred kam hinterher, fragte mich, ob es mir schlecht sei und dachte wohl, ich müßte mich übergeben, weil ich angeblich aussah wie eine Leiche. Plötzlich standen alle im Flur herum, stierten auf mich, als sei ich gerade vom Mond herabgefallen. Onkel Albert drängte sich zu mir vor und sagte mit zitternder Stimme: "Ilse, das ist doch alles gar nicht wahr!" - Ich schrie ihn an: "Klar ist es wahr, lüg doch nicht, ich hab's doch gewußt! Meine Eltern wissen aber nicht, daß ich es weiß." -
Es war ein Geschnatter im Haus , ich saß auf dem Toilettendeckel und hatte meinen Kopf in die Hände gestützt, um in Ruhe nachdenken zu können und zu heulen. Immer wieder kam irgend jemand, um mich zu trösten, oder sich zu entschuldigen, oder einfach nur zu schauen, wie es mir geht. Und jedesmal, wenn ich mich nach hinten lehnte, um mir die Tränen aus den Augen zu wischen, kam ich gegen den Druckspüler und das Wasser rauschte unter mir. Es war eine groteske Situation und ich mußte gleichzeitig heulen und lachen .

Frau Friedrich, die das Ganze verbockt hatte, verließ beleidigt das Haus, weil alle auf ihr herumhackten.
In der Küche hörte ich Tante Else mit jemanden reden: "Lina ist selber schuld, daß sie es der Kleinen nicht längst schon gesagt hat!" - Onkel Albert brüllte Astrid an, warum sie so blöd herumsteht, anstatt den Tisch abzudecken. Die alte Oma saß vor dem Fernseher und stellte Peter Alexander lauter.... ....

Ich verkroch mich nach oben ins Bett und nach einer Weile hörte ich Tante Else fragen: "Wo ist sie denn nun?" - "Hier!!" rief ich runter und holte mein Tagebuch vor....
Jemand rüttelte am Türgriff, weil ich abgeschlossen hatte. "Laßt mich in Ruhe, verdammt noch mal!"

Ich werde zu Hause nichts davon erzählen.
Eins steht fest, irgendwann suche ich meine richtigen Eltern.

Aber Vati und Mutti werden immer meine aller-aller-richtigsten Eltern bleiben.

Montag, 13.3.61
Als ich heute nach Hause kam, lief Vati weg in die Werkstatt, ohne mich anzusehen,
und Mutti sagte farblos: "Nun weißt du ja wohl über alles Bescheid."
"Ja, aber ich hätte es viel lieber aus Eurem Munde erfahren," sagte ich und hoffte, daß Mutti mir jetzt etwas über das Geheimnis erzählen würde.
Sie war gerade beim Geschirrabwaschen und sah gar nicht auf zu mir, als sie leise meinte: "Kannst du dir nicht vorstellen, mein Herzchen, daß wir Angst hatten, dich zu verlieren?"
"Aber Mutti, ihr seid doch meine richtigen Eltern, ihr ganz allein, und das bleibt ihr auch für immer."
"Geh nicht weg von uns Schnutchen, - geh nicht weg. Du bist mein Ein und Alles!"
Sie drehte sich zu mir um und umarmte mich mit ihren tropfenden Händen.
"Mutti, sag mal, weißt du etwas über meine leiblichen Eltern?"
"NEIN!" und sie wendete sich wieder ihren Tassen und Tellern zu.
"Die alte Schleinecke hat mal zu mir gesagt, daß jüdische Mütter ihre Kinder zur Adoption freigegeben haben, damit man ihnen nichts tun konnte..."
"Nicht nur jüdische Mütter..." murmelte sie, während sie das saubere Geschirr aufstapelte.
"... auch viele andere Frauen haben sich Kinder andrehen lassen von Soldaten, die auf Heimaturlaub waren oder später von Besatzern, - und wenn dann die armen Würmer da waren, wurden sie einfach irgendwo liegengelassen..."
"Wollte mich meine Mutter auch nicht mehr haben?"
"Ja, so war es wohl. Frag jetzt nicht mehr, wenn du reif genug bist, wirst du alles erfahren," sagte Mutti fast wütend und damit war das Gespräch beendet.

Mittwoch, 22.3.61
Ich habe vom Regierenden Bürgermeister von Berlin, Willy Brandt, ein persönlich von ihm unterschriebenes Dankschreiben erhalten! - Na, endlich! - Mutti sagt, ich soll es einrahmen. Ich tu es nicht!

Mittwoch, 28.3.61
Der Senator für Jugend und Sport, Ella Kay, hat bestätigt, daß 688,62 DM am 13.2.1961 bei der Landeshauptkasse eingegangen ist. Wer hat 3 Monate mit unserem Geld gearbeitet?

Montag, 3. 1. 1961

7.20 hält der Bus beim Gasthaus Lübke, der mich heute zu meinem Arbeitsplatz nach Wittingen bringen soll.
Die Schulkinder krabbeln mit lautem Geschrei heraus und ich kaufe mir eine Monatskarte
für 27.50 DM.

Langsam setzt sich der schwere Bus in Bewegung, hinaus aus Bodenteich.
Vorbei an unserer Obstplantage, Vatis Paradies. Vati sagt immer: "Ich brauche nicht in Urlaub zu fahren, dieses Stückchen Land hier, ist meine Erholung.". Naja, ich habe manche Stunde dort geschwitzt beim Quecken hacken, Obst pflücken, Gemüsebeete sauber halten usw.
Wir wollten einmal hier ein Haus bauen, aber dazu hatten wir dann doch nicht genug Geld, und Vati wäre wohl auch aus seinem Geburtshaus mitten in Bodenteich nur ungern ausgezogen.
Wir haben eine Gartenlaube in der Mitte stehen mit Balkon, Hofplatz und frischem Grundwasser.
Daneben ist Scheidels Windmühle. Sie liegt jetzt still, weil es sich nicht mehr lohnt.
Rechts sind die Äcker, wo ich oft allein, mit Waldi oder auch mit Anke spazieren gegangen bin. Im Winter, wenn Schnee lag und im Frühling, bei den ersten Sonnenstrahlen . Mit Hering saß ich Gras kauend auf den Baumstümpfen und wir haben uns belanglose Dinge erzählt. Weit hinten erblickt man den Abhang zur Chaussee nach Lüder. Da ist Vati manchmal mit mir - als ich noch klein war - auf dem Schlitten im Schlepptau seines "Gängsterautos" hin und hergefahren, weil ich die Berg- und Talfahrten so herrlich fand.

Dann fahren wir an der Kiesgrube vorbei, wo Oma früher auch einmal Land hatte. Da haben wir immer die Pfingst-Birken abgeschnitten, die wir als Hausschmuck zum Schützenfest brauchten.

Jetzt erreicht man Neu-Lüder. Vati hat früher hin und wieder in Gesellschaft gefragt, warum in Neu-Lüder die Pfannkuchen nur auf einer Seite gebacken werden..... Weil es nur auf einer Straßenseite Häuser gibt.
Und dann hat er verschmitzt gelacht.

Nach Neu-Lüder kommt Langenbrügge. Da links wohnen Peters. Die Frau ist vor Jahren gestorben..
Herr Peters kam oft mit seinem Fahrrad zu uns in die Werkstatt, ich glaube, er mochte mich ganz gern. Unser altes Saba-Radiogerät steht bei ihnen im Wohnzimmer und Hannelore ist viele Jahre mit meinem allerersten Fahrrad nach Bodenteich zur Schule gefahren, als sie noch mit mir in einer Klasse ging.

Einige Häuser weiter ist die Bäckerei Reichert. Der hat immer bei uns getankt, aber weil das Geschäft so schlecht ging, hatte er manchmal Schwierigkeiten mit dem Bezahlen. Darum haben wir uns auf "Naturalbezahlung" geeinigt. Wir hatten immer frisches Brot und Lebensmittel aus dem Laden von ihm und er tankte bei uns. So war uns beiden geholfen.

Der Bus bremst an der ersten Haltestelle bei der Gastwirtschaft Krey in Langenbrügge. Hier steigen die Schulkinder ein, die nach Wittingen in die Mittelschule fahren.

Gleich gegenüber wohnt Lehrer Hose. Den habe ich mal mit Vati besucht, bevor wir uns den Fernseher kauften. Der kennt sich aus mit diesen modernen technischen Sachen.
Dann kommt eine gefährliche Kurve, wo sich schon einige totgefahren haben. Vati fährt immer ganz vorsichtig. Er sagt immer: langsam rein, schnell raus aus der Kurve. Wenn Vati mal mit 80 Sachen

fährt, stöhnt Mutti immer gleich. Im Schnitt fährt Vati 60 km/h. Auch der Busfahrer nimmt die Kurve vorsichtig.

Rechts stehen die Baracken der Zollbeamten. Da gibt's gute Kunden: einige kommen mit ihren Rädern in unsere Werkstatt und andere lassen sich mit dem Taxi zum Bahnhof oder ins Schützenhaus fahren.

Dann kommt die Tischlerei, wo wir gegen Bezinkäufe Türen und Fensterrahmen getauscht haben.

Nach dem Waldstückchen sind wir im Landkreis Wittingen. Hier liest man das "Isenhagener Kreisblatt", das nun meine Arbeitsheimat werden wird.

Jetzt fahren wir auf einer holprigen Kopfsteinpflasterstraße durch Stöcken, ein letzter Halt bei der Gastwirtschaft und dann kommt der Endspurt. Bald sehe ich die Häuser vom Stadtrand Wittingen. Beim Hotel Nöhre hält der Bus und ich gehe von hier aus zu Fuß die Bahnhofstraße entlang bis zum Haus der Druckerei Neef. Und heute fängt mein Erwachsenenleben an.

+++

Ende April 1961
Der erste Arbeitsmonat ist herum. Alle sind nett zu mir, Herr und Frau Steffens, die Kollegen, besonders Hannelore Jordan, Frl. Steffens und die Zeitungsträger.
Die Stadt Wittingen ist auch ganz lustig mit den kleinen Geschäften.
Ich bin zufrieden und bereue nicht, daß ich diesen Arbeitsplatz gewählt habe.

+++

Ende Mai 1961
Vati klagt seit längerer Zeit über Bauchschmerzen.
Muttis Hände sehen ganz gut aus, seitdem sie nicht mehr tanken muß und immer Gummihandschuhe beim Saubermachen anhat.
Mit geht es im Beruf immer noch sehr, sehr gut. Ich darf ans Telefon gehen und selbst den Weg einer Anzeige bearbeiten vom Kundenauftrag über die Setzerei bis zum Korrekturlesen. Es macht mir Spaß, die Gestaltung zu übernehmen und ich freue mich über jedes Lob(natürlich, wer freut sich nicht?)

Montag, 5.6.61
Heute mußte ich einen Anzeigen-Korrekturabzug ins Juweliergeschäft Reicherts bringen.
Als ich wieder gehen wollte, gab mir Herr Reichert die Hand und sah mir ganz tief in die Augen. Ich bekam Herzklopfen und da sagte er zu mir:"Sie sind ein zu goldiges Kerlchen! Kann ich Sie morgen abend sehen? Ich möchte Ihnen so gern etwas Nettes schenken." Aha, daher wehte der Wind! Das sind die Männer mit den grauen Schläfen, die neben ihren Frauen ein Abenteuer suchen!
Ich sagte, daß so etwas gar nicht in Frage käme und ging. Draußen sah ich, daß er auf den Korrekturabzug geschrieben hatte: Morgen abend um 8.30 am Krankenhaus.
Ich konnte mir das Lachen nicht verkneifen. Diese Männer! Vergasen sollte man sie alle!
Im Büro erzählte ich Frl. Jordan die Geschichte und sie versprach mir, an meiner Stelle abends dort hin zu gehen und tatsächlich schlich der Kerl vor dem Haupteingang herum. Ob der sich wirklich eingebildet hat, daß ich mich von ihm beschenken lassen würde? - Na warte, Bürschchen!

199

Ich brüte einen Streich aus, der wird sich wundern!

Dienstag, 6.6.61
Ich habe die alte Taschenuhr von Oma in weißes Seidenpapier gepackt und folgenden Brief dazu gelegt:

Sehr geehrter Herr Reichert!
Als Anlage erhalten Sie eine goldene Taschenuhr. Sie blieb gestern plötzlich stehen und streikte, owohl ich sie fest - wahrscheinlich zu fest - aufgezogen habe.
Ich sehe gar nicht ein, daß ich mich darum jetzt von diesem alten Kunstwerk, das jahrelang treue Dienste geleistet hat, trennen und einem jüngeren, bzw neuen Modell den Vorzug geben soll.
Da man durch solche Pannen eventuell ein Rendezvous verpassen kann, bitte ich Sie, sich ihr ein wenig zu widmen. Kleine Mucken muß man einem älteren Exemplar schon verzeihen. Die Hauptsache ist doch, daß das Innere in Ordnung ist. Und das liegt nun ganz in Ihrer Hand.
Ich hoffe, daß ich die Uhr in einigen Tagen wieder abholen kann.
Mit freundlichen Grüßen
Ilse Brandt

N.S. Sie haben es meiner Intelligenz überlassen, für Sie eine wirkungsvolle Anzeige zu gestalten, ich überlasse es jetzt Ihnen, diesen Brief richtig zu verstehen. I.B.

Herr Düwel,unser "Mädchen für Alles", mußte nun das Päckchen in den Laden bringen. Herr Reichert soll sich sehr gefreut haben, als er hörte, daß es von mir ist. Die Freude wird ihm vergehen, wenn er dahinter kommt, daß ich seine Frau mit der alten Uhr verglichen habe.

Montag, 12.6.61
Heute habe ich die Uhr abgeholt und da hat er mir sogar noch 15 Mark für die Reinigung abgeknöpft. Als ich den Laden verlassen wollte, gab er mir wieder die Hand, spähte nach hinten, ob niemand was hören kann, und flüsterte mir ins Ohr:"Du bist ein kleines Dummerle! Ich hätte dich so reich beschenkt." - So ein Quatsch, er hätte mir lieber die Reparatur umsonst machen sollen.

+ + +

Ende Juni 1961
Jetzt gibt es endlich wieder etwas mehr zu berichten:
Unsere Jugendgruppe schlummerte so leise vor sich hin. Ich bin nicht der richtige Typ, andere zu leiten, bin viel zu ängstlich, jemanden zu bevorzugen oder zu benachteiligen
Frl.v.Behr fehlt natürlich sehr und Pastor Freser ist eher ein Kumpel als eine Respektsperson.
Da schickte uns der liebe Gott einen neuen Mann und das kam so:

Wir suchten für die Johannisfeier - und auch später für unsere Gruppe - jemanden, der Gitarre spielen kann. Horst Nagel riet mir, beim Bundesgrenzschutz nachzufragen.
So traf ich mich mit Herrn Walter Klager, der früher eine Pfadfindergruppe geleitet hat und davon überzeugt ist, daß man aus unserem "müden Haufen" eine "dufte Gruppe" machen kann.
Wir gingen gleich zu Pastor Freser, der das Engagement natürlich sehr begrüßte, und nun steht einem Wiederaufleben der Gruppe nichts im Wege. Juchhu!

Freitag, 23.6.61

Heute war der erste Gruppenabend mit Walter und es war super! Wir haben Fahrtenlieder gesungen und er versprühte eine Laune, die alle mitreißt. Sogar als wir zum Abschluß ein bißchen Bibelarbeit gemacht haben, beteiligten sich alle an der Diskussion. Ich bin stolz auf meine Errungenschaft.

Morgen wollen wir alle in weißen Blusen und Hemden und mit unserem Halstuch zum Johannisfest gehen.

Unser Motto ist in Zukunft: "Zur Tat bereit!"

Sonnabend, 24.6.61

Wir trafen uns um 3 Uhr beim Pastorenhaus: Valko, Peter Weghenkel, Manfred Puttnat, Walter und ich, um aus dem Masch-Wald Holz fürs Johannisfeuer zu holen. Während die anderen die schweren Äste auf den Lastwagen luden, saß ich mit Walter an einen Baum gelehnt und fachsimpelte mit ihm über Gruppenarbeit, Schwierigkeiten und Ziele. Er nahm mich richtig ernst, hat manchmal widersprochen und neue Vorschläge gemacht.

Jetzt habe ich wieder eine Aufgabe, die mir Spaß macht.

Der Abend am Feuer war wunderschön, besonders, weil Walter neben mir saß und nachher, als ich ein wenig zu frösteln anfing, seine Jacke um uns beide legte....

Beim Abschied fragte ich ihn, ob er am nächsten Freitag an meinem Geburtstag zu Gitarre singen könnte. Er sah mir ganz lange fest in die Augen und fragte, ob mein Freund auch käme... "Ich habe keinen Freund," sagte ich

"Na, dann komme ich natürlich gern," strahlte er mich an.

Das einzige Problem ist, daß ich nicht einmal weiß, ob ich eine Party zu Hause machen darf.

Montag, 26.6.61

Abends habe ich meine Eltern gefragt, ob es ihnen lieber wäre, wenn ich im Gruppenraum feiern würde oder ob ich auch einmal eine Party bei uns machen dürfte.

Mutti war ganz entsetzt: "Eine Kellerparty mit Alkohol und Küsserei?"

"Nein, wir haben ja gar keinen ordentlichen Keller! Aber wir könnten das Wohnzimmer schön schmücken," meinte ich.

Vati schmunzelte und sagte: "Na, Geburtstag hat man nur einmal im Jahr, warum soll sie da nicht auch einmal feiern? Wir könnten ja zum Apotheker gehen oder zu Uschi und Horst."

Ich umarmte ihn und küßte ihn und versprach, daß ich alles von meinem Geld bezahlen würde und daß wir das ganze Wohnzimmer vorher ausräumen, damit nichts passiert.

"Aber geraucht wird nicht!" sagte Mutti noch. Das war für mich selbstverständlich.

Ich muß jetzt eine Gästeliste machen und dann lasse ich mir im Betrieb tolle Einladungen drucken!

Ich bin so aufgeregt. Das wird meine erste Party!

Dienstag, 27.6.61

Ich habe insgesamt 10 Gäste, also 5 Paare, eingeladen.

Zu trinken gibt es Cola, Apfelsaft und Mineralwasser, zum Essen Würstchen und Kartoffelsalat.

Freitag, 30.6.61
Heute bin ich 17 Jahre alt geworden.
Es war eine wunderschöne Geburtstagsfeier. Ich hatte meinen augenblicklichen Freund Lothar für mich eingeladen, weil Mutti ihn ganz gern mag, vor allem weil er Kfz-Mechaniker ist. Die anderen waren von der Höheren Handelsschule. Erst als Walter mit der halben Jugendgruppe kam und mir als Ständchen sein Erkennungslied "Die Steppe zittert." unten im Hausflur sang, ach nein, es war schon ein herrliches Grölen, - da schwebte ich im siebten Himmel.
Ich habe mich fast nicht mehr um Lothar gekümmert, sondern nur noch um "meinen" Walter.
Ja, es stimmt: Mit 17 fängt das Leben erst an.

Sonnabend, 1.7.61
Das einzige, was Mutti an der Feier auszusetzen hatte, war, daß ich den armen Lothar nicht mehr beachtet habe, wo das doch so ein hübscher junger Mann ist...
Ich war heute mit Walter im Film "Jungborn". - Danach standen wir noch eine Weile in der kleinen Seitenstraße neben dem Kino und Walter hat versucht, mich zu analysieren. Er befaßt sich wohl nebenbei mit Psychologie.
Ich sei lustig, würde jeden Quatsch mitmachen, sei aber unnötigerweise voller Minderwertig-keitskomplexe...
Stimmt! - Und dann meinte er, daß uns sehr viel verbinden würde. Hat sich schön angehört.
Aber was verbindet uns wirklich? Eigentlich nur die Gruppenarbeit. Sonst nichts, oder?

Sonntag, 2.7.61
Mein Herz hat furchtbar geklopft, als Walter heute mit Goofy, seinem Zimmerfreund, in die Kirche kam!!
Puh, das war ein Gefühl! Er hat nur ganz kurz zu mir hergesehen, dann haben sie sich beide in die zweite Reihe gesetzt und ich konnte mich gar nicht auf den Predigttext konzentrieren. Nachher bin ich ganz schnell rausgegangen und vor der Kirchentür stehen geblieben. Walter kam auf mich zu, strahlte mich so herzerfrischend an und fragte, ob wir uns abends sehen könnten. - Und so klingelte er um acht Uhr bei uns, als Vati und Mutti schon bei Apotheker Witte zum Karten spielen waren. Ich bat ihn herein und wir hörten schöne Musik von meinem Tonband. Als "Dreaming the blues" erklang, rückte er etwas näher zu mir und flüsterte mir ins Ohr: "Auf solche Musik stehe ich." - "Ich auch," flüsterte ich zurück und es kribbelte mir im Rücken herunter... War ich bei meinem Geburtstag im siebten Himmel, so fühlte ich mich heute abend im zehnten!

Um 9 Uhr gingen wir spazieren, über den Leinenberg, an der Badeanstalt vorbei, den Rollschuhweg und blieben auf der kleinen alten Brücke stehen und philosophierten, während wir Steinchen in den plätschernden Fluß warfen...
Er erzählte von seinen Zukunftsplänen als Privatdetektiv und meinte, daß er in diesem Beruf wohl keine Ehefrau gebrauchen könnte. Die würde sich ständig Sorgen machen und außerdem könnte man mit einer Frau nie über geheime Aktionen reden. - "Wieso, das ist doch ganz interessant," widersprach ich.
Er sah mich an. "Findest du? - Du bist wundervoll!" - Puh!
Plötzlich wendete er einen Judogriff an und hat mich damit in die Knie gezwungen, daß meine Arme unter mir waren und mein Oberkörper wehrlos frei lag. Da küßte er mich und ließ mich dann los.
"Machst du immer so ein Theater, wenn du ein Mädchen küssen willst?" -
"Nein, ich kann es auch einfacher." - Sprach's, umarmte mich und ..... schon hatte er mich wieder geküßt.

Das mußte ich erstmal verdauen! Zum Glück war es schon dämmerig und weit und breit keine Menschenseele zu sehen. Wir gingen schweigend nach Hause, sahen uns hin und wieder an, und ich war glücklich!
Ich b i n glücklich! Gute Nacht!

Donnerstag, 17.8.61
Heute vor zwei Monaten habe ich Walter kennengelernt und jetzt habe ich schon solche Sehnsucht nach ihm, wenn ich ihn einige Tage nicht sehe.
Der Gruppenabend ohne ihn am letzten Freitag war nur Chaos. Da sieht man, was er uns wert ist.
Ob ich ihm auch fehlen werde, wenn ich im September für vier Wochen Urlaub in Paris mache?
Ich bin ja so aufgeregt!
Meine erste große Reise über die deutsche Grenze hinaus und dann gleich PARIS!

Montag, 21.8.61
Ich mache mir Sorgen um Vati. Er steht so oft nachdenklich vor dem Spiegel und befühlt sich seinen Bauch. Es drückt ihn immer mehr. Frau Dr. Sauer will ihn ins Krankenhaus schicken, aber Vati will nicht.
Er meint, er müßte einfach mal weniger essen, dann würde der Bauch auch wieder verschwinden.

Freitag, 25.8.61
Frau Steffens hat gesagt, daß der Chirurg im Wittinger Krankenhaus einen guten Ruf habe und Vati solle lieber mal nachschauen lassen, was bei ihm da drinnen wächst. Mit solchen Sachen soll man nicht spaßen.

Montag, 28.8.61
Frau Dr. Sauer hat ihn heute zur Kontrolle ins Krankenhaus einweisen lassen. Mutti ist ganz tapfer.

Mittwoch, 30.8.61
Vati ist operiert. - Es geht ihm den Umständen entsprechend gut.
Der Chefarzt sagte zu mir, er würde sich bald erholen und ich könnte ruhig meine Reise nach Paris antreten.
Ich bin so aufgeregt!

Donnerstag, 21.9.61
Zurück aus Paris. Die Reise war wunderschön, ich schreibe dazu einen Extra-Bericht mit Fotos.
Vati ist immer noch im Krankenhaus.

Mittwoch, 11.10.61
Heute morgen rief Vati mich im Büro an, daß er nun endlich nach Hause kann. Horst holte ihn ab. Mutti war überglücklich. - Vati bewegte sich ziemlich schwach in der Wohnung herum und wollte sich von Mutti nicht helfen lassen. Als er beim Abendessen nicht einmal den Löffel halten konnte, fing Mutti an zu weinen und wir beide sahen uns ganz ängstlich an. Ich habe solche Angst um Vati.

Donnerstag, 12.10.61
Heute abend hat Mutti mir gesagt, daß Vati Krebs hat!

Der Chefarzt hat es Frau Dr. Sauer im Bericht geschrieben und die hat es Mutti ganz schonend beigebracht. Sie meint, "es" kann ganz schnell gehen, aber er könnte vielleicht auch noch 4-5 Jahre bei uns sein.
Ich kann es nicht glauben. Ich will es auch nicht glauben. Was wird Mutti ohne Vati tun?

Freitag, 13.10.61
Ich habe Walter davon erzählt.
Er hat mich ganz fest in die Arme genommen und gesagt: "Mein kleines Mädel, das Leben ist ein ständiges Abschiednehmen." Er hat aus dem Stegreif das Thema des gesamten Gruppenabends darauf abgestimmt.
Frieder sagte dazu, daß es doch ganz normal sei, daß die Eltern eines Tages wegsterben, aber er hätte jetzt in der Verwandtschaft erlebt, daß ein Kind stirbt und das sei ganz furchtbar.
Valko hat erzählt, daß er sich manchmal ganz heftig nach einem Vater gesehnt hat und daß es ganz furchtbar ist, wenn Eltern sich scheiden lassen und nicht an die Kinder denken. Ich hätte jetzt immerhin noch die Chance, die letzte Zeit mit meinem Vati zu nützen. Da sind mir die Tränen gekommen.
Ich habe meinen Vati sehr lange gehabt und habe es gar nicht wahrgenommen.
Plötzlich hatte ich den Wunsch, Walter nahe zu sein, - aber ich konnte ihn nur ansehen...

Sonntag, 5.11.61
Vati hat sich bestens erholt. Er ist heute sogar mit Mutti bei den Braunschweigern gewesen. Ich hatte keine Lust, mitzufahren, und da hat Mutti geschimpft, ich würde mich viel zu viel für die Jugendgruppe einsetzen. Keiner würde mir das später danken. Ich sollte mich lieber mal ausruhen.
Ich ruhe mich am liebsten in Walters Armen aus, ... obwohl das heute abend eher aufregend war: Walter war zu Pastor Freser zum Abendessen eingeladen, anschließend durfte er in dessen Bibliothek herumstöbern, als der Pastor zu einer Gemeindeveranstaltung mußte. -

Als ich wie verabredet um 8 Uhr beim Pastorenhaus klingelte, öffnete Walter mir, begrüßte mich wie ein Ehemann mit einem Kuß, nahm mir den Mantel ab und sagte mir erst dann, daß wir beide allein sind.

Wir setzten uns ins Sofa, hörten leise den Freiheitssender im Radio, der richtige Schmusemusik brachte, wir küßten uns, er streichelte mich und dann, ja dann, ...wurde ich wieder ganz nüchtern und sagte: "Nein!" "Warum bist du bloß immer so abweisend, wenn es am schönsten ist?" fragte er mich und ich hörte ein klein wenig Bitterkeit aus seinen Worten, oder habe ich mich - hoffentlich - geirrt? Ich erklärte ihm, daß ich auch weiterhin anders sein möchte als die anderen, und daß ich DAS nur tun würde, wenn ich mir ganz sicher wäre... "Und bist du dir nicht ganz sicher?" - "Ich bin erst 17, das ist sicher!" sagte ich und knöpfte meine Bluse wieder zu.

Montag, 6.11.61
Als ich heute abend nach Hause kam, gab es einen Riesenkrach beim Abendessen. Tante Else hatte sich gestern darauf eingerichtet, daß ich auch mitkommen würde. Angeblich hat sie extra viel Kuchen gebacken, und das sei Mutti nun peinlich gewesen. So ein Blödsinn! Auf den Kuchen pfeife ich!
Onkel Albert hätte davor gewarnt, ein 17jähriges Mädchen einem "Grenzer" zu überlassen. Die würden von einem Standort zum anderen geschickt und hätten überall eine Freundin sitzen.
"Was geht die Braunschweiger mein Privatleben an? Ich weiß allein, was ich zu tun habe!"

"Anscheinend nicht, mein Kind," sagte Mutti. "Sonst würdest du dich nicht mit dem "Kläger" im Pastorenhaus herumdrücken. **(In Steno: Ich könnte wahnsinnig werden: Ich schleppe ständig das Tagebuch mit mir herum, woher weiß Mutti das?)**

Dienstag, 7.11.61
Ich habe heute nachmittag Walter angerufen und ihm von der Diskussion mit meinen Eltern berichtet. Er hat die Lösung: Die Pfarrsekretärin hatte uns beide aus dem Pastorenhaus kommen sehen . Vielleicht hat sie es brühwarm an Vati und Mutti weitergeleitet.

Mittwoch, 8.11.61
Heute habe ich Herrn Steffens vorgeschlagen, daß wir in der Vorweihnachtszeit Anzeigen-Sonderseiten herausbringen könnten. "Fräulein Brandt, wenn Sie das machen wollen, tun Sie es, Sie haben freie Hand." Bah, da war ich ja stolz! Ich werde ihnen zeigen, was ich kann! Ich habe den ganzen Nachmittag in den Geschäften angerufen und jedem "den letzten freien Platz" auf meiner ersten Sonderseite schmackhaft gemacht. So etwas war zwar noch nie da, aber es bringt eine schöne Zusatzeinnahme. Vielleicht werde ich eines Tages Anzeigenleiterin.

Donnerstag, 9.11.61
Heute durfte ich sogar zu Fuß die Wittinger Firmen abklappern und mit den Chefs die Gestaltung der Anzeigen besprechen. Eine Viertelseite habe ich schon fest verkauft. "Die Kunden mögen den persönlichen Kontakt mit Ihnen," hat Frau Steffens mich gelobt.

Sonnabend, 11.11.61
Eigentlich wollte ich heute nachmittag mit Peter Weghenkel, Hans-Hermann Walter und Manfred Puttnat um 3 Uhr mit dem Bus zum Kreisjugendring-Mitarbeitertreffen fahren. Um 10 nach 1 kam ich gerade von der Arbeit, als Manfred bei uns Sturm klingelte und sagte, daß wir schon mit dem Bus zwanzig vor 2 Uhr fahren müßten. Ich verzichtete aufs Mittagessen, raste in mein Zimmer, suchte in Windeseile meine Unterlagen zusammen, und mußte dann noch einmal zurückkommen, weil ich mein Geld vergessen hatte. Da hörte ich Mutti in der Küche laut herumschreien: "Warum mußt du immer so in der Wohnung herumhetzen. Das ist ja furchtbar mit dir!" Sie lag auf dem Sofa und sah erbärmlich aus: die Haare hingen ihr ins Gesicht, der Rock war verknüllt und die Schürze hatte sie wohl auf den Boden geschmissen. Ich setzte mich zu ihr und versuchte sie zu beruhigen, aber da fing sie auch noch an zu weinen. Ich sollte mir doch lieber einen Zettel machen und die Sachen am Abend vorher ordentlich hinlegen. Ich sollte mir endlich mal Ordnung angewöhnen .... usw.
In der Zeit war der Bus weg. - Wenn sie damit erreichen wollte, daß ich zu Hause bleibe, hatte sie sich geirrt.
Ich rannte die Treppe runter zu den anderen und dann beschlossen wir, per Anhalter nach Uelzen zu fahren.
Am Ende der Neustädter Straße nahm uns ein roter Karmann Ghia mit, und ich fühlte mich in dem tollen Auto wie eine Königin mit ihrem Hofstaat.
Walter wartete im Jugendhaus schon auf mich. Ich erzählte von Muttis Gardinenpredigt und meinte, wir sollten uns in Zukunft vielleicht nicht mehr so oft sehen. Walter sagte wütend: "Deine Mutter erpreßt dich doch. Da mach ich nicht mit. Entweder ganz oder gar nicht. Du bist alt genug." - "Aber ich hab' dich doch lieb!" piepste ich und umarmte ihn. "Dann entscheide dich," forderte Walter und gab mir einen Kuß. Mir war nicht wohl dabei.

Wir fuhren mit dem letzten Zug nach Bodenteich. Als ich nach Hause kam, empfing mich Vati in der Stube: "Wo warst du so lange?" - "In Uelzen bei der Kreismitarbeitertagung von der evangelischen Jugend."

"Häng dir nicht so viel Gedöns an den Hals, das wird zu viel für dich. Du machst dich ganz kaputt."

Als ich nichts darauf antwortete und in mein Zimmer gehen wollte, hielt er mich fest und sagte etwas leiser: "Mutti liegt schwerkrank im Bett. Sie hat sich so über dich aufgeregt, weil du so selten zu Hause bist, reiß dich zusammen."

Sonntag, 12.11.61

Mutti steht nicht auf. Ich habe mich kurz an ihr Bett gesetzt und versucht, sie zu trösten.

Sie redete nur in unverständlichen abgehackten Sätzen. Das einzige, was ich verstanden habe, war: "Komm mir ja nicht an, du kriegst 'n Kind. Dann kannste sehen wie du fertig wirst."

Da habe ich meinen Mantel genommen und bin rausgegangen, bloß weg von hier. In der Telefonzelle habe ich Walter angerufen, aber der hatte Dienst.

Am liebsten wäre ich nach Wittingen gefahren und hätte an meiner Sonderseite weiter gearbeitet.

Ich war auf dem Bahnhof und habe mir den Fahrplan angesehen: Ich hätte nach Wolfsburg fahren können, Frl.v.Behr besuchen und mich mal wieder richtig aussprechen, - und dann würde ich bei ihr übernachten ohne zu Hause Bescheid zu geben und morgen direkt von Wolfsburg zur Arbeit fahren.

In Steno:Ha, ich möchte meinen Eltern mal so richtig Angst machen!

Ich rief in Wolfsburg an, aber es meldete sich niemand. Ich ging nach Hause und um 5 Uhr ins Bett.

Montag, 13.11.61

Walter hat mich ganz besorgt im Büro angerufen und nach der Stimmung zu Hause gefragt. Wir machten aus, daß er mich um 19 Uhr am Bahnhof abholen sollte. Zu Hause rief ich an, daß ich länger arbeiten muß wegen meiner Sonderseite.

In Steno:Ich lief ihm in die Arme und machte einen Vorschlag, über den ich mich selber wunderte: Ich ging mit ihm zur Obstplantage und zeigte ihm unsere Hütte - von innen! Walter lachte schelmisch und fragte, warum ich ihm denn diese wunderbare alte Couch bis jetzt vorenthalten hätte....

"Weil ich noch nie so traurig war, wie jetzt."

"Und was machen wir jetzt?"

"Wir wärmen uns," sagte ich und wunderte mich schon wieder.

Wir deckten uns mit Vatis Arbeitsschürze und einem alten Kartoffelsack zu, aber mir klang ständig der letzte Satz von Mutti in den Ohren und plötzlich setzte ich mich auf, gab ihm einen Kuß und sagte: "Ich habe dich lieb, aber ich kann nicht."

Walter verließ mich ganz traurig. Ich machte noch Ordnung in der Hütte, hängte die Schürze wieder auf und ging dann auf Umwegen nach Hause. Ich erzählte meinen Eltern von der Arbeit...

Donnerstag, 16.11.61

Heute erschien m e i n e Advent-Sonderseite im "Isenhagener Kreisblatt" mit 26 Anzeigen. Herr Heinzmann hatte einen schönen redaktionellen Teil dazu geschrieben, das war eine tolle Premiere für mich. Herr Hildebrandt kam und gratulierte mir und Herr und Frau Steffens drückten mir einen Umschlag mit 50 Mark in die Hand. Na, da war ich stolz.

Als ich meinen Eltern am Abend die Ausgabe zeigte, hat Vati sogar ein paar Tränen in den Augen gehabt und Mutti hat mich umarmt: "Das hast du fein gemacht, mein Kind."

Am liebsten hätte ich ja gesagt: "Seht ihr jetzt endlich ein, daß ihr euch um mich keine Sorgen machen müßt?"
Aber ich hielt lieber den Mund.

Freitag, 17.11.61
Weihnachtsfeier in der Gruppe.
Walter sagte mir, daß seine Eltern mich zu Weihnachten eingeladen haben. -
"Unmöglich!" dachte ich und sagte es auch. "Ich darf bestimmt nicht!"
Er sah so traurig aus, daß ich plötzlich auf eine wahnsinnige Idee kam...

Sonntag, 19.11.61
Es war heute so richtig gemütlich, als die Kerzen am Adventskranz brannten, wir drei und Waldi in der warmen Stube am Kachelofen saßen und meine selbst gebackenen Kekse knusperten, - da faßte ich mir ein Herz und fragte, so lieb ich konnte, ob ich zu Weihnachten nach Nienburg fahren darf.
Ich war auf alles gefaßt, aber nicht auf die ganz spontane Antwort von Vati: "Das haben wir uns schon gedacht." - Ich war baff. **(In Steno: Entweder können meine Eltern hellsehen, oder sie sind wirklich so, wie gute Eltern sein müssen).**
"Und...?" faßte ich nach.- "Fahr man, und bringt der Mutter von deinem Freund ein paar Blumen mit," sagte Vati. -
Ich habe sie beide umarmt und dann gebeten, unter keinen Umständen darüber zu reden, weil ich Walter damit überraschen will.

Freitag, 22.12.61
Ich habe Walter zum Zug gebracht und wir verabschiedeten uns, als würde er nach Sibirien auswandern.
Aus dem Zug hat er noch lange gewinkt und als ich ihn nicht mehr erkennen konnte, lief ich gleich zum Schalter, um mir die Fahrkarte für den ersten Weihnachtstag zu kaufen.
Natürlich habe ich mich bei Frau Klager mit einem ganz lieben Brief für die Einladung bedankt und mich angemeldet mit der eindringlichen Bitte, auf keinen Fall Walter etwas zu erzählen.
Ich bin genauso aufgeregt, wie im September vor der Reise nach Paris!

Heiligabend, 24.12.61
Ich fliege wie ein Weihnachtsengel im Haus herum und wähle jedes Wort sorgsam aus, um auf keinen Fall eine Unstimmigkeit vom Zaume zu brechen.
Zum ersten Mal mußte ich nicht Klavier spielen und Vati hatte auch keine Lust, seine Geige vorzuholen.
Mutti war erst ein bißchen traurig, aber wir haben ein Violinkonzert im Fernsehen angesehen, das war auch sehr schön.
Somit ist der technische Fortschritt bei uns eingezogen.

1. Weihnachtstag 1961
Ich fuhr morgens mit dem Eilzug nach Isenbüttel und dann über Hannover nach Nienburg. Mein Gott, hatte ich Herzklopfen, als ich mir auf dem ausgehängten Stadtplan die Wallstraße heraussuchte. Ich fragte vorsichtshalber noch dreimal nach und stand dann endlich vor dem Haus und klingelte erwartungsvoll. Frau Klager begrüßte mich mit den Worten:" Kommen Sie schnell rauf, er ahnt ja überhaupt nichts!"

Ich kam Ins Wohnzimmer, wo Walter mit seinem Vater Karten spielte und beide sich neugierig der Tür zuwendeten. - Walter nahm mich glücklich in die Arme und rief mehrmals aus: "Diese Wundertüte! Habe ich nicht eine wundervolle Frau?!"

Ich mußte den ganzen Tag immerzu nur essen: Braten, Kekse, Kuchen, belegte Brote, Obst, Pralinen. Ich glaube, seine reizende Mutter wollte mich mästen.

In Steno:Abends gingen seine Eltern zu Freunden und ließen uns allein zu Hause. Oh Gott, wenn das Vati und Mutti wüßten! - Wir waren so gut gelaunt und glücklich, einfach zu glücklich, um nicht doch noch die Grenzen zu kennen. Um 10 Uhr gingen wir dann in der hübschen Altstadt Nienburgs Arm in Arm oder eng umschlungen von einer Kneipe zur anderen, trafen überall Freunde und Bekannte, Mitglieder seiner ehemaligen Jugendgruppe und überall stellte er mich als "seine zukünftige Frau" vor. Ich fiel todmüde nach Mitternacht in mein Bett, das mir Frau Klager im Zimmer seines Bruders vorbereitet hatte. Ich bin meinen Eltern so dankbar für ihr Vertrauen. Und das werde ich auch nicht mißbrauchen. Versprochen!

2. Weihnachtstag 1961

Die ganze Familie saß am Frühstückstisch. Es wurde gelacht und erzählt, gefragt und geneckt, es war eine wundervolle Stimmung. Ich fühlte mich so wohl bei diesen Leuten, alles ist so hell und leicht und sorglos, unbeschwert. Frau Klager sieht so jung aus und so sanft, so liebevoll, - ob sie wohl auch schimpfen kann? Und er, der Vater, er beobachtete mich immerzu, schmunzelte, wollte mich verwöhnen, indem er mir Kaffee nachschenkte, die Butter reichte, nach meinen Wünschen fragte. - Ich schwebte!

Ich ging mit Walter in die Kirche. Sie war weihnachtlich geschmückt, es wurde schön gesungen und Walter hielt die ganze Zeit meine Hand.

Mittags gab es Gänserest mit Bohnensalat, wir waren pappevoll! Und kurz darauf gab es schon wieder Kuchen, als Besuch kam. Walter sagte, die wollten alle nur mich sehen, haha.

Als wir uns am Bahnhof verabschiedeten, stand für mich fest, daß ich immer bei ihm bleiben wollte. Ich sagte: "Ich habe dich so lieb." - Er umarmte mich und flüsterte mir ins Ohr: "Und ich liebe dich!" ... und dann ganz plötzlich .... ich hatte dieses Gefühl im Rücken, und das rutschte ins Herz und ich sagte zum ersten Mal in meinem Leben: "Ich liebe dich auch!"

Walter wußte, daß ich einen Unterschied machte zwischen Liebelei und Liebe.

Vati und Mutti empfingen mich freundlich und fragten, ob es schön gewesen sei. Ich sagte: "Ja, wunderschön!"

Und während ich das jetzt schreibe, sehe ich die strahlenden blauen Augen und die blonden Kringellocken und höre die liebevolle Stimme einer fremden Frau... S i e sah so aus, wie ich mir meine richtige Mutter vorstelle.

Mittwoch, 27.12.61

Im Büro habe ich allen von meinem Glück erzählt, daß wir uns fast schon verlobt haben und daß es eine ganz liebe Familie ist, in die ich hineinheiraten werde. Alle freuten sich mit mir.

Eine kurze Erzählpause nutzte Frau Meier für die Frage: "Und was sagen Ihre Eltern dazu?"

"Heute abend muß ich mit ihnen reden." - "Na, dann viel Erfolg!" sagte Frau Meier.

Beim Abendessen habe ich es gesagt, daß ich Walter heiraten möchte. -

"Und wovon wollt ihr leben?" fragte Vati. "Walter wird sich beim Volkswagenwerk in Wolfsburg bewerben beim Werkschutz und später macht er ein eigenes Detektivbüro auf," antwortete ich.

"Das ist doch alles Spinnerei. Da soll er lieber ein Malergeschäft aufmachen, Handwerk hat goldenen Boden. Er ist doch Maler oder nicht?" - "Ja." - "Also, wenn Uschi und Horst mal hier rausgehen, kann

er die Werkstatt haben, das hat wenigstens Hand und Fuß." - "Aber Vati, das hat doch alles noch Zeit." -
"Nee, nee, mein Kind, sowas muß man vorher überlegen."
Am Sonnabend darf er zu uns zum Abendessen kommen.

Donnerstag, 28.12.61
Ich laufe so gut gelaunt im Betrieb herum, ich könnte alle Leute umarmen vor Glückseligkeit.

Freitag, 29.12.61
Ich habe im Konfirmandensaal auf ihn gewartet. Er kam direkt vom Bahnhof und hatte seinen schönen schwarzen Anzug an, warf den kleinen Koffer in eine Ecke und umarmte mich. Wir setzten uns an den kleinen Tisch, wo ich eine Kerze angemacht hatte und sahen uns eine Weile schweigend an. Dann berichtete ich, daß meine Eltern Bescheid wissen und daß er morgen zu uns zum Essen kommen soll. - Das überraschte ihn, da er - genau wie ich - mit größeren Schwierigkeiten gerechnet hatte.
Er zeigte mir die Durchschrift seines Bewerbungsschreibens fürs VW-Werk. Mir fiel auf, daß er als Absender "Walter Klager/Privatdetektiv" geschrieben hatte und "kurzfristig" mit ß.
Irgend etwas war heute abend nicht so, wie ich es mir erwartet hatte...

Sonnabend, 30.12.61
Walter stand pünktlich um 19 Uhr geschniegelt und gestriegelt mit einem Blumenstrauß vor der Haustür. Vati und Mutti begrüßten ihn freundlich, aber nicht besonders herzlich. Ich hatte mit Mutti im Wohnzimmer den Tisch gedeckt und Vati mußte auf ihren Wunsch sogar den schönen grauen Anzug anziehen, obwohl die Hose schon viel zu eng ist und ihn am Bauch drückt.
Es war eine furchtbar steife Situation. Walter wurde ausgehorcht über seine Eltern, seinen Bruder, - warum er zum Bundesgrenzschutz gegangen ist, wo doch in seinem Beruf als Maler alle Möglichkeiten offen wären und dann mußte er erklären, was ein Detektivbüro ist und ob man mit solchen Spielereien auch genug Geld verdienen kann. Es war mir alles furchtbar peinlich und ich bereute schon, daß ich meinen Eltern überhaupt von unseren Plänen erzählt hatte.
Und ich bereue jetzt sogar, daß ich mich zu dem Satz "Ich liebe dich." und den damit verbundenen Folgen habe hinreißen lassen. - Die Seifenblase ist geplatzt!

Silvester 1961
Walter hatte heute Dienst. Er rief mich um 10 Uhr an, war stockbesoffen, grölte abwechselnd mit seinen Kameraden etwas ins Telefon von gemeinsamer Zukunft, ewiger Liebe und dann "Zur Tat bereit! Hick!!" Ich hing mit meinen Eltern bis kurz vor Mitternacht vor dem blöden Fernsehprogramm und mir ging so vieles durch den Kopf... Als ich mit meinen Eltern auf das neue Jahr anstieß, fiel Mutti das Sektglas aus der Hand und zerbrach am Boden. "Glück und Glas, wie schnell bricht das," sagte Vati und fügte hinzu: "Drum prüfe, wer sich ewig bindet, ob sich nicht noch was Bess'res findet."
Danach bin ich ins Bett gegangen.
Prosit Neujahr, liebes Tagebuch!

Nachmittags mit Walter spazieren gegangen. Er hat sich entschuldigt für das gestrige Telefongespräch. Naja, ich verstehe ja, daß einer den anderen ansteckt und nur Alkohol über die Dienstzeit an einem so wichtigen Tag des Jahres hinweghilft. Verstehe ich es denn wirklich?

Freitag, 5.1.62
Heute abend wurde eine Wohltätigkeitsveranstaltung „Und jetzt ist Feierabend" des Bodenteicher BGS im Radio übertragen.Anschließend war Tanz und mich forderten mehrere Herren in Uniform auf.
Walter gefiel das nicht. "Kannst du nicht sagen, daß du in Begleitung bist?" nuschelte er.
"Muß ich das?" fragte ich ihn lachend. Da war er sauer und fing an, mit der Brünetten an unserem Tisch zu flirten. Er tat mir leid und ich wunderte mich, daß ich gar nicht eifersüchtig war. - Als er mit ihr tanzte, fiel mir auf, daß sie einen halben Kopf kleiner war als er, obwohl sie Stöckelschuhe anhatte. Ich trage immer flache Schuhe, weil ich nicht größer sein möchte als Walter. Aber das sind ja nur Äußerlichkeiten. Der Abend war blöd.

Montag, 8.1.62
Walter rief heute nachmittag bei mir im Büro an, daß er am Donnerstag zur Vorstellung in Wolfsburg sein muß. Ich wünschte ihm von Herzen viel Glück, - ganz ehrlich! - und wünschte besonders mir, daß er den Arbeitsplatz kriegen würde. Eine Trennung könnte uns gut tun.

Freitag, 9.1.62
Walter hat die Zusage bekommen! Plötzlich durchfuhr mich der Satz: "Mein Mann wird beim Volkswagenwerk arbeiten!" Die nehmen bestimmt nur vertrauenswürdige Personen und das ehrt ihn natürlich.
Am 1. Februar kann er dort anfangen. Ich hatte ihn richtig lieb in dem Augenblick. Ich war stolz auf ihn.
Abwarten!

Sonnabend, 10.1.62
Wir waren gut gelaunt heute abend. Erst sind wir Arm in Arm spazieren gegangen, haben uns geneckt und geküßt und mal wieder Zukunftspläne gemacht. -
Ohne ein Wort zu verlieren, gingen wir wie selbstverständlich zu unserer Obstplantage und ich holte den versteckten Schlüssel für die Gartenlaube. Wir strahlten uns an und waren übermütig. - Erst als Walter versuchte, mir näher als nahe zu kommen, wurde ich wieder nüchtern, so wie immer in diesen Situationen. Er war beleidigt und sagte nur: "Ich möchte bloß wissen, wie es ein Mann anstellen muß, der "es" einmal bei dir erreichen wird." - "Es wird niemals einer bei mir das erreichen, was meinem Ehemann vorbehalten ist!" sagte ich und dachte im Stillen: "Hoffentlich!"

Freitag, 19.1.62
Gruppenabend ohne Walter. Alles ging durcheinander. Das wird was werden, wenn er nicht mehr da ist!

Sonntag, 21.1.62
Als ich heute morgen aufwachte, hatte ich furchtbare Kopfschmerzen. Ich wollte sie unterdrücken, denn ich befürchtete, daß Mutti sagen würde, das käme vom vielen Arbeiten. - Aber es wurde immer schlimmer. Ich sah kleine Sternchen bei geschlossenen Augen und im Hinterkopf bollerte es bei jeder

Bewegung. Mutti merkte das und rief sofort Frau Dr. Sauer an. - Als die da war, ging Mutti erstmal mit ihr ins Wohnzimmer und nach der späteren Untersuchung lautete die Diagnose: "Frl. Brandt, Sie arbeiten zu viel! Gruppenarbeit mit Jugendlichen strengt einen Menschen natürlich sehr an. Das sollten Sie ganz aufgeben und sich lieber Ihrem Beruf widmen." Als ich nicht widersprach, weil jedes Wort im Kopf wehtat, sagte sie, daß ganz Bodenteich wisse, daß ich eine "Liebschaft" habe."Na und?" flüsterte ich ohne sie anzusehen. "Nun, auch freudige Erregung kann den menschlichen Organismus negativ beeinflussen!"

Himmel, Himmel! - da hat Mutti gute Vorarbeit geleistet. Als sie mir nachher ein Glas Wasser und zwei Tabletten Aspirin brachte, sagte sie: "Siehst du, jetzt hast du es von einem fremden Menschen gehört!"

Am liebsten möchte ich jetzt doch Walter heiraten, nun gerade und möglichst schnell!

Freitag, 26.1.62
Abschiedsabend in der Gruppe. Das konnte sie mir wohl nicht verbieten.

Walter erzählte mir, daß er mich am Sonntag angerufen hat und Vati zu ihm sagte: "Ilse ist krank. Bitte belästigen Sie meine Tochter nicht länger." Dann hat Vati aufgelegt. - Weil ich erst gestern wieder zur Arbeit gegangen bin, hat Walter mich auch im Büro nicht erreicht.

Christiane wollte mich am Dienstag besuchen und da hat Mutti gesagt: "Ilse braucht Ruhe. Die bringt mich noch ins Grab!" - Christiane meinte so etwas dürfe eine Mutter nicht sagen. Ich bin so wütend!

Mir hat niemand etwas davon gesagt!

Ich bin so wütend, daß sich meine Eltern immer wieder in meine Privatangelegenheiten stecken!

Der Gruppenabend war recht schön. Allen war bewußt, daß mit Walter ein toller Führer gehen würde und daß von uns niemand seinen Posten übernehmen könnte. Pastor Freser hat Walter fest versprochen, für das Weiterbestehen der Gruppe zu sorgen. Aber auf dessen Wort gebe ich überhaupt nichts.

Um 11 Uhr war endgültig Schluß. Walter taten die Hände weh vom Schütteln. Adressen wurden ausgetauscht.

Einige Mädchen nahmen ihn länger als unbedingt nötig in die Arme, naja, so ein bißchen eifersüchtig war ich da schon. - Als wir beide zum Schluß allein im Konfirmandensaal standen, war mir ganz komisch zumute.

Der Verstand sagte mir, daß wir kein Idealpaar sind, daß es bei mir nicht die richtig echte große Liebe ist, - noch nicht! - Aber das Herz klopfte und die Angst vor dem Abschied war da. "Abschiednehmen ist immer ein Stück Sterben!" hatte ich irgendwo gelesen, aber Walter lachte und sagte, daß er sich doch noch relativ lebendig fühlen würde. Und so verabschiedeten wir uns heute abend, versprachen uns Briefe und ein baldiges Wiedersehen.

Sonntag, 28.1.62
Das Wiedersehen kam schneller als geplant. Ich hatte gestern meine Eltern zur Rede gestellt, warum sie Walter und Christiane verboten haben, mich zu besuchen. -

Ein Wort gab das andere und die Diskussion endete damit, daß Mutti nichts mehr von mir wissen will. Am meisten getroffen hat sie mich mit dem Satz:"Deine Mutter kann froh sein, daß sie den Ballast abgeschüttelt hat!" - Ich wäre ihr an die Gurgel gefahren, hätte mich Vati nicht zurück gehalten. "Sei still jetzt, Mutti weiß nicht, was sie redet. Was sollen Nagels denken, wenn sie uns so hören!"

Ich wollte wegrennen, einfach raus und weg von hier - aber unten im Flur hielt mich Horst auf und zog mich in die Küche. Uschi nahm mich in die Arme, sie hat wohl alles gehört. Ich habe nur geheult: "Warum sagen sie mir nicht die Wahrheit?!" - "Vielleicht wissen sie es selber nicht. Es sind so viele Kinder im Krieg gefunden worden und da war man froh, wenn man wieder eines unterbringen konnte. Tante Brandt hat mal zu meinen Eltern gesagt, daß deine richtige Mutter dich weggegeben hat. Aber Genaues weiß niemand hier im Ort. Und selbst wenn das stimmt, Ilse, ... im Krieg ist so vieles passiert und auch später,... man kann das nicht mit normalem Maßstab messen. Am besten, du forschst selber einmal nach, - aber nicht jetzt. Tante Brandt hat panische Angst, dich zu verlieren, auch wenn sie jetzt das Gegenteil behauptet."

Ich ging ein bißchen spazieren und rief dann Walter von der Telefonzelle an. Ich mußte unbedingt mit ihm reden. Aber er hatte gestern keine Zeit, und so konnte ich ihn erst heute treffen.

Morgens ist Mutti wieder nicht aufgestanden und Vati saß den ganzen Vormittag im Sessel mit Waldi auf dem Schoß. Ich habe etwas zu Essen gemacht und bin dann weggegangen, um mich mit Walter am Kriegerdenkmal zu treffen. - Wir sind drei Stunden im Schnee spazieren gegangen und als es dunkel war, verkrochen wir uns wieder in unserer kalten Hütte. Wir zitterten uns gegenseitig um die Wette an, als plötzlich ein Pfiff zu hören war, so, als würde Vati durch die Zähne pfeifen. Mein Herz blieb stehen, wir rührten uns nicht und froren noch mehr. - Jetzt hatte ich endlich genug! Ich heulte an Walters Schulter und gab mir keine Mühe, leise zu sein. Walter tröstete mich, aber er versuchte nicht mehr, mich zu etwas zu überreden.
Zum Glück, denn das wäre mir heute vor Wut egal gewesen.
Morgen früh fährt Walter nach Wolfsburg.
Auch das ist mir egal.

+++

Freitag, 9.3.62
Hurra, Walter ist zu Besuch in Bodenteich!
Als ich meinen Eltern freudestrahlend erzählte, daß er heute abend in der Jugendgruppe sein würde, erblaßte Mutti und Vati fragte ganz nervös: "Dabei bleibt es dann wohl hoffentlich!" - "Wobei?" - "Bei eurem Rendezvous in der Gruppe. Danach kommst du sofort nach Haus, verstanden?!"
"Klar, Vati."
Der Gruppenabend war wunderschön. Walter war im Mittelpunkt und ich war stolz auf ihn. Als Verabschiedung gab es nur einen kurzen Kuss, denn ich wollte auf keinen Fall Ärger zu Hause riskieren. **In Steno: Was ich mir für morgen einfallen lasse, weiß ich noch nicht.**

Sonnabend, 10.3.62
Morgens hat Mutti nicht mit mir gesprochen, sie blieb im Bett, weil sie keine Luft kriegt.
Nachmittags fragte ich Vati, ob ich mit Walter spazieren gehen kann, da seufzte er nur und meinte, er könne mich ja nicht einsperren. Wir schlenderten im glitzernden Schnee den Petersberg hoch und erinnerten uns wehmütig, wie alles im letzten Jahr dort mit dem Johannisfeuer angefangen hat...
Ich war wieder so.... naja, ich wußte, was wohl kommen sollte, aber ich hatte Angst, daß uns jemand sehen würde.... Ich ließ ihn lange zappeln, bis er mich endlich im Dunkeln umarmen durfte. - Er

wollte meine Stimmung ausnützen und mich überreden, mit in sein Hotelzimmer zu kommen. Aber ich blieb hart. Ich muß hart bleiben und ich will auch.

Also schlenderten wir noch ein wenig in der Dunkelheit über den Leinenberg. Er legte seinen Mantel über mich, als es anfing zu regnen. Ich fühlte mich warm und geborgen.

Sonntag, 11.3.62

Mutti war gestern den ganzen Tag nicht aufgestanden und blieb auch heute im Bett. Ich brachte ihr eine Tasse Kaffee und eine Scheibe Semmel und sagte, daß ich in die Kirche gehen würde. Sie murmelte nur: "Wer's glaubt, wird selig." -

In Steno: Wie kommt es bloß, daß Mutti immer alles weiß? - Natürlich traf ich mich mit Walter. Wir gingen die Häcklinger Straße entlang. Walter sprach von "unserer" Zukunft, wir waren uns wieder einig, standen an einen Baum gelehnt und sahen uns in die Augen, als ich plötzlich einen Mann auf uns zukommen sah. Ich schämte mich und mein Herz klopfte. Wenn meine Eltern erfahren, daß ich nicht wirklich in der Kirche war.... Wir trennten uns und ich lief über die Neustädter Straße nach Hause, wo Mutti gerade im Nachthemd herumgeisterte und den Suppenrest von gestern auf den Herd stellte. -

Ich begann, den Tisch zu decken und dann ging das Theater los: Sie riß mich von der Bestecklade weg und meinte, d a s könnte sie auch noch allein machen. Zum Tisch decken bräuchte ich nicht nach Hause zu kommen. Ich sollte doch gleich mit Walter nach Wolfsburg fahren und für ihn den Haushalt führen.

Sie schrie, weinte, klapperte mit der Ofenlade, zog mich an den Schultern, sah mir böse in die Augen und verschwand dann wieder im Schlafzimmer. -

In Steno: Hatte mich Vati heute verfolgt, oder haben sie einen Detektiv bestellt, der uns beobachten soll? - Ich verließ ohne Mittagessen das Haus und lief zu Walter ins Hotel. Er redete so ernst mit mir, fand Muttis Vorschlag, zu ihm nach Wolfsburg zu gehen, gar nicht so schlecht und stellte dann fest, daß eine richtige Mutter nie so handeln würde. "Wenn man jemanden wirklich liebt, ist man bereit, ihn für einen anderen herzugeben, weil man will, daß der geliebte Mensch glücklich wird," sagte er und ich grübelte, ob ich Mutti glücklich machen würde, wenn ich mich von Walter trennen würde, so wie ich auch schon Hering "geopfert" hatte....

Nein, das werde ich nicht. - Mir kullerten die Tränen herunter, Walter streichelte mich, wir waren uns ganz nahe und so einig, - und genau in diesem Augenblick tat Mutti zu Hause etwas Furchtbares.....

Als ich am Spätnachmittag ins Wohnzimmer kam, saß Vati im Ohrensessel und streichelte Waldi. Er war blaß und seine Stimme zitterte, als er mir sagte, daß Mutti die halbe Flasche von ihrem Schlafmittel Somnifen ausgetrunken hat. Er schluchzte: "Mutti will sterben, Mutti will nur noch sterben, Ilse."

Ich rief Frau Dr. Sauer an, die gleich einen Krankenwagen beauftragte. Mutti wurde mit Blaulicht ins Krankenhaus Wittingen gebracht und ich durfte während der Fahrt neben ihr sitzen. Eigentlich fand ich das ja ganz aufregend, aber so durfte ich wohl nicht denken.

Bei der Aufnahme sagte eine Schwester: "Das hat uns gerade noch gefehlt, wir sind übervoll!"

Vati war mit dem Auto nachgekommen, aber wir wurden beide gleich wieder weggeschickt.

Auf der Heimfahrt fragte er mich leise: "Wer ist nun schuld, du oder ich?"

"Wahrscheinlich ich," sagte ich brav.

"Aber ich habe sie geheiratet und nach Bodenteich geholt und meinetwegen haben wir keine eigenen Kinder."

"Ihr habt doch mich," sagte ich und war überrascht und erfreut, daß er über dieses Thema sprach.

"Aber sie hat Angst vor dem, was in dir steckt."

"Vati, bitte, erzählt mir doch, was ihr über meine Herkunft wißt."

"Ach, eigentlich gar nichts," sagte er und ich wußte, daß er log!

Montag, 12.3.62

Bevor ich zum Bus ging, lief ich noch zum Hotel "Braunschweiger Hof", wo Walter - immer noch - schlief.

Ich klopfte an seine Tür, er öffnete verschlafen und ich erzählte mit wenigen Worten, was passiert war. Er umarmte mich und sagt: "Sei tapfer! Du bist nicht schuld. Komm zu mir nach Wolfsburg."

Daran konnte ich jetzt nicht im entferntesten denken und beeilte mich, den Bus zu erwischen.

In Wittingen raste ich zum Krankenhaus, um Mutti einige Sachen zu bringen. Sie lag wie tot an Strippen, abgestellt im Bad, weil alle anderen Zimmer belegt waren. Den Magen konnte man nicht mehr auspumpen, aber man hatte ihr eine Bluttransfusion gegeben und Sauerstoff zugeführt. "Der Körper wird es schon verkraften," sagte eine Krankenschwester zu mir und wollte mich wohl trösten.

Ganz langsam ging ich die Bahnhofstraße entlang, obwohl ich schon viel zu spät dran war.

Ich habe Frau Steffens erzählt, was vorgefallen ist, - die war so lieb zu mir, gar nicht wie eine Chefin, - und bot mir an, nach Hause zu gehen, falls ich es wollte.

Herr Steffens rief im Hof aus seinem Mercedes heraus:

"Frl. Brandt, wenn Sie irgendwelche Hilfe brauchen, lassen Sie es mich wissen, ja?"

Wenn ich ganz ehrlich bin, muß ich gestehen, daß ich eigentlich gar keine richtige Angst um Mutti hatte.

Ich bin mir sicher, daß sie wußte, wieviel sie nehmen darf, um nicht zu sterben.

Abends nach der Arbeit ging ich noch einmal zu ihr und siehe da, sie schimpfte schon auf die Schwestern und wollte unbedingt mit nach Hause. -

In Steno: Bleib da Mutti, wir wollen dich nicht!

Am Bodenteicher Bahnhof standen Valko und Walter, beide ziemlich betroffen und unbeholfen mir gegenüber. Walter war wütend auf meine Eltern und das tat mir trotz allem weh, denn Vati tat mir leid.

Walter fährt morgen wieder zurück nach Wolfsburg.

Mittwoch, 14.3.62

Im Büro sagen alle, daß ich von zu Hause ausziehen soll, wenn Mutti wieder zurück ist.

Es würde mich schon reizen, ein eigenes Zimmer zu haben, aber würde ich mit meinem Gehalt allein leben können? Ich weiß ja nicht einmal, was ein Zimmer kostet.

Und ich weiß auch nicht, ob ich als Kind einfach von zu Hause weggehen darf.

Donnerstag, 15.3.62

Mutti ist wieder zu Hause. Komisch, ich umarme sie ohne Liebe. Dafür habe ich Vati umso mehr lieb. Ich glaube, er geht kaputt. Er ißt nicht mehr richtig, raucht viel und trinkt so oft vom Stonsdorfer-Kräuterlikör, weil er Magenweh hat. Mutti redet nicht, weint nicht und guckt glasig.

Freitag, 16.3.62

Zu Hause ist alles in Unordnung **(Übrigens, mein Tagebuch schließe ich jetzt immer im Büro ein!)**
Es gibt kein gemeinsames Frühstück mehr, Vatis und Muttis Betten sind am Abend noch nicht gemacht. Waldi läuft draußen herum, sieht verwahrlost aus, - die Post liegt seit Montag ungeöffnet auf dem Bürotisch und die Tankstelle ist schmutzig und verölt. "Muttis guter Geist fehlt," sagt Vati. "Sie will einfach nicht mehr. Wollen wir beide ausreißen?" - Es war wohl nicht sein Ernst. Vati tut mir so leid.
Abends war ich in der Jugendgruppe. Alle schwärmten noch von Walter und jeder wußte über Mutti Bescheid. Ich habe so gar kein Gefühl für alles. Ich schäme mich nicht, ich habe keine Angst, ich bin auch nicht richtig wütend, nicht verzweifelt, - ich fühle gar nichts .

Sonnabend, 17.3.62

Zum Glück hatte ich heute Dienst. Ich halte es zu Hause nicht aus.
Frau Steffens kam zu mir ins Büro und fragte, wie es Mutti geht.
Sie sagte, wenn ich mir ein eigenes Zimmer nehmen würde, könnte sie mir vielleicht 20-30 Mark mehr bezahlen, weil ich dann abends leichter etwas länger bleiben könnte. -
Ich mag aber Vati nicht mit Mutti allein lassen.

Sonntag, 18.3.62

Es riecht nach Frühling. Ich bin nachmittags den langen Weg zum Bundesgrenzschutz gegangen und habe nachgedacht. Was soll ich nur tun?

Freitag, 23.3.62

Als ich heute abend vom Gruppenabend kam, sah ich gerade noch das Auto von den Braunschweigern wegfahren. "Was wollten die denn hier?" habe ich Vati gefragt. "Ach, die kamen zufällig vorbei," meinte er und dann ließ Mutti mich wissen, daß Tante Else gesagt hat, in solchen Jugendgruppen würde nichts weiter gemacht als geraucht und getrunken und rumgeschmust. Astrid hätte nie in so einen "Laden" gehen dürfen.
"Aha, und nun darf ich wohl auch nicht mehr?" fragte ich ziemlich wütend und Vati murmelte:
"Kind, wir meinen es doch nur gut mit dir."
Jetzt wollen sie mir das auch noch verbieten. Ich will weg von hier!

Montag, 26.3.62

Heute habe ich mit Hannelore in der Mittagspause eine Aufstellung gemacht, wieviel Geld ich brauchen würde, wenn ich selber für mich sorgen müßte. Sie meint, ein möbliertes Zimmer würde zwischen 50,- und 70,- Mark kosten, und da müßte ich mit meinen 280,- Mark netto sicher auskommen.
Im Augenblick gebe ich 50,- Mark Kostgeld zu Hause ab, aber Vati sagt, das würde er für meine Aussteuer zurücklegen. Und so kann ich jeden Monat fast 200,- Mark auf mein Postsparbuch einzahlen.
Hannelore meint, das müßte mir meine Freiheit wert sein.

GROSSER KRACH ZU HAUSE, weil ich morgen nicht zur Jugendgruppe darf. Mutti hat gesagt, ich würde eines Tages in der Gosse enden, wenn ich mich nicht von diesem Verein zurückziehe.
Ich habe meinen Mantel und meine Handtasche (mit dem Tagebuch!) genommen und bin in unsere Hütte gelaufen. - Jetzt sitze ich hier bei Kerzenlicht und weiß nicht, wie es weitergehen soll. Ich fühle mich ganz schlecht. Es ist kalt. Ich glaube, irgendwo beim Werkzeug raschelt eine Maus. Nach Hause kann ich nicht mehr, will ich auch nicht.
Hoffentlich machen sie sich richtig Sorgen um mich!
Was die wohl machen würden, wenn morgen die Polizei zu ihnen käme und ich wäre tot.
Ich muß versuchen zu schlafen und morgen gehe ich von hier direkt zum Bus.

Freitag, 30.3.62
Liebes Tagebuch, ich, Ilse Brandt aus Bodenteich, übernachte heute ganz vornehm im Hotel Nöhre in Wittingen!
Die vergangene Nacht war furchtbar. Ich bin so oft aufgewacht und dann mußte ich mal raus, danach habe ich noch mehr gefroren. Ganz verkatert und ungewaschen ging ich zum Bus und im Büro habe ich alles erzählt. Frau Steffens hat gleich mit ihrem Mann gesprochen und dann kamen beide und sagten, daß ich unbedingt von zu Hause ausziehen müßte. Sie würden mich sogar auf Geschäftskosten im Hotel unterbringen, bis ich ein Zimmer habe. -
Vormittags kam Vati. Ich habe ihn umarmt und gesagt, daß ich ausziehen werde.
Seine Lippen zuckten und in einem Auge konnte ich eine Träne sehen. "Jaja, mach das man. Das wird das Beste sein. Mutti meint das auch."
Ich habe Seife, Zahnpasta und eine Zahnbürste gekauft und bin abends schon um 6 Uhr ins Hotelzimmer gegangen . Das ist ein Gefühl! Unten im Restaurant saßen ein paar Geschäftsmänner beim Essen und ich bin ganz aufrecht an ihnen vorbei gegangen. Jetzt fängt ein neues Leben an!

Sonnabend, 31.3.62
ICH HABE EIN EIGENES ZIMMER IN WITTINGEN
Gleich nach dem tollen Frühstück bin ich zur Familie Sperling gegangen, die heute eine Anzeige im "Isenhagener Kreisblatt " hatten. Das Zimmer ist hübsch, ich kann das Badezimmer mit benutzen und auch ihre Küche. Alle sind sehr nett. Ich freue mich, ich freue mich!
Nachmittags bin ich nach Bodenteich gefahren und habe in Windeseile einen kleinen Hausstand zusammengepackt. Mutti war still, aber lieb und hat mir von allen Dingen, die ich so brauchen werde, etwas zurechtgestellt, auch einen Dosenvorrat und Kartoffeln und Brot. - Dann habe ich noch ein paar Kleider, Bücher und mein Tonbandgerät geschnappt und da kam auch schon Herr Düwel mit dem Firmenauto, um den Transport nach Wittingen zu machen. Uschi hat mir ganz freundschaftlich auf die Schulter geklopft und gemeint, das sei eine gute Lösung aus dem ganzen Schlamassel.

Sonntag, 1.4.62
Frau Sperling hat mir Kaffee ins Zimmer gebracht, das ist mit in der Miete enthalten. Ich habe Muttis Kuchen gegessen und ein Brot mit Leberwurst, die mir Frau Steffens noch geschenkt hat. Ich bin so glücklich, ich finde es herrlich, ich bin Steffens' so dankbar... Natürlich auch meinen Eltern, daß ich sozusagen im guten Einvernehmen ausziehen durfte. Vielleicht gehe ich ja auch irgendwann wieder zurück. Vielleicht hat Mutti Recht, wenn sie sagt, ich würde mich noch wundern, wie schwer das Leben ist. Und dann würde ich auf Knien reumütig zu ihnen zurückkriechen. NEIN DAS NIE!

Montag, 2.4.62

Bei strahlendem Sonnenschein auf dem Feldweg zur Arbeit gegangen. Alle im Büro freuen sich für mich. Frau Szepat, die Putzfrau, hat mir mittags Pellkartoffeln mitgebracht und die alte Frau Neef hat mir Zwiebeln geschenkt.

Dienstag , 3.4.62

Ich habe ein kleines Heft gekauft, in das ich alle meine Ausgaben eintragen werden, und was ich so koche und was das alles kostet.

Mittwoch, 4.4.62

Heute abend haben mich meine Eltern besucht, weil Vati doch Geburtstag hat. Es war richtig schön. Sperlings brachten eine Flasche Wein zur Feier des Tages und alle waren lustig und guter Dinge, sogar Mutti.

Donnerstag, 5.4.62

Ich habe 30,- Mark Gehaltserhöhung gekriegt!

Montag, 9.4.62

Ich war übers Wochenende in Bodenteich, um mich mal sehen zu lassen und meine Wäsche zu waschen. Vati hat Schmerzen im Bauch und muß wohl wieder operiert werden. - Mutti fragte mich, ob ich dann bei ihr wohnen würde, sie hätte solche Angst allein. "Aber Uschi und Horst sind doch im Haus," meinte ich. "Ach, das verstehst du nicht." - "Nein, das verstehe ich wirklich nicht!" habe ich wohl etwas zu laut gesagt und da fing sie gleich wieder an zu weinen, ich würde mir ein schönes Leben machen und das sei nun der Dank, nach all den Jahren, die sie für mich gesorgt haben..... Aber man hätte sie ja gewarnt, damals....
Ich bin zum Bus gerannt mit meinem Wäschepaket und wollte nichts mehr hören von alledem.
Hannelore sagt, ich müsse jetzt hart bleiben.

Montag, 16.4.62

Das war ein schönes Wochenende.
Am Sonnabend mit Steffens' im Tennisclub gewesen. Ich darf Tennisstunden nehmen und muß nichts bezahlen. - Abends ein herrliches Fichtennadelbad genommen und zufrieden gewesen.

Am Sonntag bin ich von Steffens' eingeladen, mit nach Grömitz zu fahren, wo sie sich eine Unterkunft für den Sommerurlaub angesehen haben. Herr Sirocka vom Tennisclub war auch mit. Wir beide saßen hinten im Mercedes und es wurde so viel gelacht wie lange nicht mehr!

Dienstag, 17.4.62

Unser kleiner Zeitungsjunge hat mir gesagt, daß ich bei ihm auf dem Bauernhof in Kakerbeck reiten lernen könnte. Mensch, das ist ja ein Leben! Tennisunterricht umsonst, reiten lernen für ganz wenig Geld...
Ich bin so glücklich!

Mittwoch, 18.4.62

Heute kam Vati zu mir ins Büro und sagte in seiner üblichen verschmitzten Art: "So mein Kind, ich laß mir jetzt mal wieder die Kaldaunen rausschneiden." Morgen wird er operiert.

Donnerstag 19.4.62
Heute haben sie ihn punktiert, um ihm eine Operation zu ersparen.
Im Zeitungsbetrieb lief alles auf Hochtouren wegen der Osterausgabe. - Erst spät um 19 Uhr Vati besucht.
Er ist mißtrauisch, weil sie ihn nicht operieren wollten. -
Armer Vati!

Karfreitag, 20.4.62
Mutti war heute nachmittag im Krankenhaus. - Sie sieht nicht gut aus. Ich werde nun doch über Ostern nach Bodenteich fahren und für sie vorkochen.

Sonnabend, 21.4.62
Um 17.35 nach Bodenteich gefahren mit einem Osterglockenstrauß für Mutti, einem Riesensack Schmutzwäsche und vielen guten Vorsätzen.

Dienstag nach Ostern, 24.4.62
Ich bin froh, wieder in meinem Zimmer zu sein. Das Osterfest war ziemlich traurig. Mutti jammert imerzu, daß wir Vati nun wohl bald verlieren und daß sie ihm dann folgen wird. Gegen ihren furchtbaren Protest bin ich am Sonntag zum Tanzen gewesen, aber schon vor Mitternacht weggegangen, weil ich einfach nicht in Stimmung war. Ich fühle mich in Bodenteich nicht mehr zu Hause.
Heute abend habe ich Vati besucht, ihm versichert, daß er bald wieder gesund sein wird. Gelogen!

Freitag, 27.4.62
Heute war die Hölle los im Büro! Kunden nörgelten, Telefone klingelten gleichzeitig, Lieferscheine stimmten nicht, und dann am Nachmittag kam noch Herr Döring, um mit mir die Arbeitsstunden für die Wochenabrechnung zu vergleichen. Herr Hildebrandt hat mir auf die Schulter geklopft und mich gelobt. Bin stolz, daß ich das so schaffe. Jeden Abend gehe ich zu Vati.. Es wird nicht besser mit seinem Zustand. Er will nach Haus, aber er ist viel zu schwach.

Dienstag, 1.Mai 62
Als ich gestern ins Krankenzimmer kam, war Mutti schon da.... und siehe da, sogar die Braunschweiger!
Keiner war besonders freundlich zu mir. Auch Vati war komisch. Ich hatte den Eindruck, daß ich das schwarze Schaf in der Familie bin.
Ich versprach, am Wochenende wieder nach Bodenteich zu kommen und Tante Else meinte, das würde sich ja wohl auch so gehören. Blöde Ziege! Ich kann meine Verwandtschaft nicht mehr ausstehen!

Sonnabend, 5.5.62
Mutti lag auf der Couch, Waldi im Arm und zu schwach um aufzustehen. Uschi sagte mir, daß sie ihr jeden Tag etwas kocht, aber Mutti nichts anrührt.
Sie hat wieder diesen furchtbaren Hautausschlag, der sich von den Händen bis zu den Schultern hochzieht.
Keiner kennt die Ursache. - Als sie ihre Füße unter der Decke vorstreckte, wäre ich am liebsten weggelaufen:

Wollfusselchen klebten über und über an den offenen Hautstellen, eine durchsichtige Flüssigkeit schlierte an der Haut entlang. -
Ich deckte Mutti wieder zu, gab ihr einen Kuß und lief sofort zu Frau Dr. Sauer. Die will nun versuchen, Mutti in einem Krankenhaus unterzubringen. Ich werde ein paar Tage in Bodenteich bleiben.

Dienstag,8.5.62
Ich hatte es heute morgen sehr eilig, weil ich verschlafen hatte. Als ich mich von Mutti verabschieden wollte, sagte sie, Frau Dr. Sauer bräuchte sich nicht mehr um ein Krankenhaus zu bemühen, sie sei am Abend sowieso nicht mehr am Leben, ihre Uhr würde heute ablaufen.
Mehr wütend als ängstlich setzte ich mich zu ihr ans Bett und verpaßte so den Bus. -
Ja, ich habe ziemlich schlimme Gedanken gehabt und konnte mich gerade noch beherrschen, um sie nicht auszusprechen. Gegen 10 Uhr kam - für mich - unerwartet Brandten Paula, ohne zu klingeln einfach in unsere Wohnung.
Sie pflanzte sich vor mir auf und fragte: "Warum biste nicht bei der Arbeit?" , drängte mich zu Seite und jammerte dann an Muttis Bett herum: "Lina, du mußt in ein Krankenhaus. Wenigstens so lange, bis Fritz wieder hier ist. Ich versorge deine Wohnung und den Hund."
Mutti griff ihre Hand und fragte: "Meinste wirklich?" -
"Ja, natürlich, du verkommst hier."
Ich war wütend, daß Mutti mehr auf die dicke Paula hörte als auf mich. Aber dann war es mir auch egal, Hauptsache sie kommt irgendwo hin.
Mittags fuhr ich zur Arbeit. Frau Steffens empfahl mir die Hautklinik in Hannover-Linden und rief auch gleich für mich dort an, weil sie mit einem Arzt befreundet ist. - Ja, es wäre ein Bett frei, aber Frau Brandt müßte sofort morgen früh eingeliefert werden. - Frau Steffens bot sich sogar an, Mutti morgen nach Hannover zu fahren. - Ich war so froh über unseren Erfolg, nahm mir für heute nachmittag frei, und lief schnell zu Vati ins Krankenhaus.
"Dann ist sie wenigstens in guten Händen," sagte er leise und schlief ganz geschwächt wieder ein.
Mit dem 16 Uhr - Bus fuhr ich nach Bodenteich und ging zuerst in die Praxis von Frau Dr. Sauer, wo ich sofort die Einweisung für Mutti bekam. - Tante Paula war schon wieder - oder immer noch? - bei Mutti, als ich kam und stolz den Schein aufs Bett legt.
"Warum denn so weit weg, was soll d a s denn?" raunzte Paula, die es eigentlich gar nichts anging. "Kannst deine Mutter wohl nicht weit genug loskriegen?"
Jetzt reichte es mir und ich schrie unter Tränen : "Verdammt noch mal, das ist eine Spezialklinik! Die Beste in der ganzen Umgebung! Macht doch was ihr wollt. Ich fahre nach Wittingen." - und zu Mutti ohne Abschiedskuß: "Wenn du willst, daß wir dich morgen da hin bringen, soll Tante Paula bei mir im Büro anrufen."
Die beiden haben nur doof geguckt, - ich bin mit dem Abendzug nach Wittingen gefahren und habe bei Hannelore nur noch geheult.

Mittwoch, 9.5.62
Frau Steffens erwartete mich morgens schon im Büro, weil Tante Paula bereits um 7 Uhr angerufen hat, daß Mutti das Angebot annehmen würde. - Ich war erleichtert. - Wir holten sie in Bodenteich ab.
Frau Dr. Sauer hatte ihr gestern abend noch die Arme und Beine neu eingecremt und verbunden und Paula hatte die nötigsten Sachen in Muttis Reisetasche gepackt. - Während der Fahrt fiel Muttis Kopf immer wieder vorn über, weil sie so schwach ist.
In der Hautklinik ist sie mir auf dem Flur zusammengebrochen. "Wir werden sie schon wieder aufpäppeln!" sagte die Krankenschwester und nahm sie mit.

Sonntag, 20. 5. 62

Ich weiß nicht, wo mir der Kopf steht.

Jeden Abend zu Vati ins Krankenhaus, danach abwechselnd in mein Zimmer oder nach Bodenteich. Dort schnell Feuer anmachen, meine und Vatis Wäsche aufkochen, spülen und in der Küche aufhängen, Blumen gießen, Waldi streicheln, ausführen.

Am nächsten Morgen um 5 Uhr aufs Feld und Spargel stechen, den Uschi dann verkauft.

Manchmal Wäsche plätten und dann nach Wittingen zur Arbeit. Puh!

Zweimal konnte ich mit Herrn Steffens nach Hannover fahren, weil er beim Schaper-Verlag zu tun hatte.

Als ich beim ersten Mal in Muttis Krankenzimmer kam, sagte die eine ihrer Nachbarinnen zu mir: "Ihre Mutter hat uns schon erzählt, wie fleißig und selbständig Sie sind. Das findet man heute selten."

Da war ich ganz glücklich. Ich habe mir immer gewünscht, daß Mutti mich bei anderen lobt.

Mutti hatte sich gut erholt, ihre Haut sah ganz rosig aus.

Als ich das zweite mal da war, berichtete Mutti ganz erfreut, daß man herausgefunden hat, daß sie auf Seifenpulver allergisch ist. - Sie darf also in Zukunft weder mit Seife noch mit Seifenpulver in Berührung kommen und muß immer Gummihandschuhe anziehen.

Na, nun geht es bergauf!

Donnerstag, 7.6.62

Vati will nach Hause.

Ich habe mit dem Oberarzt geredet, daß er ihn wenigstens so lange im Krankenhaus behält, bis Mutti aus Hannover zurück ist.

Freitag vor Pfingsten, 8.6.62

Vati hat mich ausgetrickst. Er hat im Krankenhaus erzählt, daß seine Frau heute nach Hause kommt.

Darauf hat er die Entlassung bekommen, der alte Herr Nagel hat ihn abgeholt. Als ich abends nach Hause kam, sah ich die Bescherung: Er lag schwach auf der Couch und grinste.

Zum Glück bin ich über Pfingsten in Bodenteich.

Sonnabend, 9.6.62

Vati kann nicht allein zur Toilette und muß strenge Diät essen.

Frau Dr. Sauer war heute hier und hielt es für unverantwortlich, daß man ihn entlassen hat.

Pfingsten 1962

Mutti hat heute morgen bei Nagels angerufen , um frohe Pfingsten zu wünsche. Als Uschi erzählte, daß Vati schon hier ist, hat Mutti am Telefon losgeweint und geschimpft, daß wir sie hintergangen hätten. Sie hat angedroht, daß sie überhaupt nicht wieder nach Hause kommen wird. -

Wir waren alle so erschüttert, daß wir uns erstmal im Flur auf die Treppe gesetzt und einen Schnaps getrunken haben. Danach rief ich in Hannover an , schilderte der Stationsschwester die Angelegenheit und bat sie, ein Auge auf Mutti zu werfen.

Dienstag, 12.6.62 Als ich heute nach Hause kam, war Mutti schon da. - Sie hat auf eigene Verantwortung die Klinik verlassen und ist mit dem Zug am späten Nachmittag in Bodenteich eingetroffen. Sie hat ihr Gepäck am Bahnhof stehen lassen und ist zu Fuß nach Hause gegangen.

Uschi sagt, ihr sind die Tränen gekommen, als sich die beiden alten, kranken Menschen umarmt haben.

Wie wird das nun weitergehen? Soll ich wieder nach Bodenteich ziehen, um den beiden zu helfen? Oder haben sie ihren Frieden eher, wenn ich in Wittingen wohne?

Mittwoch, 13.6.62
Jeder rät mir ab, zurückzuziehen. Ich habe ein schlechtes Gewissen, wenn ich abends in mein kleines Zimmerchen gehe, Musik im Radio höre und mich dabei ertappe, daß ich ein sorgenfreies bequemes Leben habe und mit dumpfen Gefühl an mein Elternhaus denke. Walter hat mir geschrieben, daß er mich gern wiedersehen würde, aber keine Zeit hat, mich in Wittingen zu besuchen.
Ich habe die ganze Zeit gar nicht an ihn gedacht.

Mittwoch, 27.6.62
Vatis Bauch wird immer dicker. Er denkt zwar, daß es nur eine Zyste ist, aber es ist das Krebsgeschwür. Mutti ist ganz tapfer. Die Gemeindeschwester kommt jeden Tag, um ihn zu waschen und anzuziehen.

Sonnabend, 30.6.62
Heute bin ich 18 Jahre alt geworden.
Mutti hat vor ein paar Tagen gesagt: „Du wirst doch wohl keine Geburtstagsfeier machen wollen, wo Vati so krank ist?!"
Also fuhr ich heute mittag nach der Arbeit brav nach Bodenteich, das war's dann..

Vati hat ständig Schmerzen, die trotz der vielen Tabletten nicht mehr weggehen. Er will sich noch einmal operieren lassen. Aber nicht mehr in Wittingen, "weil die beim letzten Mal nicht das ganze Wasser abgezapft haben."(denkt er). - Frau Dr. Sauer hat mir heute im Vertrauen gesagt, daß kein Arzt in diesem Stadium operiert. - Ach Vati, lieber Vati!

Sonntag, 1.7.62
Ich bewundere Mutti, wie stark sie ist!. -
Vati ist so mager geworden. Er sieht von Tag zu Tag schlechter aus.
Heute abend beim Essen - er ißt ja kaum was - meinte er: "Es muß doch so'n Schnippelfritze gefunden werden, der mir den Ballon da aus dem Bauch rausholt." - Da sagte Mutti: "Du muß mal 'nen richtigen Pups machen, dann geht die Luft weg!" Wir haben alle drei gelacht, obwohl uns nicht danach zumute war.

Montag, 2.7.62
Ich konnte mit Herrn Forberger nach Wolfsburg fahren. Habe endlich Walter besucht. Er hat sich verändert. Er redet so verbittert über meine Eltern. - Krebs könnte sich nur da einnisten, wo er willkommen ist, sagt er. Zufriedene Menschen würden keinen Krebs kriegen. - Dann müßte Mutti schon längst vom Krebs zerfressen sein, fuhr es mir durch den Kopf und ich schämte mich im selben Augenblick für diesen Gedanken. Auf dem Hinweg hatte ich mit der verrückten Idee gespielt, evtl. bei ihm zu übernachten, ...
Ich fuhr mit dem letzten Zug nach Wittingen zurück.

Vati ist heute wieder im Wittinger Krankenhaus eingeliefert worden. Er wird am Freitag operiert. Wir sollen uns keine großen Hoffnungen machen, hat der Chefarzt gesagt...

Mutti war den ganzen Nachmittag bei ihm am Bett gewesen und hat ihn gerade gefüttert, als ich abends dazukam. Vati sagte: "Wenn ich dann nicht mehr bin, packste mich einfach in eine Blechbüchse, dann haste keine Last mit mir." - Darauf hat Mutti seine Hand gestreichelt und ganz lieb gesagt: "Nein, mein Schatz, wenn wir gehen, gehen wir beide." -

Ich denke die ganze Zeit an mein Leben mit ihnen: Es war doch eine schöne Jugend, als ich noch klein war und in den hübschen Kleidchen herumgereicht wurde im Bekanntenkreis, - wenn Mutti stolz war, weil man mich das "Prinzesschen von Bodenteich" nannte. Wann fing es eigentlich an mit dem Krach zwischen uns? Und warum? -

Als das Prinzesschen sich für die vielen Prinzen interessierte? Als sie gern einen Frosch geküßt hätte, möglichst einen hübschen? -

Ich glaube, es hat angefangen, als Mutti vor 20 Jahren bei einer bösen Fee war, die in die Zukunft zu sehen vorgab und ihr prophezeite, daß sie eines unnatürlichen Todes sterben würde....

Montag 23.7.1962 - VATI IST TOT! -

Heute mittag ist er von seinen furchtbaren Schmerzen erlöst worden.

Ich war in den letzten drei Wochen täglich mehrmals bei ihm, um ihn zu füttern, kalte Umschläge zu machen, das Bett hoch, runter oder doch lieber wieder hochzustellen, Milch, Kaffee oder Tee zu besorgen und ihm einfach gut zuzureden oder besser gesagt, ihn glaubwürdig zu belügen.

Donnerstag, 26.7.62

Heute war Vatis Beerdigung. Es waren viele Leute da. 40 Kränze und viele Blumensträuße hat er bekommen. Da fiel mir ein, daß Vati seinerzeit in Bergen-Belsen zu mir gesagt hatte: "Den Toten nützen die Blumen nichts mehr." Das stimmt, aber den Hinterbliebenen ist es vielleicht ein Trost und vielleicht macht es Mutti ein bißchen stolz, daß alle ihren Mann gern mochten.

Vati hätte sicher gern noch weitergelebt, ganz im Gegensatz zu Mutti, die sich jetzt völlig fallen läßt. Uschi sagt, Mutti steht überhaupt nicht mehr auf. Dementsprechend schlapp war sie heute auf dem Weg hinter Vatis Sarg.

Umsomehr hat es mich abgestoßen, wie sie nachher beim Leichenschmaus in unserem Wohnzimmer lachte und Witze erzählte. Sie war wie verwandelt und schien sich im Mittelpunkt der schwarzen Trauergespenster wohlzufühlen. Angewidert sprach ich Uschi darauf an und die flüsterte mir zu: "Mach dir nichts draus, Ilse, Tante Brandt ist nervlich kaputt, und wenn sie jetzt lacht, sei froh, daß sie nicht weint. Das kommt sowieso noch schnell genug, du wirst sehen!"

Montag, 6.8.62

Sie hatte Recht. Vom nächsten Tag an war Mutti nur noch eine wandelnde Hülle. Sie aß fast nichts, sprach kaum etwas, huschte schnell in ihr Schafzimmer, wenn ich abends kam und stellte sich schlafend, wenn ich ihr morgens Auf Wiedersehen sagen wollte.

Am Montag nach der Beerdigung blieb ich dann zum ersten Mal wieder in meinem eigenen Zimmer in Wittingen. Ich hatte Mutti gefragt, ob ich das Zimmer aufgeben oder behalten soll. Sie hatte darüber keine Meinung. "Mach was du willst, ich zähle ja nicht," war ihre apathische Antwort.

Heute abend kam ich nach Hause und traf Onkel Albert, Tante Else und die dicke Paula an. Mutti lag leidend auf dem Sofa, die Füße hochgelegt und in jeder Hand ein nasses Taschentuch. - "Aha, Fräuleinchen kommt mal wieder nach Hause!" empfing mich Onkel Albert. Ich gab Mutti einen Kuß und ging in mein Zimmer. Nach einer Stunde etwa rumorten die Drei auf dem Flur herum, aber keiner hielt es für notwendig, sich bei mir zu verabschieden. Bin ich denn eine Aussätzige? Was habe ich Schlimmes getan, daß sie mich jetzt so behandeln?

Was hat Mutti, oder sogar Mutti u n d Vati , ihnen über mich erzählt?

Oder noch besser: W a s erzählen s i e Mutti über mich? Was haben sie vor??

Nach einer Weile fragte ich Mutti, ob wir gemeinsam Abendbrot essen wollen. Ich traute meinen Ohren nicht, als sie sagt: "Ja, mein Schätzchen, jetzt wollen wir es uns mal recht gemütlich machen." - In Windeseile holte ich die wenigen Vorräte aus dem Eisschrank und öffnete eine Dose Leberwurst aus der Speisekammer, schälte für Mutti einen Apfel und fragte, ob ich den Fernseher anmachen soll.

"Nein, mein Mäuschen, ich möchte etwas mit dir besprechen," sagte Mutti und redete dann wie angetrieben davon, was sie mit Onkel Albert und Tante Else besprochen hat: Das Haus wird verkauft und sie zieht zu ihnen nach Braunschweig. Waldi kommt zu Tante Paula. Die darf dann dafür die Äpfel und Zwetschgen auf der Plantage ernten. Somit würde ein großer Ballast von ihr (Mutti) genommen werden.

Ich war völlig baff, als sie endlich zu reden aufhörte und mich ansah, so wie Waldi manchmal seinen Kopf schief hält, wenn wir ihm eine Wurstscheibe zeigen.

Haus verkaufen, zu den Braunschweigern ziehen, Brandten Paula verwaltet die Plantage.... Sogar an Waldi hat sie gedacht.....

Was würde Vati sagen? Vielleicht: Hast Recht, meine liebe Frau, vielleicht hätte ich dich nie nach Bodenteich holen sollen.

Oder würde er sagen: Und was ist mit Ilse?

"Was meinst du, Mäuschen?" riß mich aus meinen Gedanken.

"Prima Mutti, gute Idee!" sagte ich. Was hätte ich auch sonst sagen sollen?

Mein Elternhaus soll verkauft werden..?! Die Haustür , die Werkstatt, die Knarrtreppe, die Butze, der Dachboden, das Plumpsklo, der Hof, der Hühnerstall, der Garten, das Tor, mein Zimmer....

Mir ist schlecht.

Donnerstag 16.8.62

Mutti hat heute mit Uschi und Horst Nagel gesprochen. Die würden das Haus gern kaufen.

Naja, dann bliebe wenigsten der gute Geist von Brandtens Werkstatt erhalten.

Vielleicht könnte ich mir ja oben im Dach das kleine Zimmer ausbauen und zur Erinnerung behalten.

Mutti geht es ganz gut. Wir waren heute nachmittag sogar beide auf dem Friedhof. Sie wünscht sich für Vati einen Felsklumpen als Grabstein.

Montag, 20.8.62

Ich denke immerzu daran, daß unser Haus verkauft werden soll. -

Natürlich fühle ich mir hier in meinem kleinen möblierten Zimmer richtig wohl, - aber eigentlich ist es eine unnütze Geldausgabe, wenn ich zu Hause mit Mutti friedlich zusammenwohnen könnte, so wie am letzten Wochenende. Aber wenn ich im Büro so rede, warnen mich alle davor, zu euphorisch zu sein.

Freitag, 14.9.62

Mutti ist wieder nach Hannover in die Hautklinik eingeliefert worden. Frau Dr. Sauer hat gemeint, sie wisse gar nicht mit welcher Diagnose sie Mutti einweisen soll, denn eigentlich wäre sie nur psychisch krank und unterernährt. Mutti bräuchte jemanden, der sich den ganzen Tag um sie kümmert. - Ich glaube, ich werde mein Zimmer doch zum Ende des Monats aufgeben und wenigstens abends für

Mutti sorgen, wenn ich von der Arbeit komme. Ich bin hin- und hergerissen. Alle sagen mir, daß das nicht gutgehen kann. Ich muß es versuchen.

Montag, 24.9.62
Gestern abend klingelte Dieter Müller aus Bodenteich bei mir. Na, das war eine Überraschung. Er hatte eine Flasche Wein dabei und wollte mir einfach nur guten Tag sagen. Wir haben über die Jugendgruppe gesprochen, über seinen Beruf als Bahnarbeiter und natürlich über Mutti.
"Man redet in Bodenteich über sie und über dich, daß du dich nicht um sie kümmern würdest."
"Waaas? Daß die Leute doch immer was zu reden haben müssen. Ich ziehe Ende des Monats wieder zurück. Dann werden die Lästermäuler gestopft."
"Na, dann komm, bevor es zu spät ist," flüsterte er plötzlich und nahm mich in die Arme, wollte mich auf die Couch legen und redete auf mich ein, daß wir jetzt doch noch die Gelegenheit nützen sollten....
Ich war total perplex, rappelte mich hoch und habe ihn so quasi rausgeschmissen.
Ich habe nie mehr für ihn empfunden, als daß er ein guter Freund bei der Jugendgruppe war, -
da wollte er doch tatsächlich mit mir... Ich kann's immer noch nicht fassen.

Donnerstag, 27.9.62
Ich habe alles zusammengeräumt und bin so traurig.
Es war eine schöne Zeit in meinem Zimmer bei der Familie Sperling.
Herr Düwel bringt morgen meine Siebensachen nach Bodenteich zurück.

Freitag, 28.9.62
Mit einem lachenden und einem weinenden Auge habe ich mich heute von Sperlings verabschiedet.
Sie haben mir noch Grüße bestellt und die besten Wünsche für Mutti.
Jetzt sitze ich wieder in Bodenteich, Hauptstraße 15, in der Küche. - Waldi liegt in seinem Körbchen unter dem Herd, - in mir ist alles ganz taub und leer. Uschi hat mich umarmt und gesagt: "Min Deern, wenn du das man nicht bereust, eines Tages. Weißt du, Tante Brandt ist nicht einfach zu haben. Aber jetzt wollen wir erstmal alles auf uns zukommen lassen."

Sonntag, 30.9.62
Mit dem Zug nach Hannover gefahren. Mutti besucht. Es geht ihr ganz gut.
Ich habe ihr gesagt, daß ich wieder nach Bodenteich gezogen bin, damit sie nicht so allein ist, wenn sie wieder nach Hause kommt. "Das ist schön, mein Häschen, ganz lieb von dir. Ich bin froh, wenn du ein wenig nach dem Rechten siehst, solange ich noch im Krankenhaus bin." Vom Verkaufen hat sie nichts mehr gesagt, Gott sei Dank!
Sie ist auch einverstanden, wenn ich für Vati jetzt einen grauen Granitstein bestelle, weil zur Zeit keine Felsbrocken zu bekommen sind. - "Wie gut, daß du dich um alles kümmerst, mein Schatz," sagte sie und streichelte mir beim Abschied über Wangen. Ach, wir werden schon klar kommen, - wenn sie nur wieder richtig gesund wird.

Freitag, 5.10.62
Heute konnte ich mit Herrn Steffens nach Hannover fahren und zwei Stunden bei Mutti sein. Sie will jetzt a l l e s verkaufen, nicht nur das Haus, sondern auch die Obstplantage. Ich sagte, daß man ein Haus nicht so einfach verkaufen soll, und daß man die Obstplantage für viel mehr Geld als Bauland verkaufen sollte. Sie fragte mich, ob ich denn immer in dem Haus wohnen würde, aber ich wollte mich nicht festlegen. Schließlich möchte ich doch noch in der Welt herumziehen, solange ich jung

hin - Da fing sie gleich wieder an zu weinen und schluchzte: "Wenn Uschi und Horst Nagel ausziehen, weiß ich doch gar nicht, was ich mit dem großen Haus machen soll."

"Weißt du was," sagte ich, "wir lassen erstmal aus dem Feld Bauland machen, dann verkaufen wir das und ich bleibe vorläufig bei dir in Bodenteich. Dann sehen wir weiter."

Sie küßte mich ganz verzweifelt und sagt: "Ja, Schätzchen, dann kaufen wir uns ein kleines Auto und wenn du den Führerschein hast, fahren wir in der Heide spazieren."

Sonnabend, 6.10.62

Ich habe heute gleich ans Rathaus geschrieben und beantragt, daß die Obstplantage zu Bauland erklärt werden soll.

Freitag, 12.10.62

Heute kam ein Brief von der Gemeinde. Man bittet mich um einen Besuch.

Ich rief sofort da an und man sagte mir ziemlich von oben herab, daß so einen Antrag nur Frau Brandt persönlich einreichen müßte und daß es außerdem nicht so einfach ginge, eine Obstplantage als Bauland umzuwidmen. Da müsse ein Gemeinderatsbeschluß her, und das sei in absehbarer Zeit nicht vorgesehen.

Ich habe zu dem "freundlichen" Herrn gesagt, dann müsse man eben den vorgeschriebenen Weg gehen. Schließlich würden wir ja genug Steuern zahlen, daß man auch erwarten kann, daß die Gemeinde etwas für uns tut. Er hat nur gelächelt und mich wohl nicht für voll genommen. Ohne Muttis persönliche Vorsprache ginge da überhaupt nichts. Basta.

Donnerstag, 18.10.62

Mutti hat mich heute im Büro angerufen und angekündigt, daß sie in eine andere Station verlegt wird und mindestens noch zwei Wochen bleiben muß.

Als ich abends in der Küche saß, habe ich überlegt, was man hier vielleicht umräumen könnte, damit es ein bißchen gemütlicher wird. - Und dann habe ich um 10 Uhr noch schnell den Tisch, der immer in der Mitte stand, zum Fenster gerückt. Wenn ich jetzt mit Mutti daran sitzen werde, können wir beide auf die Seewiesen hinausschauen. Ich muß Horst morgen fragen, wie ich die Küchenlampe verlegen kann.

Dann habe ich vom Dachboden ein altes Wandregal runtergeholt, schön sauber geputzt und über dem Herd aufgehängt. Da stehen jetzt die Teedose, das Salz- und Pfeffer-Dingsbums, ein Tonbecher mit Holzlöffeln drin, die man immer am Herd braucht, und die Messingvase aus meinem Zimmer. Da kann man Petersilie reinstecken oder Schnittlauch. Das sieht richtig hübsch aus.

Montag, 22.10.62

Heute habe ich in der Mittagspause einen Schirmständer gekauft für unseren Flur. Jetzt muß man den nassen Schirm nicht immer ins Waschbecken legen.

Dann habe ich drei Bilderrahmen gekauft und die schönsten Kalenderblätter zurechtgeschnitten und eingerahmt. Zwei hängen auf dem Flur neben der Garderobe(wo früher die alten Scherenschnitte hingen) und eins über Muttis Nachttischchen.

Fürs Wohnzimmer hatte ich erst keine richtige Idee, aber plötzlich wollte ich so einen offenen Bücherschrank haben, wie Frl.v.Behr hatte. Also habe ich die Türen einfach ausgehängt und dann die Bücher umrangiert. Die Schönen durften stehen bleiben, die Taschenbücher kamen in die Schublade. Und zwischen die Bücher habe ich dann lauter Krimskrams gestellt: Vasen, Schachteln, den Topf mit dem Efeu, den Tiger aus Stein, - es sieht jetzt alles viel moderner aus. - Ich bin gespannt, was Mutti sagen wird.

Sonnabend, 17.11.62

Horst hat mir heute geholfen, ein neues Schloß in meinem Bücherschrank zu montieren. Jetzt habe ich endlich einen sicheren Platz für mein Tagebuch. Während er die Schrauben in die Tür drehte, meinte er so nebenbei: "Ich an deiner Stelle wäre nicht zurückgekommen. Du wirst sehen, wenn deine Mutter aus dem Krankenhaus wieder hier ist, gibt es noch Mord und Totschlag hier im Haus."

Das gab mir zu denken! Ich habe den Eindruck, daß er etwas weiß, was er mir nicht sagen will.

Sonntag, 18.11.62

Ich bin morgens mit dem Zug nach Hannover gefahren und abends wieder zurück. Als ich auf dem Bahnhof hörte: "Verbindungszug nach Hildesheim auf Gleis 3" habe ich Herzklopfen gekriegt und einen Augenblick überlegt, ob ich nicht einfach einmal hinfahren soll. Aber dann habe ich in mich hineingelächelt und plötzlich lag für mich die Zeit meiner Schwärmerei für Pastor Gurland unheimlich weit zurück. Damals war ich wirklich noch ein kleines Mädchen und hatte an meine große Liebe geglaubt...

Mutti war heute nicht gut drauf, sie war irgendwie komisch. - Nach einer Weile wußte ich, warum: Die Braunschweiger hatten sie gestern besucht und behauptet, daß der Grabstein, den ich aufstellen lassen hatte, furchtbar aussehen und gar nicht zu Vati passen würde. Ich hätte da mal wieder meinen eigenen Willen durchsetzen wollen ohne Rücksicht auf Muttis Wünsche. Selbst s i e hätten gewußt, daß Mutti für Vati (und sich selbst) immer einen einfachen Felsbrocken haben wollte.
"Aber ich habe dir doch genau beschrieben, wie der Stein aussehen würde." - "Ach, du kannst mir viel erzählen! Ein Kreuz aus Granit, das muß ja furchtbar aussehen!" - Jetzt plötzlich bin ich wieder die Böse, weil es die Braunschweiger so sagen. Und Mutti plappert alles nach. - Als ich das Krankenhaus ziemlich niedergeschlagen verließ, habe ich nochmals überlegt, ob ich... - aber ich bin wie geplant nach Bodenteich zurück gefahren. .

Mittwoch, 28.11.62

Heute rief Mutti mich im Büro an und sagte fröhlich, sie sei nun ganz gesund und könnte nächste Woche am Dienstag nach Hause kommen. Ich habe mich riesig gefreut und mir gut gelaunt fürs Wochenende etwas ganz Tolles vorgenommen: Ich wollte die Straßenfenster vom Wohnzimmer und vom Flur neu streichen, damit Mutti sich ganz dolle drüber freuen kann.
Ich hatte schon lange mit der Idee gespielt, nur nicht den richtigen Mut gehabt, weil ich das noch nie getan habe. Aber jetzt rief ich Walter in Wolfsburg an, der schließlich von Beruf Maler ist...
Er war ganz überrascht und sagte mir gleich zu, am Freitagnachmittag zu kommen und dann würden wir die drei Fenster bis Sonntagabend fertig haben. - Abends ging ich noch zu Schiko und zu Valko, die auch kommen werden.

Freitag, 30.11.62

Tatsächlich winkte Walter schon aus dem Zug, als ich in Wittingen auf dem Bahnsteig stand. Gemeinsam fuhren wir das letzte Stück nach Bodenteich, hatten viel zu erzählen und plötzlich war die Zeit zurückgedreht. Valko und Schiko holten uns am Bahnhof ab. Ich habe für uns alle zu essen und zu trinken gekauft und anstatt über die Arbeit zu reden, haben wir bei mir im Zimmer Musik gehört und Fotos angesehen. Walter war genauso witzig wie früher, aber er sagte mir auch, daß er jetzt eine neue Freundin hat... Um ein Uhr nachts machten wir dann endlich Schluß. Walter fragte, ob er nicht bei mir, bzw. auf der Wohnzimmercouch schlafen könnte, - aber das kam nicht in Frage. Ich schickte ihn rigoros weg, schließlich hatte er die Einladung von Valkos Mutter. Schiko grinste und sagte. "Ilse ist ein anständiges Mädchen!"

Sonnabend, 1.12.62
Pünktlich um 9 Uhr kamen die drei "Arbeitsdienstler". Die Fensterflügel wurden ausgehängt und ganz sorgfältig mit Schleifpapier bearbeitet, dann feucht abgewischt und beiseite gestellt. Das ganze Wohnzimmer stand voll. Danach eine kleine Stärkung mit belegten Brötchen und dann kamen die Rahmen dran. In jedem Fenster saß einer und werkelte mit Schleifpapier herum. Wir hatten das Radio auf Superlautstärke an, haben gesungen und gepfiffen und waren guter Dinge. Ich war richtig stolz, wenn die Leute vorbei gingen und bewundernd zu uns raufschauten. Frau Braun von der Bäckerei rief: "Na, da wird sich die Mutti aber freuen. Ihr könnt dann gleich bei uns weitermachen!" Plötzlich sah ich die dicke Paula auf der anderen Straßenseite heranwatscheln. Sie m u ss t e uns gesehen haben, aber sie würdigte uns keines Blickes. "Hallo Tante Paula, wie geht es dir?" rief ich laut und übermütig zu ihr hinüber. Widerwillig sah sie zu mir hoch und sagte: "Paß auf, daß du nicht rausfällst!" - "Alte Kuh!" habe ich leise zu den anderen gezischelt und die brüllten vor Lachen und schickten ihr noch ein kräftiges "Muuuuh" hinterher.
"Die mag mich nicht," sagte ich. "Der ganzen Verwandtschaft ging das damals gegen den Strich, daß meine Eltern mich adoptiert haben." Valko fragte mich, ob ich meine richtigen Eltern mal suchen werde und ich sagte: "Klar, aber nicht, so lange Mutti noch lebt."
Abends kam der erste weiße Lackanstrich drauf. Das machte Spaß, aber es ging auch viel Farbe auf die Glasscheiben, weil ich kein Papier zum Abkleben gekauft hatte. Walter meinte, das könnte ich dann auch noch später mit Terpentin abwischen, jetzt wollten wir erstmal mit dem Streichen fertig werden.
Ich habe noch Bratkartoffeln mit Sülze für alle gemacht und dann sind wir zu dritt zum Bundesgrenzschutz spaziert, wo Walter eine ganze Horde alter Kameraden getroffen hat.

Sonntag, 2.12.62
Um 7 Uhr standen die drei Jungs vor der Haustür. Ruckzuck hatten wir die Fensterflügel und Rahmen noch einmal übergestrichen und dann sind wir alle in die Kirche gegangen. - Das gab ein Hallo, als wir einige aus der Jugendgruppe trafen und Walter nachher noch zu Pastor Freser ins Pastorenhaus eingeladen wurde. Ich war ein wenig beleidigt, daß wir anderen so einfach abgeschoben wurden. Aber ich glaube, Pastor Freser mag mich nicht.
Schiko und Valko gingen nach Hause zum Essen und ich machte mir ein Spiegelei.
Nachmittags haben wir noch lange in unserer Küche gesessen und diskutiert. Walter meinte, ich hätte lieber mein Zimmer in Wittingen behalten sollen für alle Fälle, man wisse ja nicht, was noch kommt. Pastor Freser habe ihm vertraulich mitgeteilt, daß Mutti stark depressiv sei und eigentlich in eine Nervenanstalt gehören würde.
Schikos Mutter hat gesagt, daß so ein Haus ständig renoviert werden muß, und wenn ich einmal damit anfange, würde Mutti das in Zukunft immer erwarten.
Und Valko meinte, Mutti sollte das Haus verkaufen und in ein Altersheim gehen.
Oh Gott, das sah ja alles düster aus.
Besonders schlimm war, daß die Farbe am Abend nicht trocken war und wir die Flügel nicht einhängen konnten.
Um 19 Uhr fuhr Walter mit dem Zug zurück nach Wolfsburg. Wir umarmten uns wie Geschwister.
Vielleicht wären wir schon verheiratet, wenn alles anders gekommen wäre...

Montag, 3.12.62

Heute morgen war es furchtbar kalt im Haus. Ich habe schnell noch die Fensterflügel eingehängt und bin dann zur Arbeit gefahren. Morgen kommt Mutti! Ja, ich glaube, ich freue mich nun doch. Ich werde mir Mühe geben, ihr alles recht zu machen. - Es ist 9 Uhr abends. Ich werde noch fegen und Staub wischen und dann einmal früh ins Bett gehen. Bin gespannt, was Mutti sagen wird.

Dienstag, 4.12.62

Es ist 1 Uhr nachts, - ich bin hundemüde und so enttäuscht. Muttis Heimkehr war schrecklich.
Ich schreibe morgen im Büro alles nach, bin zu müde und meine Augen brennen vom Weinen.

Mittwoch, 5.12.62 - Mittagspause

Alle im Büro sagen, daß sie es so haben kommen sehen!
Gestern bin ich ganz aufgeregt mit dem 4-Uhr-Zug nach Bodenteich gefahren, habe die Küche warm eingeheizt, belegte Brote für Mutti gemacht, ein Willkommensschild vor die Flurtür gehängt und 3 rote Rosen auf den Küchentisch gestellt. - Uschi war nach Uelzen gefahren, damit Mutti nicht noch einmal in den Bummelzug umsteigen mußte und um 7 Uhr kam sie mit Mutti an. Zufällig (?) ruderte auch die dicke Paula die Straße runter, tat ganz erstaunt und sagte beleidigt zu mir: "Hättste mir doch was sagen können, als du mit den drei Kerls aus den Fenstern gegafft hast." - Mutti kriegte große Augen und sah von einem zum anderen. Da hat Uschi das Wort ergriffen und gesagt: "Ja, Tante Brandt, wirst schon sehen, was deine Ilse alles gemacht hat. Die war fleißig, als du nicht da warst. Kannste stolz drauf sein." - "Blödsinn, Kerls hat sie reingelassen, ganz Bodenteich redet schon drüber!" plärrte Paula wichtigtuerisch und Mutti wurde fast ohnmächtig und mußte sich erstmal setzen. "Wie sieht's denn hier aus? Haste alles umgeräumt?" grunzte Paula. Mir wurde jetzt auch schlecht. Am liebsten hätte ich sie rausgeschmissen. - "Das kommt alles wieder an seinen Platz!" sagte Mutti energisch. "Du führst dich hier auf, als wenn dir schon alles gehört, mein Kind!"
Ich dachte an die ausgehängten Bücherschranktüren und überlegte, wie ich das alles noch schnell rückgängig machen könnte, bevor Mutti und Brandten Paula das sehen. Uschi war leider in ihre Wohnung gegangen. Ich fühlte mich allein und unschuldig an den Pranger gestellt. Ich holte die belegten Brote aus dem Eisschrank, zwei Flaschen Bier dazu - und ging zum Fahrschulunterricht. Ich habe nix mitgekriegt, was der Mensch da vorn erklärt hat, - ich war in Weltuntergangsstimmung.
Als ich um 10 Uhr zurückkam, saß Mutti noch am Küchentisch, der inzwischen schon wieder in der Mitte stand. Ich mußte grinsen, weil die Lampe jetzt immer noch 1 m weit entfernt runterhängt.

Mutti hatte die Post durchgesehen und anstatt sich zu freuen, daß ich alle Überweisungen erledigt und bei einer Steueraufforderung Einspruch eingelegt habe, hatte sie ihr Scheckbuch demonstrativ aufgeblättert und fragte mich, wieso ich einen Scheck über 500,- DM auf ihr Konto ausgestellt hätte.
"Was für einen Scheck?" fragte ich ganz erstaunt, denn ich wußte nicht einmal wo sie das Scheckbuch versteckt hatte. Was zu bezahlen war, hatte ich von ihrem Konto überwiesen.
Der Scheck war bereits zwei Tage nach Vatis Tod ausgestellt und Mutti behauptete monoton immer wieder und noch einmal: "I c h habe den Scheck nicht ausgestellt!"
"Dann werde ich morgen zur Sparkasse gehen und nachfragen," bot ich ihr an.
"Nein, zur Sparkasse gehe ich selbst. Dir ist ja nicht zu trauen! Wie du dich hier aufgeführt hast, da muß man sich ja schämen! Lädst dir Kerls ein wie in einem Puff. - Du willst mich wohl ganz in die Ecke drücken, aber das gelingt dir nicht! NOCH habe ich Tante Paula und Onkel Albert, die mir beistehen! Vati würde sich im Grabe umdrehen!"
Darauf ich: "Ja, wenn er dich so hören würde! Vati würde nämlich sagen: Bravo Ilse, daß du die Fenster gestrichen hast!"

"Blödsinn! Die Leute werden denken, daß wir uns keinen Maler leisten können. Wie sieht das denn aus: die ganze Farbe ist auf den Fensterscheiben verkleckert!"
"Das putze ich noch mit Terpentin ab!"
"Du rührst hier nichts mehr an, verstanden?!" Sie knallte das Scheckbuch auf den Tisch.
"Hätte ich nur auf die anderen gehört, die gesagt haben, ich soll nicht nach Bodenteich zurückgehen!"
"Hättest ja nicht kommen brauchen. Aber wenn du bei Sperlings auch so einen Lebenswandel geführt hast, werden sie dich wohl rausgeschmissen haben."
"Du bist so gemein! Eine richtige Mutter kann nicht so gemein sein!" sagte ich und ging ins Bett.

Heute früh bin ich aus dem Haus gegangen, ohne ihr Auf Wiedersehen zu sagen.
Ich habe bei der Sparkasse angerufen und mit Herrn Harms gesprochen. Aber der war irgendwie komisch und meinte, das sei eine Sache, die ich mit Mutti ausmachen mußte. Mutti sei schon bei ihm gewesen und habe behauptet, daß es nicht ihre Unterschrift sei. Ich könnte ja Anzeige erstatten, wenn ich mehr erreichen wollte.
Herr Steffens meinte, er würde das nicht auf sich sitzen lassen an meiner Stelle, man könnte doch nachforschen, wer das Geld erhalten hat. Aber ich habe keine Lust, etwas gegen meine eigene (ha!) Mutter zu unternehmen. Ich mag nicht nach Hause fahren heute abend. Aber ich muß. - Ich bin ja selber schuld.

Nachtrag abends:
Es ist schon witzig, wie ich ständig mit meinem Tagebuch hin- und herfahre...
Zum Glück habe ich jetzt das gute Schloß in meinem Bücherschrank, da müßte Mutti schon die Schrankwand abschrauben. ... eigentlich traue ich ihr alles zu.

Tante Paula saß bei Mutti in der Küche, als ich nach Hause kam und überfiel mich gleich mit den Worten: "Wem hast du denn noch alles erlaubt, auf eurer Plantage Äpfel zu pflücken?"
"Was soll denn das schon wieder heißen?"
"Da hat neulich jemand bei Euch Äpfel geerntet, den ich nicht kenne." zischelte sie.
"Warum hast du ihn denn nicht angesprochen?"
"Ich misch mich nicht in Sachen ein, die mich nichts angehen," zeterte sie und wurde puterrot.
"Das tust du eben doch! Du hetzt Mutti ja nur gegen mich auf!" schrie ich und darauf pflanzte sie sich vor mir auf und keifte auf mich ein: "Du freche Göre, paß auf, was du sagst. Deine Mutter hat das nicht verdient, daß du hinter ihrem Rücken alles verkloppst. Sogar an die Gemeinde hast du geschrieben, daß du das Land verkaufen willst. Du bist ja wie die Mara! Schäm dich!" - "Wer ist das denn?" fragte ich ganz perplex.
"Die hat ihre Eltern erschlagen und den Hof an sich gerissen," wußte Mutti zu berichten.
"Ihr spinnt doch beide."
Tante Paula fauchte zurück: "Du dumme Gans, was bildest du dir überhaupt ein? Deine Mutter wird schon noch merken, was sie an dir hat!"
"Hoffentlich!" rief ich und knallte die Tür hinter mir zu. Dann bin ich auf den Friedhof gegangen und habe Vati alles erzählt....
Der Himmel war hellblau und der Rauhreif glitzerte im Mondschein. Ich saß lange auf der Bank vor Pastor Gurlands Friedhofskapelle und weinte.
Ich dachte an die Frau, die meine richtige Mutter sein muß.
Ob sie noch lebt? Ob mein Vater noch lebt?
Ich könnte vielleicht wieder richtige Eltern haben. Vielleicht wissen die gar nicht, daß ich noch lebe.
Warum forsche ich nicht nach, wenn man mich hier so behandelt?

Weihnachten 1962

Mutti ist zu Onkel Albert und Tante Else gefahren und ich nach Wolfsburg zu Familie Boettcher.
Irgendwie finde ich es doof. Da bin ich extra nach Bodenteich gezogen, um mich um Mutti zu
kümmern, - und sie unterbreitet mir kurz vor Weihnachten, daß sie nach Braunschweig fährt.
Onkel Albert und Tante Else haben sie zweimal besucht, seit Mutti aus dem Krankenhaus ist. Sie
fahren dann mit ihr spazieren und Mutti bezahlt für sie Kaffee und Kuchen.
Danach ist sie immer komisch zu mir, aber sie behauptet, das würde ich mir nur einbilden.
Walter hat mir einen belanglosen Brief geschrieben, aber ich habe ihn in Wolfsburg nicht besucht,
obwohl ich genug Zeit gehabt hätte.

Silvester 1962

Mutti ist gegen Mittag nach Bodenteich zurückgekommen. Ich weiß nicht einmal, ob sie mit dem Zug
kam oder ob die Braunschweiger sie gebracht haben. Plötzlich saß sie im Wohnzimmer.
Sie hat mir verboten, abends ins Schützenhaus zum Tanzen zu gehen. Ich hatte sowieso keine Lust.
Ich machte belegte Brote, Horst kam rauf zu uns, weil er furchtbare Zahnschmerzen hatte, Uschi ging
zu ihren Eltern zum Feiern, ich finde alles so furchtbar blöd!
Wäre ich doch nur in Wittingen geblieben. Dann hätte ich mit Hannelore gefeiert oder mit Herrn und
Frau Steffens im Tennisclub. Prosit Neujahr!

Neujahr 1963

Mutti hat heute gesagt, daß es so nicht weitergehen kann. Sie kann nicht mehr kochen und auch die
schwere Einkaufstasche nicht mehr tragen. Da würde es auch nicht viel nützen, wenn ich abends um 7
Uhr nach Hause komme. Jetzt will sie das junge Ehepaar in unserer Wohnung aufnehmen, wo der
Mann Hausmeister an der Volksschule ist und die Frau mit den hübschen roten Haaren immer so nett
zu Mutti ist, wenn sie sich auf der Straße treffen. Sie weiß noch nicht mal, wie die heißen. Anstatt
Miete zu zahlen, sollen die sich um sie kümmern.
Ich kann mir das nicht richtig vorstellen, aber mir soll es egal sein. Vielleicht wird es ja ganz lustig.

Donnerstag, 3.1.63

Herr und Frau Zeinecke sind heute mit Sack und Pack bei uns eingezogen. Nur das kleine
Schlafzimmer haben sie für sich; Wohnzimmer, Küche und Bad benutzen sie mit uns zusammen.
Mutti schläft in der kleinen Butze.

Freitag, 4.1.63

Frau Zeinecke hat heute den Wurstteller versteckt, damit ich nichts davon esse. Sie sagt, wenn sie
einkauft, kriegt nur Mutti was davon, ich müßte mir selber was kaufen.
Mutti sagt, sie will ihren Frieden und ich hätte in Wittingen ja auch mein eigenes Essen gekauft.

Sonntag, 6.1.63

Herr Zeinecke kam gestern abend betrunken nach Haus.
Mutti hat mit seiner Frau geredet, aber die sagt, sie kann da nichts machen, das käme nicht oft vor.

Montag, 7.1.63

Ich habe Mutti geraten, sie solle doch auf jeden Fall einen Mietvertrag machen, damit Klarheit
herrscht, wer was kauft, was zu tun ist und wie lange die bei uns wohnen dürfen. Mutti hat das wohl
beim Kaffeeklatsch mit Frau Zeinecke erwähnt, darauf ist Herr Zeinecke heute abend beim

Abendessen wild geworden. Wenn Mutti kein Vertrauen habe, dann könnten sie ja gleich wieder ausziehen. Und eine Tochter wie mich, die sich hier als Herrin aufspielen will, hätte er an Muttis Stelle schon längst rausgeschmissen. Da hat Mutti geweint und ist ins Bett gegangen. Wie soll das bloß weitergehen?

Dienstag, 8.1.63
Als ich nach Hause kam, erzählte mir Mutti, daß die Braunschweiger überraschend gekommen sind und mit ihr eine Spazierfahrt durch die herrliche Winterlandschaft gemacht haben. Schön, daß Mutti mal rauskommt. Mich wundert nur, daß Onkel Albert heute nicht arbeiten mußte.

Mittwoch, 9.1.63
Es war wohl doch nicht so eine gute Idee, die beiden in die Wohnung zu nehmen. Sie zahlen keine Miete, aber Mutti gibt immer das Geld für die gemeinsamen Lebensmittel, fürs Waschpulver, Toilettenpapier und die AZ lesen sie auch auf Muttis Kosten. Frau Zeinecke putzt die Wohnung nicht so, wie es Mutti gern hätte und Herr Zeinecke hält sich nicht an die Vereinbarung, zum Rauchen auf den Balkon zu gehen. Sie erzählen überall im Ort, daß Mutti ihnen die Wohnung für ewige Zeiten vermacht habe.
Und ein mündliches Versprechen gilt, sagt Herr Zeinecke.
Keiner hat Beweise und schriftlich ist nichts ausgemacht. Oh Vati, schau vom Himmel runter. Nee, lieber nicht.

Mittwoch, 16.1.63
Jeden Abend gibt es Streit!
Zeineckes hetzen Mutti auf, daß sie von Uschi und Horst mehr Pacht verlangen könnte, -
Frau Zeinecke beschwert sich bei Mutti, daß ihr Mann nicht mehr mit ihr schmusen mag, weil Mutti nebenan alles hören kann,
Herr Zeinecke ist wütend, daß seine Frau bei Horst im Büro sitzt, wenn Uschi nicht da ist,
und Mutti beklagt sich bei mir, daß sich Zeineckes nicht an die Abmachungen halten.

Wenn sie die beiden nicht wieder rauskriegt, zieht sie zu den Braunschweigern oder sie geht in ein Altersheim.
Ich soll dann hier wohnen bleiben, damit einer nach dem Rechten sieht.
Na, das hat mir gerade noch gefehlt, daß ich mich nach fremden Leuten richten muß.

Uschi sagt, Onkel Albert wäre das gar nicht recht, wenn Mutti in ein Altersheim gehen würde.
Der will aber auch nicht, daß ich im Hause bleibe, wenn Mutti zu ihm nach Braunschweig zieht.

Im September hatte Horst zu mir gesagt, es würde noch Mord und Totschlag geben...
Das befürchte ich nun auch.

Freitag, 18.1.63
Ich bin jeden Tag froh, wenn ich das Haus verlassen und im Büro meiner Arbeit nachgehen kann.
Herr H. sieht mich immer ganz lieb an, wenn ich von zu Hause erzähle. "Ich wünschte, ich könnte Ihnen helfen. Aber meine Hände sind leider gebunden," hat er neulich mal gesagt. So ein Quatsch, ich brauche keine Hilfe. Schon gar nicht von jemanden, dessen "Hände gebunden sind."

Montag, 21.1.63
Heute habe ich Hannelores Spiegel kaputt gemacht. Das bedeutet 7 Jahre Pech. Na, da lasse ich mich am besten einmotten.

Dienstag, 22.1.63
In der Fahrstunde fing es schon an: Ein Trecker ist mir auf der glatten Fahrbahn hinten reingefahren. Naja, es war nicht meine Schuld, aber ärgerlich ist es trotzdem.

Donnerstag, 24.1.63
Puh, heute habe ich mir in der Garderobe die Hände gewaschen, als Herr H. reinkam. Er machte so ein komisches Gesicht, kam mir immer näher und sagte: "Wenn der Ärger zu Hause nicht aufhört, zieh doch wieder nach Wittingen, dann besuche ich dich auch einmal." - Er sagte einfach "Du" zu mir und der Platz war zu eng, um an ihm vorbei hinauszuhuschen. - Gut, da habe ich mitgespielt, ihn auch so richtig lieb angeguckt, dann verschmitzt gelächelt und bin rausgegangen. Ich hatte ganz schön Herzklopfen! Er sieht gut aus, ist mein Vorgesetzter, sagt plötzlich "Du" zu mir, und will mich - falls ich wieder ein eigenes Zimmer habe - besuchen. Da schau her, dieser brave Familienvater mit zwei großen Kindern! Sieht so seriös aus und hat es faustdick hinter den Ohren! Naja, vielleicht kann ich das mal gebrauchen.
Alles nur unverbindlich.... wenn er Spaß will...

Freitag, 25.1.63
Zu Hause ist alles drunter und drüber. -
Mutti lag abends im Bett und schluchzte: "Was hab ich nur getan, mein Kind, was hab ich bloß getan?"
"Mutti, was meinst du denn?"
"Es gibt kein Zurück mehr, mein Kind, so hilf mir doch!"
"Ach was, es wird alles gut! Die Zeineckes kriegen wir schon wieder raus. Mach dir da keine Sorgen.-Wir gehen einfach zu einem Rechtsanwalt."
"Nein, um Gottes willen das nicht! Ich habe solche Angst!"
"Aber wovor denn?"
"Das verstehst du nicht, mein gutes Kind!"

Ich bin rausgelaufen in die Küche, wo Herr und Frau Zeinecke in Muttis Sofa saßen, Muttis Kaffee tranken und Muttis Zeitung lasen und habe geschrien: "Was haben Sie mit Mutti gemacht? Die ist ja völlig fertig!"
"Wir?? Da faß dich mal an deine eigene Nase! Wir haben da ja so einiges über dich erfahren. Kein Wunder, wenn deine Mutter verzweifelt ist!"
Ich lief zurück ins Schlafzimmer, aber Mutti schlief, das Blechröhrchen mit ihren Schlaftabletten noch in der Hand. Ich zählte die Tabletten nach: es fehlten nur drei. Selbst wenn sie heute zwei genommen hat, wird nichts passieren.
Mord und Totschlag.... Soll Horst Recht behalten?

Mittwoch, 27.1.63
Ich habe Elisabeth, eine junge Schwedin kennengelernt, die im Wittinger Krankenhaus arbeitet.
Wir sind in den letzten Tagen mittags spazieren gegangen und dabei hat sie mir den Vorschlag gemacht, als Au-Pair-Mädchen nach Schweden zu gehen. Schweden sei ein wunderschönes Land und die Sprache sei gar nicht schwer zu erlernen. - Deutsche Mädchen seien sehr beliebt. Außerdem

könnte man dann mit der Familie im Sommer für 4-5 Wochen in Urlaub gehen, nach Bornholm oder auf eine andere Insel.
Was würde Mutti dazu sagen?

Ich habe im Büro darüber gesprochen. Die meisten finden das gut.
Herr H. meinte mit niedergeschlagenen Augendeckeln, ich könnte Mutti jetzt doch unmöglich allein lassen.
Herr Steffens sagte, das käme gar nicht in Frage, er würde mich nicht weg lassen.
Aber die Idee geht mir nicht aus dem Kopf.

Donnerstag, 28.1.63
Elisabeth hat mir heute einen Brief in schwedischer Sprache geschrieben, den ich gleich an die Arbeitsvermittlung nach Stockholm geschickt habe.
Außerdem habe ich mir ein Buch gekauft "Schwedisch in 30 Tagen" und lerne in jeder freien Minute und Elisabeth hört mich ab.

Sonntag, 3.2.63
Heute hat mich Elisabeth in Bodenteich besucht. Bei der Gelegenheit haben wir Mutti von meinen Plänen erzählt. Mutti wurde immer stiller und da bereute ich schon, ihr davon erzählt zu haben, bevor ich überhaupt Nachricht aus Stockholm habe. Als Elisabeth sich verabschiedete, meinte sie, daß meine Mutter eine ziemlich ängstliche Frau sei. Ihre Mutter sei da viel robuster. Bei 4 Kindern könnte man nicht um jedes ständig Angst haben, meinte sie.
Mutti ging früh zu Bett und ich auch mit meiner Schwedisch-Lektüre.

Montag, 4.2.63
Herr H. war allein im Chefzimmer, als ich die Post brachte.
"Willst du uns denn wirklich verlassen? Ich könnte mich dafür einsetzen, daß du die gesamte Anzeigenleitung kriegst." Er faßte meine Hand und zog sie unter sein Jackett zu seinem Herzen.
"Merkst du, wie es klopft, wenn du in meiner Nähe bist?"
"Es klopft doch hoffentlich auch, wenn Sie bei Ihrer Frau sind, oder?"
"Ja, aber nicht so wie bei dir....."
"Na, dann trinken Sie einfach einen starken Kaffee, das hilft!" und raus war ich.
Jetzt klopft mein Herz auch, wenn ich es aufschreibe....
Die Anzeigenleitung soll ich kriegen? Nicht schlecht, aber die kriege ich auch auf anderem Weg.

Dienstag, 5.2.63
Frau Zeinecke verkündete, daß Mutti Schlaftabletten genommen hat und nicht gestört werden will.
Ich ging trotzdem in ihr Schlafzimmer. Sie schlummerte so schön, daß ich mir keine Sorgen machte. - Während ich mir ein Rührei in die Pfanne schlug, wurde die Zeinecke gesprächig und meinte, das sei eine gute Idee, als Au-Pair-Mädchen nach Schweden zu gehen. Sie habe leider viel zu früh geheiratet.
Klar, die will, daß ich aus dem Haus gehe! - Aber vorher klage ich sie raus, sonst geht Mutti vor die Hunde.

Mittwoch, 6.2.63
Walter hat geschrieben. Er leitet jetzt eine Nachtbar in Wolfsburg. Mit seiner Freundin ist es aus. Sie hat es nicht vertragen, daß er mit seinen weiblichen Gästen herumgeflirtet hat. Hahaha, er mußte

immer angeben, der liebe Walter! - Schade, daß die gesamte Bodenteicher Jugendarbeit im Sande verlaufen ist.

Ach, war das eine schöne Zeit! Es scheint mir so unendlich lang her zu sein....

Donnerstag, 7.2.63

Herr Zeinecke hat mir heute gesagt, daß der Brief schon vorgestern gekommen ist, und daß Mutti seine Frau gebeten hat, ihn feinsäuberlich mit einem runden Bleistift aufzudrehen. - Mutti hat ihn gelesen und dann wieder zugeklebt. -

Warum erzählt er mir das? Will er, daß ich mit Mutti streite? Wollen auch die uns auseinander bringen?

Was steckt bloß dahinter?

Ich sagte möglichst gleichgültig: "Das macht Mutti immer, ich habe keine Geheimnisse vor ihr."

Da haben sich die beiden belämmert angesehen.

Ich werde zu Mutti nichts sagen.

Sonntag 10.2.63

Hannelore und Lore vom Tennisclub waren heute nachmittag zum Kaffee bei mir in Bodenteich.

Mutti ist seit Tagen wieder ganz komisch. Sie schleicht abends mit der Wärmflasche herum, verkriecht sich ins Bett und will nichts von mir wissen. Ob sie denkt, daß ich wieder zu Walter zurück will, am Ende noch in der Nachtbar arbeiten? . Oder hat sie Angst, weil ich nach Schweden will?

Wenn das Arbeitsamt doch endlich antworten würde!

Donnerstag, 14.2.63

Heute lag ein dicker Brief aus Stockholm auf meinem Platz am Küchentisch. Abgeschickt ist er bereits vor 10 Tagen. Hat Mutti ihn so lange gehortet oder Zeineckes?

Auf jeden Fall habe ich eine ganze Menge Fragebogen auszufüllen und zwei Adressen von interessierten Familien habe ich auch schon bekommen. Jetzt wird es ernst. Ich bin so aufgeregt!

Ich sagte zu Mutti, daß ich vielleicht schon im Juni bei der einen Familie anfangen könnte.

Da fing sie an zu weinen, faßte sich ans Herz und stammelte: "Dann muß ich wohl ins Altersheim - oder ich bring mich besser gleich um. Ich habe hier im Haus nichts mehr zu sagen und du willst nichts von mir wissen."

"Aber Mutti, das ist doch Unsinn! Möchtest du, daß ich später nach Schweden gehe?"

"Nein, du kannst gleich ausziehen, lieber heute als morgen. Dann habe ich meine Ruhe!"

Ich verzog mich in mein Zimmer und begann die Blätter auszufüllen.

Freitag, 15.2.63

Heute morgen hatte ich furchtbares Pech:

Weil Mutti vermeiden wollte, daß Herr oder Frau Zeinecke meine hübschen, neuen Spitzenhöschen sehen, hat sie sie alle auf das oberste Schrankbrett von meinem Kleiderschrank geworfen. Ich muß sie auch immer selbst waschen und in meinem Zimmer trocknen.

Heute morgen wollte ich mir eins herunterangeln, bin auf das zweite Schrankbrett gestiegen und plötzlich fiel der ganze Schrank um, auf mich rauf und gegen die hintere Wand, so daß mir der Putz auf den Kopf bröckelte. Die Gitarre und Muttis Höhensonne fielen von oben runter und dann rutschten alle Wäschebretter nach und die Wäsche auch. Ich konnte aber den Schrank nicht loslassen, weil er sonst an der Wand entlanggerutscht wäre und noch mehr kaputt gemacht hätte.

Ich rief nach Herrn Zeinecke. Der kam im Schlafanzug an und ich war auch ziemlich spärlich bekleidet in meinem Shorty-Nachthemdchen.
Er stemmte den Schrank hoch und ich war befreit.
"Hübsche Unterwäsche!" stellte er fest und schlenkerte grinsend mit einem Perlonhöschen in der Luft.
Da kam Mutti und wetterte, ob ich nicht etwas rücksichtsvoller sein könnte.
"Denkste denn, ich hab das absichtlich gemacht?" fragte ich und sah ihr dabei in die Augen.
Sie hat einen vernebelten Blick... stellte ich fest. Sie schaute so eigenartig....
Ich hatte keine Zeit, suchte meine Wäsche zusammen und zog mich an. -
Als ich mir in der Küche eine Tasse Nescafé machte, kam sie - total verwirrt - herein, ging an mir vorbei auf die Toilette und murmelte: "Pack deine Sachen und zieh aus, heute noch! Ich will meine Ruhe!"

Ich erwischte den Bus gerade noch rechtzeitig, und fühlte mich wie ein Ertrinkender, der eine Insel erreicht hat. Selbst auf den häßlichen Plastiksitzen in einem ganzen normalen Autobus fühlte ich mich besser als zu Hause.

In der Frühstückspause erzählte ich Frau Steffens die ganze Geschichte. Obwohl sie weiß, daß ich nach Schweden gehen möchte, war sie so mütterlich und lieb zu mir und sagte: "Das haben wir uns alle gedacht, daß das nicht gut geht. Ihre Mutter müßte in eine gute Nervenklinik. Fahren Sie heute abend noch einmal nach Bodenteich, holen Sie sich die wichtigsten Sachen und dann schlafen Sie wieder im Hotel. Das hat Ihnen doch ganz gut gefallen, letztes Mal?"
Ich mußte so lachen, weil ich damals so vom "Leben im Hotel" geschwärmt hatte.

Als ich abends nach Hause kam, lag Mutti im Bett, Frau Zeinecke und die dicke Paula um sie herum.
Als Mutti mich kommen sah, rief sie: "Laßt mich doch sterben, ich bin unnütz auf der Welt!"
Vorher hat sie bestimmt nur mit den beiden Frauen über mich hergezogen und nichts vom Sterben gesagt.
"Das hätte sich deine Mutter alles ersparen können!" raunzte Tante Paula und watschelte den Flur entlang nach draußen. Frau Zeinecke erhob sich ebenfalls und seufzte: "Gott sei Dank habe ich keine Kinder."
"Die würden mir auch leid tun!" sagte ich und machte mir was zu essen.

Nach einer Weile kam Mutti in die Küche, stöhnte was von Herzkrämpfen und warf sich auf den Boden vor dem Herd.(Sie machte das sehr geschickt, sonst hätte sie sich am Kohlenkasten angeschlagen.)
Als sie aufhörte zu atmen(oder hat sie nur die Luft angehalten?) wurde mir Angst, ich lief zu Uschi, daß sie schnell Frau Dr. Sauer anrufen soll und bat Frau Zeinecke mit anzufassen, daß wir Mutti ins Bett zurücktragen konnten.
Frau Dr. Sauer kam nach wenigen Minuten, untersuchte Mutti und sagte mir auf dem Flur: "Bitte rufen Sie mich nicht wieder. Ihre Mutter ist nicht organisch krank. Sie müßte in eine Nervenklinik. Aber das ist Ihre Entscheidung."
"Meine Entscheidung? Ich kann das nicht entscheiden."
"Ich würde die Einweisung schreiben, wenn Sie möchten."
"Ich ziehe heute hier aus. Ich kann nicht mit ihr zusammen leben. Helfen Sie mir, was soll ich tun?"
"Ach, Fräulein Brandt, ich bin Ärztin, keine Psychologin."

Ich rief Frau Steffens an, daß ich noch einmal in Bodenteich übernachte...

Sonnabend, 16.2.63

Ich habe so schlecht geschlafen und mich immer wieder gefragt, ob ich nicht doch irgendwie mit Mutti wenigstens noch die letzten Monate gemeinsam in Frieden verbringen könnte.

Mutti schlief noch, als ich morgens das Haus verließ. Zumindest hoffte ich, daß sie schlief und nicht schon tot war.

Herr H. sagte mir, als wir beim Korrektur-Lesen der Druckerfahnen ziemlich eng nebeneinander saßen, daß er und Herr Steffens es sehr begrüßen würden, wenn ich meine Schwedenpläne aufgeben würde. Und fügte noch hinzu, daß die schwedischen Männer sowieso nichts zum Heiraten wären. "Ich denke doch gar nicht ans Heiraten," lachte ich ihn an, und zwar so verschmitzt, daß er ganz rot wurde und wohl mit sich selber kämpfte, mich zu küssen.

Aber ich entwischte ihm gerade noch und setzte mich brav hinter meine Schreibmaschine.

"Ist auch besser so, - wenn du erstmal verheiratet bist, ist sowieso alles vorbei," murmelte er und ordnete seine Bleistifte. - Ich wollte gerade fragen, w a s denn vorbei sein sollte, als Frau Steffens ins Büro kam und mich ganz lieb fragte, ob ich wenigstens heute nacht im Hotel Nöhre übernachten wollte. "Ich bring's nicht fertig, wieder auszuziehen, bevor Mutti irgendwo untergebracht ist," versuchte ich mich zu verteidigen, und hoffte im Stillen, daß Herr H. und Frau Steffens noch weiter auf mich einreden würden, aber Frau Steffens sagte nur "Das kann ich verstehen, Frl. Brandt. Rufen Sie doch mal im neuen Altersheim in Brome an, vielleicht wäre das etwas für Ihre Mutter." -

Klar, das war eine gute Idee! - Mit dem Verwalter habe ich einige Male am Telefon geflirtet, als wir die Anzeigen-Sonderseite zur Eröffnung des Hauses entworfen haben.

Ich rief sofort an und fragte nach den Bedingungen und Preisen. Von Muttis schlechter Verfassung und von ihrer zeitweiligen Hautkrankheit habe ich lieber nichts erzählt - Aber er meinte, vorläufig sei sowieso alles belegt und es würde eine lange Warteliste geben. - Frau Steffens tröstete mich, "da könne man sicher etwas machen", ich sollte erstmal mit Mutti darüber reden.

Ich kaufte 5 Osterglocken und fuhr richtig erleichtert nach Hause. Mutti sei überhaupt noch nicht aufgestanden, berichtete Frau Zeinecke, als sie den Erbseneintopf auf den Tisch stellte. Es schmeckte scheußlich versalzen; kein Wunder, wenn Mutti nichts essen will! -

Ich stellte die Blumen in eine Vase, setzte mich zu Mutti ans Bett und fühlte mich wieder so unbeholfen. -

Ich fürchtete, daß sie sich verärgert umdrehen würde, wenn sie aufwacht und mich sieht,

und stellte es mir schön vor, wenn sie mich anstatt dessen in die Arme nehmen und alles gut werden würde. Aber sie wachte nicht auf, röchelte nur manchmal und ich ging in mein Zimmer, als es dunkel wurde. - Ich packte ein paar Sachen zusammen - nur für den Fall, daß ich vielleicht doch Hals über Kopf ausziehen würde, - dann nahm ich mein Schwedisch-Buch und lernte.

Es ist jetzt 23 Uhr und Mutti war nicht einmal auf der Toilette.

Ich bin zu feige, nachzuschauen, ob sie noch lebt.

Sonntag, 17.2.63

Das war ein Tag! -

Mutti saß wie verwandelt um acht Uhr am Frühstückstisch, hübsch angezogen, ordentlich frisiert und sagte: "Guten Morgen, mein Schnutchen" als ich in die Küche kam. Wir umarmten uns ganz innig und lange, dann setzte ich mich zu ihr und wir heulten beide. Weil Zeineckes noch in ihrem Schlafzimmer waren, nahm ich meinen ganzen Mut zusammen und fragte Mutti, ob sie nicht in ein Altersheim gehen möchte, wo sie besser versorgt wäre als hier zu Hause. -

"Ja,ja, das war immer mein Wunsch! Frl. Püschel, - kennst du noch die alte Handarbeitslehrerin? - , die hat immer so begeisterte Briefe aus dem Schwarzwald geschrieben, - die war in so einem Heim, ganz vornehm soll es da gewesen sein." - Ich erzählte ihr von dem neuen Altersheim in Brome und meinem Gespräch mit dem Verwalter. Sie hatte gar keine Bedenken und ich sollte alles so schnell wie möglich in die Wege leiten. Sie hatte auch nichts dagegen, daß ich wieder ein Zimmer in Wittingen nehmen würde.

Als Herr Zeinecke verschlafen im Pyjama in die Küche kam, drückte mich Mutti fest und seufzte: "Alles muß einmal ein Ende haben. Unsere Zeit in Bodenteich ist nun endgültig 'rum."

Herr Zeinecke glotzte nur blöd, grinste und ging aufs Klo. - Der weiß sicher mehr als ich. - Wer ist hier eigentlich gegen wen? - Mir ist alles egal, Hauptsache Mutti ist versorgt, wenn ich nach Schweden gehe.

Nachmittags fuhr ich nach Wittingen, um mit Hannelore meine neuen Pläne zu besprechen.

Aber sie war bei ihrer Tante in Zasenbeck. - Ich stapfte durch die schneenassen Straßen und wußte nicht so recht, wo ich hingehen sollte. - Also besuchte ich Frau Tischler , die bei uns in der Druckerei arbeitet und immer ganz nett zu mir ist. Sie meinte, ich könnte bei ihr wohnen, sogar umsonst. Ihr Sohn macht z.Z. einen Fortbildungskurs in Gifhorn, da könnte ich sein Zimmer kriegen. Na, das war ja ein Angebot!

Ich war überglücklich und beeilte mich, noch den Abendzug nach Bodenteich zu kriegen. Als ich bei der Druckerei vorbei ging, fuhren Herr und Frau Steffens gerade vom Hof. Sie hielten und ich erzählte ganz erfreut, daß Mutti ins Heim gehen würde und ich morgen bei Frau Tischler einziehen würde. -

Zu meiner großen Enttäuschung meinten beide einstimmig, daß ich auf keinen Fall zu Frau Tischler ziehen sollte. Ganz Wittingen würde wissen, daß die nette Frau in Onkelehe mit einem Mann zusammenwohnt, - unverheiratet! - nein, das wäre wirklich nichts für mich!

"Aber was die Unterbringung Ihrer Mutter betrifft, das überlassen Sie man mir. Schließlich haben wir eine großzügige Spende zur Eröffnung gemacht, - das kriegen wir schon hin. Morgen reden wir weiter!" sagte Herr Steffens und ich rannte zum Bahnhof. -

Mutti hatte die Osterglocken auf den Küchentisch gestellt und saß mit Zeineckes am Abendbrottisch, als ich nach Hause kam. - Sie hat von unseren Plänen erzählt und Zeineckes wollten nun alle Zimmer für sich haben.

Aber Mutti sagte, daß vorläufig alles so bleibt, wie es ist, und das fand ich richtig gut.

Montag, 18.2.63

Herr Steffens hat gleich morgens in Brome angerufen und um 11 Uhr hatte ich die Zusage, daß Mutti zum Wochenende einziehen kann, weil angeblich jemand gestern gestorben sei. Ich rief zu Hause an und bat Uschi, Mutti die Nachricht gleich zu erzählen. Ich war so glücklich. -

Dann kam auch noch Herr Mittag aus der Setzerei mit der Nachricht, daß für morgen eine Anzeige aufgegeben worden sei, daß bei Bubke in der Wallstraße ein Zimmer zu vermieten sei. In der Mittagspause ging ich mit Hannelore hin. Wir hatten den ganzen Weg über so übermütig und gut gelaunt gekichert und gegackert, daß wir einfach einen drauf kriegen mußten. Und so war es dann auch: Das Zimmer klein und dunkel, die Küche dürfte ich nur nach Absprache benutzen, und Herrenbesuch käme überhaupt nicht in Frage, "weil es dabei ja doch nicht anständig zugehen würde!" - Nee, der Herr Bubke war uns beiden unsympathisch und das Zimmer war eine Zumutung.

Als wir im Büro davon erzählten, kam Herr Bonath aus der Redaktion und meinte, ich sollte doch mal zur Frau Schenk gehen, bei der er wohnt. Die hätte noch ein kleines Zimmerchen frei, seit ihr Mann gestorben ist.

Nichts wie hin, obwohl die Mittagspause schon zu Ende war. -

Es hat geklappt! - Ich kriege das Zimmer!

Heute ist ein Glückstag! -

Abends habe ich noch ganz lange mit Mutti über unsere Zukunft geredet und ihr versprochen, daß ich sie jedes Wochenende in Brome besuchen werde. - Ich glaube, Mutti freut sich auch, noch einmal ganz neu irgendwo anzufangen, wo sie nicht in jedem Raum an Vati erinnert wird. -
Gute Nacht, liebes Tagebuch, - Morgen ziehe ich nach Wittingen und am Sonnabend bringen wir Mutti nach Brome! Jetzt wird alles gut!

Dienstag, 19.2.63
Juchhu, ich habe wieder ein eigenes Zimmer! Ganz klein unterm Dach, aber sehr gemütlich und mit einem eisernen Ofen, den Frau Schenk schon am Morgen eingeheizt hat. - Ich bin so glücklich und fühle mich so frei! - Vielleicht gehe ich doch nicht nach Schweden?! ..

Ich konnte schon um 4 Uhr Schluß machen und mit Herrn Düwel im Firmentransporter nach Bodenteich fahren. Tante Paula saß in der Küche und Mutti weinte ... - In Windeseile brachte ich meine Kleider, einige Bücher, ein paar Lebensmittel und natürlich mein Tonbandgerät ins Auto. Dann lief ich schnell noch einmal hinauf zu Mutti und drückte sie so fest ich konnte. - Nur Mutti zu Liebe umarmte ich auch die dicke Paula und sagte höflich: "Paß gut auf Mutti auf, so lange sie noch hier ist."

Ich hatte ein dummes Gefühl dabei und während ich das jetzt schreibe, kommen mir wieder Zweifel, ob ich es richtig gemacht habe, Mutti heute schon alleine zu lassen. ..

Mittwoch, 20.2.63
Mutti will nicht mehr ins Altersheim!
Angeblich müsse Onkel Albert erst noch den Dachboden aufräumen und mit Horst hätte sie auch noch einiges zu klären. - Uschi hat mir ganz aufgewühlt zugeraunt: "Tante Brandt weiß doch nicht was sie will, mal können wir das Haus kaufen und dann wieder nicht. 80.000,- Mark will sie haben, die spinnt doch! Aber den Spleen haben ihr die Braunschweiger in den Kopf gesetzt. Und zur Zeinecke hat sie gesagt, sie soll keine Angst haben, du hättest noch lange nicht zu bestimmen hier im Haus. Ach, Ilse, ich möchte nicht in deiner Haut stecken." Ich auch nicht. - Ich tat so, als wäre mir das alles total egal, verabschiedete mich ohne weitere Fragen oder Bemerkungen von Mutti und fuhr nach Wittingen.
Die sollen mir doch alle den Buckel runterrutschen! Ich will jetzt mein Leben leben und was mit Mutti geschieht, sollen die anderen entscheiden. Ich hab's satt!

Donnerstag, 21.2.63
Ich habe gleich morgens in Brome angerufen und das Zimmer abbestellt. "Das tut mir leid," sagte die Sekretärin und ich "Ja, mir auch." Am liebsten hätte ich gesagt: Seien Sie froh, meine Mutter ist sowieso geisteskrank! - Als ich das dachte, wurde mir meine traurige Situation klar, daß ich mich nämlich zwang, n i c h t das zu glauben, was alle sagen....

Freitag, 22.2.63
Heute habe ich meine Einweihungsparty gegeben. Ich habe zum ersten Mal Käsefondue gemacht. Irgend etwas ist wohl falsch gewesen, denn der Käse schwamm wie Kaugummi im Weißwein herum. Wir haben dann den Wein mit der Kelle ausgelöffelt und den Käse mit der Schere in Stücke geschnitten. Ich glaube, wir hätten nicht halb so viel Spaß gehabt, wenn es so gewesen wäre, wie es sein sollte. Aber da ich das noch nie gegessen habe, weiß ich ja nicht einmal wie es sein s o l l t e .

Auf jeden Fall war es eine Bombenstimmung, weil wir alle angeheitert waren, aber auch keinen Krach machen wollten.
Frau Schenk ist ganz lieb.

Rosenmontag, 25.2.63
Uschi rief mich heute morgen im Büro an, daß Frau Dr. Sauer Mutti gestern wohl die Leviten gelesen habe und daß Mutti mir jetzt ausrichten läßt, ich solle sie wieder in Brome anmelden. Ich weiß nicht, was ich davon halten soll. Ich habe den Direktor in Brome nicht erreicht, weil der bei der Rosenmontagsfeier war. (Ach Gott, das muß ja lustig sein, wenn die alten Leutchen sich verkleiden und Himbeersaft trinken!)
Frau Schenk sagte heute zu mir, daß sie niemals in ein Altersheim gehen würde, das wäre für sie so wie das Vorzimmer zum Himmel. "Aber wenn es meiner Mutter nicht gefällt, kann sie doch jederzeit wieder zurück," entgegnete ich. "Ja natürlich," meinte Frau Schenk, "aber meistens ist man dann schon so hilflos geworden, daß man alle Dinge des täglichen Lebens nicht mehr ausführen kann. Und oft kommt dazu, daß sich die Nachkommen über die Wohnung hergemacht haben und dann will einen keiner wieder aufnehmen."
Mutti muß das alles selber entscheiden.

Dienstag, 26.2.63
Ich habe geträumt, Zeineckes hätten Drillinge, die in meinem Zimmer brüllten und Onkel Albert hätte Muttis Möbel auf den Dachboden geräumt, und er wohnte jetzt mit Tante Else in Muttis Schlafzimmer....

Mutti kann den Platz im Heim wieder haben. - Onkel Albert kommt am Sonnabend und bringt sie hin.

Sonnabend, 2.3.63
Mutti ist mit drei Koffern in Brome eingezogen. Das Zimmer ist hübsch. Sie darf eigene Bilder aufhängen und Topfblumen mitbringen, aber keinen Hund. Uschi wird Waldi vorläufig versorgen, ich glaube, irgendwann ist er dann plötzlich mal weg...
Zeineckes bezahlen jetzt monatlich 50,- Mark Miete für die Wohnung. Onkel Albert will sich ums Haus kümmern.

Montag, 4.3.63
Heute hatte ich Generalprobe bei der Fahrschule. Na, ich weiß nicht, wie ich den Führerschein schaffen soll, wenn ich so zerstreut bin.

Sonntag, 10.3.63
Ich habe Mutti in Brome besucht. Sie hat angeblich einen kleinen Schlaganfall gehabt und immer noch starke Schmerzen im linken Arm. - Sie hat mir 300,- Mark geschenkt für den Führerschein und mir eingeschärft, mit niemanden darüber zu sprechen. Es ginge keinen was an, wenn sie mir Geld schenken würde. Sie sprach dabei so leise, als hätte sie Angst, die Zimmernachbarn links und rechts könnten etwas hören.
Ich hatte gerade das Portemonnaie weggesteckt und Mutti einen dicken Kuß gegeben, da ging die Tür auf und Onkel Albert und Tante Else traten ein, - ohne anzuklopfen! "Ach du hast Besuch, na, wie schön!" sagte Tante Else scheinheilig freundlich (zumindest kam es mir so vor).
Plötzlich fing Mutti an, über das Heim zu klagen, die seien alle viel älter als sie, das Essen würde nicht schmecken, die Ärztin würde sie nicht ernst nehmen...

Tante Else riet ihr, zu ihnen nach Braunschweig zu kommen, sie würde hier doch nur versauern. Mutti fing an zu weinen, Tante Else tröstete sie und ich ging, weil ich den Bus noch kriegen mußte. Ich glaube, Mutti bleibt da nicht lange.

Freitag, 15.3.63
Obwohl ich mich schon seit Mittwoch ganz furchtbar erkältet und fiebrig fühle, habe ich mich heute zur theoretischen Führerscheinprüfung geschleppt. Als mein Tischnachbar gerade Namen und Adresse ausgefüllt hatte, war ich schon fast fertig mit dem ganzen Bogen. Die Fragen waren kinderleicht und es ist auch keiner durchgefallen. Ich bin wieder heimgegangen und habe mir Schwitzwickel gemacht.

Mittwoch, 20.3.63
Mutti hat angerufen, daß sie morgen nach Wittingen ins Krankenhaus muß. Sie hat wieder diesen scheußlichen Ausschlag und im Heim hat man Angst, daß es ansteckend wäre. Ach, was muß sie alles noch erleiden?

Donnerstag, 21.3.63
Mein Zimmer ist kalt, ich fühle mich allein, habe keine Lust zum Schwedisch-Lernen, hab Angst vor der Fahrprüfung in zwei Wochen, - ich habe Sehnsucht... ich weiß nur nicht, wer es wert wäre, daß ich Sehnsucht nach ihm hätte: Walter? - August vom Tennisclub? - Herr H. im Büro? - Mutti? (Welche?) Ich krieche jetzt ins Bett und spiel' Vogel Strauß.

Freitag, 22.3.63
Ich war in der Mittagspause bei Mutti im Krankenhaus. Sie war traurig, daß ich sie nicht schon gestern besucht habe. - Sie will Horst das Haus auf Leibrente verpachten. - Ach du liebe Güte, das wird ein Schnäppchen!
Mir kann es egal sein. Sie soll machen, was sie will. -
Ich bin nach 20 Minuten wieder gegangen und habe auf dem Weg zum Büro nur geheult. -
Alle sagen, Mutti ließe sich viel zu sehr gehen.
Ich bin die einzige, die sie versteht.
Glaube ich.

Sonntag, 24.3.63
Heute war Abschiedsgottesdienst von Pastor v. Kitzing. Die Wittinger Kirche war proppevoll. - Hans-Herrmann aus der Setzerei war auch da und fragte mich hinterher draußen vor der Tür, ob ich nicht Lust hätte, mit ihm in seiner Isetta nach Ebstorf zu fahren. Gute Idee! Ich willigte sofort ein. Hans-Herrmann ist unheimlich nett und witzig und sogar ledig(!), aber trotzdem ist er nicht der Typ, in den ich mich verlieben könnte. Gerade darum bin ich mit ihm mitgefahren. Auf dem Rückweg lud er mich in Hankensbüttel im Café Schmidt auf einen Portwein-Flip ein. Er hob das Glas und sagte mit einem tiefen Blick aus seinen hellblauen Augen: "Auf das, was wir lieben!" Da fühlte ich mich plötzlich so leer und traurig. Wen liebe ich eigentlich? Er wäre jetzt sicher glücklich, wenn ich auf ihn anstoßen würde...
Aber anstatt dessen spürte ich ein Hungergefühl und wir ließen uns Ragout fin servieren, eine Portion für beide, und ich habe bezahlt. Eigentlich war es ein schöner Nachmittag. -
Oh Gott, ich habe vergessen, Mutti zu besuchen!!

Montag, 25.3.63

Hans-Herrmann kam heute so gut gelaunt in die Anzeigenabteilung und lachte mich an: "Alles gut verdaut?"

Er sah richtig niedlich aus. Meine gute Tat des Tages war, daß ich ihn zurück anstrahlte...

Abends muß Herr H. in der Garderobe unendlich lang auf mich gewartet haben. Als ich in meiner üblichen rasenden Geschwindigkeit mit der Tür in den Miniraum preschte, habe ich ihn fast erwischt, als er sich - wahrscheinlich schon minutenlang -die Hände wusch. Er trocknete sie hastig ab, half mir in den Mantel und schlang seine Arme von hinten um mich herum. Ich spürte seine Lippen in meinem Nacken.... drehte mich um und flüsterte: "Bitte nicht, lassen Sie mich gehen." - "Warst du mit dem Setzer aus?" - "Ja." - Er schlug die Augen nieder, und das sollte wohl eine gewisse Mißbilligung ausdrücken. Er küßte mich gekonnt...

Blitzschnell durchfuhr mich die Frage, ob er seine Frau auch noch so küssen würde. -

Es muß wohl ziemlich lange gedauert haben, bis er sich entschied, mich freizugeben, denn ich habe in der Zeit an Mutti gedacht, an das Quietschen in Hans-Herrmanns Isetta, ans schwedische Arbeitsamt und ob Uschi jetzt regelmäßig mit unserem Dackel spazieren geht. Dann habe ich meinen Mantel zugeknöpft, mir ein Vivil in den Mund gesteckt und ihn gefragt, ob seiner Frau so ein widerlicher Zigarettengeschmack gefällt. Da war er erst recht beleidigt.

Freitag, 5.4.63

Juchhu, ich habe meine Führerscheinprüfung bestanden!

Ich bin so gut gefahren wie nie zuvor in den Fahrstunden!

Jetzt brauche ich nur noch jemanden, der mich ab und zu fahren läßt.

Ostermontag 1963

Es waren herrliche Tage in Holland (Dazu wird es einen genauen Reisebericht geben).

Ich habe mich in einen der beiden Reiseleiter verliebt!

Er heißt Helmut, wohnt in Hamburg, ist traurig und lustig zugleich, ich glaube, da kommt was auf mich zu!

Sonnabend, 27.4.63

Ach, liebes Tagebuch, ich war lange nicht so unglücklich wie heute!

Da bleibt mir als einziger Trost, daß ich dir alles erzählen kann. -

Helmut hat mich täglich angerufen, manchmal sogar zweimal (Naja, wahrscheinlich auf Kosten des Reisebüros, wo er arbeitet!) Seine Worte klangen manchmal genauso traurig wie damals in Amsterdam... - worauf ich dann gesagt hatte: "Glaube mir, der Wind bläst husch-husch die Wolken weg und bald wird auch in deinem Leben die Sonne scheinen!" Seitdem nannte er mich zärtlich sein kleines Husch-Husch-Mädchen. Er wollte, daß ich ihn besuche, und so bin ich dann am Freitagabend um 19.15 Uhr mit dem Eilzug nach Hamburg-Hauptbahnhof gefahren. Ich hatte meinen blauen Rock, die weiße Bluse, die karierte Krawatte und den blauen teuren Blazer von Salje an. In der Bahn haben mich einige junge Männer angestarrt, aber ich fuhr ja zu meinem neuen Freund, da hatte ich nicht nötig, die Blicke zu "verarbeiten".

Ich fuhr mit der Bahn nach Eidelstedt und dann mit dem Taxi in die Dammstraße.

Als ich ganz aufgeregt Sturm klingelte, streckte der Nachbar seinen Kopf aus dem Fenster und meinte, entweder sei der Herr noch bei der Arbeit oder zu seiner Familie nach Hause gefahren. - Ich hängte also meinen Primelstrauß an die Klinke und meine Visitenkarte mit der Notiz, daß ich im Elbschloß-

Restaurant auf ihn warten würde. Ich bestellte mir dort ein Ragout fin und ein Glas Mineralwasser und machte mir Gedanken, was ich wohl tun würde, wenn er nicht kommt...

Um Mitternacht erschien er endlich in der Gaststättentür, wir umarmten uns, er bezahlte für mich und eng umschlungen schlenderten wir zurück zur Dammstraße. Kurz vor seinem Hauseingang bat er mich, etwas zu warten und erst nachzukommen, wenn bei ihm im Zimmer das Licht angeht. Die Nachbarn würden so blöd reden....

Sein Zimmer war winzig klein, aber sehr gemütlich, - so wie er schon in Amsterdam erzählt hatte.
Er gab mir ein Glas Gin zum Trinken, ging nochmal raus auf die Toilette im Gang, - dann zog er sich aus, legte sich ohne ein Wort ins Bett und machte das große Licht aus und eine rote Glühbirne an.
Ich stand ziemlich blöd da, hätte viel lieber ein bißchen mit ihm geredet, - aber er meinte, er sei sehr müde. Also zog mich aus bis auf Hemd, BH und Schlüpfer und kuschelte mich zu ihm. Da merkte ich, daß er überhaupt nichts mehr anhatte! Ich nahm ihm nochmals das Versprechen ab, daß er nicht das Letzte von mir verlangen dürfte, aber er meinte nur, es sei nun endlich Zeit, daß ich mal sehen würde, wie ein Mann aussieht. Wir schmusten herum, er küßte meine Brust und fand es wohl ziemlich lästig, das Hemdchen und den BH erst wegzuschieben... Plötzlich legte er sich auf mich, bedeckte meinen Mund ganz fest mit seinen Lippen - (wobei sein Bart furchtbar kratzte!) - streichelte mit einer Hand über meine Oberschenkel ... und weiter ... und weiter .... und dann spürte ich, daß er mit einem Finger in mein Höschen krabbelte... Ich war so sehr damit beschäftigt, geistig zu verfolgen, was er da unten bei mir tat, daß ich gar nicht richtig verstand, was er mir ins Ohr flüsterte. Entweder war es :"Laß mich rein, Kleines." Oder "Ist das nicht fein, Kleines?" oder irgendsowas.
Ich fühlte mich wie der Frosch, der vor Jahren in unserer Werkstatt-Tonne saß und nicht mehr herauskonnte. Damals hatte Vati gesagt: "Der ist selber schuld, warum springt er da rein!"
Ich wurde ängstlich und erinnerte ihn an sein Versprechen, aber er schien gar nicht auf mich zu hören, er war ganz abwesend, bewegte sich, stöhnte laut und murmelte so was wie: "Auch das noch! - Hast du was abgekriegt?", legte sich zur Seite und fing an zu schnarchen....
Was sollte ich denn abgekriegt haben? -
Auch wenn er noch wach gewesen wäre, hätte ich mich nicht getraut, ihn zu fragen, was er damit meinte.
Als ich heute morgen aufwachte, blinzelte er mich ganz lustig an und fragte: "Na, war ich brav?"
"Ja , sehr!" bestätigte ich, gab ihm einen Kuß und ließ mir erklären, wo die Toilette ist.
Dann brachte er Wasser in einem Krug, schüttete es für mich in eine Waschschüssel.
"Schläfst du immer mit all den Klamotten?" wollte er wissen und sah mich grinsend von oben bis unten an. "Nein, wenn ich allein bin, habe ich einen Schlafanzug an."

Dann hat er mir so ganz nebenbei die schlimme Nachricht unterbreitet, daß er heute - Samstag - bis 14 Uhr arbeiten muß. "Waaas? Und dafür komme ich extra hierher??" - er umarmte mich und sagte, indem er mir die ungekämmten Haare aus dem Gesicht strich: "Morgen ist doch auch noch ein Tag. Mach einen Stadtbummel."
Und dann ging alles ziemlich schnell. Er zog sich an, nahm den Schlüssel, öffnete mir die Tür und draußen waren wir. - total verdattert überlegte ich, ob ich nicht mit dem nächsten Zug nach Haus fahren sollte, aber ein Einkaufsbummel in der Großstadt Hamburg reizte mich eigentlich auch. -
Um 11 Uhr rief ich ihn an, wo wir uns wann treffen könnten. Und dann kam der richtige Tiefschlag: Er sagte, daß er um 15 Uhr eine Reisegruppe nach Bornholm begleiten soll und übers Wochenende dort bleiben muß, weil ein Kollege krank geworden sei.

"Nimm mich mit!" schluchzte ich ins Telefon. "Das geht nicht, außerdem ist das viel zu teuer. Liebes, ich besuche dich am nächsten Wochenende, da habe ich frei, o.k.?"
Ich war total benommen und hatte Mühe, die richtige Straßenbahn zurück in die Dammstraße zu nehmen. Er war schon in seinem Zimmer, nahm mich in die Arme, streichelte mich überall, bedeckte mich mit wilden Küssen.... ich glaube, wenn er mich dann ins Bett gezogen hätte, ... nein, nein...

"Wenn du dich jetzt beeilst, kriegst du noch den Zug um 13.53 Richtung Hauptbahnhof. - Ich freue mich wie wild aufs nächste Wochenende. Kochst du mir dann was Schönes, mein kleines Husch-Husch-Mädchen??"
Ich nahm mein Köfferchen, er brachte mich zur Straßenbahnhaltestelle, sagte noch etwas wie "Ich ruf dich an." Und ging dann in die entgegengesetzte Richtung zur U-Bahn.
Ich fühlte mich so runtergeschupst, so abgestürzt, - einfach hohl und dumpf, enttäuscht, verärgert, ich glaubte nicht mal an das Versprechen fürs nächste Wochenende.
Die Heimfahrt im Zug war wie ein Stummfilm für mich, - ich sah in Gedanken ganz groß das Wort ENDE und wollte es doch nicht wahrhaben, daß ich jetzt wohl den Kinosaal verlassen muß.
Zu Hause habe ich mich erstmal so richtig ausgeheult, - aber leise natürlich - und dann habe ich einen Schluchzerbrief an Mutti geschrieben. - Da war mir etwas besser zumute. -
Nun habe ich auch noch alles in Tagebuch geschrieben, jetzt geht es mir gut.
So blöde werde ich nicht noch einmal sein. -

Montag, 29.4.63
Kurz nach acht am Morgen rief er im Büro an, sagte, daß es ihm so furchtbar leid täte, ...
Er habe die ganze Zeit an mich gedacht und ich sei ein wundervolles Mädchen...
Es hörte sich alles ganz schön an, aber für mich steht fest, daß diese Episode damit beendet ist. Ich glaube ihm noch nicht einmal die Sache mit Bornholm. Trotzdem kann ich froh sein, daß es so gut ausgegangen ist. (Ob das der Frosch auch dachte, als Vati ihn aus der Tonne geholt hatte?)

Dienstag, 30.4.63
Er hat wieder angerufen. - Ich habe mich verleugnen lassen.

Donnerstag, 2.5.563
Ich habe einen ganz lieben Brief von Mutti bekommen. Sie schreibt:

Mein lieber Spatz!
Deine verzweifelten Zeilen haben mich erschüttert und ich bin glücklich, daß du dein Herzchen bei mir ausgeschüttet hast.
Das sind nunmal die bitteren Pillen, die man als Frau oft schlucken muß.
Laß dir von mir sagen: Tanzboden-, Straßen- und Reisebekanntschaften taugen nichts.
Auch laufe nie einem Mann nach. Wenn einer in dich verliebt ist auf ganz ehrliche Art, kommt er zu dir und wenn der Weg noch so weit ist.
Und noch eines mein Kind, v e r liebe dich nie, sondern liebe(!) sein Herz und seinen Charakter.
Alles andere findet sich dann innig zusammen, wenn man sich länger kennt. Glaube mir, durch unser fröhliches Wesen werden wir oft verkannt. Diese Fröhlichkeit wollen die meisten zu einem andren Ziel ausnutzen. Da heißt es "Aufpassen!" und diese Männer zehn Schritte vom Leibe halten.
Ich selber habe als junges Mädchen mit meinen blanken Augen und meinem Frohsinn manchen Mann betört, aber ich habe mich dann immer wieder schnell aus dem Staube gemacht. Meine Ehre war mir wertvoller, als sich von einem Manne begaukeln zu lassen.

In Familienfestlichkeiten ist es besser einen Menschen kennenzulernen, da kann man sich gleich Erkundungen einholen. Und glaube mir, ein Mann, der es ehrlich meint, wird es niemals riskieren, am ersten Tag gleich anzüglich zu werden.

Unser geliebter Papi war einer von den seltenen Männern. Erst nach vier(!) Monaten hat er gefragt, ob er mich in den Arm nehmen dürfte, obwohl er vom ersten Augenblick an in mich unsterblich verliebt war - bis zu der letzten Stunde, als ihn der Herrgott zu sich genommen hat.

Ich war auch nicht v e r liebt, sondern ich habe ihn sehr <u>geliebt</u> und darum haben wir auch so eine glückliche Ehe geführt.

So, mein Geliebtes, wir sind alle nicht fehlerfrei, aber eine Frau muß großzügig sein, um alles ins Lot zu bringen. Das wird auch dir beschert sein.

Kopf hoch und bis zum nächsten Wiedersehen

küßt dich deine Mutti.

Ach, wenn Mutti doch wüßte, wie gut mir ihr Brief getan hat!

Ich wünsche mir nichts mehr, als daß zwischen mir und Mutti nun alles in Lot kommt, bevor ich für lange Zeit nach Schweden gehe.

Freitag, 28.6.63

Herr Meisenberg von der Firma **Zanker** hat sich persönlich bei mir für die gelungene Anzeigenserie bei der Sonderseite bedankt. Er machte so einen Lobes-Wirbel im Büro, daß es mir schon richtig peinlich war. Zum Schluß wollte er mich zu einem schönen Abendessen einladen. Hinter mir kicherten alle und Frau Meier sagte: "Na, Fräulein Brandt, dann können Sie sich mal wieder richtig aufpäppeln lassen. Nur los, der Herr Meisenberg schreibt das bei den Spesen ab."

Also ließ ich mich abends abholen. Ich hatte mein neues hellblaues Kleid an und die weißen hohen Stöckelschuhe. Wir aßen in Celle in einem vornehmen Restaurant: Rindsfilet mit Champignons auf Toast, Pommes frites, gemischten Salat und dazu einen feinen Wein(Hautes Sauternes o.ä.)

Er meinte, jetzt müßten wir ins "Ex" nach Hannover zum Tanzen fahren.

"Solange es mich nichts kostet, bin ich mit allem einverstanden." Also fuhren wir los. Das "Ex" ist ein ganz tolles Tanzlokal mit einer großen verspiegelten Kugel an der Decke, die sich dreht und ein ganz verrücktes Flackerlicht fabriziert. Die Musik ist wahnsinnig laut!

Ich war in Bombenstimmung, machte meine Späße mit ihm, gab ihm Saures, wenn er zu anzüglich wurde, es war einfach herrlich!-

Um Mitternacht wollte ich nach Hause. Er meinte, wir sollten hier irgendwo ein Zimmer nehmen und dann würde er mich morgen früh zurückbringen. "Sind Sie verrückt?" habe ich gefragt und da wurde mir klar, daß ich in der Falle saß. Ich kenne den Kerl kaum und bin ihm ausgeliefert! Ich überlegte, ob ich die Polizei anrufen sollte, aber das kam mir dann doch zu lächerlich vor. -

Zum Glück winkte er dem Kellner, bezahlte den Wein und sagte: "Dann eben nicht!"

Während der Heimfahrt legte er seinen Arm auf meine Schultern und klopfte ab und zu mit den Fingern auf meine Haut, versuchte den Ärmel runterzuschieben und grabbelte auch mal in den Ausschnitt.

Huhu, - da muß man ganz schön hart bleiben! - Ich beugte mich nach vorn und er legte die Hand wieder ans Steuerrad. - Kurz vor Wittingen hielt er an und bat mich, doch einmal eine Weile zu vergessen, daß er verheiratet ist.... Immer die selbe Leier! Ich wollte schön essen gehen als Belohnung für meine gute Arbeit mit der Anzeigengestaltung, aber ich will ihn nicht belohnen für das gute Essen! -

Ich habe ihm ein paar Küsse erlaubt, da wo es mir Spaß machte,
dann habe ich ihm ordentlich weh getan, da wo es ihm weh tat!

Dann bin ich ausgestiegen, habe meine Stöckelschuhe in die Hände genommen und einen herrlichen Morgenspaziergang nach Hause gemacht.
Darum heirate nie! - Dein Mann wird genauso!

Sonntag, 30.6.63
Heute bricht mein letztes Teenager-Jahr an! Ich habe Mutti besucht und mit ihr ein bißchen gefeiert. Wir verstehen uns so gut wie nie zuvor! Familie Hustrom aus Stockholm hat zugesagt.
Soll ich wirklich nach Schweden gehen?

Donnerstag, 4.7.63
Frau Tischler hat mich gefragt, ob ich ihre Wohnung hüten mag, während sie im Urlaub ist.
Natürlich tue ich das gern! Ich freue mich schon drauf!

Freitag, 5.7.63
Frau Michel rief mich heute im Büro an, daß ein Herr Huber, der 7 Jahre in Schweden gearbeitet hat, am Sonnabend zu ihnen kommt. Da hätte ich dann Gelegenheit, ihn so richtig über das Land auszufragen.
Toll! Ich werde mir eine Frageliste machen.

Sonnabend, 6.7.63
Heute bin ich in Frau Tischlers Wohnung eingezogen. Das ist ja ein Supergefühl, in einer modernen 2-Zimmer-Wohnung zu residieren, Fernseher, modernen Herd und Eisschrank zu benutzen und als Gegenleistung lediglich die Blumen zu gießen und die Post aus dem Briefkasten zu nehmen.
Abends holte mich Christel Michel ab und verriet mir geheimnisvoll, daß der Herr Huber schon da sein und ganz gespannt auf mich warten würde. - "Aha," sagte ich möglichst uninteressiert und fragte lediglich, ob er Kinder habe. "Ja, einen ganz süßen kleinen Jungen, aber der ist mit seiner Mutter in Wien bei den Großeltern."
"Aha," sagt ich nochmals möglichst uninteressiert und wußte, daß ich ausgefahrene Fühler wieder einziehen mußte.
Herr Huber hat mir in der Tat viel über die Wesensart der Schweden erzählt, mich davor gewarnt, mich finanziell ausnutzen zu lassen, hat von seiner Hungerzeit erzählt, weil ihm das dunkle Roggenbrot fehlte und die gesüßte Blutwurst nicht schmeckte. - Er will mir hilfreiche Adressen geben und auch gern einen Antwortbrief in schwedischer Sprache entwerfen, mit dem ich dem eingebildeten Hochadel zeigen soll, daß man die Deutschen nicht als billige Putzkraft engagieren kann.
Um 10 Uhr war ich müde vom langen Zuhören und verabschiedete mich.
"Darf ich Sie nach Hause bringen?" fragte Herr Huber höflich, aber ich lehnte ab, da ich ja nur zwei Häuserblocks entfernt mein temporäres Domizil habe.
Christel kam übereifrig mit mir nach draußen und fragte mich wißbegierig:" Na, wie findest du ihn?" -
"Wieso? Nett ist er und klug." - Sie mußte es loswerden, daß seine Frau ständig mit dem Sohn nach Wien fährt, weil sie es bei ihm nicht aushält und daß sich die beiden sicher scheiden lassen werden.

Mich interessiert das überhaupt nicht und ich war froh, als ich in Frau Tischlers Wohnung die Tür hinter mir schließen konnte, das Radio anmachte und beschloß, den sagenhaften Luxus einer Dusche am Abend zu genießen.

Plötzlich klingelte es. - Ich vermutete, daß es Christel wäre, vielleicht hatte ich etwas liegenlassen. Trotzdem betätigte ich nicht den automatischen Türöffner, sondern ging hinunter und sah durchs Guckloch den netten Herrn Huber, ...dessen Frau nicht da ist, und der sich wahrscheinlich scheiden lassen wird - vor der Haustür stehen.

Oh Gott, Augen zu und durch...

"Entschuldigen Sie, daß ich Sie noch störe, - ich dachte nur, - es gäbe da noch so viel zu erklären, - wollen wir uns nicht morgen zu einer kleine Spritztour treffen, - vielleicht nach Salz-, eh-, Hitz-, Hitzgitter, nein ich meine - eh - Hitzacker, - ist ein hübsches Städtchen, ... hätten Sie Zeit und Lust?"

Aha, dachte ich, deine Frau ist nicht da und du willst eine Spritztour machen! Immer daßelbe.

Aber in Anbetracht, daß ich morgen nichts vorhabe, sagte ich zu. Und dann schickte ich ihn weg! Rigoros. Immerhin wird ein Mittagessen dabei herausspringen. Gute Nacht. Bald bin ich in Schweden!

Sonntag, 7.7.63

Es war ein schöner Tag und wir beide haben uns sehr anständig verhalten.

Wir trafen uns am Ortsausgang von Wittingen und er überreichte mir ein Sträußchen Moosrosen (Wo kriegt man die her am Sonntag? Vielleicht hat er sowas als Wochenendvorrat im Abonnement?)

Als wir durch Bodenteich fuhren, zeigte ich ihm unser Haus. "Das kriegt mal mein Onkel," schwindelte ich, der sollte ja nicht denken, daß ich reich bin.

Wir fuhren nach Hitzacker, dann nach Lüneburg. Dort spendierte er Hähnchen für uns beide (und das Geld fehlt dann im Haushaltsbudget). Beim anschließenden Spaziergang erzählte er von seinen Eltern und ich von meinen. Er bewunderte meine Schwedischkenntnisse und daß ich - im Gegensatz zu ihm - eine wundervolle Aussprache des Grav Akzents hätte.

Er meint, das angebotene Gehalt sei eine Frechheit. Eine schwedische Haushaltshilfe würde mindestens das Doppelte bekommen. Er will bis morgen einen Brief entwerfen. Zum Abschied küßte er mich auf die Stirn.

Montag, 8.7.63

Pu, der Brief ist ganz schön hart formuliert. Ich habe ihn unterschrieben und gleich abgeschickt.

Als Dank für den gestrigen Tag habe ich ein Körbchen mit Picknick-Sachen mitgebracht, und wir haben uns ganz romantisch auf einer Decke ins Gras gesetzt und gespeist. Danach ein wunderschöner Abendspaziergang und als Abschied ein langer Kuß (nicht auf die Stirn).

Drei rote langstielige Rosen von ihm stehen jetzt auf Frau Tischlers Nachtschränkchen...

Dienstag, 9.7.63

Anruf im Büro. Er fragt, wie es mir geht.

Mittwoch, 10.7.63

Michels haben uns schon wieder abends zum Essen eingeladen. - Morgen fährt er zu seiner Frau nach Wien. Schade, dann werde ich ihn wahrscheinlich nie wieder sehen. Er sagte, daß er im Herbst vielleicht einen Kurzurlaub in Schweden machen würde und ob er mich dann in Stockholm besuchen dürfte.

Naja, das sind immer solche Redensarten.

Donnerstag, 11.7.63
Wir trafen uns heute mittag zufällig noch einmal auf der Bahnhofstraße, ein kurzer Händedruck und dann meinte er, daß er am liebsten hierbleiben würde...
Na, - gut, daß ich bald aus Wittingen verschwunden bin, - das würde mir jetzt langsam zu heiß werden!

Sonntag, 14.7.63
Frau Tischler ist wieder da, ich bin wieder bei mir zu Haus.

Montag, 15.7.63
Ich habe einen ganz, ganz lieben Brief von ihm bekommen, geschrieben unterwegs auf seiner Heimreise. "Mein wundervoller Kamerad" als Anrede und "....gibt mir Zeit!" zum Schluß.
So sehr ich davon überzeugt bin, daß mir diese Bekanntschaft auf Dauer lästig werden könnte, so sehr hat mich dennoch dieser fast schon poetische Brief berührt. Ich habe ihn immer und immer wieder gelesen.

Donnerstag, 18.7.63
DIE WELT GEHT UNTER! - Ich kann es nicht glauben, aber ich habe von Frau Hustrom eine ABSAGE erhalten! Mit meinen wenigen Schwedischkenntnissen habe ich begriffen, daß sie meine Forderung für unangemessen hält und mir wünscht, daß ich woanders eine mir zusagende Stelle finden würde. -
Ich bin furchtbar enttäuscht und überzeugt, daß ich den dreisten Brief von Herrn Huber lieber nicht hätte abschicken sollen. Schließlich sind 200,- Mark ein gängiges Monatsgehalt für ein Au-Pair-Mädchen.
Vielleicht hätte man mich tatsächlich ausgenutzt, aber ich hätte wenigstens den Arbeitsplatz und nicht jetzt nur noch eine Riesenwut! -
Herr Steffens meinte, er würde mich gern weiter behalten, aber wenn ich unbedingt woanders hin möchte, würde er mir auch dabei helfen.
Verdammt noch mal , ich wollte nach Schweden!
Frau Meier sagt, ich sollte es doch mal mit England versuchen. Die englische Sprache sei viel mehr gefragt als die schwedische. - Ich habe also heute noch an die Zentrale Arbeitsvermittlung nach Frankfurt geschrieben. Ich mag nicht mehr in Wittingen bleiben.
Herrn Huber habe ich einen Brief geschickt und ihm mitgeteilt, w i e enttäuscht ich bin. Soll er nur wissen, daß er Schuld an der Absage ist!
Und damit er sich nur ja keine unbegründeten Hoffnungen macht, habe ich hinzugefügt, daß seine Frau und sein Sohn ihn jetzt brauchen. Basta! Damit ist die Angelegenheit hoffentlich erledigt.

Sonntag, 21.7.63
Ich habe Mutti in Brome besucht. Sie hat mir bestens gelaunt ihren neuen "Freund" vorgestellt: Ein gepflegter, älterer Herr, der schon seit 10 Jahren Witwer ist und so lange im Heim wohnt. Ich finde das schön! Wegen Schweden hat sie mich getröstet und gesagt: "Mach dir nichts draus, du wolltest doch immer schon nach England."

Montag, 22.7.63
Heute lag ein Päckchen auf der Treppe: ein zweiter wundervoller Brief von ihm und beigefügt ein altes Buch von Rudolf Bartsch: "Von der Hannerl und ihren Liebhabern."
Den Brief habe ich mindestens fünfmal gelesen und jetzt werde ich das Buch anfangen.

Dienstag, 23.7.63

Bis 5 Uhr früh habe ich das Buch durchgelesen und zwischendurch immer noch einmal den wundervollen Brief. - Das Buch beschreibt eine zu Herzen gehende Liebesgeschichte im romantischen Wien um 1900. Vielleicht sollte ich doch diese Beziehung aufrechterhalten, man weiß ja nie, ob ich nicht einmal nach Wien fahren möchte... Naja, nun steht sowieso alles offen.

Ich konnte zum Glück die Schiffskarte wieder zurückgeben.

Von der Arbeitsvermittlung habe ich zwei Adressen in London erhalten und die Formblätter ausgefüllt noch heute zurückgeschickt.

Montag, 29.7.63

Wir hatten den ganzen Tag zu tun mit den Umbrucharbeiten für den VW-Prospekt.

Abends wurden alle Beteiligten zum Essen ins Hotel Nöhre eingeladen. Es wurde viel zu viel getrunken. Ich glaube, ich war die einzige, die noch einigermaßen nüchtern war.

Herr H. wollte mich nach Hause bringen, aber er fuhr einfach irgendwo in der Gegend herum.

Auf dem Sportplatz hielt er an, machte seinen Hosenschlitz auf, fiel zu mir herüber und lallte mich an: "Faß ihn doch mal an, Ilse, bitte...!" Ich habe mich halb totgelacht und bin dann vorsichtig ausgestiegen und zu Fuß nach Hause gelaufen. Etwas später fuhr er im Zickzack an mir vorbei und ich versteckte mich schnell hinter einem Holzzaun. Besoffene Männer sind lächerliche Gestalten.

Dienstag, 30.7.63

Er sah heute morgen aus wie ein begossener Pudel
Ich mußte wegsehen, sonst hätte ich losgeprustet.

Donnerstag, 1.8.63

Noch drei weitere Bewerbungen nach England abgeschickt.

Sonntag, 4.8.63 - Muttis Geburtstag!

Ich kam vormittags im Heim an, als sie mitten in einer Schar von alten Leuten saß, Witze erzählte wie früher, einige Geschenke neben sich aufgebaut hatte und hin und wieder liebevolle Blicke mit ihrem Freund, Herrn Hoffmann, austauschte. Mutti nannte sich "Altersheim-Teenager" und schien sich recht wohl zu fühlen.

Ganz glücklich zeigte sie mir ihre heile Haut und sagte stolz, daß ein Kinderpopo nicht zarter sein könnte.

Gott sei Dank, da habe ich eine Sorge weniger.

Freitag, 9.8.63

Bis auf eine Familie haben allen Engländern abgesagt. Ich wundere mich, daß ich gar nicht traurig bin.

Sonntag, 11.8.63

Mutti besucht. Horst und Uschi waren letzte Woche bei ihr und wollten wissen, ob sie nun das Haus kaufen können oder nicht. Mutti möchte wieder nach Bodenteich ziehen, weil sie das Haus nicht außer Kontrolle geraten lassen will. Sie sagt, wenn die Katze nicht daheim ist, tanzen die Mäuse auf den Tischen.

"Wovor hast du denn Angst?" fragte ich sie. "Man kann nie wissen, was die aushecken, - das hat Onkel Albert auch schon gesagt." - Langsam denke ich, daß Onkel Albert etwas ausheckt!!

Montag, 12.8.63

Was hat mich eigentlich angetrieben, heute abend einen Spaziergang an dem Wohnblock vorbei zu machen, wo Herr Huber wohnt? Und warum hat mein Herz so geklopft, als ich sein Auto auf dem Parkplatz sah?

Er ist wieder da! - Er ist wieder da!

Na und?

Dienstag, 13.8.63

Morgens sein Anruf im Büro, er würde mich gern heute abend sehen.

Eigentlich will ich nicht, oder doch? Also gut. - Und morgen soll ich zum Abendessen zu ihm kommen. Seine Frau möchte mit mir über ihre Eindrücke in Schweden reden. - Das nehme ich dankend an.

Als wir uns abends im Schützenwald trafen, erzählte er mir ziemlich deprimiert und nachdenklich von seinem Aufenthalt in Wien und dem Ausflug in die Berge mit seiner Frau. Ich fragte ihn, ob es wahr sei, daß er sich scheiden lassen möchte, wie es mir Christel verraten hat. "Da schau her, die Kleine weiß mehr als ich . Früher oder später vielleicht. - Ich liebe meine Frau, - aber der 7. Himmel ist es weder für sie noch für mich."

Für mich steht fest: Morgen gehe ich dort hin und dann möchte ich ihn nicht wieder sehen!

Mittwoch, 14.8.63

Ich war furchtbar aufgeregt, als ich heute an seiner Wohnungstür klingelte. Er machte mir auf und es schien etwas in der Luft zu liegen. Sie war hübsch in ihrem Dirndl, hatte lange Ohrgehänge an und lackierte Fingernägel. Besonders liebenswürdig war sie nicht, vielleicht ist sie ja eifersüchtig. Wer weiß, was er ihr über mich erzählt hat. Bei Michels oder bei Frau Tischler und auch bei der Familie Steffens fühle ich mich immer wohl, aber heute abend war das eher eine Pflichtübung. - Der süße kleine Junge kam früh ins Bett, sonst wäre es vielleicht ein bißchen lustiger gewesen.

Freitag, 16.8.63

Wir trafen uns heute abend, sind ein wenig im Auto herumgefahren und dann spazieren gegangen. Er deutete an, daß ihm seine mißliche Lage in Wien wieder richtig klar geworden ist. Seine Frau sei auch heute noch mehr mit ihrem Elternhaus verbunden als mit ihm. Wäre da nicht sein geliebter Sohn, würde die Ehe tatsächlich schon nicht mehr bestehen. Aber irgend etwas müsse sich ändern...

Ich dachte nur: "Lieber Gott, laß mich nicht Schuld sein."

Dienstag, 20.8.63

Frau Steffens hat gesagt, sie würden mich gern hier behalten. -

In der Post ist ein ganz netter Brief von einer Familie in Schottland. Ich soll sofort kommen.

Abends schicke ich eine Absage dorthin..

Warum tue ich das?

„Isenhagener Kreisblatt-Zentrale"

Mittwoch, 21.8.63

Er ruft mich an und lädt mich zu einem schönen Abendessen in Uelzen ein.

Er sagt mir, daß er sich scheiden lassen will. Oh Gott, nein, bitte nicht!

Nicht meinetwegen, versichert er.

Und dann erzählt er,

daß diese Ehe nicht aus Liebe geschlossen wurde, sondern aus Trotz.

Daß seine Frau als unerfahrenes 16-jähriges Mädel nicht ihn geheiratet hat,

sondern verheiratet w u r d e .

Daß er in einen bestehenden Familienverband integriert wurde, der mitbestimmte, was in der jungen Familie geplant oder ausgeführt wurde, was sich seine Frau gefallen lassen durfte und was nicht, in jeder Beziehung.

Daß er sich jahrelang als willenloser Untertan und geduldeter Geldgeber fühlte und seine Frau sich nie aus den Zwängen der Eltern und Großeltern befreien konnte und wollte.

Daß er darunter seit Beginn seiner Ehe gelitten und bei ihr kein Verständnis gefunden hat.

Es sei in der Tat bis jetzt noch nie offen über Scheidung gesprochen worden,

aber er habe seit langem daran gedacht.

Sagt er!

Er will mich in nichts hineinziehen. Er möchte nur ab und zu mit mir zusammensein.

Sonntag, 29.9.63

Ich spiele mit ihm.

Ich genieße es, hin und wieder Ausflüge zu machen, schön essen zu gehen,

fühle mich geschmeichelt, wenn er mir Komplimente macht,

ich habe niemanden neben ihm,

ich habe den Kontakt mit Walter total abgebrochen,

ich flirte nicht mehr im Büro oder am Telefon,

ich gehe mit keinem Kunden aus,

ich bin an keiner neuen Bekanntschaft interessiert,

ich gehe nicht tanzen,

ich spreche nicht über ihn, auch nicht zu Hannelore,

aber ich will ihn auch nicht für mich haben,

weil ich ihn nicht lieben will,

denn er ist verheiratet!

Spiele ich wirklich nur mit ihm?

Freitag, 4.10.63

Er hat mich gefragt, ob ich ihn nächste Woche auf einer Geschäftsreise begleiten möchte.

Klar, warum nicht? Ich reise gern, liebe das Übernachten in frisch bezogenen Hotelbetten, und ich gehe gern schön essen. - Ich muß mir nur ein paar Tage Urlaub nehmen und etwas Glaubhaftes ausdenken, was ich im Büro erzähle.

Sonnabend, 5.10.63

Ich habe mir Urlaub genommen, ... weil ich eine Freundin in Frankfurt besuchen möchte.

Sonntag, 6.10.63

Das war ein herrlicher Tag: Ich war mit Hannelore, Frau Meier, Kirchi, Günther und Heiner aus der Setzerei in der Wolfsburger Stadthalle zu einem "Fred-Bertelmann-Abend". Es war eine tolle Stimmung schon bei der Vorstellung und dann anschließend im Weinkeller! - Wir haben gelacht, Witze erzählt und getanzt.

Dabei ist mir wieder eines ganz klar geworden:
Ich will mich noch nicht binden!
Ich will mich nicht beobachten und kontrollieren lassen.
Ich will Karriere machen und mein Gehalt mit niemanden teilen.
Ich will den Radiosender hören, der mir gefällt und schlafen so lange ich will,
und meine Wohnung aufräumen, nur wenn es mir Spaß macht....

Auf die Reise in der nächsten Woche freue ich mich, aber ich gebe meine Freiheit nicht auf!

Montag, 7.10.63
Eigentlich fällt es mir nicht schwer, anderen Geschichten vorzuflunkern, aber als mich Herr H. heute fragte, warum ich so plötzlich nach Frankfurt fahren möchte, wurde ich wohl rot und habe ziemlich blöd dahergeredet. - Nein, mir gefällt diese Geheimnistuerei nicht, und ich nehme mir jedesmal vor, Schluß zu machen. Aber wenn ich mit Fritz darüber reden will, fasziniert mich seine unglaubliche Beharrlichkeit! Er behauptet, wir seien Philemon und Bauxis im zwanzigsten Jahrhundert und es sei nunmal vorausbestimmt gewesen, daß wir uns treffen mußten.
Dann schiebe ich das Schlußmachen immer wieder auf.

Mannheim, Dienstag, 8.10.63
Natürlich habe ich auf Einzelzimmer beharrt, als wir heute abend bei der Rezeption im "Hotel Krone" standen.
Ich komme mir ohnehin schon vor wie ein Flittchen, wenn ich so mit einem verheirateten Mann in der Gegend herumkutschiere.
Aber die Männer haben es nicht anders verdient. Außerdem habe ich den Eindruck, daß ich i h n glücklich mache. Er war ganz begeistert, als ich während der Fahrt aus meinem Borchert-Buch die Geschichte vom "Schischifusch" vorgelesen habe. Er könne mir stundenlang zuhören, hat er gesagt.

Schwäbisch- Hall, Mittwoch, 9.9.63
Ich bin nichts anderes als ein käufliches Mädchen, das einen Geschäftsmann beim Abendessen begleitet.
Aber nach dem Dessert ist Schluß.
Ich muß doch noch ein wenig Achtung vor mir selber haben.
Oh Gott, wenn Mutti das wüßte!
Wenn es ihr schlecht ginge, würde sie sagen: Ich hab's ja gewußt, du bist wie deine Mutter!
Aber in guter Verfassung würde es sich so anhören: Siehst du Kind, d a s ist der Mann, der sich für die scheiden läßt, so wie es die Wahrsagerin vor Jahren schon gewußt hat.

Ich kann nicht sagen, daß ich alles genieße, aber es macht mir Spaß.
Ich schwebe nicht, aber ich gehe immer noch aufrecht!

Innsbruck, Donnerstag, 10.9.63
Fritz hat alle Geschäftstermine erledigt, ab heute machen wir Urlaub!
Es ist wie ein Traum: Wir sind in Österreich! Er hat mich sogar auf den gefährlichen Bergpässen sein Auto fahren lassen und wir haben immerzu nur gelacht und herumgeblödelt, z.B. wenn ich den falschen Gang erwischt habe oder Angst hatte vor den steilen Abhängen. - Ich konnte mich gar nicht satt sehen an der herrlichen Berglandschaft und dann sind wir kurz entschlossen auch noch die Großglockner-Hochalpenstraße hinaufgefahren bis zum Pasterzengletscher. Als wir ausstiegen, um

einen kleinen Rundweg zu machen, nahm er plötzlich meine rechte Hand und steckte mir seinen Ehering auf. "Sei ein paar Stunden meine Frau," sagte er und sah mir - puh! - ganz tief in die Augen und gab mir einen Kuß auf die Stirn.

Es war eisig kalt da oben, aber die Landschaft faszinierte mich, - so herb, - so ungewohnt, - und Fritz sagte, er würde irgendwann einmal eine Bergtour mit mir in dieser Gegend machen. Wie kann er nur so sicher sein? - Aber dann passierte etwas, was mich sehr, sehr nachdenklich machte:

Natürlich war sein Ehering viel zu groß auf meinem Finger und außerdem waren meine Hände klamm und kalt. Und so muß er mir wohl irgendwann heruntergefallen sein.
Als ich es feststellte, kriegte ich einen furchtbaren Schrecken und fing an, ihn - erst unauffällig und dann mit furchtbar peinlichen Schuldgefühlen - zu suchen. Aber ich stellte bald fest, daß ich wohl eher eine Stecknadel in einem Heuhaufen finden würde, als einen Ehering in diesen grauen Gesteinsbröseln mit tiefen Löchern und Spalten. Aber wir gaben beide nicht auf und wichen nicht von diesem Platz, wo der Ring unbedingt sein mußte!
Ich hatte schon das Gefühl, daß meine Augen 50 cm heraushingen, ... und dann plötzlich glitzerte ein Teil des Goldes mir entgegen! Ein Aufschrei von mir, Fritz hob den Ring auf und steckte ihn mir nun auf den rechten Mittelfinger mit den Worten: "Glaubst du es jetzt?"
Ich gestehe, daß mir dieses Omen zu denken gibt.

Sonnabend, 12.10.63
Wir haben die wunderschöne alte Stadt Nürnberg besucht und dann im Flughafenrestaurant zum ersten Mal Schnecken in Kräuterbutter gegessen. Hmmmh! Fein! Aber teuer!
Morgen früh geht es nach Hause.

Sonntag, 13.10.63
Schade, daß die schönen Tage zu Ende sind! - Ich habe ganz wehmütig mein kleines Zimmerchen betreten, die Post durchgesehen, abends nichts mehr gegessen, sondern nur noch mit einem völlig neuen Gefühl am Fenster gesessen, den silbernen Mond betrachtet und nachgedacht: Mag ich ihn schon? -
Er war immer sehr höflich und so anständig und zurückhaltend, wie ich es noch nie bei den verheirateten Typen vorher erlebt habe. Er sprach nie schlecht über seine Frau, erzählte viel von seiner Schwedenzeit, seinen Reiseträumen, seinen Berufsplänen, - aber die meiste Zeit hat er mit großem Stolz über seinen Sohn berichtet.
D e n könnte ich nie ausstechen, - wenn ich es wollte ....

Montag, 14.10.63
Liebes Tagebuch, ich glaube, - ich bin glücklich! Ich weiß es noch nicht genau, aber ich glaube, daß es so ist.
Heute abend habe ich Fritz versprochen, seine Frau zu werden....
Als ich heute zur Arbeit ging und über uns nachdachte, fiel mir der Kalenderspruch ein, den mir Vati einmal auf den Frühstückstisch gelegt hat:
Eine Frau soll nicht den Mann nehmen, den sie liebt,
sondern den heiraten, von dem sie geliebt wird.
Fritz liebt mich. Er sagt, er hätte sich all die Jahre über nach einer Frau gesehnt, die so sei wie ich.
Er tut alles, um mich glücklich zu machen.
Er ist ein wundervoller Kamerad, - er ist so, wie man sich einen Ehemann nur wünschen kann.

Aber er ist verheiratet. - Und das ist ein Problem!

Ich habe mich so sehr gegen diese Liebe gewehrt, habe ihn ausgelacht, verhöhnt, zur Vernunft bringen wollen, aber es nützte nichts. Er war von Anfang an überzeugt, daß wir zusammengehören, als ich an nichts weiter dachte, als an ein Techtelmechtel, einfach nur umschmeichelt werden wollte, ihm ein paar schöne Stunden bereiten und sein Selbstbewußtsein stärken wollte.
Nicht im geringsten hatte ich die Absicht, mich zu binden, meine Freiheit aufzugeben, treu zu bleiben.

Seine Überzeugung und sein Optimismus waren mir von Anfang an unheimlich.
Ich habe Angst, schuldig zu sein, wenn die bestehende Ehe zerstört wird.

Am liebsten würde ich zu seiner Frau hingehen:
Sagen Sie mal, Frau Huber, sind Sie eigentlich glücklich in dieser Ehe? Haben Sie sich Ihr Leben so vorgestellt?
Wenn sie dann "Ja" sagen würde, würde ich Fritz seinem Schicksal überlassen und von Wittingen wegziehen.
Wenn sie aber ehrlich wäre und sagen würde: "Naja, das ist wohl in jeder Ehe so - mit der Zeit.."
..... dann sollte ich eigentlich auch wegziehen.
Grünes Licht hätte ich nur, wenn sie sagen würde: "Ich bin enttäuscht und möchte gern wieder frei sein."
Aber das würde sie wohl nie zugeben.

Heute abend haben wir uns am Bahndamm getroffen und
er hat mich gefragt, ob ich seine Frau werden möchte...
Ich habe "Ja!" gesagt.
Von heute an bin ich eine Geliebte, die hofft und wartet,
eine Zweitfrau,
die nichts beansprucht, sich nicht zu ihrem Freund bekennen darf,
die von einem "passenden Augenblick" zum anderen hervorgeholt und wieder versteckt wird,
die man vertröstet und verleugnet und deren Geburtstag nicht im Kalender stehen darf.
Ist es mir das wert? Ich bin mir immer noch nicht sicher.
Es wäre alles so viel leichter, wenn da nicht die andere Frau wäre und das Kind.
Warum muß mir so etwas passieren?

Dienstag, 15.10.63
Nach Büroschluß lief ich zur Post und rief Mutti an. Ich wollte einfach nur mit ihr reden.
Als sie meine Stimme hörte, war sie voller Freude und erzählte mir ganz begeistert, daß sie mit Herrn Hoffmann in Hankensbüttel im Theater gewesen sei und daß sie am Sonntag zu seiner Tochter nach Breitenhees fahren wollen. "Herzchen," schwärmte sie, "Herr Hoffmann ist so lieb wie Vati. Ich bete zum lieben Gott, daß Vati im Himmel ein Auge zudrückt." -
Mutti ist verliebt. Nur das zählt im Augenblick für mich. Ist das nicht wunderschön?

Sonntag, 20.10.63
Der erste Sonntag, den ich freiwillig allein verbringe. - Mutti ist mit Herrn Hoffmann unterwegs, Hannelore besucht ihre Verwandten, - und er macht einen Ausflug mit Frau und Kind.
Wie lange werde ich das aushalten?

Dienstag, 22.10.63

Herr Steffens mußte nach Wolfsburg und hat mich in Brome rausgelassen.

Mutti war ganz überrascht und gut gelaunt, wie ich sie lange nicht mehr erlebt habe.

Herr Hoffmann ist so besorgt um sie,

bringt ihr eine Decke, wenn sie auf der Gartenbank fröstelt,

bietet ihr seinen Platz an, wenn sie durch die Sonne geblendet wird,

reicht ihr liebevoll den Arm, wenn der Weg steinig ist,

er verehrt sie und sie blüht auf.

Ich habe nichts von meiner Liebe erzählt.

Im Augenblick ist da kein Platz in Muttis Herzen für meine Probleme.

Sonntag, 27.10.63

Ich war wieder bei Mutti. Als ich sie fragte, warum sich Herr Hoffmann gar nicht blicken läßt, winkte sie ab, der habe heute was Andres vor. "Habt ihr euch gezankt?" fragte ich.

Erst nach langem Nachfragen von mir kam sie damit heraus, daß die Braunschweiger sich gestern über diese Freundschaft amüsiert haben und meinten, daß sie dafür doch wohl zu alt sei.

Mutti beendete das Thema unwirsch: "Eigentlich haben sie ja auch recht, - Vati hat das nicht verdient."

" Das ist doch der größte Blödsinn! Willst du den Rest deines Lebens als trauernde Witwe herumlaufen? Jeder Mensch braucht ein bißchen Liebe!"

"Ich weiß, mein Kind. - Ich werde wieder nach Bodenteich ziehen. Damit ist dann alles beendet."

Ich konnte noch so verzweifelt auf sie einreden, sie ließ sich von dieser Idee nicht abbringen. Bevor ich das Heim verließ, sprach ich mit dem Direktor, ob sonst noch irgend etwas Ungewöhnliches vorgefallen sei. Davon war ihm nichts bekannt. Er hatte auch erfreut davon Kenntnis genommen, daß Mutti und Herr Hoffmann wohl schon seit längerer Zeit sehr eng miteinander befreundet waren, aber er betonte auch, daß er niemanden halten wolle, denn schließlich wäre da eine lange Warteliste...

Jaja, dachte ich, ich stehe auch auf einer Warteliste!

Montag, 29.10.63

Fritz meint, wir sollten Mutti einmal gemeinsam besuchen und ihr von uns erzählen. Vielleicht würde sie mehr Mut zur Freundschaft mit diesem Herrn haben, wenn sie an unserem Glück teilnehmen könnte.

"An unserem Glück?" wiederholte ich. "Unser Glück ist noch lange nicht vollkommen. Und vorher darf sie dich nicht kennenlernen."

Donnerstag, 31.10.63

Mutti hat mich im Büro angerufen und mir mit wenigen Worten mitgeteilt, daß sie gestern aus dem Altersheim ausgezogen ist und nun wieder in Bodenteich wohnt, aber nicht in unserem Haus.

"Wo denn?" fragte ich total überrascht.

Sie wohnt beim Ehepaar Raschke in der Häcklinger Straße. Sie hat ein Zimmer mit Badbenutzung.

Auf mein "Aber warum denn das?" nur eine kurze Antwort: "Ich habe meine Gründe."

Niemand im Büro kann das verstehen. Frau Meier sagte ganz robust: "Die spinnt doch!"

Herr Hildebrandt schüttelte den Kopf.

Hannelore legte ihren Arm um meine Schulter: "Aber du gehst nicht zurück, verstanden?"

Frau Steffens mutmaßte, daß in Brome etwas vorgefallen sei.

Montag, 4.11.63

Ganz zufällig traf ich Fritz, als ich mittags zur Arbeit ging und auf meine Neuigkeit von Muttis Umzug schlug er vor, wir sollten morgen abend zu ihr hinfahren und ihr alles erzählen. "Alles?" - "Naja, vielleicht ein wenig verändert, damit sie nicht so geschockt ist."

Dienstag, 5.11.63

Wir sind beide mit klopfenden Herzen und gemischten Gefühlen nach Bodenteich gefahren.
Zuerst nach Haus, oh Gott, wie gefährlich, wenn sich jemand die Autonummer merkt...!
Ich ging hinein zu Uschi und fragte, warum Mutti bei Raschkes wohnt.
"Du Ilse, das kann keiner verstehen. - Sie war gestern hier, hat sich ein paar Sachen geholt und wollte nicht mit uns reden. Die Zeinecke hat hinterher noch gemeckert, daß Tante Brandt einfach so in die Wohnung gekommen ist. Aber sie hat immer noch den Schlüssel und ihre Möbel da. - Ist ja schlimm, was? Wie das alles so gekommen ist. Ihr gehört das ganze Haus und trotzdem wohnt sie woanders zur Untermiete. Ach Ilse, du, ich steig da gar nicht mehr durch. Ich glaube, Onkel Albert ist auch nicht so ganz ohne...."
Uschi umarmte mich und ich lief schnell wieder raus, ein paar Häuser weiter, wo Fritz parkte.
Dann fuhren wir in die Häcklinger Straße und klingelten bei Raschkes zweimal, so wie es auf dem Türschild "Lina Brandt" stand. Mutti öffnete ganz erstaunt, sah schwach und verweint aus, musterte Fritz von oben bis unten und bat uns dann in ihr Zimmer, das halb so groß ist wie das in Brome.
"Willst du mir deinen neuen Freund vorstellen?" fragte sie gleich, bemühte sich zu lächeln und verhinderte somit die für sie lästigen Fragen nach dem Warum ihres Umzugs.
Ich stellte Fritz als Herrn Wilkens vor, der im Volkswagenwerk arbeitet. Ich erzählte, daß ich ihn schon ein paar Monate kenne und daß wir uns sehr lieb haben, daß ich zu Weihnachten mit ihm nach Wien fahren werde, weil er mich seinen Eltern vorstellen möchte.
Langsam schien Leben in ihr fahles Gesicht zu kommen. Sie stellte Fragen nach seiner Ausbildung, seinem Beruf, seinem Alter und wir erzählten bis spät in die Nacht. - Es wurde über Gott und die Welt gesprochen, aber nicht mit einem Wort über den Grund ihrer Rückkehr nach Bodenteich.
Ich komme mir so hinterhältig vor, wenn ich Mutti so belüge.
Aber wenn seine Frau erfährt, daß Fritz eine Freundin hat, wird es viel, viel schwieriger, wenn nicht sogar unmöglich, die Scheidung zu erreichen.

Mittwoch, 6.11.63

Heute hat er mit seiner Frau gesprochen. - Über die Möglichkeit einer Scheidung.
Sie war entsetzt.
Sie hat nicht nach dem "Warum" gefragt.
Sie hat weder ihm noch sich selbst die Schuld gegeben.
Sie hat auch nicht gefragt, ob es eine andere Möglichkeit geben könnte.
Natürlich ist sie verletzt und enttäuscht.
Sie tut mir so leid. - Fritz tut mir leid. - Das Kind tut mir leid.
Freitag wird sie mit dem Kind nach Wien fahren zu ihren Eltern.
Bin ich Schuld?

Donnerstag, 7.11.63

Ich konnte den ganzen Tag keinen richtigen Gedanken fassen. Ich stellte mir immerzu vor, mein Ehemann würde eines Tages mit mir so ein Gespräch führen, wie es gestern zwischen Fritz und seiner Frau stattgefunden hat.

Sonnabend, 9.3.63

Mittags nach der Arbeit bin ich zu Mutti gefahren. Ich wollte sie allein sprechen und ihre Meinung über Fritz hören.

Oh, sie ist ja so begeistert von diesem charmanten Herrn. Das sei noch ein Kavalier der alten Schule, und so gebildet!

"Schätzchen, ich hab's gleich gewußt, der oder keiner!" Sie überschlug sich fast mit Lobesworten.

"Seid ihr denn schon verlobt oder ist das heute nicht mehr üblich?" -

"Naja, eigentlich nicht." -

"Und wann wollt ihr heiraten?"

"Ach Mutti, das hat noch Zeit. Vati hat immer gesagt: Drum prüfe, wer sich ewig bindet...."

Sie unterbrach mich aufgeregt: "Na, etwas Bess'res findet sich bestimmt nicht!"

Wir machten einen Spaziergang zum Friedhof, dann an den Bahnschienen entlang, durchs Dorf, aber nicht zu unserem Haus. - Mutti wollte nicht. "Erinnert dich alles zu sehr an Vati?" wollte ich wissen.

"Ja." - Mehr sagte sie nicht und ich gab es auf zu fragen.

Frau Dr. Sauer lief uns über den Weg und war erstaunt, als sie hörte, daß Mutti wieder in Bodenteich wohnt.

"Hat es Ihnen im Altersheim nicht gefallen?" - "Nee, da sterben zu viele," war die Antwort und dann wollte Mutti weitergehen.

Frau Braun, die Bäckersfrau, begrüßte uns und sagte: "Gut sehen Sie aus, Frau Brandt!"

Ich merkte, daß Mutti es richtig genossen hat, mit mir am Arm in Bodenteich gesehen zu werden.

Wenn alles vorüber ist, werden wir sie öfter zu uns holen.

Mutti spendierte noch Kaffee und Kuchen in der Bahnhofsgaststätte und als ich in den Zug stieg, drückte sie mich und sagte: "Da fällt mir ein großer Stein vom Herzen, wenn du diesen Mann heiratest."

Ach liebe Mutti, wenn du wüßtest, was für ein Felsbrocken auf meinem Herzen liegt...

Sonntag, 10.11.63

Heute sind seine Frau und sein kleiner Sohn nach Wien gefahren.

Wie mag ihr zumute sein, - so als Mohr, der seine Schuldigkeit getan hat?

Er sagt, daß sie wohl immer treu war, den Haushalt gut geführt, phantastisch gekocht, die Wohnung und Wäsche sauber gehalten hat und vor allen Dingen dem Kind eine liebevolle Mutter war.

War das alles noch zu wenig?

Ich denke an den Mann vom Kiosk, an Herrn Rohlfs, an Herbert, Herrn H., an den Zanker-Vertreter,... haben deren Frauen alle gut gekocht, Wohnung und Wäsche in Ordnung gehalten, sind es liebevolle Mütter, die niemals glauben würden, daß all das einem Mann nicht genug ist?

Wird es mir auch mal so gehen?

Montag, 11.11.63

Ich war in seiner Wohnung. -

Ein ordentlich aufgeräumtes verlassenes Schlachtfeld, lieblos, fremd, - auf der Kommode das Hochzeitsbild, an der Garderobe eine Küchenschürze,

ein leeres Gitterbett, das mir vorwurfsvoll entgegenschluchzte...

Fritz war nervös, machte Feuer im Wohnzimmerofen an,

256

bat mich mehrere Male, es mir gemütlich zu machen.

Wie nur? - Wo denn? - Auf der Couch vor dem hohen Eßtisch? - Oder vielleicht im Ehebett?

Wie benimmt man sich als Geliebte, als Wartende, als Ersatzlösung?

Oh Gott, was habe ich getan? Was werde ich noch tun? I C H !

Fritz holte Brot, Butter, Käse und eine Flasche Martini, die zu seinem Groll bereits halbleer war.

Wir besahen uns Fotos aus Schweden, - von der Hochzeit, - von seinem Sohn als Baby, an der Hand der Großeltern, als Nackedei, ... Ich merkte, wie stolz er auf das Kind ist. Plötzlich redete er nur noch von den lustigen Episoden, die sie *beide* mit diesem Kind erlebt haben...

Die Gewißheit, daß er unter der Trennung von seinem Sohn mehr leiden würde, als unter einer Scheidung von seiner Frau machte mich unsicher, hilflos, ängstlich und ich kuschelte mich an ihn, als wollte ich von ihm hören: Wir werden auch Kinder haben!

Er muß meine Gedanken gelesen haben, denn er umarmte mich zärtlich und sagte: "Ich habe immer davon geträumt, eine Frau zu haben, die mich als Menschen liebt und zu mir hält, nicht nur das tut, was der Papschi oder die Omschi ihr vorschreiben, - einen Kameraden , der mit mir durch dick und dünn geht, alle Sorgen und verrückten Pläne teilt. - Immer wenn ich dich vorbei gehen sah, hatte ich dieses unbeschreibliche Gefühl der Sicherheit, daß D U diese Frau für mich bist. Du warst meine Traumfrau, seit ich dich das erste Mal gesehen habe, als du an unserer Speditionshalle vorbeigegangen bist. Ich weiß noch, daß ich dich danach einige Male auf der Straße gegrüßt habe. Aber du hast gar keine Notiz von mir genommen. Ich war einfach durchsichtig für dich. Als du dann bei Michels ins Zimmer kamst, war mein Schicksal besiegelt."

Ich blieb über Nacht bei ihm. -

Es war so wunderschön, was da zwischen uns passierte... und doch werde ich nichts davon aufschreiben,

denn d i e s e Stunden werde ich nie in meinem Leben vergessen!

Dienstag, 12.11.63

Ganz schnell nur ein paar Sätze fürs Tagebuch, bevor ich heute abend wieder zu Fritz gehe, bzw. schleiche.

Ich kann es nicht fassen, daß i c h so etwas tue. Mutti hat es mir früher ja immer prophezeit...

Ich liebe Fritz, von ganzem Herzen und ganz fest,

ich fühle, daß ich zu ihm gehöre,

ich weiß, daß ich ihn glücklich machen kann,

daß auch er mich ehrlich liebt.

Ich weiß, daß ich nie einen besseren Kameraden finden würde!

Es kann keiner so liebevoll zur mir sein wie er.

Ich bin glücklich neben ihm,

ich fühle mich geborgen bei ihm.

Ich freue mich auf die Nacht!

Sonnabend, 16.11.63

Wir sind mit Mutti zu einem "echten Wiener Heurigen-Abend" nach Hannover gefahren.

Sie saß richtig zufrieden zwischen uns beiden auf der Holzbank, hat unsere Hände gehalten und glücklich zur Schrammi-Musik gesummt. Sie hat gesagt, daß sie gern einmal mit uns nach Wien fahren möchte.
Ach Mutti, da wirst du noch ein bißchen warten müssen.

Freitag, 29.11.63
Es war eine wundervolle Zeit: Ich hatte seinen Wohnungsschlüssel, habe abends Essen gekocht und auf ihn gewartet, wir hatten die Nächte für uns...
Frühmorgens habe ich mich davongeschlichen, denn niemand durfte mich aus seiner Wohnung kommen sehen!
Heute wurde diese Glückseligkeit jäh beendet:
Ich hatte gerade unseren Abendbrottisch gedeckt, als Fritz kreidebleich in die Wohnung kam.
Seine Frau hat ein Telegramm geschickt, daß sie morgen zurückkommt!
Was hat sie vor? - Was hat ihre Familie ihr aufgetragen?
Was m u s s sie tun?

1. Advent 1963
Lieber Gott, die letzte Nacht bei ihm war viel zu kurz.
Sein Sohn ist wieder da, den er schon so vermißt hat.
Und seine Frau, die noch zu ihm gehört.
Man sagt, daß eine Trennung zusammenschweißt.
Wird sie jetzt um ihn kämpfen?
Dann muß ich zurücktreten.
Walter hat einmal zu mir gesagt: Wenn man einen Menschen richtig liebt, muß man ihn hergeben , damit er glücklich werden kann.
Wer erfindet bloß so wahnsinnige Weisheiten?

Montag, 2.12.63
Bei jedem Telefonklingeln bin ich zusammengezuckt, weil ich seinen Anruf erwartete.
Nachmittags endlich ein kurzer Bericht über den gestrigen Abend: Norbert habe sich so gefreut, als er seinen Papi gesehen hat! - Norbert hat ganz stolz sein großes Auto vorgeführt. - Norbert hüstelt ein wenig, aber das käme vielleicht vom zugigen Schlafwagen. - Ach so, sonst, naja, es ist halt alles noch nicht richtig besprochen, sie war gestern sehr müde. -
Wir müssen jetzt ganz vorsichtig sein. -

Ich kann nicht denken. In meinem Kopf rasen so viele Gedanken herum: Warum tue ich mir das an?
Warum warte ich nicht, bis ich einem netten jungen Mann begegne, der keine Frau hat, keinen Sohn, - verdammt nochmal, - ich mag nicht warten, bis einer den Weg freimacht, so wie im Altersheim..

Donnerstag, 5.12.63
Ich bin ihm in der Mittagspause auf der Straße begegnet. Herzklopfen. Vorbeigehen.
Oh ja, doch, ich liebe ihn!

Freitag, 6.12.63
Die Stimmung ist gereizt zu Hause, sagt er am Telefon.
Sie wäre evtl. mit einer Trennung einverstanden.
Sie möchte wieder arbeiten gehen.

Ihre Eltern würden auf den Jungen aufpassen.
Fritz müßte trotzdem einen saftigen Unterhalt für die beiden zahlen.

Montag, 9.12.63
Sie fährt am Wochenende wieder zurück nach Wien.
Warum kämpft sie nicht um ihn?
Ich würde alles tun, um meinen Mann zurückzugewinnen,
vorausgesetzt, ich hätte ihn immer noch lieb.
Ich würde vielleicht fragen, was die andere hat, was ich nicht habe,
was sie tut und was sie ihm verspricht.
Ich würde ihn vielleicht auch rausschmeißen,
ihn zwingen, mit der Neuen zusammenzuziehen
in der Hoffnung, daß die Zeit die Augen öffnet.

Aber sie tut nichts. - Sie nimmt ihr Kind und fährt am Sonnabend zu ihren Eltern, Papschi, Mamschi und Omschi....
Und die werden bestimmen, was weiter passieren wird.
Soll ich mich freuen? Wie oft geht das jetzt noch so?

Sonnabend, 14.12.63, 21 Uhr
Eben gerade hat er ein Steinchen an mein Fenster geworfen! Juchhu, ich soll zu ihm kommen!
Ich bin glücklich! - Ich laufe zu ihm! Ich liebe ihn!

Montag, 15.12.63
Seine Frau war vor ihrer Heimfahrt in Wittingen bei einem Rechtsanwalt!
Fritz hat heute einen Brief bekommen, in dem er aufgefordert wird, ab Dezember 1963 monatlich 600,- Mark Unterhalt an Frau und Kind zu zahlen. Dabei hat er insgesamt nur 800,- Mark netto im Monat. Unter diesen Umständen wäre seine Frau mit einer Trennung (!) einverstanden.
Das heißt, daß es ihr nur ums Geld geht und sie an der Fortführung ihrer Ehe gar kein Interesse hat.
Das heißt aber auch, daß wir niemals von seinem Restgehalt leben könnten.
Fritz weiß, daß seine Frau nur auf Geheiß ihrer Eltern diesen ersten Schritt zum Rechtsanwalt unternommen hat, somit ist eine gütliche Übereinkunft schon nicht mehr möglich.
Er will zu Weihnachten nach Wien fahren und mit seiner Frau und ihren Eltern sprechen.
Ich fahre natürlich als "Blinder Passagier" mit.

Montag, 20.1.64
Einen ganzen Monat konnte ich keine Eintragungen in mein Tagebuch machen und dabei haben sich die Ereignisse wie wild überschlagen.

Am Freitag, 20.12.63 holte mich Fritz ab und ich vergaß mein Tagebuch ins Reisegepäck zu geben.
Wir fuhren ganz schnell nach Bodenteich und verabschiedeten uns von Mutti. Sie war guter Dinge und wollte die Feiertage in Braunschweig verbringen. Sie ließ auch die Eltern vom Fritz unbekannterweise grüßen und dann drückte sie uns so innig, daß ich sogar im Auto noch weinen mußte.

Wir fuhren die ganze Nacht durch, wechselten uns beim Fahren ab und erreichten am Morgen München.

Dort kleiner Einkaufsbummel , Ski, Schuhe und Anorak gekauft und dann ging es weiter nach Hüttschlag, einem kleinen verträumten Winterort im Salzburgischen . Hier hatten wir als Herr und Frau Huber ein Doppelzimmer bei Familie Schaidreiter. Es war das schönste Weihnachtsfest und die schönsten Urlaubstage meines Lebens!

Am Sonnabend, 28.12.63 fuhren wir nach Wien. Ich war voller Erwartung auf diese viel besungene Stadt, die ich schon so oft in Kinofilmen gesehen habe, und vergaß fast, in welch problematischer Mission wir kamen.
Wir hatten zwei Einzelzimmer im 17. Bezirk.

Am Sonntag ging Fritz zu seinen Eltern, um ihnen Rede und Antwort zu stehen.
Sie redeten ihm gut zu, mit Rücksicht auf das gemeinsame Kind doch eine Lösung zu finden.
In jeder Ehe würde es Probleme geben, da könnte man sich doch arrangieren.
"Ich habe nicht wirkliche Probleme mit meiner Frau. - Die Heirat war ein Fehler von mir. -
Ich hätte damals auf euch hören sollen," gab Fritz seinen Eltern gegenüber reumütig zu.
Sie waren nie mit der damaligen frühzeitigen Hochzeit einverstanden, aber je mehr sie dagegen redeten, desto mehr begehrte er dieses hübsche, blutjunge Mädchen mit den dicken, blonden Zöpfen.

Ihre Eltern hingegen waren damals wohl froh, daß sie ihre 16-jährige Tochter möglichst schnell an einen gut situierten "Herrn Ingenieur" verheiraten konnten. Daß sie mit ihrem Ehrgeiz das arme Mädchen um seine Jugend betrogen haben, wird heute niemand zugeben. Im Gegenteil: es wird vielleicht schon beraten, wie man zu besonders günstigen, finanziellen Bedingungen die Rücknahme von Tochter und Enkelsohn aushandeln kann.

Am Montag war Fritz bei seinen Schwiegereltern.
Es war keine Rede davon, daß man die Ehe retten sollte.
Mit einer Scheidung wäre man nicht einverstanden, wohl aber mit einer Trennung.
Es wurde über den Unterhalt gesprochen, über Auto, Möbel, Postsparbuch usw.
Wenn Fritz nicht einwilligen würde, käme seine Frau eben wieder nach Wittingen zurück.

Silvester verließen wir Wien und feierten in St. Pölten ins neue Jahr.
Wir tanzten die ganze Nacht hindurch und wuschen uns am Morgen an einem eiskalten Bach, stiegen ins Auto und fuhren zurück nach Deutschland.

Unterwegs wurde uns unsere jämmerliche Lage klar: Seine Schwiegereltern ahnten sicher schon, daß eine andere Frau im Spiele war. - An einer Fortführung der Ehe waren sie offensichtlich nicht interessiert. Nein, ihre Tochter sollte lieber zurückkommen und den süßen kleinen Sohn in ihre Obhut geben.
Und der Fritz soll zahlen, doppelt und dreifach, wenn er ganz frei sein will. - Und wenn man ihm einen Seitensprung nachweisen kann, dann würde alles ja noch interessanter, habe der Rechtsanwalt gesagt.

Seit ich im September der Einladung seiner Frau gefolgt war, stand ich auf der Verdachtsliste. Das Beste wäre daher, wenn ich sang- und klanglos vom Erdboden verschwinden würde. Das hieß, ohne Abschiedsfeier meinen geliebten Arbeitsplatz beim "Isenhagener Kreisblatt" aufgeben, was mir besonders schwer fiel. Ich war schließlich ein Teil dieser großen Familie, Herr und Frau Steffens waren mehr als Arbeitgeber für mich.

Vielleicht hätte ich sie auch ins Vertrauen ziehen können, - aber nein, wir durften kein Risiko eingehen.
Und dann Mutti! Hatte sie nicht vielleicht schon ganz stolz in Bodenteich herumerzählt, daß ich mit meinem Verlobten dagewesen bin? Was würde sie sagen, wenn Hannelore sich eines Tages bei ihr nach meiner Adresse erkundigen würde? -

Wir mußten Mutti schnellstens die volle Wahrheit sagen und ihr klar machen, daß sie über nichts reden darf!
Oh lieber Gott, warum das alles?

Es war eine scheußliche Stimmung, als wir uns der Lüneburger Heide näherten, bedrückend und hoffnungslos. Fritz setzte mich im Fuhlenriedweg in Wittingen ab, ich holte in Windeseile einige Kleidungsstücke für die nächste Zeit aus meinem Zimmer, versteckte mein Tagebuch gut unter meiner Matratze, - und so fuhren wir zu Mutti nach Bodenteich.
Sie freute sich riesig und hörte sich interessiert meine gelogenen Schwärmereien von Wien an.

Dann fing Fritz an, in ernstem Tonfall zu reden, erzählte alles von seiner Ehe, seinem geliebten Sohn, von den Schwierigkeiten, von unserer Liebe und von seinem Wunsch, sich scheiden zu lassen, um mich, seine Traumfrau, heiraten zu können.

Mutti hatte zugehört, ohne ihn zu unterbrechen. Zum Schluß sagte sie nur: "Das habt ihr euch eingebrockt, nun müßt ihr es auch auslöffeln." Da fiel uns der bewußte Stein vom Herzen. Wir umarmten Mutti und dankten ihr für ihr Verständnis. - Fritz fuhr zu sich nach Hause und ich schlief bei Mutti auf dem Sofa.

Am nächsten Tag schickte ich meine Kündigung nach Wittingen ab. Wie ungern ich das tat!

Ich lebte noch drei Tage in dem engen Zimmerchen mit Mutti zusammen, und wir hatten uns so viel zu erzählen. Mutti kramte Geschichten aus der Vergangenheit hervor, erzählte wie sie Vati in Braunschweig kennengelernt hat, mit ihm nach Bodenteich ging und dann das Geschäft und die Tankstelle aufgebaut hat. Weil Vati keine Kinder zeugen konnte ("Mir hat das Arzt bescheinigt, daß mein Körper eine wunderbare Gebärstube sei.") hatten sie sich entschlossen, ein Kriegskind zu adoptieren.
Ich sei wohl von einem englischen Soldaten, zumindest hätte das meine flatterhafte Mutter angegeben. ("Es gab Frauen, die sich mit jedem rumgetrieben haben, und dann nicht mal wußten, von wem das Kind war, das dabei herausgekommen ist") Jedenfalls habe meine Mutter mich weggegeben und ich sei meinen Eltern sofort mit ausgestreckten Ärmchen beim Sozialamt entgegengelaufen. Ja, und so sei ich dann zur Hauptstraße 15 gekommen. ("Von deiner Mutter haben wir nie mehr etwas gehört, na, die war froh, daß sie dich los war!")
So weh mir das tat, meine Herkunftsgeschichte mit so bitteren Worten zu hören, war ich sehr froh, daß sie überhaupt einmal darüber sprach.

Am 10.1.63 holte ich mir noch einmal abends heimlich , ohne daß Frau Schenk mich hörte, ein paar Sachen aus meinem Zimmer und vor allen Dingen das Tagebuch. Dann brachte mich Fritz nach Wolfsburg zur Familie Boettcher, wo ich in den nächsten Tagen wohnen konnte.

Nach eingehendem Studium der Anzeigen in den Wolfsburger Zeitungen stellte ich mich in einigen Büros vor. Am meisten sagte mir aber die Firma H & T in Fallersleben zu, wo ich am 15.1.64 anfing.

Als nächstes mußte ich ein Zimmer finden oder besser noch eine kleine Wohnung für uns zwei. Auch hier hatte ich ein Riesenglück: In der Heßlinger Straße war in einem Neubau ein Appartement mit Küche, Balkon und Bad frei und da wir 3000,- Mark Ablöse aus unserem Ersparten zusammenkratzen könnten, nahm ich das sofort.

Am Freitag, 17.1.64 fuhr ich nach Wittingen und sagte Frau Schenk, daß ich das Zimmer aufgebe, da ich nach Hamburg ziehen würde (arme, liebe Frau Schenk, ich mußte Sie auch belügen).
Im Dunkeln haben wir meine Sachen ins Auto geschleppt und dann fuhren wir nach Wolfsburg.
Fritz hat mich über die Schwelle getragen, gestaunt, mich immer wieder umarmt, geküßt, um die Taille gefaßt und im großen Wohnzimmer herumgewirbelt. Wir waren so glücklich über unser neues Nest.
Auf einer (!) Luftmatratze, eingehüllt in Decken und Wintermäntel durchschliefen wir unsere erste Nacht.

Am Sonnabend wurde der Boden geglänzert. Fritz sauste mit hochgekrempelten Hosenbeinen herum und war mächtig stolz auf sein Werk.
Weil unser Fensterflügel nicht richtig funktionierte, baute Fritz aus der unteren noch nicht vergebenen Wohnung einen solchen aus und bei uns wieder ein.
Im Treppenhaus fanden wir Balkonbretter-Abschnitte und retteten einige vor der Müllhalde, indem wir sie als Abdeckung auf hochgestellte Apfelsinenkisten legten, die ich bereits vom Obstladen nebenan herangeschleppt hatte. Demnächst nähe ich für diese "Küchenschränke" blau-weiße Vorhänge.

Sonntagabend haben wir aus meinem Bodenteicher Zimmer in einer Nacht- und Nebelaktion alles Brauchbare ausgeräumt und mit dem kleinen VW -Käfer 2 Stühle auf den Skihaltern, Couchtisch und Matratze auf dem Dachständer, Radio, Spiegel, Töpfe, Pfannen, Geschirr, Besen, Eimer, Gummibaum, Bettzeug und hunderttausend andere Dinge transportiert. Eine Teppichrolle hatte ich zwischen den Beinen und rings um mich waren Kopfkissen, Handtücher, Decken und andere "Weichteile" als Polsterung gestopft. Als wir endlich alles in unsere Wohnung im 3. Stock getragen und auf dem Fußboden in entsprechenden Sorten-Häufchen verteilt hatten, sind wir glücklich und übermütig beide (!) unter unsere Dusche gesprungen und haben das herrlich warme Wasser über unseren Körpern genossen, bis der kleine Boiler leer war. Was für ein Luxusleben!

Dienstag, 21.1.64
Seine Frau hat geschrieben, daß sie mit einem geringeren Unterhaltsbetrag nicht einverstanden ist. Fritz blieb nichts anderes übrig, als sie per Einschreiben aufzufordern, umgehend mit dem Sohn in die eheliche Wohnung zurückzukehren.

Mittwoch, 22.1.64
Wie gut, daß ich mir einiges zusammengespart habe. Eine Wohnung einzurichten kostet viel Geld, aber es ist herrlich!
Fritz kommt jeden Abend zu mir, 90 Minuten jede Tour, morgens um 5 Uhr raus, - kein Wunder, daß er heute an seinem Schreibtisch eingeschlafen ist....

Donnerstag, 23.1.64

Die Arbeit macht mir keinen Spaß. Ich denke so oft an den Betrieb bei der Zeitung in Wittingen, an die netten Kollegen, an Herrn und Frau Steffens. Hoffentlich kann ich ihnen später einmal alles erklären.

Mutti hat einen so lieben Brief geschrieben und uns alle Gute gewünscht, für meinen Arbeitsplatz, die Wohnung und die "Ehesache". Ihr geht es gesundheitlich gut, sie denkt, daß sie uns demnächst einmal besuchen wird. Na, da muß ich aber noch viel tun, um die Wohnung zur Besichtigung freigeben zu können.

Freitag, 24.1.64

Seine Frau hat ein Telegramm geschickt, daß sie am Sonntag zurückkommt.
Vielleicht bleibt jetzt alles beim alten und ich werde die ewig wartende Nebenfrau,
bis ich alt und schrumplig bin. Fritz will so etwas nicht hören.
Und ich mag so etwas nicht denken.

Sonnabend, 25.1.64

Heute hatte Fritz Geburtstag. Ich habe einen Gugelhupf gebacken, wir haben Sekt getrunken bei Kerzenlicht.
Ab morgen bin ich allein in der großen Wohnung. Eine Nacht noch...

Sonntag, 26.1.64

Sehr früh ist Fritz nach Wittingen gefahren.
Es ist jetzt 12 Uhr mittags, ich fühle mich so allein.
Ich mag nichts essen, habe keine Lust hinauszugehen, mag nicht lesen, mag noch nicht einmal
n i c h t s tun.
Ach, wenn Mutti doch hier wäre! Oder wenn ich wenigstens zu Frl.v.Behr laufen und ihr die ganze Wahrheit erzählen dürfte.... oder Hannelore anrufen... oder Walter, der noch nicht einmal weiß, daß ich ganz in seiner Nähe wohne.

Ich habe Angst, daß sein kleiner Junge so putzig ist und anschmiegsam, daß Fritz alles opfern wird, um ihn nicht zu verlieren, - also auch mich.
Ich habe Angst, daß sie ganz lieb ist, sich hübsch gemacht hat, ihn verführt, ihn überzeugt, daß er ein Idiot war, an Scheidung zu denken..

Ich setze mir ein Ziel: Wenn er bis zum Ende dieses Jahres nicht geschieden ist, gebe ich die Wohnung auf und gehe endgültig ins Ausland! - Abgemacht! Ehrenwort!
So, jetzt ist mir wohler! Ich werde aufstehen und Familie Boettcher besuchen.

Montag, 27.1.64

Montags und Dienstags ist ab sofort immer ein Feiertag!
An diesen Tagen haben wir uns für einen Französisch- bzw. Spanisch-Kurs bei der Volkshochschule Wolfsburg angemeldet. Mal sehen, wie lange wir w i r k l i c h dahin gehen. Aber immerhin sehen wir uns und danach ist noch eine Stunde Schmusezeit in unserer Wohnung, bevor er nach Hause fährt, nein besser gesagt: nach Wittingen, denn sein Zuhause ist bei mir.

Dienstag, 28.1.64

Spanisch-Kurs, ein paar Worte im Auto, - Einsamkeit.

Freitag, 31.1.64

Gott sei Dank ist die Arbeitswoche vorbei. Ich mag meine Arbeit nicht. Jeden Tag gehe ich mit einem bitteren Gefühl zum Bus, sitze 8 Stunden am Schreibtisch, habe keinen Auslauf wie bei der Zeitung mit der Druckerei und der Redaktion, keine Kollegen, nur die Aktenordner, die blöde neumodische elektrische Schreibmaschine, an die ich mich noch nicht gewöhnt habe. Da braucht man nur ganz leicht an die Tasten zu tippen und schon schreibt sie, auch das , was man eigentlich gar nicht schreiben wollte. Ich hasse dieses Ding!
Aber ich habe heute für einen halben Monat 250,- Mark netto bekommen, das alleine zählt.

Montag, 3.2.64

Fritz hat den Verdacht, daß seine Frau ihn beobachten läßt. Darum bin ich heute nicht zum Französisch-Kurs gegangen und er ist auch gleich danach nach Hause gefahren. Schade!

Dienstag, 4.2.64

Fritz ist in meiner Nähe und ich darf nicht zu ihm. Das ist fast unerträglich!
Als ich heute so traurig am Fenster stand und versuchte, sein Auto beim Vorbeifahren zu erspähen, habe ich plötzlich Angst gehabt, daß es nun schon der Anfang vom Ende sein könnte.... Vielleicht will er mich gar nicht mehr sehen und benutzt diese Ausrede. Vielleicht ist er gar nicht zum Kursus gefahren, sondern sitzt gemütlich mit ihr zu Hause bei Sekt und Schinkenbrötchen....? Vielleicht will sie ein neues Leben mit ihm anfangen.
Diese Zweifel werden wohl immer an mir nagen. -
Ich werde morgen an Mutti schreiben. Ich habe so Sehnsucht nach ihr.

Donnerstag, 6.2.64

Gestern habe ich einen langen Schluchzerbrief an Mutti geschrieben und sie zum Wochenende eingeladen.
Heute vormittag rief mich mein Chef in sein Büro. Ich habe mich in der gesamten Abrechnung der Verkäufe verrechnet.
Er ist nachsichtig, aber mir ist es peinlich... Ich bin bis 9 Uhr im Büro geblieben und habe alles noch einmal abgeschrieben. Ich muß mich mehr konzentrieren.

Sonnabend, 8.2.64

Mutti kam heute mit dem Zug. Wir haben beim "Hähnchen-Rudi" gegessen und dann hat sie unsere Wohnung bewundert. Sie will uns einen Schrank kaufen, damit wir endlich die Kleider aufhängen können. Sie würde auch gern so eine schöne helle Neubauwohnung haben, nur der Lärm von der Straße würde sie stören.
"Aber warum bist du denn aus dem Altersheim ausgezogen, das Zimmer war doch so hübsch und alles so bequem." fragte ich . "Ach, das ist ein Kapitel für sich, - man macht so oft einen Fehler, den man dann nicht mehr rückgängig machen kann." Ich sah, daß die Tränen ihr nahe standen und wechselte das Thema.

Sonntag , 9.2.64

Das war je eine peinliche Überraschung, als Fritz heute morgen um 7 Uhr ohne Licht anzumachen ins Zimmer kam, sich zur Matratze hinunterbeugte und fast seine Schwiegermutter geküßt hätte!
Wir haben gemeinsam Frühstück gegessen, was besonders toll war, weil Fritz einen Toaster mitgebracht hatte.

Es war ja ganz lieb, daß Mutti dann einen Schaufensterbummel machte, um uns allein zu lassen. Aber wir merkten nicht, daß es anfing zu regnen, als wir auf der Matratze herumknuddelten. Ich war furchtbar wütend, als sie nach einer halben Stunde schon wieder klingelte! Zum Glück klingelte sie, obwohl sie einen Schlüssel mitgenommen hatte.

Nein, vorläufig werde ich sie nicht wieder einladen. Alt und Jung paßt nicht zusammen.

Ich weiß, ich bin gemein, aber ich hatte Fritz seit zwei Wochen nicht gesehen...

Er hat die ganze Zeit nur von seinem Jungen geredet, daß er krank ist und Penizillin kriegen muß, daß seine Frau den ganzen Tag an seinem Bettchen sitzt und Fieberumschläge macht. Er sagte das so liebevoll...

und gerade das tut mir unbeschreiblich weh...

Mutti hat sich überschwenglich für das schöne Wochenende bedankt und, als sie mich innig am Bahnsteig umarmte, ganz glücklich festgestellt: "Nun hat mein Leben wieder einen Sinn." - Mein Sinn des Lebens heißt: WARTEN!

Montag, 10.2.64
Wir waren heute beide beim Französischkurs.
Fritz hat erzählt, daß er jetzt nicht mehr bei ihr schläft, sondern sich ins Wohnzimmer ausquartiert hat. Ein Kollege hat ihm das empfohlen. - Ich habe Angst daß es genau das Gegenteil bewirkt...

Dienstag, 11.12.64
Er war nicht beim Spanisch-Kurs. Was ist passiert?
Warum hat er mich nicht im Büro angerufen?
Haben sie sich wieder versöhnt? Hat sie es mit Parfum und Zärtlichkeit erreicht?
Verdammt noch mal, mein Verstand sagt mir, daß es für alle Beteiligten das Beste wäre!
Für alle? Zähle ich nicht?
Ich halte das nicht mehr lange aus.

Mittwoch, 12.2.64
Kein Anruf.

Donnerstag, 13.2.64
Was ist bloß los? Ich werde wahnsinnig.

Freitag, 14.2.64
Er ist heute abend gekommen! Ich war gerade dabei, meinen Pullover zu waschen, da kam er zur Tür herein. Oh mein Gott, das war der schönste Augenblick seit langer Zeit! - Er hat zu ihr gesagt, daß er übers Wochenende in den Harz fährt. Er bleibt bis Sonntagabend! Gute Nacht, liebes Tagebuch, ich bin so glücklich!

Sonnabend , 15.2.64
Die Nacht ging nahtlos in den Mittag über... Wir haben einen Toast gegessen... und husch, husch, ist die Nacht schon wieder da...

Sonntag, 16.2.64
Heute war so ein wunderschöner Frühlingstag. Die Sonne schien hell in unsere Wohnung, der Schnee machte den Marktplatz unter uns noch heller und sauberer und ich dachte, wie schön es wäre , wenn wir jetzt hinausgehen könnten. Seit unserem Weihnachtsurlaub sind wir nie wieder gemeinsam spazieren gegangen.

Und genau in dem Augenblick faßte Fritz meine Schultern und flüsterte zärtlich: "Laß uns ein bißchen rausfahren, einfach irgendwohin in die Natur." - Ich jubelte vor Freude, wußte ich doch, daß es gefährlich ist!
Wenn uns irgend jemand gemeinsam sehen würde, könnten unsere Chancen auf eine gütliche Scheidung auf Null sinken. Nie, niemals würde seine Frau ihn einer anderen gönnen! (Ich auch nicht!)
Wann ist ein Ende der Heimlichkeiten? Wann können wir ein normales Leben führen?
Zwei Menschen lieben sich nicht mehr und müssen nebeneinander leben,
zwei Menschen lieben sich ganz wahnsinnig und dürfen nicht zusammen sein.
Lieber Gott, hilf uns doch. - Ich weiß, für so etwas ist der liebe Gott nicht zuständig.

Montag, 24.2.64
Gemeinsamer Französischkurs, nachher ein bißchen Schmusen in der Wohnung.
Sie haben kaum mit einander gesprochen, seit er aus dem Schlafzimmer ausgezogen ist.
Heute morgen hat seine Frau von Scheidung geredet. - Sie haben sich geeinigt, zu einem anderen Rechtsanwalt zu gehen und einen Vertrag zu machen.

Sie behauptet zu wissen, daß Frl. Brandt aus Bodenteich mit ihrem Verlobten über Weihnachten in Wien gewesen sein soll. Angeblich wäre ein Herr bei Frau Brandt gewesen, die ihm alles erzählt habe.

Fritz hat so getan, als hätte er damit nichts zu tun, und auch nicht nachgefragt, welcher Mann das gewesen sein soll.
Wer war es wirklich? Hat diese Aussage von Mutti, - wenn es denn so war- , bewirkt, daß ich damit von der Scheidungsbühne als Nebenbuhlerin abgetreten bin?

Dienstag, 25.2.64
Ich habe in der Mittagspause einen langen Brief an Mutti geschrieben,
mir alles vom Herzen herunter geschrieben, was ich ihr lange schon sagen wollte:
daß ich sie immer lieb gehabt habe, auch wenn die anderen uns auseinanderbringen wollten,
daß ich ihr für alles so dankbar bin und besonders dafür, daß sie jetzt zu uns hält,
daß ich ihr ein Zimmer in Wolfsburg besorgen möchte, - später - , wenn alles vorbei ist,
und daß sie jetzt mit uns durchhalten und mit niemanden reden soll.
Auf einem Extrazettel habe ich sie gefragt, welcher Herr sie im Dezember besucht und über mich ausgehorcht haben könnte. Und daß seine Frau dadurch erfahren haben soll, daß ich mit meinem Verlobten in Wien gewesen bin.

Mittwoch, 26.2.64
Ich bin so aufgeregt und unkonzentriert bei der Arbeit. Ich mache Flüchtigkeitsfehler, wie es mir früher nie passiert ist. Ich warte auf eine Antwort von Mutti.

Donnerstag, 27.2.64

Mittags habe ich in der Bahnhofsgaststätte angerufen, wo Mutti zum Essen geht. Es dauerte unendlich lange, bis sie ans Telefon kam, aber dann ergoß sich ein nicht enden wollender Redeschwall in mein Ohr: Ich solle sofort mit der Ehebrecherei Schluß machen, seine Frau habe doch den längeren Arm, die Sache mit dem Herrn sei erlogen, sie habe niemanden etwas erzählt, sie würde die seelischen Belastungen nicht mehr länger aushalten und wenn ich sie nicht in den Tod treiben wolle, dann solle ich mich schnellstens aus der widerlichen Affäre herausziehen usw. usw. - Sie legte auf, bevor ich nur ein einziges Wort dazu sagen konnte.

Das hat mir gerade noch gefehlt! - Was soll das alles bedeuten? -Was will sie erreichen?
Daß ich mich von Fritz trenne, so wie ich mich auch von Walter und -ach Gott, vor ganz langer Zeit, - von Hering getrennt habe, - ihretwegen, - weil sie immer und immer wieder mit Selbstmord gedroht hat?

Ist sie nur mütterlich besorgt um mich? Ahnt sie, daß ein Glück, das auf dem Leid anderer aufgebaut ist, nicht gedeihen kann? Weiß sie mehr als ich?
Hat sie ihre Sorgen jemanden anvertraut, vielleicht Onkel Albert und Tante Else?
Hat sie Frau Steffens in Vertrauen gezogen und vielleicht erfahren, daß man in Wittingen bereits über mich tratscht? Wer ist der Mann, der in der Weihnachtszeit bei ihr war, und den sie verleugnet?

Ich habe versprochen, morgen länger zu arbeiten, und bin um 3 Uhr nach Hause gegangen.
Mein Kopf droht zu zerplatzen, mein Herz rast, - es ist Mitternacht, - ich weiß nicht, was ich tun soll....

Freitag, 28.2.64

Auf dem Weg zur Arbeit fühlte ich mich, als sei ich zu früh aus der Intensivstation ausgerückt. -
Total unkonzentriert habe ich meine dämlichen Verkaufslisten zusammengestellt, Reiseberichte abgetippt und den Wochenabschluß gemacht, der ganz sicher wieder nicht stimmen wird. - Einen Anruf von Fritz habe ich erhofft und gleichzeitig befürchtet, - nichts geschah.
Es ist 2 Uhr nachts, er ist nicht gekommen.

Sonnabend, 29.2.64

Fritz war nicht hier.

Sonntag, 1.3.64

Wieder allein.

Montag, 2.3.64

Wir trafen uns vor der Volkshochschule, - alles war gut, als er mich umarmte - . wir haben den Französischkurs geschwänzt und sind nach Braunschweig gefahren, haben in einem China-Restaurant Sukiyaki gegessen, so als wären wir ein ganz normales Liebespaar...
Zu Hause bei ihm wird nicht mehr über Scheidung gesprochen, sagt er. Warum kann er nicht wenigstens lügen und mir weiter Hoffnung machen? Warum ist er so verdammt ehrlich?
Ich habe ihm nicht erzählt, was Mutti am Telefon gesagt hat.

Dienstag, 3.3.64

Nach dem Spanisch-Kurs ist er gleich nach Hause gefahren. Er will kein Risiko eingehen.

Er weiß nicht, wann er wieder kommen kann. Es ist alles so gefährlich, sagt er. Ist es das Ende?

Sonnabend, 7.3.64
Fritz war den ganzen Tag bei mir. Es war ein Traum! Wir haben geschmust und gekocht, schöne Musik gehört und Pläne gemacht. - Am nächsten Freitag haben sie beide einen Rechtsanwalt-Termin in Uelzen.
Ich mag es nicht glauben. -
Ich denke ständig an Muttis Worte.

Sonntag, 8.3.64
Obwohl ich wußte, daß er nicht kommen würde, bin ich immer wieder vom Küchenfenster zum Wohnzimmerfenster gelaufen, ob ich nicht irgendwo sein Auto erspähe, und bei jedem Zuschlagen der Haustür, hoffte ich, daß ich kurz danach das Umdrehen eines Schlüssels in unserer Wohnungstür hören würde.
Aber ich blieb den ganzen Tag allein, -
mit meinen Gedanken - meiner Liebe - und meiner Sehnsucht.

Montag, 9.3.64
Nur Französischkurs, nur ein Kuß im Auto, dann Abschied....
Wir dürfen jetzt nichts riskieren.

Dienstag, 10.3.64
Spanisch-Kurs, - Ich liebe dich - . Ich liebe dich auch.

Freitag, 13.3.64
wie wird es ausgegangen sein an einem Freitag, den 13. ?
Morgen will er kommen.

Sonnabend, 14.3.64
Eigentlich wollte er schon am Vormittag bei mir sein. Aber nachmittags um 3 Uhr zitterte ich immer noch, aus Angst, daß nun endgültig Schluß sei. - Vielleicht hat der Rechtsanwalt bestätigt, daß ihr nach dem Gesetz tatsächlich 600,- Mark netto zustehen. Wir können von den 200,- Mark nicht leben. Natürlich werde ich erstmal weiterarbeiten .Aber wenn wir ein Kind haben, will ich unbedingt zu Hause bleiben.
Vielleicht hat der Rechtsanwalt den beiden ins Gewissen geredet, - wegen Norbert.
Vielleicht war es ein Trick oder nur Verzögerungstaktik.
Oder Fritz hat mich belogen.
Um 17 Uhr kam er mit einem Strauß roter Rosen, umarmte mich und sagte, nun könne ich bald mein schwarzes Kostüm ausbürsten, denn ich würde bald seine Frau werden.
Ich traue mich nicht, es zu glauben, aber die Scheidung ist eingereicht.
Ich liebe ihn.
Hoffentlich bereut er es nie.

Sonntag, 15.3.64
Heute kam er nicht. - Ich habe den ganzen Tag die Wohnung geputzt, Wäsche gewaschen und dann einen Besuch bei Frl.v.Behr gemacht.
Natürlich mußte ich sie belügen, sie, die ich immer so geliebt und verehrt habe!

Mein Verlobter sei in Brüssel zur Messe.

"Und das glaubst du?" zwinkerte sie mich schelmisch herausfordernd an und eine Sekunde lang befürchtete ich, daß sie etwas herausgekriegt haben könnte. "Weißt du, der Herr Weiß vom Gesangverein hat immer zu seiner Frau gesagt, er würde in die Messe gehen, - die sind katholisch - , und dabei war er bei einer anderen Frau. Aber dein Verlobter ist Dir sicher treu." Sie lachte und nahm mich in die Arme, um mich erstmal richtig zu begrüßen. Als ich ihre Wärme spürte, die mich so heftig an die Umarmung unter der Straßenlaterne damals vor dem Bodenteicher Pastorenhaus erinnerte, wurde mir bewußt, wie paradox doch alles war, und wie sehr sie Recht hatte! Ja, er war bei einer anderen Frau, bei seiner eigenen.... Plötzlich schossen die Tränen und Schluchzer aus mir heraus, ich schüttelte meine aufgestaute Angst von mir weg, konnte die vielen Worte gar nicht so schnell formen zu verständlichen Sätzen.

A l l e s , alles habe ich von mir geredet, - ich habe mein Innerstes herausgekrempelt, Herz und Seele geputzt und gereinigt, meinen Kopf frei geredet, - saß neben ihr, bereit meine Bestrafung anzunehmen, wie seinerzeit, als Vati mit einem Fahrradschlauch auf mich zukam und mich verprügelte, weil ich in den Bodenteicher Geschäften geklaut hatte.

Aber sie strafte mich nicht. Sie strich mir übers Haar und übers Gesicht und sagte liebevoll:
"Egal, wie es weitergehen wird, es ist Gottes Wille."
Ich war wieder die 14-jährige Ilse, als sie ganz verwundert in sich entdeckte, daß sie eine Frau zu lieben begann. - Nicht sexuell wie Mutti befürchtete, sondern kindlich suchend nach Wärme und Verständnis. All das hat sie mir gegeben, bewußt oder unbewußt, - und gab sie mir auch heute noch in wundervoller Weise.

Als ich spätabends nach Hause kam, habe ich in meinen Tagebüchern geblättert und durchlebte noch einmal die Zeit der Bodenteicher Jugendgruppe, - plötzlich war Vati neben mir, und auch Pastor Gurland - .
Ich bin so froh, daß ich meine Gefühle immer so ehrlich aufgeschrieben habe, auch wenn Mutti mein Vertrauen so hinterhältig mißbraucht hat. - Ich will es vergessen und verzeihen.

Montag, 16.3.64
Ich habe Mutti einen langen Brief geschrieben und ihr mitgeteilt, daß die Scheidung nun eingereicht ist, weil seine Frau anscheinend an der Fortsetzung der Ehe kein Interesse hat.
Ich habe sie eingeladen, über Ostern zu mir nach Wolfsburg zu kommen.

Dienstag, 17.3.64
Fritz kam nach dem Spanisch-Kurs noch für ein paar Minuten in unsere Wohnung und wir sprachen über Ostern. Seine Frau fährt mit dem Kind für ein paar Tage nach Wien!

Freitag, 20.3.64
Mutti hat auf meine Einladung bis heute nicht reagiert. Bevor ich aus dem Büro ging, habe ich bei Familie Raschke angerufen, obwohl Mutti mir verboten hat, das zu tun ("Das ist mir immer so peinlich!")
Frau Raschke sagte mir ziemlich kühl, daß Mutti krank sei und nicht ans Telefon gehen könne.
Ach ja, und wir sollten sie vorläufig nicht besuchen, weil sie ihre Ruhe haben will.
Ich mache mir Sorgen. Vielleicht hätte ich ihr lieber schreiben sollen, daß ich mich nun endgültig von Fritz getrennt habe. Ja, warum habe ich das nicht getan? - Das wäre doch ganz einfach gewesen.

Was bin ich bloß für ein Idiot? Ich traue mich nicht, ihr unter die Augen zu treten. Ich habe Angst, ihre Vorwürfe zu hören. Ich habe Angst, von ihr die Wahrheit zu hören.

Sonnabend, 21.3.64
Wir sind nicht nach Bodenteich gefahren.
Die Stimmung ist nicht gut zwischen uns im Augenblick.
Wir sind irgendwie traurig. Wir sind irgendwie so hoffnungslos.
Fast denke ich, daß wir aufgeben möchten und keiner von uns beiden sich traut, das auszusprechen....

Dienstag, 24.3.64
Seine Frau und sein Sohn sind nach Wien gefahren und ich habe Fritz für eine ganze Woche!
Wir werden Mutti abholen und mit ihr in der Lüneburger Heide herumfahren,
wir werden schön kochen, spanisch und französisch lernen, wir werden uns liebhaben und uns über die Gegenwart und auf die Zukunft freuen. - Liebes Tagebuch, Fritz liegt neben mir, ich liebe ihn...

Karfreitag, 27.3.64

MUTTI HAT SICH IN UNSEREM HAUS AUF DEM DACHBODEN ERHÄNGT!
Mit dem Gürtel ihres Morgenmantels.
Ich kann es noch nicht glauben.

Fritz war am Spätnachmittag zu mir gekommen. - Kurz darauf klingelte es bei uns. Ich sah aus dem Fenster, wer das wohl sein könnte und erblickte auf der Straße ein Polizeiauto. - Fritz wurde kreidebleich, weil er annahm, daß seine Frau dahinter stecken könnte.
Ich öffnete die Tür und ein kleines uniformiertes Männlein trat ein, nahm die Kappe ab, stellte sich in ordentliche Position und las mir von einem Schreiben aus seiner Aktentasche vor:
"Frau Lina Brandt, Adoptivmutter von Ilse-Doris-Renate Brandt, hat sich auf dem Dachboden ihres Hauses, Bodenteich, Hauptstraße 15, erhängt. Genauer Zeitpunkt des Todes ist unbekannt."

Er verabschiedete sich höflich und empfahl mir, schnellstens zur Kripo Wolfsburg zu gehen, wo ich Näheres erfahren würde. - Fritz leitete mich zum Sofa und wir waren sprachlos.
Es waren so viele Gefühle in mir, daß ich gar nicht weinen konnte. -
Ich hatte plötzlich so viele Fragen:
Warum ist sie damals aus dem hübschen Altersheim ausgezogen? Mutti hatte nie ihre Gründe dafür genannt und ich habe mich nicht getraut, sie zu fragen
Wer hat sie mit all dem Gepäck nach Bodenteich gebracht? Warum hat sie in dem häßlichen kleinen Untermietszimmer bei fremden Leuten gewohnt?.
War kein Platz für sie in ihrer(!) Wohnung in unserem(!) Haus, weil Zeineckes sich ausgebreitet hatten?

Warum wollte sie, daß ich mich von Fritz trenne, wo sie doch so glücklich mit uns war, und sogar sagte, daß ihr Leben jetzt erst wieder einen Sinn bekommen hat.
Hatte das etwas zu tun mit dem Mann, dem sie sich anvertraut haben soll?

Ich holte mein schwarzes Kostüm aus dem Schrank, - etwas zu früh und nicht für meine Hochzeit.
Fritz brachte mich zur Kripo Wolfsburg, wo ich erfuhr, daß sie vor wenigen Tagen ganz überraschend wieder in ihr eigenes Haus umgezogen sei und daß die Mitbewohner sie gestern zum letzten Mal

gesehen hatten. Heute nachmittag habe man sie dann gesucht und auf dem Dachboden im Morgenmantel erhängt aufgefunden. Man habe der Polizei bereits erzählt, daß Frau Brandt schon mehrere Selbstmordversuche begangen und in Folge immer wieder damit gedroht habe.
Das war alles, was ich heute erfahren habe.

Gott sei Dank kann Fritz über Ostern bei mir bleiben. Trotzdem ist uns klar, daß jetzt alles noch gefährlicher für uns geworden ist, da die Nachricht über Muttis Tod bestimmt bald bis nach Wittingen durchsickern und mich dann wieder ins Gerede bringen wird. ("Ach ja, wo ist sie denn, die Ilse Brandt, war da nicht mal was mit einem verheirateten Mann?")
Ich habe Angst, nach Bodenteich zu fahren. Werden sie alle mit Fingern auf mich zeigen?

Sonnabend, 28.3.64
Es war ein furchtbarer Tag! Warum hat Mutti das bloß getan? Warum hat sie m i r das angetan?
Wir fuhren in aller Frühe nach Bodenteich. Fritz hat mich bei der Polizei abgesetzt und fuhr weiter.
Ich sollte ihn am Wierener Bahnhof anrufen, wenn alles erledigt ist.
Ich klopfte beim Wachzimmer, - trat ein .... und wer saß da schon? Onkel Albert und Tante Else!!! -
"Da kommt sie ja endlich!" sagte Onkel Albert. Kein Gruß, kein Beileid, nur eisige Gesichter um mich herum. - Unsere alte Bürokassette stand schon hergerichtet auf dem Tisch und auf einem Papiertaschentuch lag ein Häufchen Schmuck. Ich sollte das an mich nehmen und den Empfang quittieren.

Plötzlich war die Rede von einem Testament!
"Mutti hat ein Testament gemacht?" fragte ich ungläubig.
"Ja, Ilse, hier ist der Hinterlegungsschein, bitte sehr! Hat alles seine Ordnung!" Onkel Albert schmetterte einen kleinen weißen Schein zu mir über den Tisch. -
Es durchfuhr mich blitzschnell, daß Vati immer gesagt hatte, alles würde ich einmal bekommen, - und jetzt hat Onkel Albert, - ER, Vatis Halbbruder! - den Hinterlegungsschein für ein Testament, das Mutti gemacht haben soll? - Ich habe nicht viel mitgekriegt, aber am Blick von Tante Else sah ich einen gewissen Triumph.
"So, wir gehen jetzt. Kümmerst du dich um die Beerdigung oder sollen wir das machen?" fragte Onkel Albert und reichte mir seine Hand, die ich nicht annahm. - "Nein, das mache ich," flüsterte ich, während ich auf dem kleinen weißen Schein das Datum las, als das Testament verfaßt und hinterlegt wurde: 8.1.1963! Das war im letzten Jahr, nachdem sie zu Weihnachten in Braunschweig war! - Aus weiter Ferne hörte ich den Polizeibeamten sagen: "Sie werden dann vom Rechtsanwalt benachrichtigt." - Ja, ja, ja....
Als die Braunschweiger draußen waren, sagte der Beamte zu mir: "Wenn jemand das immer wieder vorhat, kann man ihn nicht davon abhalten." - Ja, ja, ja....

Ich nahm die Kassette, stopfte den Schmuck in meine Manteltasche und ging die Hauptstraße hinunter zu unserem Haus. Brandten Paula stand mit einer Gruppe Frauen vor unserer Haustür. Alle drehten ihre Köpfe zu mir, als ich kam. Paula zischelte durch ihr breites Maul: "Ilse, mußte das denn sein?!" -

"Ja, Tante Paula, ich weiß auch nicht, wie das passieren konnte!" sagte ich höflich, was hätte ich sonst sagen sollen? - Warum habe ich nicht geschrien, daß ich sie alle für Aasgeier hielt? Ich war zu schwach zum Schreien. - Tante Paula hechelte in die Menge hinein: "Ich bin die ganze Woche bei ihrer Mutter gewesen!" und zu mir gerichtet: "....dir soll ich einen schönen Gruß bestellen, nun wärst du ja wohl zufrieden!"

Mir blieb das Herz stehen. Das soll Mutti gesagt haben? Hat die Paula dann von ihrem Vorhaben erzählt?

"Das ist nicht wahr! Du lügst!" - "Natürlich ist es wahr! Du hast dich ja nicht um deine Mutter gekümmert! Das mußte ja so enden!"

Da hat es mir gereicht! Ich bin weggelaufen, mit der schweren Eisenkassette unterm Arm, und wußte eigentlich gar nicht, wohin ich wollte. - Ich spürte die Augen der Frauen auf mich gerichtet, sie durchbohrten fast meinen Rücken, - und dann fing die dicke Paula wieder an zu reden und in der Ferne hörte ich die anderen Frauen einstimmen in den Kanon auf die abtrünnige Adoptivtochter, die ihre Mutter in den Tod getrieben hat...

So lief ich zum Herrn Moy, der das Beerdigungsinstitut leitet. Das war nun der Erste, der mir sein Beileid versicherte. Und der tut es für Geld.

Ich weiß nicht, was ich alles bestellt hatte, was ich nachher unterschreiben mußte, was das Ganze am Ende kosten wird. Ich habe nur genickt und meine Wolfsburger Adresse angegeben. - Er versprach, alles für mich zu erledigen. Wahrscheinlich würde am Dienstag die Beerdigung sein, meinte er und drückte mir die Hand ganz fest. - Dann ging ich mit meiner Kassette unterm Arm zur Post, rief wie verabredet Fritz an.

Nach einer Weile, die mir irrsinnig lang vorkam, war er da und wir fuhren nach Wolfsburg.

Ich habe keine Eltern mehr, ging es mir die ganze Zeit durch den Kopf.

Meine Mutter hat sich aufgehängt!
Was hat sie dazu getrieben,
die steile Bodentreppe hinaufzugehen,
einen Stuhl an einen geeigneten Platz zu stellen,
den Gürtel ihres rot-blau-gepunkteten Frotteebademantels
an einem Nagel aufzuhängen,
sich die Schlinge um den Hals zu legen und dann hinunterzuspringen...?
Oh Gott, wie furchtbar!

In Wolfsburg fuhren wir auf meinen Wunsch zu Frl.v.Behr.

Sie tröstete mich so lieb und ich badete in ihrem Mitgefühl. Sie hatte immer gewußt, daß Mutti Depressionen hatte. Es war auch bekannt in Bodenteich, daß Mutti immer wieder von Selbstmord geredet hatte.

Sie wußte sogar von der Wahrsagerin, die ihr das vor vielen Jahren prophezeit haben soll.

"Mach dir keine Vorwürfe, Ilse, laß alles wie es ist, - du wirst nie erfahren, was da wirklich vorgefallen ist. Vielleicht ist es auch besser so. - Du mußt jetzt endlich dein Leben leben. "

Als wir zu Hause waren, haben wir erstmal die Kassette geöffnet, die Vati immer im Schreibtisch eingeschlossen hatte, die ich aber bei Mutti nie mehr gesehen habe. Vielleicht hatten die Braunschweiger sie in Verwahrung.

Neben wichtigen Dokumenten, alten Fotos, Rechnungen, Grundbuchauszügen, Vertragsformularen habe ich in einem verschlossenen Umschlag die wichtigsten Dokumente meines Lebens gefunden:

Ein Entlassungspapier von einem Krankenhaus in Frankfurt/Oder - vergilbt, zerknittert, fast unleserlich.
Den Adoptionsvertrag für Renate-Doris Krause, geb. am 30.6.44 in Lebus

Mutter: unbekannt

Vater: unbekannt

und Lina und Friedrich Brandt, Datum....

Das Datum war unleserlich verblaßt -- oder sogar ausradiert? - Es könnte 1.3. oder 1.8.45 oder 46 oder 48 heißen. Was hat das Krankenhauspapier mit der Adoption zu tun, und warum steht da, daß meine Eltern unbekannt waren? - Mutti hatte mir immer erzählt, daß sie mich direkt aus den Armen meiner Mutter in Empfang genommen hat? Fritz vermutete nun, daß ich doch ein Findelkind sei und Mutti die Geschichte von der bösen leiblichen Mutter nur erfunden hat.

"Aber warum?" -

"Damit du keine Lust bekommst, deine wahren Eltern kennenzulernen und dich für deine Herkunft schämen mußt."

Ostern 1964

Wir waren hundemüde, aber wir haben bis in den Morgen geredet. Fritz sagt, wir wollen keine Zeit verlieren und schnellstens nach meinen leiblichen Eltern suchen. Aber wie? Sobald ich im Büro bin, werde ich an das Krankenhaus in Frankfurt/Oder schreiben und werde mich beim Roten Kreuz erkundigen, wo und wie man Nachforschungen anstellen kann. Ich bin so aufgeregt!

Über diese Gedanken um meine Herkunft haben wir beinahe Muttis Tod vergessen und die Scheidung.

Ostermontag 1964

Ich würde so gern nach Bodenteich fahren, mich bei Raschkes und bei Uschi erkundigen, aber ich habe Angst, mich da blicken zu lassen. Ich fürchte mich vor der Beerdigung morgen, wenn sie alle auf mich schauen werden und ich keinen habe, der mich hält.

Dienstag, 31.3.64

Frl.v.Behr rief mich heute morgen im Büro an, daß sie leider nicht mit mir zu Beerdigung fahren kann, weil sie zu einer wichtigen Besprechung nach Fallersleben muß. Herr Dröse vom Kirchenchor würde mich nach Bodenteich fahren und auch bei der Beerdigunszeremonie neben mir bleiben. Ach, ich war ihr ja so dankbar, daß sie das arrangiert hatte. Fritz konnte unmöglich dabei sein, so gern er das getan hätte.

Herr Dröse holte mich mittags vom Büro ab und wir fuhren ohne Umwege zum Bodenteicher Friedhof.

Der Sarg war auf meinen Wunsch mit 62 roten Nelken geschmückt und mein Kranz stand davor.

Es versammelte sich nur eine kleine Trauergemeinde, zehn, zwölf Frauen, ich kannte alle, aber nur Uschi gab mir die Hand. - Ich sah in abweisende und strafende Gesichter, trauerten sie wirklich? Oder wälzten sie sich in dem Gefühl, hier endlich vor Gericht gehen zu können mit dem jungen Mädchen, das damals im Hause Brandt aufgenommen wurde und alle Träume und Phantasien über eine mögliche Erbfolge zunichte macht?

Bestimmt wissen sie auch alle schon, was in dem Testament steht.

Ich weiß es nicht, aber es ist mir auch egal.

Onkel Albert und Tante Else brachten einen riesengroßen Kranz, - ich glaube, sie haben in der Gärtnerei abgesprochen, daß er größer werden mußte als meiner.... Sie setzten sich nicht zu mir.

Immer mehr habe ich den Verdacht, daß hier etwas nicht mit rechten Dingen zugegangen ist.

Ich bin doch nie so schlecht gewesen, daß man mich jetzt hier behandelt, als hätte ich sie umgebracht?!

Die Tränen, die mir herunterkullerten galten eher mir selbst und unwillkürlich hakte ich mich bei Herrn Dröse fester ein und war dankbar, daß er mitgekommen war.

Die Predigt von Herrn Pastor Kalmes, den ich gar nicht kenne, war nüchtern und kurz, - nur Gottes Wort, wie er sagte.

Dann der letzte Weg. - Vati und Mutti wurden wieder vereint. - Niemand verabschiedete sich von mir, nur Herr Moy kam zu uns, fragte ob ich zufrieden sei, und versicherte mir, daß er die Sache mit der Grabinschrift erledigen würde.

Herr Dröse brachte mich nach Wolfsburg zurück.

Ich warf mich erschöpft auf unsere Matratze und starrte an die Decke , bis Fritz abends kam, - und die letzte Nacht blieb.

Mittwoch, 1.4.64

Ich habe den ganzen Vormittag herumtelefoniert.

Zum Landratsamt Uelzen mit Hinweis auf den Adoptionsvertrag.

Die nette Dame vermutete allerdings, daß in den Unterlagen sicher nur vermerkt sei, mit welchem Flüchtlingstreck ich in die Lüneburger Heide gekommen war. Das würde mir nicht weiterhelfen, meine Mutter zu finden. Sie zeigte aber sehr großes Interesse an meinem Fall und versprach mir, so bald als möglich im Archiv nachzusehen.

Beim Roten Kreuz gibt es zwar eine Suchdienstabteilung, aber es würde Monate dauern, bis mein Antrag bearbeitet sein könnte. Man hat mir geraden, selbst an den Bürgermeister von Lebus zu schreiben, was ich auch sofort getan habe. Leider kann man in die Ostzone nicht telefonieren.

Freitag, 3.4.64

Heute habe ich von meinem Chef einen Rüffel gekriegt, weil er mich beim Telefonieren erwischt hat. Als ich ihm aber erklärte, um was es geht und wie wichtig diese Gespräche für mich seien, bot er mir jede erdenkliche Hilfe an, ich könne telefonieren so viel ich wolle.

Zu Hause lag ein Haufen Papierkram im Briefkasten, nachgeschickte Post für Mutti, Formulare zum Ausfüllen und Rechnungen zum Bezahlen.

Montag, 6.4.64

Ich bin ziemlich knapp bei Kasse! - Und jetzt auch noch das heutige niederschmetternde Erlebnis:

Ich ging zur Commerzbank mit dem Sparbuch, das Vati mir seinerzeit bei der Filiale in Uelzen angelegt hat, als ich anfing zu arbeiten. Ab April 61 bis einschließlich März 62 habe ich pro Monat 50,- Mark Kostgeld auf dieses Konto eingezahlt. Vati hatte gesagt: "Wir brauchen es nicht, aber du wirst mal froh sein, wenn du etwas für deine Aussteuer angespart hast" . - Als ich im April 62 nach Wittingen gezogen bin, habe ich natürlich nichts mehr draufgezahlt. Es wurde nie etwas im Sparbuch nachgetragen. Somit hätten 600,- Mark plus Zinsen drauf sein müssen. - Der Schalterbeamte sah mich mißtrauisch an und sagte dann mit künstlichem Bedauern in der Stimme: "Fräulein Brandt, das Konto ist bereits am 8.1.63 gelöscht, der gesamte Betrag wurde ausgezahlt." - "Aber ich habe doch das Sparbuch, das lautet auf meinen Namen, das Geld gehört mir!"

"Vielleicht wurde das Sparbuch verlustig erklärt, und da Sie noch nicht volljährig waren, können durchaus Ihre Eltern das Geld abgehoben haben." - "Meine Mutter!" verbesserte ich. - Meine Mutti! - Sie hat das Geld abgehoben, das Vati mir zugedacht hatte! Hatte sie das nötig?

Dienstag, 7.4.64
Ich habe bei Rechtsanwalt Dr. Specht in Uelzen angerufen, wo angeblich Mutti das Testament gemacht haben soll. Er sagte, es würde mindestens 2 Monate dauern, bis ich etwas erfahren würde. Er riet mir aber unbedingt, einen Vormund als Beistand zu beantragen, da ich ja noch nicht volljährig sei.
"Ich will keinen Vormund," habe ich gesagt, "ich werde bald heiraten."
"Unterschätzen Sie nicht die Schwierigkeiten, die eine Erbauseinandersetzung bringen kann, Frl. Brandt."
Oh Gott, was kommt da alles auf mich zu? Mit w e m muß ich mich auseinandersetzen?

Freitag, 10.4.64
An der Papierqualität des Umschlages und an der Schreibmaschinenschrift sah ich sofort, daß ein Brief aus der Ostzone unter meiner Post war: Der Bürgermeister von Lebus hat geschrieben, daß eine Frau Henriette Krause früher in Lebus gewohnt hat, und vor einigen Jahren nach Rheinsberg, Feldstraße 18, verzogen ist.
Wenn es das Schicksal gut mir uns meint, könnte das meine Mutter, die Schwester meines Vaters, oder meine Großmutter sein.
Ich habe heute sofort dorthin geschrieben.

Donnerstag, 23.4.64
Nachricht aus Rheinsberg: Henriette Krause ist die Schwester von Otto Krause, der am 5.3.44 gefallen ist.
Otto Krause war verheiratet mit Gertrud Krause, die vermutlich meine Mutter sein könnte. Gertrud Krause hatte eine Tochter Ingrid und ein kleines Baby Doris, das im Krankenhaus Frankfurt/Oder mit dem Überleben kämpfte, als die Russen über die Oder kamen. Sie schreibt, daß ihre Schwägerin, - also vielleicht meine richtige Mutter - alles versucht hat, ihre kleine Doris - also mich - aus dem Krankenhaus zu holen, daß die Strapazen der Flucht aber den sicheren Tod für das stark fiebernde Kind bedeutet hätten. Gertrud Krause habe dann längere Zeit in Wustrow an der Elbe gewohnt, in einer Gärtnerei.
Sie wußte aber nicht mehr die genaue Anschrift.-
Irgendwann soll sie davon geschrieben haben, daß sie nach England auswandern wollte. Aber dann sei der Kontakt zu ihr abgebrochen. - Sie wünschte mir auf jeden Fall viel Glück.

Sonnabend, 25.4.64
Wir sind in Wustrow gewesen. Es gibt dort zwei Gärtnereien. Beide unter neuer Leitung. Keiner wußte etwas von einer Frau Krause, die hier nach dem Krieg gewohnt haben soll. - In der Bäckerei saß eine sehr alte Frau und ich fragte sie, ob sie in der Zeit hier war, als viele Flüchtlinge nach Wustrow kamen.
Ja, sie fing gleich an zu erzählen und wollte gar nicht mehr aufhören. Nach einer Weile unterbrach ich sie und fragte nach Gertrud Krause, die eine kleine Tochter Ingrid gehabt haben soll und die vielleicht dann nach England ausgewandert sein könnte. - Da schaltete sich eine etwas jüngere Frau ein und es plätscherten die Erinnerungen wie ein Wasserfall aus den beiden heraus: Klar, das war doch diese hübsche, liebe Frau, die bei der Familie Menger gearbeitet hat. Sie hatte auch dort gewohnt und für die Besatzungssoldaten gewaschen.

Ja, die hat dann einen Engländer geheiratet, - ach Gottchen, sie hat ja schon ein Kind von ihm gekriegt, aber er hat sie nicht sitzen lassen und irgendwann ist sie dann zu ihm auf eine englische Insel gezogen. Einen einzigen Brief hat sie noch geschrieben an den Herrn Pastor, weil er ihr so oft geholfen hat. Aber warum mich das alles so interessieren würde, ob ich am Ende gar...
"Ja, ich bin vielleicht die kleine Doris," sagte ich und versprach, einmal mit mehr Zeit zum Erzählen zurückzukommen. - Wir fuhren dann ins Pastorenhaus, - obwohl der Pastor auch schon nicht mehr derselbe von damals war. Aber die Haushälterin lebte noch und konnte sich gleich an die Flüchtlingsfrau mit dem kleinen Mädchen erinnern.

"Das war eine freundliche junge Frau, und immer so traurig, weil sie doch ihr krankes Baby zurücklassen mußte. Ach, das war eine schlimme Geschichte.... Sie hat immer so viel geweint..."
Und dann habe sie der Engländer auf eine Insel geholt. - "Wie hieß die doch bloß? Ich weiß nur noch, daß sie "links" von England ist, weil wir hier alle auf dem Atlas nachgesehen haben, als sie uns geschrieben hat. Zu dumm, den Brief haben wir natürlich nicht mehr." - Sie holte einen großen Schulatlas aus dem Bücherschrank und dann tippte sie auf "Isle of Man" . "Ich weiß noch, daß wir sagten: she goes to her man. Ja, so war das."

Jetzt wußten wir eine ganze Menge, bedankten uns und versprachen, wiederzukommen, wenn wir sie gefunden haben. Abends habe ich an den Bürgermeister der Stadt Douglas/Isle of Man geschrieben.

Sonnabend, 2.5.64
Fritz war nur 3 Stunden bei mir, - berauschende 180 Minuten - 10.8000 wahnsinnige Sekunden!
Es war so wunderschön!
Ich liebe ihn, - er ist so zärtlich, - wir lieben unsere Körper, - entdecken immer wieder mehr, -
oh mein Gott, bald ist alles vorbei, - und bald fängt alles an...
Ich bin schon wieder allein, - aber er ist immer noch neben mir.
Der Scheidungstermin steht fest: Freitag, 26.6.1964 beim Landgericht Lüneburg.

Sonntag, 3.5.64
Ich bin so glücklich! -
Und doch frage ich mich immer wieder, ob wir, ausgerechnet w i r unsere Liebe festhalten können?
Werden wir uns ein Leben lang, 50, 60 Jahre treu sein?

Montag, 4.5.64
Post aus England im Briefkasten: Eine Frau Gertrud Krause ist unbekannt.
Klar, wenn sie geheiratet hat, heißt sie ja anders! Warum haben wir nicht früher daran gedacht?
Mir fiel ein, daß die Bäckersfrau davon sprach, daß sie bereits ein Kind von ihm bekommen hat, bevor er sie nach England holte. Wenn der Engländer anständig war, hat er sie vielleicht schon in Wustrow geheiratet.

Dienstag, 5.5.64
Ich habe beim Standesamt in Wustrow angerufen.
Die Frau wußte schon Bescheid, anscheinend ist mein Auftauchen inzwischen Dorfgespräch.
Sie ruft mich an, wenn sie etwas herausgefunden hat.
Ach, es geht mir alles viel zu langsam:
Die Zeit bis zum Scheidungstermin und die Suche nach meiner Mutter.

Mittwoch, 6.5.64

Sie muß Steward heißen, vorausgesetzt, sie hat nicht noch einmal geheiratet.

Die Dame vom Bürgermeisteramt gab mir noch den Tipp, vielleicht auch nach Ingrid Krause oder Ingrid Steward zu forschen. Es könne ja sein, daß meine Schwester noch ledig ist.

Ich habe gleich im Büro den Brief geschrieben und abends bei der Hauptpost eingesteckt. Das Landratsamt Uelzen hat geschrieben, daß man leider von dieser Zeit keine Unterlagen mehr habe. Naja, wir schaffen es auch so.

Donnerstag, 14.5.64

Juchhu, der Major von Douglas hat mitgeteilt, daß eine Familie Jim, Ingrid und Henry Steward im Jahr 1958 nach Liverpool, Hillgarden 6, umgezogen ist.

Obwohl ich so lange auf diesen Augenblick gewartet habe, saß ich bis Mitternacht an meinem ersten Brief an meine - "Vielleicht-Mutter" . Da ich ja nicht ganz sicher bin, daß sie es ist und daß sie noch da wohnt, und ob überhaupt ihr Mann von mir weiß, habe ich mich auf einen ganz kurzen Text beschränkt.

Meine Hand hat furchtbar gezittert, während ich als Gruß "Deine Tochter?" schrieb.

Es ist alles so aufregend!

Freitag, 15.5.64

Brief vom Amtsgericht.

Ich soll am 8. Juni zur Testamentseröffnung ins Büro Dr. Specht, Uelzen, kommen.

Was da wohl herauskommt? Am Ende hat Mutti ihr ganzes Vermögen der Kirche vermacht oder dem Altersheim Brome?

Freitag, 22.5.64

Hurra, Hurra, ich habe meine richtige Mutter gefunden!!

Heute lag ein Eilbrief im Kasten.

Sie wohnt tatsächlich in Liverpool und ist überglücklich, von mir zu hören.

Es stimmt alles, was ich bis jetzt erfahren habe: daß mein Vater gefallen ist, bevor ich geboren war,

daß sie mich schweren Herzens im Krankenhaus Frankfurt lassen mußte, weil die Russen schon an der Oder standen,

daß sie mit meiner Schwester über Berlin nach Norddeutschland geflüchtet ist,

wo sie unter ärmlichen Verhältnissen in Wustrow gelebt und ihren jetzigen Mann kennengelernt hat, obwohl es streng verboten war, zu Besatzungssoldaten Kontakt zu haben,

Er hat sie geheiratet und 2 Jahr später ging sie zu ihm auf die Insel Man,

meine Schwester wollte in Wustrow bei den Gärtnersleuten bleiben, und ging erst 1951 nach England.

Sie wird mir alles noch genau erzählen, von der Flucht, von Berlin im Bombenhagel und von ihren Versuchen, mich zu finden, bis sie dann im Jahr 1949 die Mitteilung erhielt, daß ich von einem niedersächsischen Ehepaar adoptiert worden sei.

Das alles hat sie mir heute in einem Brief geschrieben, ganz kurz nur und in einem Gemisch aus schlechtem Deutsch und eingeworfenen Englischausdrücken. Meine Mutter kann nicht mehr richtig deutsch reden, ist das nicht lustig? - Sie hat uns eingeladen , so schnell wie möglich nach Liverpool zu fliegen, - sie würde uns den Flug bezahlen.

Es ist alles so wunderbar!

Sonnabend, 23.5.64

Ich habe ganz wenig geschlafen in dieser Nacht. Es ist so aufregend!
Ich werde ihr Fotos schicken und eine Beschreibung meines Lebens.
Wir müssen schnellstens nach England fahren. Ich will sie sehen!

Montag, 25.5.64

Seit langem waren wir wieder einmal gemeinsam beim Französischkurs und danach eine kurze Stunde
bei uns zu Hause. Es gab so viel zu erzählen und Fritz hatte nicht viel Zeit.
Die Stimmung zu Hause ist erträglich, anscheinend käme es ihr ganz recht, daß die Ehe geschieden
wird. Sie freut sich angeblich schon, wieder nach Österreich zurückzugehen. Sie wird mit dem Sohn
zurückziehen in ihr Elternhaus, wo auch die Großmutter noch wohnt und mitbestimmt.
"Meine Frau war immer nur ein Werkzeug in dieser Großfamilie und nie wirklich mit mir
verheiratet.Wenn sie mich nur noch ein klein wenig lieb hätte und um mich kämpfen wollte, müßte
und würde sie Probleme mit mir besprechen und mit mir Lösungen finden, anstatt ständig die
Anweisungen von Wien auszuführen. Das war wohl auch der Wurm in unserer Ehe, daß sie sich nie
ganz von ihrem Elternhaus abgenabelt hat," sagte Fritz nachdenklich.
Nun, bei mir wird es dieses Problem nicht geben.
Aber was für Probleme werden wir haben?

Dienstag, 26.5.64

Spanisch-Kurs gemeinsam.
Fritz meint, wir sollten erst dann nach England fliegen, wenn er richtig frei ist.
Bis jetzt weiß meine Mutter nicht, daß mein Verlobter noch verheiratet ist, und ein Selbstmord in der
Familie würde ihm genügen. Leider hat er Recht!

Sonnabend, 30.5.64

Er hat seiner Frau erzählt, daß er mit seinem Sohn in den Harz fährt. - Wir sind zu dritt in ein
Wildgehege im Elm gefahren und waren eine kleine Familie. Fritz ist so liebevoll zu seinem Sohn.
Natürlich bin ich eifersüchtig auf das süße Kind, das man ja nicht einfach wegleugnen kann.
Ob es Fritz überhaupt bewußt ist, daß das Leiden erst anfängt, wenn sie für immer mit seinem Sohn
nach Wien fährt?
Wird sie den Kontakt zu ihrem gemeinsamen Kind erlauben? Wann und wie oft werden sie sich
sehen?
Was wird das Kind über seinen Vater erfahren? - Ich glaube, d a s werden dann unsere Probleme
sein.

Als ich dann das - liebevoll? - eingepackte Wurstbrot und die zwei roten in Seidenpapier gewickelten
Äpfel sah, einer für das Kind, einer für den Mann, - da kamen mir die Tränen. Steckte darin nicht
doch noch ein wenig Fürsorge, so wie es eine liebende Frau tut, die ihre beiden Männer auf
Wanderschaft schickt?
"Sie war nie eine schlechte Frau und schon gar nicht eine schlechte Mutter," sagte Fritz, als würde er
meine Gedanken lesen. "Es fehlte nur von Anfang an das gewisse Etwas, was das Zusammenleben so
einzigartig werden läßt, wie ich es mir immer gewünscht und ersehnt habe und wovon ich in meiner
Ehe immer nur geträumt habe."
Ich werde jeden Abend zu Gott beten, daß unsere Liebe immer so bleiben wird, - so wundervoll wie es
jetzt ist.

Oder besser noch, ich werde mich bemühen, das gewisse Etwas zu erhalten, auch wenn wir 10 oder 20 Jahre verheiratet sind.

Dienstag, 2.6.64
Die alte Zicken-Meier vom Leinenberg hat mir geschrieben.
Sie fragt an, ob ich ihr weiterhin (!) die Grabpflege übertragen werde und ob sie die alten Blumen von Muttis Grab wegmachen soll.
Ich werde sie morgen anrufen, meinetwegen kann sie es tun. Ich wußte gar nicht, daß Mutti sie beauftragt hatte, Vatis Grab zu pflegen.

Mittwoch, 3.6.64
Es klärt sich doch alles auf:
Die Zicken-Meier hat tatsächlich seit Vatis Tod das Grab gepflegt und dafür jährlich im voraus von Mutti einen Scheck über 500,- Mark bekommen, - angefangen am 25.8.62(!)
Das war der Scheck, an den sich Mutti nicht mehr erinnern konnte, ...angeblich!
Als ich ganz vorsichtig meinte, daß 500,- Mark viel Geld sei, sagte sie beleidigt: "Wenn Sie das nicht zahlen wollen, übernimmt es Ihr Onkel in Braunschweig!"
"Onkel Albert will die Grabpflege bezahlen?" fragte ich ganz überrascht.
"Ja, der stand Ihrer Mutter wohl näher als Sie!"
Das hat mich getroffen. Sollte es wohl auch.
Ich bin nicht bereit, mich übers Ohr hauen zu lassen wie Mutti und werde mir die Sache überlegen.

Sonntag, 7.6.64
Ich war am Wochenende allein. Fritz war mit seiner Frau zu seinem Chef eingeladen, der anscheinend zwischen den beiden vermitteln wollte. Er hat zu Fritz im Vertrauen gesagt, daß eine Liebschaft nebenher tausendmal besser sei, als eine Scheidung. Der muß es wissen! Gerade der...

Montag, 8.6.64
MUTTI HAT MICH ENTERBT!
Wie sich das anhört: "Als alleinigen Erben setze ich meinen Schwager Albert ein.
Meine Tochter soll nur ihren Pflichtteil bekommen."
Was habe ich denn bloß Schlechtes in meinem Leben getan, daß sie mich so bestrafen mußte?

Als Rechtsanwalt Dr. Specht meine Erschütterung wahrnahm, wollte er mich trösten: "Grämen Sie sich nicht, Frl. Brandt, - aber verzichten Sie um Gottes willen nicht auf die Hilfe durch einen Vormund." Vielleicht muß unser Haus verkauft werden, Onkel Albert kann mich rausschmeißen.
Das hätte Vati nicht gewollt! Ach Gott, Vati!
Ich fühle mich gedemütigt, denn ich habe mir nichts zu Schulden kommen lassen, zumindest nicht mehr als andere Kinder auch.
Onkel Albert war nicht erschienen. Er hat sich entschuldigen lassen, da er bei der Arbeit nicht frei bekommen hat. Dieser Pharisäer hat wahrscheinlich schon gewußt, was drin steht!

Als ich Fritz vor der Voskshochschule traf, wäre ich ihm am liebsten schluchzend um den Hals gefallen, aber das ist so einem Liebespaar wie uns in der Öffentlichkeit nicht erlaubt und schon gar nicht so kurz vor dem Scheidungstermin. Schließlich haben wir immer noch Angst, daß seine Frau ihn beobachten lassen könnte.

(Ironie des Schicksals wäre es, wenn uns das Detektivbüro Walter Klager observieren würde)

Ich gab Fritz die Hand und flüsterte ihm zu: "Mutti hat Onkel Albert als Alleinerben eingesetzt."

Es schien ihn gar nicht zu berühren und er meinte nur Augen zwinkernd und liebevoll:

"Frl. Brandt, als wir das erste Mal an Ihrem Elternhaus vorbeifuhren, haben Sie mir erzählt, daß das Haus Ihrem Onkel gehören würde. Na und, nun gehört es ihm. Das hat doch für uns keine Bedeutung, oder?"

Ich liebte ihn in diesem Augenblick, ich war ihm dankbar für seinen Optimismus, - natürlich hatte es keine Bedeutung für uns. -

Über unsere Liebe konnte sie nicht verfügen.

Dienstag, 9.6.64

Spanischunterricht, kurze Schmusestunden zu Hause, dann fuhr Fritz brav nach Wittingen.

Mir ist heute aufgefallen, daß mein Sparkonto genau an dem Tag aufgelöst und abgehoben wurde, - von wem auch immer- , als das Testament verfaßt wurde.

Und in meinem Tagebuch steht unter dem 8.1.63:

Onkel Albert und Tante Else waren hier und haben Mutti zu einer Fahrt durch die herrliche Winterlandschaft eingeladen....

Am 25.9.63 habe ich geschrieben: Mutti lag im Bett und schluchzte: Was habe ich nur getan, mein Kind, was habe ich bloß getan? -

Vielleicht hatte sie das Testament damals schon bereut, aber nicht die Kraft, es rückgängig zu machen. Immerhin hatte Onkel Albert den Einlieferungsschein und wahrscheinlich auch die Kassette mit den Papieren.

Und dann kam die Freundschaft mit Herrn Hoffmann. Sie war doch so glücklich mit ihm. -

Warum hat sie ihn aufgegeben?

Weil die Braunschweiger behauptet haben, sie sei dafür doch wohl zu alt!

Eine nochmalige Heirat in dem Alter hätte alle fein gewebten Netze zerstört.

Als Mutti dann in neu entdeckter Glückseligkeit von "Ilse und ihrem Verlobten" erzählt hat, müssen die Alarmglocken Sturm geklingelt haben! Was hat man mit ihr getan, daß sie vom schönen Altersheim in ein winziges möbliertes Untermietszimmer und dann wie gehetzt Hals über Kopf doch noch in unser Haus gezogen ist, um sich da endgültig das Leben zu nehmen?

Schließlich hätte es gar nicht in die Pläne gepaßt, wenn wir drei uns gut vertragen hätten und am Ende sogar friedlich in Eintracht zusammengelebt hätten.

Was würde Vati davon halten?

Donnerstag, 11.6.64
Heute habe ich von Onkel Albert folgenden Brief bekommen:

Liebe Ilse!
Auf großen Umwegen habe ich deine Adresse ausfindig gemacht. Wie du wohl schon vernommen hast, bin ich testamentarisch als Alleinerbe von deiner verstorbenen Mutter eingesetzt. Ich bitte dich, mir umgehend die Schlüssel zur Wohnung zu schicken, damit ich den Zuständen im Haus sofort ein Ende machen kann.
1. Auf dem Dachboden und im Keller haben sich Ratten eingenistet, die sich ungestört vermehren.
2. In der Gartenhütte auf der Obstplantage hausen nachts Liebespaare. Ich werde Schlösser anbringen.
3. Die Gräber auf dem Friedhof sehen trostlos aus mit den vertrockneten Kränzen, einfach furchtbar. Falls ich nochmal den Anblick habe, lasse ich diese sofort auf unsere Kosten beseitigen und das Grab neu herrichten.
Ich bitte dich, am 18. Juli 1964 in der Zeit von 11-13 Uhr in Bodenteich zu erscheinen, damit wir die hinterlassenen Sachen aufteilen und das Gerümpel beseitigen. Ferner verlange ich die entwendeten Sachen und Wertgegenstände, die du unberechtigt an dich genommen hast. Glaube ja nicht, daß ich dir auch nur ein bißchen schenke! Einmal schon bin ich von deinen Eltern betrogen worden!
Von den alten Klamotten und Wertsachen von Oma Luise gehörte mir schon die Hälfte laut Erbschein, den ich nie zu sehen bekommen habe.
Solltest du nicht erscheinen, werde ich das Gerümpel selbst beseitigen und deine persönlichen Sachen auf den Dachboden bringen.
Werden wir uns nicht einig, übergebe ich alles meinem Rechtsanwalt, der mir geraten hat, es erstmal persönlich in Güte mit dir zu versuchen. Ich habe den guten Willen, aber deine Meinung kenne ich nicht. Über die weitere Aufteilung von Haus, Plantage, Pachtgarten und Sparguthaben können wir verhandeln, wenn du volljährig bist, damit nicht noch ein Vormund eingeschaltet werden muß.
Es grüßt Onkel Albert.

Da zeigt sich das wahre Gesicht meiner lieben Verwandtschaft! Sie werden mir nichts schenken, schreibt er. Ich glaube nicht, daß Vati seinen Halbbruder betrogen hat, als Oma gestorben ist. - Und wenn, hätte sich Onkel Albert sicher gewehrt, bevor Vati gestorben ist. - Aber mit Mutti konnte man das ja machen!
Das könnte denen so passen, daß kein Vormund bestellt wird, jetzt will ich einen! Und zwar so schnell wie möglich!

Während ich das schreibe, klopft mein Herz zum Halse. Ich bin enttäuscht, wütend und jetzt auch rachsüchtig!
So etwas hätte ich nie erwartet! Das hätte Vati auch nicht gewollt!
Aber Mutti war ein schwaches Werkzeug, ich kann ihr keine Schuld geben.

Freitag, 12.6.64
Ich habe Rechtsanwalt Dr. Specht angerufen. Er gab mir die Adresse des für mich bestellten Vormundes und versicherte mir, daß ich bei ihm in guten Händen sei.

Sonntag, 14.6.64
Ich bin nach Uelzen gefahren zu Herrn Graf. Er ist sehr nett, sehr klug und hat schon öfter solche Hinterlassenschaftssachen durchgezogen. - "Sie glauben gar nicht, wie dabei gezankt und gestritten

wird, da werden Verwandte zu Raubtieren!" hat er mich gewarnt und ich dachte an Onkel Alberts Brief, in dem er schrieb, daß sich RATTEN im Haus eingenistet haben.... Da mag er wohl Recht haben.

Herr Graf wird sich um den Verkauf der Immobilien kümmern, um die Versteigerung der Möbel und um gerechte Verteilung der Geldkonten, die nach seinen Recherchen besonders in der Zeit kurz vor Muttis Selbstmord weitgehend geplündert wurden.
Ich bin so froh, daß ich ihn auf meiner Seite habe!

Montag, 15.6.64
Ich habe heute an meine Mutter nach England geschrieben, daß wir leider erst im August kommen können.
Als ich ihren Brief nochmals durchgelesen habe, fiel mir auf, daß sie geschrieben hat: Im März 1949 erfuhr ich, daß meine Tochter von einem niedersächsischen Ehepaar adoptiert wurde. - Ich habe lange überlegt, ob ich sie wohl fragen dürfte, warum sie dann nicht weiter nachgeforscht hat. Ich habe Angst, daß es wie ein Vorwurf aussehen könnte. -
Trotzdem habe ich sie im letzten Satz gefragt: "Wußtest du, wo ich war?"

Mittwoch, 17.6.64
Die letzten Arbeitstage waren so hektisch, da konnte ich den heutigen freien Tag gut gebrauchen. Nachmittags hatten wir uns am Rathausplatz verabredet. Fritz kam mit seinem Sohn, der mich wider Erwarten sofort erkannte. Da merkten wir, wie unvorsichtig unser Treffen ist. Der kleine Knirps könnte zu Hause erzählen, daß der Papi mit einer Tante mit Brille und braunen Haaren zusammen war. Also trottete ich wieder nach Hause und die beiden Männer vergnügen sich nun für den Rest des Tages, während ich mich abgeschoben fühle, wie eine Aussätzige, die versteckt werden muß.
Ich kann nichts tun, nur heulen und warten.
Falls ich mal eine Tochter haben werde, und die mir sagt, daß sie mit einem verheirateten Mann zusammenlebt, dann schieße ich sie zum Mond!

Freitag, 19.6.64
Heute in einer Woche ist der Scheidungstermin.
Meine Nerven liegen bloß. Ich gehe jeden Abend in die Kirche und bete.
Ich esse kaum etwas.

Sonntag, 20.6.64
Zu Besuch bei Familie Boettcher. Ich würde schlecht aussehen, meinten sie.

Montag, 21.6.64
Die Zeitbombe tickt!
Morgen kommen seine Schwiegereltern aus Wien angereist.

Dienstag, 22.6.64
Ich habe abgekaute Fingernägel, verkratzte Haut, - bringe Unterlagen durcheinander, verpasse Liefertermine, und bin heute morgen fast vor den Bus gelaufen.

Mittwoch 23.6.64
Fritz hat mich angerufen und mir gesagt, daß er mich wahnsinnig lieb hat...

Donnerstag, 24.6.64
Morgen! - Ich werde noch verrückt!

Freitag, 25.6.64 , 18 Uhr
Um 11 Uhr hat Fritz von Lüneburg angerufen, daß alles vorbei ist. "Vorbei?" hab ich in den Hörer geschrien, weil ich es anders verstanden hatte.
"Ja, es ist vorbei, und es fängt neu an! Alles o.k. Ich komme heute abend zu dir und erzähle alles."
Wäre mein Chef in der Nähe gewesen, ich hätte ihn abgeküßt!-

Ich heulte und lachte gleichzeitig, wischte mir die Tränen ab und liebte plötzlich meinen Arbeitsplatz: Die Aktenordner strahlten mich an, das Telefon sang, die Lieferscheine lächelten, die elektrische Schreibmaschine schrieb das, was ich wollte, - die Dosen im Lager haben nie so geglänzt und die Klospülung war noch nie so melodiös, - die Sonne schien ins Fenster und ich streckte immer wieder die Arme in die Höhe und jauchzte: "Juchhu! Ich liebe ihn!"
Gleich wird er hier sein, liebes Tagebuch, morgen schreibe ich weiter...

Sonnabend, 26.6.64, 5 Uhr morgens.
Fritz schläft noch neben mir, - m e i n Mann, er gehört mir jetzt g a n z , zu 100 %, zu 24/24 vom Tag, total! - Ich bin glücklich, glücklich, glücklich, - lieber Gott, ich danke dir!

Wir müssen 10 Jahre lang Unterhalt für seine Frau bezahlen,
bis zum Ausbildungsende für seinen Sohn.
Wir haben einen Riesenberg Schulden bei den Rechtsanwälten,
viele, viele Auflagen, Verpflichtungen, - man hat mich enterbt,
aber wir haben u n s !
Das Leben ist herrlich! - Schluß, ich schreibe nicht mehr, ich kuschele mich wieder unters Federbett.

Montag, 28.6.64
Es war ein wundervolles Wochenende.

Dienstag, 29.6.64

Eben gerade habe ich von meiner Mutter eine unglaubliche Nachricht erhalten. Sie hat mir zum Geburtstag gratuliert und auf meine Frage im letzten Brief geschrieben:

Oh ja, ich wußte, wo du warst. - Man hatte mir die Adresse deiner Adoptiveltern mitgeteilt.

Ich bin sofort mit meinem Mann nach Deutschland geflogen, Frankfurt-Hannover, dann mit dem Zug nach Bodenteich. Wir sind die Bahnhofstraße hinunter gelaufen - ich sehe es heute noch alles vor mir, - und da haben wir zwei Damen gefragt nach der Familie Brandt. - Sie haben wohl gehört, daß Jim Engländer ist , und haben es gleich in englisch erklärt.

Dann kamen wir in das Fahrradgeschäft und ich habe mich vorgestellt.

Herr Brandt hat gesagt, daß du nicht da bist, du wärest bei Verwandten. -

Dann kam Frau Brandt und ich erzählte ihr, wie ich dich verloren habe und daß ich wenigstens einmal sehen möchte.

Da hat sie gesagt: "Und dann wollen Sie Ilse wieder haben! Die kriegen sie nicht zurück. Ilse ist unser Ein und Alles. Bevor ich das Kind wieder hergeben muß, springe ich mit ihr vom Kirchturm!"

Und nach einer Weile fügte sie hinzu:

"Verschwinden Sie, der Vertrag ist perfekt. Das Kind gehört jetzt uns. Lassen Sie sich nie wieder hier blicken, oder ich schmeiß mich mit dem Kind vor'n Zug!"

Herr Brandt hat uns zur Tür hinausgeschoben und dann haben sie hinter uns abgeschlossen.

Ich habe nie wieder einen Versuch gemacht.

Ich konnte Frau Brandt ja verstehen, - es hat mich getröstet, daß sie dich lieb hatten und daß es dir offensichtlich gut ging. Es wäre dir in England nie so gut gegangen, Jim ist ja nur ein kleiner Schuhverkäufer.

Wenn deine Adoptiveltern dir erzählt haben, daß ich dich weggegeben habe, tut mir das weh, aber ich kann es ja jetzt nicht mehr ändern. - Um so mehr freue ich mich, daß wir uns doch noch gefunden haben.

Da wurde mir klar, daß die Legende, ich sei von einem englischen Soldaten, nur von diesen zwei Frauen entstanden sein kann, die den Beiden auf der Bahnhofstraße den Weg gesagt haben.

Langsam klärt sich so vieles auf.
Heute sind wir Arm in Arm zum Französischunterricht gegangen.

Mittwoch, 30.6.64

Fritz hat mich mit einem ganz liebevollen Geburtstagskuß aus dem Schlaf geholt.
20 rote Rosen standen vor unserer Matratze...
" Für Geschenke habe ich kein Geld mehr
aber du hast all meine Liebe! Jetzt und in alle Ewigkeit!"
"Ab heute bin ich kein Teenager mehr... " seufzte ich
und kuschelte mich ganz dicht an ihn.

"Nein, du bist meine Frau!"

" Noch nicht! "

"Aber bald!"

Nachsatz:

Wir sind seit 1965 verheiratet, haben vier prachtvolle Kinder,
und leben glücklich und zufrieden mit unseren zwei Katzen in Graz.

Das Haus in Bodenteich wurde versteigert,
und die schöne Hütte auf der Obstplantage fiel Brandstiftern zum Opfer.

Vielleicht wird eines unserer Kinder einmal nach Bodenteich ziehen,
und auf unserer Plantage wieder Äpfel und Zwetschgen ernten,
Spargel stechen und Quecken hacken,
und unseren Enkelkindern erzählen, dass ihre Omi
auf diesem Fleckchen Erde
einmal sehr glücklich, aber auch manchmal sehr traurig gewesen ist.

ilsebrandt@gmx.at

Was ist denn ein Petticoat?

; (Geol.,	in einer schwierigen, peinlichen	Na
verstei-	Situation sein, ruiniert sein	we:
|tro|che-	**Pet|ti|coat** [*pätiko"t; fr.-engl.;*	**Pha**
1. Wis-	„kleiner Rock"] *der;* -s, -s: ver-	mo
frischen	steifter Taillenunterrock	ko|
iesteine.	pet|to vgl. in petto	(M
|tro|che-	**Pe|tu|lanz** [*lat.*] *die;* -: (veraltet)	**Pha**
.mie be-	Ausgelassenheit; Heftigkeit	**Ph**